김수영 연구의 새로운 진화

: 이중언어, 자코메티 그리고 정치

한국 언어·문학·문화 총서

6

김수영 연구의 새로운 진화

: 이중언어, 자코메티 그리고 정치

연구집단 '**문심정연(文深精研)**'

보고사

왜 여전히 김수영인가

김수영이 1968년 교통사고로 사망하고 1974년 김현에 의해 엮인 시선집 『거대한 뿌리』(민음사)가 나온 이후, 그는 거의 모든 후배시인들의 끊임없는 흠모와 도전의 대상이 되었을 뿐만 아니라, 문학 공부하는 사람들에게는 시의 비밀을 가장 많이 소장하고 있는 개인 도서관이 되었다. 그를 의식한 수많은 시가 씌어졌고 그를 다룬 수천의 논문이 발표되었다. 최근에는 그를 연구하는 학회가 결성되기도 하였다. 김현이 "김수영은 지금 영광의 절정에 있다"라고 쓴 게 1980년대 초반이다(「반성과 야유」, 『책읽기의 괴로움』, 민음사, 1984.) 그로부터 사반세기가 지난 오늘에도 시인은 그 절정에 걸친 구름 위에서 여전히 기침하고 있다. 결코 하산한 적이 없었다. 한데 21세기에 들어서 김수영 시의 광맥을 캐는 새로운 공구들이 집중적으로 발견되었다는 건 더욱 놀라운 일이다. 이즈음은 사실 광상이 바닥을 드러내고 관심이 시들해질 때인 것이다. 그러나 한국문학 및 문학 일반에 대한 이해에 새로운 특이점이 나타나고 진화의 단계가 이동하기 시작한 게 20세기 말엽부터라고 할 수 있는데, 그러한 변이에 상응하여 김수영 시의 분석과 해석에 대한 근본적인 전환을 요구하고 실행하는 글들이 쏟아져 나왔던 것이다.

이 책은 그러한 전환의 실례를 보여주는 글들을 모아, 주제별로 재구성하였다.

첫 번째 주제는 이중언어에 관한 것이다. 김수영 세대의 청소년 시절에 일본어는 유일한 국어로 강요되었다. 그러나 해방과 더불어 언어생활의 모든 국면에서 일본어는 폐기되었고 한국어가 유일한 국어로 들어서게 되었다. 김수영 세대의 언어적 혼란은 극심할 수밖에 없었다. 그들은 일본어를 버리고 한국어를 새로 익히는 혹독한 입사과정을 거칠 수밖에 없었다. 김수영 역시 예외가 아니었는데, 그러나 그가 이 난관을 뚫고 나간 태도와 방법은 아주 특별하였다. 그는 (한국어의) 선택과 (일본어의) 배제라는 지상명령의 포연 속에서 이중언어라는 상황 자체를 통째로 밀고나가 돌파하는 언어적 실험을 감행한 것이다. 연구자들은 2000년대 들어 그러한 자취들을 발견하는 작업에서 시작하여 그 돌파 자체의 문제성을 이해하기 위한 다양한 관점들을 내놓았다.

우리는 김수영 세대가 부닥쳐야만 했던 언어적 상황을 온당하게 해독하기 위해서는 그 배경에 대한 이해가 필요하다고 생각하였다. 해방과 더불어 일제의 식민지 지배로부터 벗어난 한국인들에게 한국어와 그 문자를 공용어로 삼는 것은 지극히 당연한 일로 받아들여졌다. 그러나 그 당연함을 바라보는 관점의 스펙트럼은 매우 넓다. 그것을 모국어의 회복이라는 관점에서 바라보는 태도와 주체적 개인의 사유의 집으로서의 통일된 언어의 요구로서 이해하는 태도는 아주 다른 것이다. 한국인들은 해방 이후 오늘날까지 이 두 가지 태도 사이를 모호하게 왕래하면서 단일언어주의라는 한결같은 입장을 공유해 왔다. 그러다가 최근 이런 단일언어주의에 대한 의심이 비등하기 시작하였다. 이는 민족을 "상상의 공동체"로 규정하면서 민족주의를 비판적으로 재해석하는, 20세기 막바지부터 시작된 새로운 경향이 마침내 인간 정신 활동의 하부구조에까지 침투했다는 것을 함의한다. 그리고 이러한 과정의 진행은 오늘날의 세계가 국가 간의 경계가 허물어지고 정치·경제·사회·문화의 모든 부면의 사물과 정보들이 세계적 단위에서 유통되기 시작한 정황의 변화를 반영한다. 다시 말하면 이제 존재자의 모든 사안들이 세계적 규모에서 살게 되는 지평선의 교체가 일어났고 그에 맞추어서 지금까지 개별 공동체 단위로 운영되고 파악되어 온 문학과 그 매체인 언어 역시 세계문학 및 세계어 체제 내에서 재규정되어야 하는 진화적 국면에 도달했다는 것이고, 이로부터 단일언어주의 역시 근본적 재검토를 요구받게 되었다고 할 수 있다.

이러한 상황 속에서 김수영 세대 및 김수영의 언어적 곤란과 대응의 장면들은 전면적 재해석의 대상으로 떠오른다. 이중언어의 상황 속에 불가피하게 위치한 세대, 아무리 버리려 해도 뇌의 주름 속에 선명히 새겨져 버린 옛 지배자의 언어를 내장하고 살 수밖에 없었던 세대가 단일언어의 당위성과 그 편협성의 모순을 어떻게 돌파해나갔는가는 세계화의 단계에 진입한 오늘의 한국문학에 의미심장한 참조가 될 것이다.

우리는 우선 배경을 이해하기 위한 두 편의 글을 싣는다. 하나는 한국어, 한국문자를 한국문학과 문화의 생장의 터전으로서의 '존재의 집'으로 삼고자 했던 4·19세대의 입장을 요약하고 있는 김현의 글이고 다른 하나는 국어 민족주의를 상상적 집착으로 해석하려 하는 김철의 글이다. 이 두 가지 입장 사이에, 그리고 또한 이 입장들 바깥으로도 아주 다양한 관점들이 존재할 수 있으니, 독자들은 이 두 축을 이정표로 삼아 언어와 문자에 대한 저마다의 성찰을 꾀할 수 있을 것이다.

이 배경 이해에 이어서 김수영의 이중언어에 관한 여섯 편의 연구를 실었다. 서석배의 글은 김수영이 처한 언어적 상황에 대한 맥락을 상세히 살폈다. 김용희의 글은 김수영의 글에 나타나는 언어의 혼성성을 일찌감치 짚어낸 글이다. 강계숙은 김수영의 「시작노트」를 집중적으로 살피는 가운데, 김수영이 자신의 이중언어상황을 의식적인 기획으로 전환시켰다는 것을 밝혀내었다. 조연정의 글은 김수영의 이중언어의식의 번역 작업으로 변주되어 나가서 그의 시론으로 발전해 간 과정을 탐구하였다. 한수영의 글은 김수영의 언어상황에 대한 그동안의 연구를 포괄적으로 수용해 종합적인 해석을 꾀한다. 한편 홍성희의 야심찬 글은 김수영의 이중언어가 단순히 상황에 대한 응전이 아니라 오히려 새로운 언어상황을 위한 적극적 도전임을 해명하려고 하였다.

두 번째 주제는 김수영이 "자코메티적 발견"(「시작 노트 6」)이라고 명명했던 1966년 이후의 새로운 변신에 대해 탐구한 글들을 모아 놓았다. 이 사건은 김수영의 한 번역으로부터 촉발된 것으로 그에 접근하기 위해서는 다중의 통로를 경과해야 했던 탓으로 그 동안 간과되어 왔다. 그러던 것을 강계숙이 앞에 실린 「김수영은 왜 시작 노트를 일본어로 썼을까?」의 말미에서 김수영의 '일본어 글쓰기'와 '자코메티적 발견'을 동일한 태도로서 파악함으로써 그 존재를 알리기 시작하였다. 정과리의 글은 김수영이 자신의 시적 방향을 '현대'라고 설정하고 내내 유지하는 데에 가장 중요한 준거점으로 작용한 프랑스 문학에 대한 묘한 애증관계가 진행된 양상이 '자코메티적 변모'로 나아가게 된 사정을 살피고, 그것이 김수영의 후기시에서의 극적인 변모의 촉매가 되었음을 논증하였다. 조강석의 글은 김수영의 연극성에 주목하여 그 의의를 밝히는 한편, 연극성에 대한 그의 불만이 자코메티적 발견으로 나아간 과정을 추적하고 있다. 반면 강계숙의 글은, 그가 '자코메티적 변모'의 중요성을 제기한 이후 제출된 연구성과를 재검토하면서 다시 한 번 이중언어와 자코메티적 변모의 연속성을 확인하고 있는 글이다. 앞 장의 글이 발견에 해당한다면 이 장에 실린 글은 심화에 해당한다. 이 세 글은 공히 '자코메티적 변모'의 의의를 다루고 있으나, 그 접근 방향과 해석에는 흥미로운 편차가 있으니, 그 차이를 섬세히 고려하면서 읽는다면 김수영 말년의 시들에 대한 통찰을 얻어낼 수도 있을 것이다. 한편, '자유'와 '죽음'으로부터 '새로움'의 차원을 열어 나간 것으로 김수영의 시를 이해한 최서윤의 글역시, 김수영의 시의식의 깊숙한 미로를 더듬는다는 점에서 궁극적으로 앞의 세 글과 친연성을 갖는다고 판단되어 함께 포함되었다.

세 번째 주제는 김수영이 시와 정치를 언제나 한 차원에 올려놓고 사유했다는 것이 잘 알려져 있는 만큼 그다지 새로운 이야기가 아니라고 생각할 수도 있다. 그러나 그동안 금기 때문에 발표되지 않았던 시가 공개되는 시기와 맞물려서 김수영 시의 정치성에 대한 이해가 크게 확장되었다. 일찍이 김수영은 "혁명은 상대적 완전을, 그러나 시는 절대적 완전을 수행"한다고 주장한 바 있는데, 그 '절대적 완전'의 근본적 존재론적 자태에 대한 탐구가 활발히 일어난 것이다. 물론 근본적 자태는 언제나 그 형상의 부재를 통해서만 우리의 소망을 달구는 법, 정한아에 의하면 그것은 시인과 시의 일치의 불가능성이 자극하는 온갖 시도의 문제이기도 하며 시인과 시대의 불일치의 불가피성으로부터 빚어지는 시인의 존재론에 관한 문제이기도 하다. 한편 강동호는 김수영의 시론이 그의 시와 이루는 변증법적 긴장의 관계를 바로 그 완전성의 시각에서 파고든다. 김나현의 글은 한국사에 있어서 정치와 시가 하나로 만났던 가장 극적인 사건인 4·19 당시에 씌어진 혁명시들을 검토한다. 김수영의 시와 직접적인 연관은 없으나 시와 정치에 대한 김수영의 생각을 반추해보는 데에 맞춤한 시적 자원들에 대한 검토가 될 것이다.

이 책은 연구집단 '문심정연(文深精研)'의 공동 작업을 외부 필자들의

연구와 연계를 함으로써 만들어졌다. '문심정연'은 "문학의 심화된 이해
를 위한 정신분석 연구회"의 축약어로서, 연구집단 '문심정연'은 정과리
가 제안하고 그 취지에 호응한 문학연구자들이 모여 결성하였다. 여기에
서 '정신분석'은 그 용어의 창시자인 프로이트에 근원을 두고 있으나 문
학이 개인의 창조적 작업의 산물이자 동시에 집단의 공통적 욕망과의
길항 속에서 사회의 근본적 재구성을 향한 시도라는 점에서 좀 더 넓은
의미를 갖는다. 요컨대 여기에서의 '정신분석'의 함의는 개인(혹은 지적
생명으로서의 개체)의 정신적 움직임을 기본 분석 단위로 설정하되 그 움
직임의 미학적 성취 혹은 효과에 주목함으로써 개인의 치유에 목적을
두지 않고 사회의 해체·구성을 목적으로 하는 분석적 활동을 가리킨다.
그리고 바로 이 취지에 의해서 '문심정연'은 문학적 사실들을 순수한 미
학적 구현으로 보는 태도나 혹은 정반대로 문화사의 한 특징적 현상으로
보는 태도와 스스로를 구별하고자 한다. 문학의 개인적 표현은 사회의
갱신을 향한 의식적·무의식적 기도로서 작용하며, 문학의 문화적 맥락
은 문학의 본래 의지가 '세계의 창조'인 것에 부합하게 문화의 변개에
참여함으로써, 후자를 오로지 인류의 시간줄기의 변화에 작용하는 구성
적 흐름으로 존재케 한다는 게 '문심정연'의 입장이다.

이 모임이 조직적인 구상과 기획을 통해서 한 작업은 이제 겨우 시작되
었을 뿐이다. 대니 노부스(Dany Nobus)가 엮은, 『라캉 정신분석의 핵심
개념들 *Key concepts of Lacanian Psychoanalysis*』(New York: Other
Press, 1999)을 우리말로 옮긴 것(문학과지성사, 2013)이 그 유일한 성과다.
이 모임은 뜻을 같이 할 수 있는 모든 분들에게 개방되어 있으며 자발적으
로 동참해주실 분들의 연락을 기다리고 있는 중이다.

이번 책은 '문심정연'의 두 번째 작업에 해당한다. 자체의 역량이 충분
치 못하여 바깥 연구자들의 협력에 많은 것을 의존하였다. 우선 김수영

의 이중언어상황에 대한 배경 이해를 위해 좋은 글을 보태주신 김철 교수와 김현 선생의 글을 수록하도록 허락해주신 사모님 이연희 여사께 감사드린다. 또한 해외의 한국학 연구자로서 이 작업의 취지에 동감하고 자신의 업적을 이 책에 포함시키는 데 동의해주신 서석배 교수에게도 고마움을 표한다. 김수영의 이중언어성을 일찍 간파한 글의 재수록을 허락해준 김용희 교수 그리고 김수영의 번역체험이 시론에 끼친 영향을 분석한 글을 고쳐 보내준 조연정 박사와 이중언어의 문제를 종합적으로 성찰한 글을 보내준 한수영 교수에게도 똑같은 마음을 전하는 바이다.

다른 한편 이 책은 연세대학교 국어국문학과가 주도하고 있는 'BK21 플러스 한국 언어·문학·문화 국제창의인력양성 사업단'의 연계 사업으로서 기획된 것이다. 이 작업에 참여한 연구자들의 상당수는 이 사업단에 참여 교수, 신진연구인력, 전 단계 및 현 단계의 참여 학생으로 일하였고 지금도 일하고 있다. 그 과정 속에서 이 사업단에 의해 주관된 각종 세미나, 학술대회 혹은 이 사업단이 지원한 소규모 연구모임 등에 참여한 사실이 이 책의 완성에 직접적이거나 간접적으로 기여했고, 동시에 참여자들의 연구 역량을 증진시키는 데 도움이 되었다는 것은 두말할 나위가 없는 사실이다. 'BK21 플러스 사업단'과의 연계 및 협업이라는 즐거운 사건을 제공한 당사자인 사업단에 대한 만족과 고마움을 이 자리를 빌어 밝힌다.

대표 저자, 정과리

II. 해방 후 세대의 이중언어 상황과 김수영의 응전

단일 언어 사회를 향해 — 【서석배】

김수영 시의 혼성성과 다중언어의 자의식 — 【김용희】

김수영은 왜 시작 노트를 일본어로 썼을까? — 【강계숙】

'번역체험'이 김수영 시론에 미친 영향

'침묵'을 번역하는 시작 태도와 관련하여 — 【조연정】

'상상하는 모어'와 그 타자들

'김수영과 일본어'의 문제를 통해 본

전후세대의 언어인식과 언어해방의 불/가능성 — 【한수영】

단일언어주의적 이중언어를 넘어서

김수영의 (이중)언어 수행과 그 치열한 정적에 관하여 — 【홍성희】

제2부 김수영 말년의 회심 : 자코메티의 발견

김수영의 「풀」 다시 읽기
자유의 효과로서의 '새로움'과 죽음을 중심으로 — 【최서윤】

제3부 김수영 궁극의 물음 : 시의 정치성의 심연

잘못된 시간의, 그릇된 명상이 아닐 — 【정한아】

'시란 무엇인가'라는 질문은 무엇인가?
김수영의 「시여, 침을 뱉어라」에 붙여 — 【강동호】

제1부

김수영 세대의 궁지

: 이중언어라는 상황

I.

한국어를 이해하는 두 가지 방향

한국문학의 조건으로서의 한국어*

김현

작고, 전 서울대학교 불어불문학과 교수

1. 한국문학의 생장과 언어의식

이조 후기에서부터 1970년대에 이르는 한국 문학의 흐름을 내 나름으로 간략하게 요약하면 다음과 같다. 15세기에 한글이 제정된 후 거의 200여 년이 지나서야 한국 문학은 한글로 표기되어야 한다는 주장이 한 소설가에 의해 제기된다. 그 주장은 그러나 매우 단편적이고 도식적이다. 당대의 한글-한국어에 대한 심각한 고찰도, 표현 매체로서의 자국어에 대한 의식도 그 주장은 포함하고 있지 않다. 그것을 주장한 김만중(金萬重)은 실제로 한글로 소설을 쓰는데, 널리 알려진 『구운몽』이 바로 그것이다. 그것은 그러나 새로운 감각의 소산이 아니라 중국식 한문 소설의 번안에 가깝다. 그것은 그 소설이 당대 사회의 모습을 명확하게 파악하지 못한 것을 드러낸다. 당대 사회의 사회적 모순을 날카롭게 드러

---

* 이 글은 김현의 세 개의 글을 합성한 것으로, 제목은 편자가 임의로 정한 것이다. 1.은 「한국문학의 이해와 반성」(『반고비 나그네 길에』, 지식산업사, 1978)의 일부이며, 2.는 (「60년대 문학의 배경과 성과」, 『분석과 해석』, 문학과지성사, 1988), 3.은 「한글 논의에 대하여」(『반고비 나그네 길에』)를 그대로 옮겼다.

내어 문학을 여흥의 차원에서 진실의 탐구라는 차원으로 끌어올린 것은 박지원(朴趾源)의 『열하일기』, 혜경궁 홍씨(惠慶宮洪氏)의 『한듕록』 그리고 작자를 알 수 없는 『춘향전』이다.

  『열하일기』는 한문으로 씌어진 기행문인데 거기에서 작가는 우물 안의 개구리처럼 대의나 명분만을 찾을 뿐, 현실을 직시하지 못하는 한국 지식인들을 여러 개의 에피소드를 빌어 날카롭게 풍자한다. 홍씨의 『한듕록』은 궁중 문체로 씌어진 내간체 기록 문학이다. 그것은 영조(英祖)의 진노를 사서 뒤주 속에 갇혀 죽은 사도세자의 죽음을 오랜 후에 그의 부인이 재구성한 작품이다. 거기에서 기록자는 왕과 세자의 심리적 갈등을 가능한 한 자세하게 분석하려고 애를 쓴다. 작자가 알려지지 않은 작품인 『춘향전』은 한글로 씌어진 이조 후기의 최대 걸작이라고 평가되고 있다. 여러 가지 판본으로 전해지고 있는 그 작품에서는 중국식의 과장체와 서민 생활을 그대로 묘파하는 사실주의적 문체가 혼합되어 있다. 중국식의 과장체란 인물이나 사건을 묘사할 때 흔히 사용되는 중국 고사 인용을 뜻하는데 그것은 주로 지문에 사용된다. 『춘향전』이 주는 충격은 그것에 의해서 얻어지는 것이 아니라 그 어느 것보다 대담하게 묘파하고 있는 일상 언어에서 얻어진다. 『춘향전』의 현실성은 그 일상 언어 사용에 의해 획득된 것이다. 『열하일기』와 『한듕록』, 『춘향전』은 이조 후기의 산문이 중국 고사 인용투성이의 도식적인 문체를 벗어나, 작가가 생각하고 표현하려 한 것에 합당한 문체를 발견한 것을 뜻한다. 『열하일기』는 고문체를 벗어나 패관잡기류의 문체로 새로운 한 문체를 형성하며(거기에 대한 반동으로 영정조 시대에는 광범위한 文體反正 運動이 행해진다), 한듕록』은 궁중 문체의 한 전범을, 그리고 『춘향전』은 일상 언어를 과감하게 도입하는 사실주의적 정신을 드러낸다. 산문에 있어서 『열하일기』와 『춘향전』의 역할을 운문 쪽에서 맡아 행한 것이 김립(金笠)의 파격시와 사설시조이다. 김립은 김병연이라는 본명보다는 김삿갓이라는 별명으로 더 널리 알려진 시인인데, 그의 파격시는 과거를 목표하여 씌어지는 과시(科詩)와는 달리 이·벼룩·요강 등의 비시적(非詩的) 요소의 도입과 해학·풍자 등의 사용으로 많은 모방자를 만들어낸다. 몰락 양반의 자기 조소에 가까운 그의 시와는 달리 사설시조는, 이조 시대의 가장 중요한 장르 중의 하나인 시조가 서민층에 의해서도 이해되고 제작되기 시작하면서 생겨난 파격이다. 그것을 통해 일반 서민 계층은 그들의 감정을 노골적으로 표현한다. 사설시조가 담고 있는 관능·재담·욕설·자기 폭로 등은 김립의 시와 마찬가지로 그것이 비시적 요소를 시 속에 포용하게 된 것을 나타내고 있다. 이조 후기 문학의 이러한 변모는 당대 문학인들이 당대 사회의 모순을 직시하여 그것을 글로 표현할 수 있게 되었음을 뜻한다.

18, 9세기의 문학이 위에 적은 몇 사람들이 달성한 성과에 의해 상당한 변모를 한 것은 사실이지만, 그것은 아직까지도 가락에 맞춰 소리 내어 읽는 전통적 방법에 의해 전달된다. 인쇄술이 크게 발달하지 못했고, 문자 해독자들이 적었기 때문이겠지만, 소리를 내어 작품을 읽는다는 조건은 재능있는 낭송자를 필요로 하게 된다. 광대, 혹은 가인이라고 불린 그 낭송자들은 과거의 여러 판본을 정리하고, 거기에 자신의 생각을 첨가하는 작업까지를 떠맡는데, 그런 대표적인 인물이 신재효(申在孝)·김천택(金天澤)·김수장(金壽長) 등이다. 이조 후기에 일어난 문학적 변모의 의미가 명확하게 드러난 것은 20세기에 들어와서이다. 근대적 상품 유통 절차가 점차로 확립되고 신문·잡지 등의 매체들이 생겨남에 따라, 문학에서 소리가 점차로 그 중요한 역할을 상실하게 된다. 20세기 초기에 신문·잡지가 급속하게 발달한 것은 19세기 후반부터 서서히 침략의 손길을 뻗치기 시작한 일본 제국주의에 대한 저항에 상당한 이유를 두고 있다. 서구적 충격을 논리적으로 극복하려 하는 과정에서, 『열하일기』,

『춘향전』의 사실주의적 세계 인식은 근대 소설을 가능케 하며, 사설시조
는 자유시-산문시를 산출케 한다. 그 두 경향을 각각 대표하고 있는 문
인이 이광수와 한용운이다. 그들은 17세기경부터 진행되어 온 한글 문체
를 완성시키며, 그것의 완성이 문학적으로 무엇을 뜻하는지를 독자들에
게 문제로 제기한다. 그래서 문학 자체에 대한 반성과 함께 문화적 인식,
문학적 사실에 대한 인식이 행해진다.

　　한글이 한국어의 표기 수단으로 제정된 이후, 그것에 큰 가치를 부여
하지 않으려 한 권력자들의 압력에도 불구하고, 그것의 완성을 위해 여
러 계층의 사람들이 오랫동안 노력한 한글 문체는 그러나 그것을 완성시
키려고 노력한 자들의 의사와는 다른 방향으로 왜곡되기 시작한다. 자체
내의 힘으로, 사회의 모순을 인식하고, 그것을 개혁하려는 의지를 표현
해야 할 한글 문체는 일본 제국주의자들의 음험한 압력에 의해 그 비판적
기능을 점차로 상실한다. 1910년의 한일 합방 이후, 한국 영토 내에 총독
부를 설치한 일본은 경제적으로 한국을 악랄하게 수탈함과 동시에, 문화
적으로 한국인은 한국 사회의 모순을 스스로 교정할 수 없는 민족이라는
환상을 심으려고 애를 쓴다. 그래서 한국인의 외국 지향적 측면이 강조
되고, 과거의 문화적 유산은 쓸모없는 것으로 선전된다. 20세기 초의 한
국 문학인들의 모든 노력은 그러한 일본 제국주의자들의 우민화 정책의
허위성을 규명하는 데로 모아진다. 산문의 경우 문학인들은 식민지 사회
의 모순을 드러내는 작업에 열중하며, 운문의 경우 한국어의 표현 가능
성 탐구에 그 초점을 모은다. 염상섭(廉想涉)의 『삼대』, 채만식(蔡萬植)의
『태평천하』, 정지용(鄭芝溶)·이병기(李秉岐)·윤동주(尹東柱)의 시편들은
그 작업의 결과들이다.

　　1940년대를 전후해서 한국 문학은 최악의 시대에 직면한다. 일본 제
국주의자들이 한국어 자캐를 말살해버리려 한 것이다. 한국인의 성명이

일본식으로 바꾸어졌을 뿐만이 아니라, 일상생활에서도 한국어를 사용하는 것이 금지된다. 문학인들은 이제 일본어로 생각하고 글을 쓰지 않으면 침묵할 수밖에 없게 된 것이다. 이광수를 비롯한 많은 수의 문인들이 일본에 협조하여 일본 어용 학자들의 한일 동조론(韓日同祖 論)을 받아들이고, 한국 학생의 참전을 종용한다. 반면에 상당수의 문인들이 침묵하거나, 저항 운동을 하다가 옥사한다. 염상섭이 붓을 꺾고, 이육사·윤동주 등이 옥사한다. 어떤 문인들은 언제 발표될지 알 수 없는 작품을 숨어서 한국어로 제작한다. 한국어로 글을 쓴다는 것 자체가 죄가 되는 상황에서, 한국어를 갈고 닦는다는 것은 문학인이 할 수 있는 최대의 저항이다. 그 당시의 암울한 심정을 한 작가는 해방 이후에 다음과 같이 토로하고 있다.

> 그날도 나는 지난날의 원고 뭉치를 꺼내어 펴놓고 이것저것 뒤적여보고 있었다. 언제 햇빛을 보게 되는지조차 알 길 없는 원고들, 그중에는 잉크빛이 부옇게 바랜 것도 적지 않았다. 남에게 있어서는 한갓 휴지에 지나지 않을지도 모르는 것들이 그러나 내게는 다시없이 소중한 것이었다. 어둡고 메마른 세월과 함께 자꾸만 위축해 들어가는 내 생활의 명맥을 그런대로 이어주는 한 가닥 삶의 보람은 역시 벽장 구석에서 먼지를 뒤집어쓰고 있는 이 원고 뭉치가 아닐 수 없었다.
> — 황순원, 「내 고향 사람들」

해방 이후의 한국 문학은 40년대의 전반기에 숨어서 한국어로 글을 쓴 작가들에게 많은 것을 빚지고 있다. 45년 해방을 맞이할 무렵에 중학교를 다닌 한국인들은 한국어를 거의 모르는 세대였기 때문에, 그들에게 한국어를 가르치고, 그것의 문학어로서의 가능성을 보여줄 사람들은 그들밖에 없었던 것이다. 더구나 분단과 한국동란은 언어의 혼란을 더욱 가중시킨다. 해방 이후에 글을 쓰기 시작한 문인들의 대다수는 일본어로 생각하고 그것을 한국어로 번역하는 어려운 상황에 직면한다. 한글 문체는 다시 한번 시련을 겪게 된 것이다. 그 당시를 회고하고 있는 젊은 작가들의 글을 읽으면, 모국어로 글을 써야 된다는 것이 즐거움보다는 오히려 고통을 주는 것이었다는 것을 알게 된다. 후진국 문학인이 흔히 겪는 비통한 아픔이다. 그러나 그 혼란의 와중에서도 한국 문학인들은 절망하지 않고, 그들이 속한 사회의 시대적 의미를 밝혀내려고 애를 쓴다. 안수길의『북간도』, 황순원의『별과 같이 살다』, 최인훈의『광장』, 손창섭의『낙서족(落書族)』등의 장편들과 서정주 · 유치환 · 김수영 · 김춘수 등의 시들은 그 노력의 결과들이다.

　1960년의 4 · 19 학생 운동과 1961년의 5 · 16 군사 혁명을 거치며 심리적으로 깊은 충격을 받은 새로운 세대가 1960년 이후의 한국 문학에 등장한다. 그들은 민주주의 교육을 받았고, 한글로 그들의 사고를 표현 수 있게 된 세대이다. 그들은 한국어를 문학어로 순화시키면서 동시에 민주주의를 위협하는 여러 가지 힘들과 싸워야 한다는 어려운 임무를 맡고 있다. 문학은 한 민족이 그곳을 통해 그의 내밀한 아픔을 확인하는 열린 상처와도 같다. 지금의 한국 작가들이 무엇에 대해 고민하고 고뇌하고 있는가를 밝히는 작업은 한 민족이 지금 무엇을 앓고 있는가를 찾는 작업과 마찬가지이다. 그들의 아픔을 드러내어 그것을 치유하는 방법을 찾아내는 것이 한국 문학을 사랑하는 자들의 시급한 임무이다.

2. 60년대 문학의 배경과 성과

　60년대는 사일구와 함께 시작되었다. 사일구가 성공한 혁명이건, 아직도 진행중인 혁명이건, 사일구는 60년대 전반에 큰 영향을 끼쳤다. 60년대를 산 사람치고서, 외국에서 60년대를 보낸 사람이 아니고서는, 사일구의 영향을 받지 않은 사람은 거의 없었다. 사일구는 문화사적으로 두 모습을 갖고 있었다. 하나는 사일구의 성공적 측면에서 연유하는, 가능성의 세계와 현실의 세계는 하나일 수 있다는 긍정적 얼굴이었고, 또 하나는 사일구의 부정적 측면에서 연유하는, 이상은 반드시 현실의 보복을 받는다는 부정적 얼굴이었다. 사일구의 그 두 얼굴을 동시에 바라다본 사람들에게 사일구는 괴물처럼 보였지만, 그것의 어느 한 면만을 바라다본 사람들에게 사일구는 각각 환희와 절망을 뜻하는 것이었다.

　사일구와 함께, 우선은 문화적 자신감이 거대하게 분출하였다. 사일구는 1960년에 20세에 도달했던 젊은 세대들을 문화의 전면에 내세워, 60년대를 그들의 연대로 만들었지만, 60년대를 같이 산 다른 세대들도 젊은 세대들 못지않게, 아니 더 강렬하게 문화의 전면에 내세웠다. 해방 후의 문학 공간을 지배한 것은 시의 박목월·조지훈·박두진·서정주·박남수, 소설의 염상섭·김동리·황순원·안수길, 비평의 조연현·백철 등의, 해방 전에 이미 문학 활동을 시작한 세대들이었다. 그들은 한국어로 사유하고 한국어로 글을 쓸 수 있었던 세대였다. 그들 중의 어떤 사람은 일제와 야합하여 일제 말기에 일본어로 글을 쓰기도 하였으나, 그들은 한국어로 사유하는 것이 더욱 편한 세대였다. 50년대 말의 문학 공간은 그들보다 나이가 적은 세대, 시의 전봉건·김춘수·김수영·고은, 소설의 김성한·손창섭·장용학·이호철·선우휘·오상원·서기원·강신재·이범선, 비평의 이어령·이철범·유종호 등의 세대에 의해 활기를 띠게 되었다. 그들은 그러나 그 이전의 세대와 다르게 일본어로 사유하고 일본어로 표현하는 것이 더 쉬운 세대였으며, 그래서 그들은 한국어로 글을 쓰는 것에 대단한 고통을 느낀 세대였다. 그들은 일본어로 사유하고 그것을 한국어로 거의 번역하다시피 하였다. 그 세대는 모든 세대가 다 그러하듯, 앞선 세대를 비판하고, 그들의 세계를 극복하여 그들의 영향을 벗어나려 하였다. 그들이 보기에 그 앞선 세대의 가장 큰 약점은 토속적인 데 있었다. 일본어로 사유하는 데 익숙하였던 그들은 토속적인 것에 당연히 어두울 수밖에 없었으나, 사변적인 데에는 그들보다 뛰어났다. 그들의 거의 대부분은 그래서 무의식적으로 도시적인 것에 매달렸으며, 전통적-토속적-농촌적인 것에는 큰 관심을 보이지 않았다. 그 폐허는 마음 밖의 폐허임과 동시에 마음 안의 폐허였다. 그것은 손창섭의 표현을 빌면 언제나 비가 구질구질 내리는 음습한 곳이었다. 그 두 세대는 서로 격렬하게 싸워가면서 한국 문학의 공간을 키워갔다. 50년대의 말에는, 동아출판사와 정음사의 『세계문화전집』이 발간되기 시작하였으며, 민중서관의 『한국문학전집』이 또한 그러하였다. 그 전집류들은 신구문화사의 『전후문제작품집』의 발간(1961)으로 이어져, 쉽게 독자들이 그때까지의 문학적 업적을 접할 수 있게 해주었다. 사일구와 함께 문화계에 뛰어든 새 세대는 그 업적들에 의지하여 자신들의 세계를 정립해나갈 수가 있게 되었다. 더구나 백철의 『신문학사조사』와 조연현의 『현대문학사』는 새 세대에게 무엇과 싸워야 하며, 무엇을 획득해야 하는가를 탐색할 수 있게 해주었다. 그들은 우선 한국어로 사유하고 한국어로 글을 쓰는 세대였다. 그들은 해방 후 세대의 아픈 상처를 갖고 있지 않았으며 전쟁 후 세대의 사유/표현의 괴리를 느끼지 않았다. 그들의 한국어는 토속적 한국어와 사변적 한국어를 변증법적으로 극복한 한국어였다. 더구나 그들이 본 세계는 사일구의 푸른 하늘이었다. 그들은 일제하의 반민족적 행위를, 해방 후의 혼란을, 전쟁 후의 폐허 의식을 거리를 두고 바라볼 수 있었으며, 한글을 지키기 위해 애를 써서 얻은 토속성의 세계를, 사실과 유리된 것처럼 보이는 관념의 세계를 뜨거운 애정으로 이해할 수 있었다. 그러나 그들은 그 세계 속에 침잠해 있을 수는 없었다. 그들은 그들 나름대로 한국어의 새 문체를 만들어야 했으며 그래서 새로운 문학의 지평을 열어야 했다. 사유는 현실에 대한 사유이지 현실과 동떨어진 것에 대한 사유가 아니라는 것이 그들의 기본 자세였다.

사일구 세대라는 명칭으로 널리 알려진 새 세대는 시의 황동규·이성부·정현종·이승훈·최하림·김지하, 소설의 김승옥·이청준·서정인·박태순·박상륭·홍성원·김원일·김용성·이제하·이문구, 비평의 백낙청·김병익·김치수·김주연·염무웅·임중빈·이광훈·조동일 등을 말한다. 그 세대들이 부딪친 세계는 식민지 시대, 해방 후의 혼란, 전쟁 때의 세계와는 분명히 다른 세계였다. 우선 그 세계는 분단된 세계였다. 해방 전의 세대나 전쟁 후 세대에게 분단되지 아니한 한국은 그 실체가 눈에 보이는 것이었으나, 사일구 세대에게 그것은 이상화된 세계, 실체를 만질 수는 없으나 반드시 그렇게 만들어야 하는 세계였다. 그러나 그 세계는 여러 가지 이유로 이룩하기 힘든 세계였다. 분단 체제는 획일화된 이데올로기를 더욱 강화하여 그것에서 벗어나는 것은 그 이전 세대들이 느끼는 것보다 훨씬 힘들게 그들에겐 느껴졌다. 젊은 새 세대에게 있어서 분단의 상처는 실존의 밑바닥 깊숙이 가라앉아 있는 괴물이었다. 그 괴물은 김승옥의 「건」(1962)에서 얼핏 머리를 내민 후, 김원일의 「어둠의 혼」에서야 겨우 그 전모를 드러낼 정도로 실존의 밑바닥 깊숙이 가라앉아 있었다. 새 세대와 그 이전 세대와의 첫 번째 차이이다. 그 다음 그들이 부딪친 세계는 일본이 극소화되고 미국이 극대화된 세계였다. 한국의 지식인들은 거의 반세기 이상을 일본에 의지하여 세계의 문화를 이해해왔으나, 해방 후의 지식인들은 일본의 역할이 갑자기 전무해진 이상한 상태와 맞부딪치게 되었다. 새로운 문화를 알아야 되겠다는 민족주의적인 열망 때문에 일본으로 공부하러 갔던 많은 한국인들의 느낌과 다르게, 일본은 이제 민족주의적인 증오의 대상이었고, 일본과 일본을 통해 들어온 문화는 타기할 만한 것이었다. 그 반대 급부로 미국의 역할이 과대하게 커졌다. 일본을 통해 세계 문화를 이해하려 한 한국인들은 이제 미국을 통해 그러하려 하게 되었다. 아니 미국이 바로 세계 문화 그 자체였다. 일본은 이미 매개항으로서의 가치도 잃어버렸다. 이 이상한 일본 부재 현상 때문에, 새 세대들은 일본을 모르는 것을 오히려 자랑으로 여기게 되었다. 거기에 공산화된 중국이 추가되었고, 그래서 새 세대의 세계 의식에 동양 문화의 중심이라 할 수 있는 중국과 일본은 자리를 잡지 못했다. 새 세대의 세계는 미국과 유럽이었다. 새로운 새것 콤플렉스가, 원산지 직수입이라는 형태로 구체화된 것이 60년대의 문화적 분위기였다. 새 세대는 일본에 대한 콤플렉스가 없는 세대였다. 일본어로 세계 문화–문학에 접한 그 이전 세대들은 중역의 세계에 살았지만, 어느 정도 획일화된 이데올로기에서 자유로울 수 있었고, 일본어를 모르는 새 세대는 미국과 유럽의 문화에 직접 부딪칠 수는 있었지만, 획일화된 이데올로기에서 자유로울 수가 없었다. 그들은 직역 세대였으나, 번역될 수 있는 책들은 한계가 있었다. 새 세대와 그 이전 세대들과의 두 번째 차이이다. 그 다음 새 세대가 부딪친 세계는 대중 교육과 대중 매체의 세계였다. 새 세대의 거의 대부분은 대학 교육을 이수한 사람들이었다. 그것은 대학 교육을 거의 꿈꾸지 못했던 그 이전 세대들과 매우 다른 정황이었다. 대학 교육은 이제 일반화되었으며, 인쇄 매체는 대학 교육을 이수한 지식인들에게 제일 친숙한 매체였다. 신문·잡지·주간지는 지식인들의 사유의 결과를 발표할 수 있는 자리였고, 자신이 자신을 마음 놓고 의탁할 수 있는 자리였다. 60년대 후반에 이르면서, 대중 교육의 자리는 더욱 넓어졌으나, 인쇄 매체의 문화적 가치는 갈수록 줄어들게 되었다. 그것은 영화·텔레비전의 영상 매체의 등장 때문이었다. 새

세대는 인쇄 매체의 중요성을 깊이 인식하고 있었으나, 새 영상 매체들의 폭발적 선전 가치를 잘 이해하지 못하고 있었다. 그들에게 있어 영상 매체는 저급한 매체였고, 그들이 자신을 의탁할 수 있는 자리가 아니었다. 새 세대의 거의 대부분이 인쇄 매체에만 계속 관심을 쏟고 영상 매체를 멀리한 것은 그것 때문이었다. 그들은 그 이전 세대들과 다르게 영상 매체의 등장을 20대에 겪었으나, 그것을 이용할 줄 몰랐다. 그 이전의 세대가 그것을 이용하기에는 너무 늦게 그 매체 특히 텔레비전의 등장을 만났다면, 새 세대는 알맞게 만났는데도 그것을 이용하지 못했다. 그것이 그 이전 세대들과의 세 번째 차이이며, 그 다음 세대와의 첫 번째 차이이다. 그 다음 세대는 곧 영상 매체의 중요성을 깨달았던 것이다. 또한 새 세대는 도시화, 그 당시 유행하던 말로는 근대화가 빠른 속도로 진행되는 세계에 살고 있었다. 60년대 초만 하더라도 문화의 중심지는 서울이었으며 명동이었다. 그러나 도시화가 급속히 진행되면서, 문화의 중심지가 여러 곳으로 분산되었으며, 주변의 중요성이 강조되기 시작하였다. 도시화는 이농 현상과 도시 변두리의 판자촌 지역에 대한 관심을 불러일으켰다. 새 세대는 도시화의 긍정적인 면과 부정적인 면을 동시에 보게 되었다. 새 세대는 도시화를 그 이전 세대와 함께 긍정적으로 보았으며, 그 이후 세대와 함께 부정적으로 보았다. 새 세대는 도시화의 부정적 측면을 느끼기 시작했다는 점에서 그 이전 세대와 갈라지며, 그것의 긍정적 측면을 이해하고 있다는 점에서 그 이후 세대와 갈라졌다. 그것이 사일구 세대의 독특한 정황이었다.

사일구 세대만이 자기가 부딪친 세계와 성실하게 싸운 세대는 아니지만, 사일구 세대는 여하튼 힘있게 싸웠다. 그 싸움의 결과가 긍정적으로 나타난 것은 60년대가 지나서였지만, 그 싸움의 시원은 60년대였다. 소설의 경우에 한하여 그것을 정리해보면:

우선, 분단의 문제. 사일구 세대에 있어 분단은 논리의 문제가 아니었다. 그것은 주어진 여건이었으며, 그 여건은 비논리적이었다. 그것은 삶의 전체를 규제하는 억압적 여건이었다. 그들은 분단을 논리적으로 이해할 수 없었으며, 그 결과를 예측할 수도 없었다. 분단은 이미 있는 여건이었으며 그것이 주는 상처를 그들은 직접·간접적으로 깊이 인식하고 있었다. 그들의 유년·소년 시절에 겪은 제주도 4.3사태·여순반란 사건·육이오는 그것이 너무나도 끔찍한 것이었기 때문에 실존의 어두운 심연속 깊이 가라앉았다. 그것은 만지면 덧나는 상처였지만, 그 누구도 그 상처를 상처라고 말하지 않았다. 그것은 너무나도 가까이에서 일어난 중요한 사건들이였으며, 가장 가까운 육친이 연루되어 있는 사건들이었다. 그것들을 논리적으로 분석하려 하면 할수록 그것들은 더욱 덧나 논리를 왜곡시켜버리는 것이었다. 그것은 말의 엄정한 의미에서 어두운 실존적 체험이었다. 그들은 그 체험을 의식화하기 위해 싸웠다. 그 체험을 논리화하기는 쉬웠으나 그것을 의식화하여 그것들의 부정적 성격을 지우는 것은 쉬운 일이 아니었다. 그것을 의식화하는 길은 자신들의 유년기의 체험을 위악적으로 표현하거나(김승옥 「乾」), 육친의 죽음을 어쩔 수 없는 것으로 수락하는 것(김원일, 「어둠의 혼」)이었으며, 그렇게 의식화된 유년기의 체험은 현기영·조정래·홍성원·김원일의 객관적 총체소설로의 길을 뚫었다. 그들이 그린 제주도 4.3사태·여순반란 사건·육이오는 유년기의 절망적인 체험 위에 구축된 것이었으며 그런 의미에서 곽학송·이병주·선우휘의 4.3사태·여순반란 사건·육이오 묘사에는 유년기의 어두움이 없으며, 성인의 눈으로 사태 파악을 한 세대의 냉랭한 편가름이 숨어 있었다. 곽학송·이병주·선우휘에게는 선택의 문제였던 것이 현기영·조정래·홍성원·김원일에게는 삶의 의미의 문제였다. 나는 왜 이것을 선택했는가가 아니라 이 삶에 과연 의미가 있는가가 그들의 문제였다.

그것은 그들의 전 실존이 걸린 문제였다. 그 문제가 어떤 해답을 얻지 못한다면 삶은 의미 없는 질곡에 지나지 않을 것이었다. 그 다음 일본/미국의 문제. 사일구 세대는 일본어를 대개 몰랐고, 당연한 결과로 일본을 거의 몰랐다. 그것은 어느 면에서는 행복한 일이었고 어느 면에서는 불행한 일이었다. 그들이 일본에 대해 그 이전 세대들처럼 심각한 콤플렉스를 느끼지 않아도 된다는 점에서는 행복한 일이었으나, 근세사의 상당 부분과 심리적으로 차단된다는 점에서는 불행한 일이었다. 사일구 세대는, 그 이전 세대들이 일본을 통해 발견한 세계를, 일본과 중국을 제외하고 직접 부딪치게 되었다. 매개항 없이 서구의 문물을 받아들일 수 있게 된 것은 좋은 일이었으나, 동양을 멸시하고, 그 동양의 한 부분으로서의 한국의 한 부분을 멸시하게 된 것은 좋은 일이 아니었다. 사일구 세대가 문학의 전범으로 삼은 것은 노장(老莊)·선(禪)·정주학(程朱學)·양명학(陽明學) 등이 아니었고, 그렇다고 실학·판소리·탈춤·민요도 아니었다. 그들이 전범으로 삼은 것은 니체, 키에르케고르, 헤겔, 프로이트, 카뮈, 사르트르, 말로, 생-텍쥐페리, 토마스 만, 헤세, 헤밍웨이, 포크너 같은 외국 문인들이었다. 이들은 전범이었지 경쟁자가 아니었다. 그들이 영원한 모범이 아니라 경쟁자라는 것을 깨달은 것은 훨씬 뒤의 일이었다. 소재상으로 본다면, 사일구 세대는, 그 이전 세대들과 다르게, 이북·일본·만주·중국 체험이 없는 세대였다. 그들은 황순원·이병주·안수길·김정한 등과 같은 세계 속에 있었지만, 같은 체험 공간을 갖지는 못했다. 그들의 체험은 거의 이남에 한정되었으며, 그래서 소설의 공간은 좁았다. 그들의 미국 체험은 기껏해야 이미 송병수(「쑈리 킴」)가 보여준 세계를 추체험하는 정도였다. 미국이 한반도에서 갖는 의미가 무엇인가가 풍속적인 차원에서나마 심각하게 고려된 것은 조해일의 「아메리카」를 통해서였다. 사일구 세대의 미국 경사는 계속된 미국 이민에 의해 문학적 결실을 얻게 되는데, 그것은 70년대에 달성되는 성과였다(박시정·오승재·김지원). 사일구 세대의 미국은 아직은 '미국의 꿈'이라는 표현 속에 집약된 미국이었으며, 역사의 모범이었다. 그 점에서 사일구 세대는 일본 체험 세대와 미국 이민 세대 사이에 낀 과도기 세대였다.

그 다음, 대학 교육/대중 매체의 문제. 사일구 세대는 거의가 다 대학 교육을 받은 지식인들이었다. 예를 들어 김승옥은 불문학을, 이청준은 독문학을, 홍성원·서정인·박태순은 영문학을, 이문구·강호무·박상륭은 창작법을 정식으로 공부하였다. 그들은 그래서 문학의 최신 기법을 잘 알고 있었다. 그 중에서도 의식의 흐름 수법은 그들 거의 모두가 익숙하게 사용한 기법이었다. 이제는 완전히 보편화되었지만 현재-과거-현재의 직조법이나, 회상법 등은 그들이 애용한 수법이었다. 그것은 처음엔 놀라움과 찬탄으로 받아들여졌다. 감수성의 혁명이니 새로운 정서라는 등의 선전적 문투는 그래서 생겨났다. 그 기법의 쇄신은 김승옥·이청준에게서는 그렇게 심한 것이 아니었으나, 초기의 서정인·박태순·강호무·박상륭에게서는 과감한 시도로 나타났으며, 그래서 사일구 세대의 작품들은 깊은 주의력을 갖고 읽어야 이해될 수 있었다. 그들의 작품은 어느 정도로는 어려운 작품이었다. 그 가장 극단적인 예가 박상륭의 작품들이었다. 쉬운 소설은 그 반작용으로 요구된 것이었다. 줄거리가 재미있고, 딱딱한 지문은 적고, 재치있는 대화가 많은 소설은 곧 어려운 소설들을 뒤덮을 것이었다. 또한 그들은 대학 교육을 받은 지식인이었기 때문에, 지식인의 역할에도 충실하려 하였다. 그 노력은 두 가지 방향으로 진전되어나갔다. 하나는 지식인들을 대상으로 삼는 소설을 쓰는 방향이었으며, 또 하나는 실천을 중요시하는 방향이었다. 이청준·박상륭은 앞의 방향으로 나아갔으며, 박태순·이문구는 뒤의 방향으로 나아갔다. 이청준의『당신들의 천국』, 박상륭의『죽음의 한 연구』는 앞의 방향에서 나온 중요한 업적이었다. 소설가–지식인의 대두는 새로운 것이 아니었다. 그것은 이광수가 이미 보여준 유형이었다. 그러나 사일구 세대가 보여준 소설가–지식인은 이광수의 계몽주의자가 아니었고, 냉정하게 사태를 분석하고 종합하는 총체소설가들이었다. 그들은 차라리 염상섭·채만식에 가까운 유형이었다. 그러나 엄격하게 따지면, 소설가는 말을 어느 정도는 공들여 다듬어야 하는 장인이었고, 지식인은 순간순간 일어나는 일들에 대해 즉각적으로 말을 해야 하는 사람이었으므로, 그 두 역할 사이의 모순은 커가지 않을 수 없었다. 그들은 한 비평가의 표현을 빌면 고양이와 쥐 노릇을 한꺼번에 하려는 사람들이었다.

마지막으로, 도시화의 문제. 조국 근대화는 60년대의 가장 우렁찬 구호였다. 실제로 절대 빈곤에서의 해방은 60년대의 절실한 과제였다. 근대화가 진행되면서 서구에서와 마찬가지로, 한국에서도 여러 가지 모순점들이 서서히 혹은 급격히 노출되기 시작하였다. 근대화는 분업화였으며, 도시화였기 때문에, 이농, 인구 집중, 공해, 노동 쟁의, 빈부 격차의 심화 등의 문제점들이 곧 드러났다. 사일구 세대는 그 문제들과 싸우지 않을 수 없었다. 그 싸움은, 조세희처럼 노동자 세계를 파고들거나, 박태순처럼 도시 변두리, 그의 표현을 빌면 외촌동에 사는 사람들을 분석하거나, 이청준·이문구처럼 귀향·고향 찾기의 심리적 근거를 밝히는 작업으로 문학화되었다. 그 작업들의 결과는 훌륭하고 힘있었다. 조세희의『난장이가 쏘아올린 작은 공』, 윤흥길의『아홉 켤레의 구두로 남은 사내』, 박태순의「단씨의 형제들」, 이문구의『관촌수필』, 김원일의『같은 좋은 작품들은 그런 탐구의 결실이었다. 그러나 그런 작품들이 나온 것은 70년대에 들어와서였다. 그것은 어느 면에서 보면 당연한 일이었다. 김승옥·서정인이 62년에 데뷔하였지만, 박상륭은 64년에, 이청준·이문구는 65년에, 박태순은 66년에, 김원일은 67년에야 데뷔했던 것이었다. 그런 의미에서 사일구 세대라고 부를 수는 없지만, 50년대 말에 글쓰기를 시작하여, 60년대 내내 사일구 세대와 같이 싸워 온 최인훈의 존재는, 시에 있어서의 고은·황동규와 함께 주목해야 마땅한 것이었다. 그는 여러 면에서 사일구 세대와 궤를 같이한 작가였다.

사일구 세대가 60년에 제일 즐겨 다룬 소재는 대학생 생활이었다. 그것은 그 이전 세대들과 다르게 그들이 가장 잘 알고 있는 소재였다. 김승옥·이청준·박태순·홍성원·서정인 등은 대학 생활을 하면서 소설을 썼으며, 그들이 가장 잘 알고 있는 소재는 대학 생활이었으므로, 그것은 곧잘 그들의 소설에 직접·간접으로 이용되었다. 그들이 보는 대학생들은 삶의 의미를 찾으려고 방황하는 방랑인이었다. 그들의 앞에 무한한 가능성의 세계가 펼쳐 있다는 점에서 그들은 행복한 존재였으나, 그들의 삶은 연습이지 현실이 아니라는 점에서 그들은 떠 있는 불행한 존재였다. 대학생들의 부유하는 모습은 낭만적이고 화려하였으나, 비현실적이었고 비역사적이었다. 그 대학생들은 곧 현실과 역사를 발견하여, 땅에 발을 붙이고 살아가지 않을 수 없었다. 그 세대는 대개 30세를 넘기면서 대학생들의 세계를 떠났고, 새로운 젊은 대학생들은 이문열·이인성·강석경·임철우 등에 의해 새 조명을 받게 될 것이었다.

······60년대의 소설 양식을 지배한 것은 단편이었다. 그것은 60년대의 조악한 출판계 사정에서 기인한 것이었다. 60년대에는, 소설을 발표할 수 있는 지면이 아주 적었고(『현대문학』, 『자유문학』, 『사상계』······), 대가들의 작품집도 흔히 출간이 기피되었다. 신인 작가들로서 넉넉한 지면을 얻는다는 것은 아주 어려운 일이었다. 적은 지면에 많은 사람들의 글을 싣기 위해서는 적은 매수의 글이 요구되었고 그것은 60년대 후반까지 그대로 지속되었다. 60년대에 활동한 작가들 중에서 어렵게 살아남은 작가들은 그 좁은 지면을 잘 이용한 작가들이었다. 그리고 그것을 잘 이

용하는 길은 완벽한 짜임새 있는 단편을 만들어내는 길뿐이었다. 뛰어난 단편은 잘 짜인 단편을 뜻하는 것이었다. 60년대에 산 작가들은 곧 지면이 활짝 개방되고, 자기가 쓰고 싶은 것을 마음대로 쓸 시기가 오리라는 것을 모르고 있었다. 그들은 계속 가난한 글쟁이였다.

3. 한글 논의에 대하여

한글 문제가 하나의 사회적인 문제로서 한국 사회 내부에서 제기된 지가 벌써 200년이 넘는다. 김만중(金萬重)의 저 폭탄적인 '자국어선언(自國語宣言)'이래 한글과 한문의 대립 문제는 개화기 시대를 거쳐 현재까지 그 여파를 미치고 있다. 여파라기보다는 그 어느 때보다 강한 현실적 요청과 압력을 받고 있다. 실학파들에 의해 한문 문체가 점차로 파괴되기 시작한 이래로 한글에 대해 깊은 관심을 표명한 것은 대부분 개혁 의지에 불타는 진보주의자들이다. 그 사정은 개화기 초의 여러 신문들에 관여한 인사들의 소론들 속에 간결하게 표현되어 있다. 당대의 지식인들을 상대로 한 한문 신문과 소위 무식한 대중을 상대로 한 한글 신문의 영향력의 차이를 생각하면, 개화기 때의 선구자들이 한글을 어떻게 사용했나를 잘 이해할 수 있게 된다. 윤리나 풍속의 변모는 광범위한 대중의 지지를 얻을 수 있어야 하며, 그 대중의 지지는 그들이 사용하고 있는 언어로 그들의 사상을 표현해줄 때 얻어진다. 이것은 유럽 근대에서 확인한 간단한 진리다. 그 진리를 개화기 초의 개혁자들은 '문자 그대로' 실행한 것이다. 언어가 단순한 기호 체계가 아니라 의미 체계라는 것을 그들이 명확히 깨닫고 있었던 것은 아닐까.

한문을 사용함으로써 한문 속에 때묻은 유교적 교양과 동양적 봉건

제도의 윤곽을 그대로 수용하게 된다는 저 무의식적 메커니즘을 그들이 어느 정도 깨달았을 가능성은 많다. 개화기 초의 선구자들에게는 한글의 폭넓은 가능성, 대중의 지지와 새로운 윤리의 그릇으로서의 한글의 가능성이 눈에 선하게 비친 것이다. 일제하에 이르면 그 민권 투쟁의 도구이던 한글이 국가 보존의 도구로 변모한다. 일제하의 그 어두컴컴하고 질식할 듯한 시기에 한국어를 지킨다는 것은 한국어를 사용할 줄 아는 한 집단을 지키고 보존하는 일과 맞먹는 일이다.

국외로 망명하여 독립 운동을 할 수 없게 되어 국내에 망명한 자로서 할 수 있는 최대의 투쟁은 한글 운동이다. 김만중에게서 일제 말기에 이르는 한글 운동은, 그러므로 사회구조의 개조라는 측면과 이제 멸망한 나라의 보존이라는 두 지주 위에 세워져 있다. 해방 후에는 사정이 판이하게 달라진다. 한글은 이미 한문을 압도적으로 누르고 문자 생활의 전면에 나서며, 한문은 한자의 형태로 한글 속에 잔존하게 된다. 그래서 논의의 대상도 한글 전용이냐 국한문 혼용이냐라는 선에 머물러 있다. 그리고 거기에 대해서는 사계의 권위자들에 의해 이미 상당한 양의 의견이 개진되어 있다. 나로서는 거기에 대해 왈가왈부할 능력이 없다.

그러나 외국 문학을 강의하는 선생으로서, 그리고 한국 문학에 관심을 가진 문학도로서 내가 지적할 수 있는 일이 있다면, 이미 대학 교육을 받고 있는 많은 수의 학생들에 이르기까지 학생들이 한문의 영향권 내에서 완전히 벗어나 있다는 사실이다. 그것은 교육의 잘못에 의해서 얻어진 것이 아니라 서재필(徐載弼)에 의해서 제시되어 많은 호응을 얻은 국민을 위한 정치라는 개념이 이제는 풍속의 차원에까지 폭넓게 정착했다는 사실에서 오는 것이다. 한자를 모르기 때문에 그런 것인지는 모르지만 예컨대 존칭법의 혼란 같은 것은 민주 정치의 개념이 의식상에 있어서 어느 정도 뿌리를 내린 것을 뜻한다. 코미디언들의 "아버님 대갈님에

검불님······" 운운하는 재담이나, 이제는 광범위하게 사용되는 '······께'의 대신으로 쓰이는 '······에게' 등은 한문으로 상징되는 충효 사상이 그 근저에서 흔들리고 있음을 나타내는 것이다.

한문으로 씌어진 혹은 한자투성이인 글에 대하여 이 새로운 세대들이 갖는 이물감은 무식의 소치라고 한마디로 때려누일 수는 없는 어떤 것을 가지고 있다. 그것은 그 세대가 피부로 느끼는 개인주의 혹은 이기주의가 한자가 섞인 글에서 풍겨나오는 유교적 도덕주의와 상충되는 데서 일어나는 것이라고 판단하는 것이 훨씬 현명하다. 이미 사고하는 양태와 표현법이 달라진 것이다. 실제로 학생들과 접촉하는 가운데서 알 수 있는 것은 그들이 논문을 쓸 때나 글을 지을 때 대부분의 개념어들은 한글이나 서구어로 표기하며, 한문으로 표기하는 것은 구태여 한문으로 표기하지 않아도 되는 '對하여', '向할 때', '其他' 등등이라는 충격적 사실이다. 그 새 세대는 이미 한자로 사고하지 않고 로마자로 사고하고 있는 것이다. 문제는 바로 여기에 있다. 그 세대에 있어서 한자는 표기하기 거북한 기호 체계에 지나지 않는다.

문학에 있어서도 사정은 마찬가지이다. 김승옥(金承鈺) 이후의 한국 문학은 박태순(朴泰洵)·최인호(崔仁浩)·황석영(黃晳暎)·조해일(趙海一) 등에 이르기까지 한자어로 사고하는 습속을 거의 잃어버리고 있다. 그것은 전통적인 문장을 고수하려는 이청준(李淸俊)의 경우에도 마찬가지이다. 시의 경우에 그것은 더욱 뚜렷이 드러난다. 이승훈(李昇勳)·이성부(李盛夫)·정현종(鄭玄宗) 등의 시인들은 이미 한자어에 침윤되어 있는 세대와는 다른 의미 연관 밑에서 작업한다. 그것은 50년대의 탁발한 문인들, 서기원(徐基源)·이호철(李昊哲)·하근찬(河璟燦)·최인훈(崔仁勳)·박재삼(朴在森)·고은(高銀) 등에서 그 편린을 엿볼 수 있는 유교적 교양주의, 경세학의 일분야로 문학을 보겠다는 태도와는 상당한 거리를 유지하고 있는 것이다.

　이러한 것에 대한 면밀한 천착 없이 한글 전용을 해야 하느냐, 국한문 혼용을 해야 하느냐 하는 따위의 논쟁은 부질없는 짓이다. 사태는 이미 한자를 단순한 기호 체계에 한정시키고 있는 것이다. 한국 사회의 기조를 이루는 서구식 민주주의가 탈바꿈을 하지 않는 한, 어떤 방식으로 한자를 되살리든지 간에 그것은 교양의 차원에서 멈춘다. 반공이라는 국시가 탈바꿈하지 않는 한 이북 공산당들이, 많은 한국인들에게는 머리에 뿔 하나쯤 돋아 있는 귀신들처럼 계속 보일 것과 그것은 마찬가지 논리이다.

'국어'의 정신분석

김철
연세대학교

　대표적인 한글학자의 한 사람인 정렬모(1895~1967)가 1927년에 쓴 「조선어 연구의 정체는 무엇?」이라는 글은, 말 그대로, '조선어'의 정체에 대한 매우 흥미로운 논점들을 제시하고 있다. 조선어학회의 기관지 『한글』 1권 2호에 발표된 이 글은, "조선어 연구자가 걸핏하면 세인에게 이매망량(魑魅魍魎)의 도(徒)로 지적"받고 있다는 말로 시작된다. 세상 사람들은 조선어 연구자의 "정체"를 모른다. 그들의 눈에 조선어 연구자는 "새 말을 지어내는 사람", "없어진 말을 찾아 쓰는 사람", "쉬운 말을 어렵게 쓰려는 사람", 즉 '도깨비나 귀신의 무리'에 다름 아니라는 것이다.

　다소 과격한 이 표현은, 조선어 연구에 대한 대중의 무지를 탓하기 보다는 오히려 그러한 오해와 무지를 초래한 조선어 연구자들의 반성을 촉구하는 쪽에 중점이 놓여 있다. "조선어 연구자는 자기 사업에 대한 명백한 의식을 가지지 못하였고", "沒世間的 문자유희를 일삼고 있었"다는 등의 신랄한 비판에 이어 필자는 바로 다음과 같이 말한다.

　　그러므로 툭하면 남에게 非難을 사고 誤解를 받게 되었으며 甚하게는 우리의 生命과 같이 貴重한 國語(註: 言語學上으로 보아 어느 特秀한 体系를 갖춘 文法에 依하여 統一된 言語의 一團을 國語이라 하나니 假令 英

國과 米國과는 政治上 獨立한 兩個 國家이지마는 '英語'라는 一個 國語를 使用하는 것이요 朝鮮語와 日本語는 그 文法上 体系가 다르므로 政治上 意味를 떠나서 兩個 國語가 되는 것이다)를 拒否 厭避하는 弊까지 생기게 하였다.[1]

'체계를 갖춘 문법에 의해 통일된 언어가 국어'라는 주장을 통해 '조선어'는 바로 '국어'로 지칭된다. 그에 따르면, 조선어가 '국어'로 불리기 위해서는 정치적 독립이 필요한 것이 아니라 '언어학적 독립'이 필요하다. 즉, '언어학적 체계를 갖춘 문법에 의하여 통일된 언어'라면 정치적 상황과 관계없이 '국어'가 될 수 있다는 것이 그의 주장이었다. 당연히 역으로, 문법적 통일성을 갖추지 못한 언어는 '국어'일 수 없을 것이다. 그의 논리 속에서 조선어/국어 사이에는 절대적인 경계가 있고, 그 경계는 국어사를 비롯해 음운론, 문장론, 문법론, 방언론, 정서법 등, 요컨대 근대 언어학의 제반 분야로 이루어져 있다. '조선어'가 그 경계 바깥에 본래적으로 주어져 있는 일종의 '자연언어'라면 '국어'는 그 자연언어와는 다른, 근대적 언어학의 방법으로 만들어낸 어떤 것일 터이다. 그의 결론을 요약하자면, 근대 언어학적 방법으로 연구되는 '조선어(학)'은 '국어(학)'이고, 그렇지 못한 '조선어(학)'은 '도깨비나 귀신의 무리'에 속하는 것이다.

여기서 '국어'의 개념 규정이 너무 막연하거나 자의적이라고 비판한다면 그것은 초점을 벗어난 것이다. 왜냐하면 그러한 비판은 통일적이고 실정적인 '국어'의 개념을 전제로 하는 것인데, 문제로 삼아야 할 것은 바로 그 전제 자체이기 때문이다. 한편 제국의 학문–제도적 편제 안에서 이미 '조선어'는 '국어'로 지칭될 여지가 없었다는 현실을 들어, 필자의 조선어=국어의 과잉결정을 비판하는 것 역시 그 비판이 국민국가=국어

---

1 鄭烈模, 「朝鮮語硏究의 正體는 무엇?」, 『한글』, 1권 2호, 한글社, 1927.3, 68쪽.

=국민문화=국민의 무매개적 일치를 승인하는 전제 위에 서 있다면 무의미한 것이 되기 쉽다. 문제는 '국어'의 '개념'이 아니라 '국어'라는 '이데올로기', 즉 표상들과 구조들의 체계로서의 이데올로기이기 때문이다.[2]

위의 글에서 내가 주목하는 것은 조선어를 일본어와 동등한 하나의 '국어'로 지칭하는 이 오인(mis-recognition) 또는 환상(fantasy)의 구조이다. 어떤 구조 혹은 체계가 1927년의 시점에서 이 식민지의 언어학자에게 조선어를 '국어'라고 말하게 했는가? 대체 '국어'란 무엇인가, 보다 직접적으로 말해, '국어'는 식민지 및 탈식민지 주체들에게 무엇인가? 나는 '국어' 혹은 '국문'이 처음으로 발화되는 19세기말로부터 식민지 말기의 '조선어학회 사건'(1942), 그리고 해방 이후 이른바 '한글간소화 파동'(1954)에 연관된 정비석의 소설 『자유부인』을 통해 '국어'라는 기표를 둘러싼 식민지 및 탈식민지 주체들의 무의식을 분석해 보고자 한다.

1. 국어 = 팔루스(phallus)의 탄생

잘 알려진 바와 같이, '국문'이라는 용어가 처음으로 공식화되어 나타난 것은 갑오개혁(1894) 이후의 일이다. 예컨대 1894년 7월 19일 의정부(議政府) 學部衙門 편집국은 "掌國文綴字國文飜譯及敎科書編輯等事(국문철자와 국문번역 및 교과서 편집 등의 일을 관장한다)"는 규정을 공표하는데, 여기서 쓰인 '국문'이라는 용어가 예사롭지 않은 것임은 이보다 18년 전인 1876년의 「朝日修好條規」와 비교하면 바로 드러난다. 조선이 '自主之邦'임을 선언한 이 최초의 국제조약에서 두 나라가 교환할 외교문서의

---

2 국어 이데올로기의 역사적 형성에 관해서는 이연숙의 『「國語」という思想』, 岩波書店, 1996. 고영진·임경화 역, 『'국어'라는 사상』, 소명출판, 2006 참조.

문자는, 일본의 경우는 '其國文', 조선은 '眞文' 즉 한문으로 정해졌던 것이다. 그 이유는 조선에는 '국문'이 존재하지 않았기 때문이다.[3]

외국과의 조약문서에 '其國文' 대신에 '眞文'을 사용하던 시점으로부터 국가의 공식문서에 '국문'을 사용할 것을 칙령으로 반포하는[4] 이 시점까지의 변화가 어떤 열망들에 이끌리고 있었던 것인지 우리는 잘 알고 있다. 이제 바야흐로 조선/인은 '국문' 혹은 '국어'로만 표상될 것이었다. 그런데 이 '국문' 혹은 '국어'란 무엇인가? '국문' 탄생의 산파(産婆) 주시경이 여러 차례 반복해서 강조하는 '국어'는 다음과 같은 것이다.

> 我國은 亞洲東方溫帶에 在하여 北으로 靈明한 長白山이 特秀하고 東西南으로 溫和한 三面海가 圍繞한 半島니 古時에는 長白山이 中央이요 北은 滿野를 盡하고 其餘三面은 곳 東西南海라 天이 此域을 界하고 我人種을 祖産하고 其音을 命하매 此域에서 此人種이 此音을 發하여 言語를 作하고 其言語로 思想을 上達하여 長白四疆에 繁衍[繁昌-인용자]하더니 許多年代를 經하여 檀聖이 開國하신 以來로 神聖한 政教를 四千餘載에 傳하니 此는 天然特性의 我國語라[5]

---

3 박광현, 「언어적 민족주의 형성에 관한 재고-'국문'과 '조선어'의 사이」, 『한국문학연구』 23집, 동국대 한국문학연구소, 2003, 250쪽.

4 "法律勅令은다國文으로써本을삼고漢譯을付하며或國漢文을混用홈"(勅令제1호14조. 1895. 5. 8. 박광현, 위의 글에서 재인용)

5 주시경, 『國語文法』, 序, 博文書館, 1910 (이기문 편, 『周時經全集 下』, 亞細亞文化社, 1976, 221쪽). 『國語文法』의 발행일자는 隆熙 4년(1910) 4월 15일이며 서문이 쓰여진 시기는 隆熙 3년(1909) 7월, 즉 한일합방 이전이다. 이 책은 한일합방 이후 1911년 및 1913년에 재간행 되는데 그때의 제목은 『朝鮮語文法』이며 刊記에 적힌 연호는 '明治 44년' 및 '大正 2년'이다. 한편, 위의 인용문과 같은 구절들은 『國語文典音學』(1908)에도 보이고, 똑같은 표현은 아니더라도 유사한 내용이 「必尙自國文言」(1907)에도 보인다.

"檀君 開國" 이래 4천여 년의 시간 및 장백산, 만주, 동해, 서해를 포괄하는 "半島"의 공간, 그리고 그 안에 거주해 온 "我人種"을 하나로 묶는 이 상상의 기반은 "天이 命한", "天然特性의", 我國語"이다. 이 천연성=자연성의 감각이야말로 '나'(我=민족적 자아)를 탄생시키는 필수적인 요소에 다름 아니다. 다시 말해, 19세기말 조선에서의 민족 자아는 이 자연성의 감각, 즉 민족어=국어의 통합성과 자연성에 대한 믿음, 동시에 그것과 자기와의 동일시라는 환영(幻影)을 통해 탄생했던 것이다. 그 환영의 과정과 결과는 어떤 것이었던가?

널리 알려진 라캉(Jacques Lacan)의 이론에 따르면, '나'는 "이미지들의 효과"이며 "상상계의 기능"이다.[6] 이른바 '거울단계'에서 아이는 자기 신체에 대한 파편적 감각과는 달리 거울에 비치는 이미지의 통합적 전체상을 자신과 동일시한다. '나'는 이러한 오인을 통해 탄생한다. 요컨대, '나'는 일련의 환영적 이미지, 즉 연속성과 통일성의 환상에 근거한 것이며 그 기능은 환상을 유지하는 것, 다시 말해 진실을 받아들이기를 거부하면서 오인을 통해 상상계적 질서를 구축하는 것이다. 그러나 통합성과 자연성의 감각이 환영에 근거한 것인 한, '나'는 영원히 해소될 수 없는 부조화, 즉 어떤 상실과 결여를 처음부터 안고 있는 것일 수밖에 없다. '국어'는 이 상실과 결여의 한 기표이다.

사카이 나오키(酒井直樹)는 일본어의 탄생 과정에서 어떤 전도(顚倒)가 일어났는지를 상세하게 밝힌 바 있는데, 그에 따르면, "어떤 공동체 안에서 공통적으로 이해할 수 있는 민족언어 혹은 국민어"는 "균질적인 언어매체가 존재해야 한다는 암묵적인 요청"에 의해 "일관된 체계의 통일체로서 구상된 것"이다.[7] 실제 현실에 있어서의 잡종적이고 비균질적이

6　Sean Homer, 김서영 역, 『라캉읽기』, 은행나무, 2014, 47쪽.

며 다언어적인 상황이 부정적인 것으로 평가되고 극복되어야 할 것으로
인식되는 한편, 투명하고 균질적인 통일체로서의 일본어의 성립이 하나
의 격률(格率)로서 요구되었던 것이다. 더 나아가, 이러한 구상은 통일체
로서의 일본어와 그 일본어가 보편적으로 통용된 어떤 공동체가 고대에
존재했었다는 가정, 그러나 현재에는 존재하지 않는다는 상실감을 바탕
으로 성립된 것이다. 즉, 통일된 체계로서의 일본어가 탄생되기 위해서
우선 그것은 상실된 것으로 가정되어야만 했다. "본래 사용했어야 할 순
수 일본어를 상실해버렸다는 가슴 아픈 본래성 상실의 감각"을 통해서
'있어야 할' 일본어가 가시화되었던 것이다. 요컨대, "일본어의 탄생은
일본어의 사산(死産)으로서만 가능했다."[8]

　　한국어의 경우에도 사정은 다르지 않다. 일본과의 외교문서에 '眞文'
을 사용하던 때로부터 국가의 공문서를 '國文'으로 표기할 것을 선언하
기까지에는 머나먼 과거에 존재했던 언어적 공동체에 대한 상상("我檀朝
以來에 德政을 行하던 優等의 言語와 子母의 分別이 簡要하여 記用이 便利한 文
字")과 함께 탄식 가득한 상실감("開國 四千餘載에 研究가 寂寞하여 語典一卷
도 尙此未成함으로 近者에 國語로 著作하는 文字가 各各 恣意를 從하여 言語의
訛訛함과 文字의 誤用하는 弊가 相雜하여 正當한 言文이 되지 못함으로 國民이
自國言과 自國文을 愛重할 思想이 發치 못하는지라")[9]이 동반되어야 했다. 동
시에, '국어'에 대한 상상은 곧 '주권'에 대한 상상이기도 했다. 주시경과
그의 시대의 민족 자아들에게 '국어'는 국가의 독립과 주권을 보장하는
절대의 기준이었다.

7　酒井直樹, 이득재 역, 『사산되는 일본어/일본인』, 문화과학사, 2003, 189~190쪽.

8　위의 책, 200쪽.

9　주시경, 『國語文典音學』, 이기문 편, 앞의 책(下), 157쪽.

天이 命한 性을 從하여 其域에 其種이 居하기 宜하며 其言을 言하기 適
하여 天然의 社會로 國家를 成하며 獨立이 各定하니 其域은 獨立의 基요
其種은 獨立의 體요 其言은 獨立의 性이라[10]

自國의 言語文字는 …… 自由國되는 特性의 表準이라 …… 言語가 他衆
之文言의 弄絡을 被하여 紊亂混雜하면 …… 國家自主의 保全을 其望키 不
能하더라[11]

"其言은 獨立의 性"이고 "自國의 言語"는 "自由國의 表準"이며 "國家自
主保全"의 기반이라는 믿음, 즉 '국어=국가=주권'의 주제는 충만함과 풍
요의 감각에 감싸인 '나'의 환상 속에 지속적으로 등장하는 주제이다. 그
러나 이 충만함의 감각은 실제 현실에서의 파편적 경험(예컨대 최초의 '自
主之邦'을 선언했던 문서에서 '其國文'을 사용할 수 없었던 트라우마 같은 것)과
더불어 어떤 부조화, 즉 라캉이 '존재의 결여'라고 불렀던 소외와 분열을
마주할 수밖에 없다. 알다시피 조선 왕조국가는 19세기말, 물론 전적으
로 일본제국의 후원에 힘입은 것이었지만, 중국으로부터 독립한 주권 국
가로 스스로를 표상했다. 그러나 이 주권이야말로 베스트팔렌 조약 이후
성립된 유럽 중심의 국제법적 질서 아래서의 대등한 국가주권이라는 상
상 체계에 깊숙이 접속되어 있다는 점에서 전적으로 제국주의의 효과인
것이다.[12] 요컨대 '대등한 주권'이란, '자유', '국어'가 그렇듯이 본래적으

---

10 위의 책, 156쪽.

11 주시경, 「必尙自國文言」, 위의 책(上), 27쪽.

12 Andre Schmid, *Korea between Empires, 1895~1919*, Columbia University
    Press, 2002 ; 헨리 임, 「유로-아메리칸 헤게모니와 근대 한국역사학의 기원」, 헨리
    임, 곽준혁 편, 『근대성의 역설』, 후마니타스, 2009. 한편, 『상품의 '등가교환' 논리
    속에 숨은 '대칭적 호혜성'이라는 가상과 그 가상을 바탕으로 한 식민주의와 번역의
    공모관계에 대해서는 서석배, 「신뢰할 수 없는 번역」, 헨리 임, 위의 책, 참조.

로 비대칭적인 발판 위에서의 대등성에 지나지 않는다. 중요한 것은 주체가 이미 그 비대칭성을 '잘 알면서도', '마치 모르는 듯이' 행동한다는 것, 즉 실제적 현실 관계를 구성하는 환영을 간과하고 오인한다는 점에서, 주권=국가=국어에의 믿음은 전형적인 물신화, 즉 이데올로기적 환상에 속한다는 것이다.[13]

국어나 주권은 처음부터 존재하지 않는다. 그럼에도 불구하고, 아니 바로 그렇기 때문에 이데올로기적 환상은 주체의 사회적 현실을 구성하고 실제의 삶에서 중요한 일련의 효과들을 산출한다.[14] 이것은 "삶은 한낱 환상일 뿐"이라는 의미가 아니며, 또 그런 방식의 초연함을 가장하는 태도로는 결코 해소될 수 없다. 국어=국가=주권은 이데올로기적 환상 속에 지속적으로 등장하는 주제로서, 주체는 그 환상을 통해 결코 충족되지 않는 욕망, 즉 본래적 결여와 부재를 메꾼다. 이 환상이 없이는 주체의 현실, 즉 상징계는 유지되지 않는다. 그리고 그것이야말로 이데올로기의 진정한 효과이다. 주체는 한때 존재했지만 이제는 상실한 것으로 여겨지는 원초적 대상("天然의 國家", "檀聖 以來의 神聖한 政敎")을 찾아 영

---

13 "그들이 간과하고 오인한 것은 현실 자체가 아니라 그들의 현실을, 그들의 현실의 사회 활동을 구조화하는 환영이다. 그들은 실제로 사물의 실상을 잘 알고 있다. 하지만 그들은 여전히 그것을 몰랐다는 듯이 행동한다. 따라서 환영은 이중적이다. 그것은 우리의 현실을, 실제적 현실관계를 구성하는 환영을 간과하는 데 있다. 그리고 이 간과된 무의식적인 환영이야말로 이데올로기적 환상이라고 불릴 수 있는 것이다." Slavoj Žižek, 이수련 옮김, 『이데올로기의 숭고한 대상』, 새물결, 2013, 68쪽.

14 실재의 실체성(대상 a)이 주체들의 상징적 현실에서 일으키는 일련의 효과에 대해 지젝은 다음과 같은 농담들의 예를 들어 설명하고 있다. "이곳이 바로 웰링턴 공작이 그 유명한 연설을 하셨던 장소인가요?", "예, 이곳이 바로 그곳이에요. 하지만 그는 그런 연설을 한 적이 없답니다."/ "저기 있는 것이 무엇이죠?", "아, 그거요, 맥거핀(McGuffin)이에요.", "맥거핀이 뭐죠?", "아, 그건 스코틀랜드 고지방에서 사자를 잡을 때 쓰는 장비에요.", "그런데 스코틀랜드 고지방에는 사자가 없는데요.", "그래도, 그게 얼마나 효과가 있는지 몰라요." 위의 책, 259쪽.

원히 헤맨다. 이때 '국어'는 이 근본적 상실을 구체화하고 그 상실감에
신체를 부여하는 대상, 즉 팔루스(phallus)[15] 같은 것이된다. 팔루스는 결
여, 즉 '거세'의 기표이며 현존함으로써 상실 그 자체를 실정적으로 존재
하게 하는 것이다. 다시 말해, 그것은 그 자신의 불가능성에 대한 지표인
것이다.[16]

　'거세'를 통해, 즉 팔루스의 현존을 통해 주체는 근본적 결여 그 자체
로서 상상계적 '나'로부터 상징계적 주체로 이동하면서 현실의 삶을 유
지해 나간다. 이 글의 첫머리에서 언급했던 한글학자 정렬모의 경우로
잠시 돌아가 보자. 그는 조선어를 둘로 나눈다. 첫째는 "문법에 의해 통
일되지 않은" 조선어인데 이것은 "이매망량(魑魅魍魎)" 즉 '유령'이다. 둘
째는 언어학적 방법으로 통일된 조선어로서 "우리의 생명과 같이 귀중한
국어"다. 지금까지의 우리의 논의에 비추어보면 이 두 번째의 '국어'가
훨씬 더 유령에 가까울 터이지만, 흥미로운 것은 그가 '이매망량'으로 지
칭한 첫 번째의 조선어이다. 이 발화에는 무언가 기묘한 공포 혹은 불안
이 어른거린다. 근대 과학적 방법으로 다듬어지지 않은 조선어를 '이매
망량'으로 지칭하는 이 발화에는 언어나 개념으로는 포획할 수 없는 어
떤 것, 닿거나 보는 순간 불안과 혼란을 야기하는 어떤 것, 우리의 실존
너머 어둠 속에 존재하는 어떤 것에 대한 공포가 서려있지 않은가. 그는
서둘러 이것을 '이매망량'의 세계로 지칭하면서 그것이 현실의 세계(국
어)로 넘어오지 못하도록 금을 긋는다. 다시 라캉을 빌어 말하면, 그는

15　Sean Homer, 앞의 책, 89~91쪽. 프로이트에게 팔루스는 오직 남근을 의미할 뿐이
　　지만, 라캉은 그것을 '남근과 더불어 부재 또는 결여의 인식을 더한 것'으로 정의한다.
　　따라서 거세란 단순히 남근을 잃는 것에 대한 두려움만이 아니라, 어머니의 팔루스가
　　될 수 있다는 생각을 포기하는 상징화 과정에 연관되는 것이다.
16　Slavoj Žižek, 앞의 책, 249쪽.

말할 수도 볼 수도 없는 실재를 현실에서 분리함으로써 상징적 질서 속에 안정된 주체로서의 위치를 확보하는 것처럼 보인다. 다시 말해, 부재와 결여의 기표로서의 팔루스(국어)는 상실의 지양, 즉 상상계적 팔루스(소문자 파이 φ)로부터 상징계적 팔루스(대문자 파이 Φ)로 이동하는 것이다.[17] '국어'는 이렇게 태어난 것이다.

언어학적 연구에 의해 포착되지 않는 언어, 즉 '자연언어'로 간주되는 어떤 것을 '유령'으로 구획하면서 현실에서의 '국어'와 철저하게 금을 긋는 이 태도는 환상의 기능과 관련하여 대단히 중요하다. 우리의 사회적 현실이란 무엇인가? 그것은 트라우마를 묻어둔 채로 진행되는 환상, 즉 "실재의 침입으로 인해 언제든지 찢길 수 있는 취약한 상징적 그물망에 지나지 않는다."[18] 이 상징적 네트워크(사회적 현실)를 유지하기 위해서는 실재가 현실의 경계를 침범하지 않도록 해야 하는데, 그것은 달리 말하면 상징계적 환상을 계속해야 한다는 것이다. 라캉의 유명한 명제에 따르면, 우리는 환상을 통해 어떻게 욕망할 것인가를 배우는 것이다. 환상은 우리의 욕망이 투사되는 무대이다. 환상 공간의 스크린 위에 펼쳐지는 생생한 현존들('국어'는 그 현존들 중의 하나인데)이 곧 사회적 현실의 세

---

17 "상징계적 팔루스는 사회적으로 중요한 것이며 가치 있는 것이며 욕망되는 것이다. 라캉은 ─환상 속에서 떨어지거나 잘려나가는 이미지로서가 아니라─ 상징으로서의 팔루스를 그리스어 알파벳 대문자 Φ로 표기한다.", Bruce Fink, 김서영 옮김, 『에크리 읽기』, 도서출판b, 2007, 246쪽. 여기서 정렬모가 지칭하는 '이매망량'의 세계를 곧바로 실재와 등치시키는 데에는 약간의 무리가 있다. 내가 말하고자 하는 것은 그가 팔루스로서의 '국어'를 의식하는 순간 경계가 생겨난다는 것이다. 그리고 그것은 이 주체가 '국어'를 상징적 질서 안에서 인식했다는 뜻이다. 다시 말해, "팔루스는 상상적 대상의 상징적 상실로서 등장"하며 그것을 통해 주체는 오이디푸스 콤플렉스를 극복하는 것이다. Joël Dor, 홍준기·강응섭 옮김, 『라깡 세미나·에크리 독해 I』, 아난케, 2009, 153쪽.

18 Slavoj Zizek, 김소연, 유재희 옮김, 『삐딱하게 보기』, 시각과 언어, 1995, 40쪽.

목들이다. '정상적인 상태'란 이 환상이 유지되는 순간이며 광기는 그 환상이 깨지는 순간, 즉 "실재와 현실의 경계선이 무너져 내릴 때, 실재계가 현실 속으로 넘쳐흐를 때 시작된다."[19] 말하자면, 정렬모는 그가 '유령'(fantom)으로 지칭한 것과의 경계를 통해 자신의 상징적 현실을 확보하지만, 실은 그 현실이야말로 환상(fantasy)의 공간인 것이다. 이제 우리는 이 환상의 무대 위에서 욕망이 어떻게 스스로를 드러내는지를 가장 극적으로 보여주는 한 서사적 순간을 목격할 것이다.

2. "환상을 계속하라, 너는 노예다"
- 조선어학회 사건의 환상 게임

식민지화와 더불어 조선어는 더 이상 '국어'로 불릴 수는 없게 되었지만, 그럴수록 그것의 환상 공간에서의 현존성(또는 효과)은 강화되었다. 전혀 다른 문맥에서이지만, 조선어 문학과 조선어가 "식민지 상황 속의 한국인에겐 상상의 공동체로서의 국민국가 몫을 했다"[20]는 널리 알려진 김윤식의 평가는 조선어가 국어든 아니든 상관없이, 아니 오히려 국어가 아니기 때문에 더욱더, 식민지 주체들의 환상의 무대 위에서 강력한 결여의 기표로 기능했음을 간명하게 지적하고 있다. 요컨대 조선어≠국어는 충족될 수 없는 욕망을 분명하게 인식하게 하는 확실한 상징적 팔루스로 기능한다. 식민지 주체들은 이 결여의 기표를 통해 욕망하는 주체들로 구성된다.

알다시피 1938년 이후 조선어는 그 현존 자체를 위협받고 있었다. 즉,

---

19 위의 책, 46쪽.

20 김윤식, 『일제 말기 한국작가의 일본어 글쓰기론』, 서울대 출판부, 2003, 74쪽.

조선어는 식민지의 상징적 질서의 무대 위에서 사라져야 했다. 그 자리를 일본어=국어가 대신하도록 강요되었다. 식민지 주체들에게 강요된 이 욕망의 대체물에 대한 반응은 우리가 익히 알고 있는 바와 같다. 그것들을 일일이 거론할 필요는 없을 것이다. 대략적으로 말해, 조선어를 비롯해서 모든 조선적인 것을 일시에 폐기하고 새로운 주체로 비약할 것을 꿈꾸는 극단적인 욕망이 있었는가 하면, 국어(일본어) 상용화 정책의 빈 틈새를 파고들면서(예컨대 이중어 글쓰기) 어떻게든 조선어를 무대 위에 세우고자 하는 욕망까지 다양한 주체 형성의 시도들이 전시기(戰時期) 식민지의 시공간을 점하고 있었다고 할 수 있을 것이다.

조선어학회 사건(1942)은 조선어≠국어라는 기표를 둘러싸고 식민자와 피식민자가 환상의 무대 위에서 펼치는 수많은 드라마 가운데 극적 완성도가 가장 높은 드라마일 것이다. 우리가 환상으로부터 얻는 쾌락은 욕망이 서사구조를 통하여 어떻게 드러나는가에 달려 있다.[21] 식민지기를 통틀어 식민주체들의 원망성취의 환상을 이보다 더 만족시킨 서사는 없었다. 그 영웅서사는 전시기 식민주체들의 가장 큰 결여, 즉 국어와 주권에의 욕망을 불붙이는 데에 조금의 부족함도 없었다. 그러나 그렇게 말해 버리는 것으로 끝나도 좋은 것일까?

나는 이 사건의 시작과 종점의 장면에 주목함으로써 식민자와 피식민자 사이에 벌어진 무의식의 무대를 탐색해보려 한다. '국체변혁의 기도'라는 죄목으로 33인의 회원들이 검거되고 가혹한 고문과 장기 투옥 끝에 두 명의 옥사자(獄死者)를 내고 해방이 되어서야 옥문을 나섰던 이 영웅

---

21 "환상은 사회적 현실과 무의식이 한데 얽혀 나타나는 특권적 지대라고 할 수 있다. 환상은 욕망의 미장센이다. 우리가 환상에서 도출하는 쾌락은 목적의 달성과 성취에 기인하는 것이 아니라, 어떻게 욕망이 서사구조를 통하여 스스로 드러날 수 있는가에 달려 있다." Sean Homer, 앞의 책, 206쪽.

적 민족서사가 지극히 우연하고도 사소한 오해/오인에서 비롯되고 또 다른 오해들을 통해 완성되었다는 사실에 우선 주목해 보자. "연애편지나 일기 같은 가장 사적인 문자(letter)"의 '비밀'을 "가장 공적인 법적 언어로 전도"시키면서 "글자, 편지, 문학, 언어에 개입하는 통치성의 단면"을 정교하게 분석해 낸 황호덕의 연구에 따르면, 이 사건은 "내면 자체의 소멸, 즉 비밀의 소멸을 통해 완성되는" 파시즘적 전체주의 국가의 메커니즘을 잘 보여준 하나의 사례이다.[22] 이 사건의 발단에 대해서는 몇 가지 이설들이 있지만, "국어를 상용하는 자를 처벌했다"라는 한 여학생의 일기에 적힌 구절을 조선인 형사가 문제 삼음으로써 이 사건이 시작되었다는 설명이 가장 신빙성 있는 것으로 여겨진다. 국어라면 일본어인데 일본어를 쓰는 자를 처벌했다면 국체에 대한 도전이 아니냐는 과잉해석이 사소한 해프닝으로 끝났을 수도 있었을 이 사건을 식민지기 최대의 공안사건의 하나로 확대시키는 데에 결정적인 계기가 되었던 것이다. 또 한편 훗날의 회고에 따른 사후적인 것이지만, 여학생이 말한 '국어'란 실은 '조선어'를 가리키는 것이었다는 해석이 존재한다. 이 해석에 따르면, '국어=조선어'를 쓴 학생을 처벌했다는 구절을 형사가 의도적으로 '국어=일본어'로 오해하고 그것을 빌미로 사건을 꾸며냈다는 것이다. 한편 그러한 해석을 부정하면서 여전히 '국어'는 '일본어'를 가리킨 것이었다는 또 다른 해석도 존재한다. 그런가하면 이 사건이 처음부터 사소한 우연에 기인한 것이 아니라 '민족독립운동'의 일환으로 시작된 것이라는 해석도 존재한다.

　나의 관심은 어떤 것이 진실이냐가 아니라, 이 의도적인 해석들, 즉

22　황호덕, 「엽서의 제국, 전체주의 국가의 공사 개념-조선어학회 사건 재독(再讀)」, 『벌레와 제국』, 새물결, 2011, 290쪽. 이하 조선어학회 사건의 발단에 관한 여러 이설들은 이 글에 따른다.

오해들의 상호 교차 혹은 중첩에 있다. 조선인 여학생이 쓴 '국어'라는 기표를 '일본어'로 읽는 형사(애초에는 조선인이었으나 훗날의 또 다른 해석에서는 일본인으로 바뀌는)가 있고, 그에 대해 '아니다, 그것은 조선어다. 따라서 우리는 죄가 없다'라고 말하는 주체가 있다. (그러나 이렇게 말함으로써 그는 '국어=일본어'를 수긍해야만 했던 식민주체가 아니라 '조선어=국어'를 굳건히 수호하고 있었던 '민족주체'로 자신의 위치를 바꾸는 것이다). 요컨대, 사건의 시초부터 해석상의 어떤 의도들, 오해들, 특정한 기표들을 전유하고자 하는 욕망들이 서로 교차하고 있고 그것들을 따라 흐르는 주체의 위치 변동들이 있다.[23] 그것은 주체들에게 의식되는 것이 아니라 무의식의 활동인데, 조선어학회 사건이야말로 그러한 무의식과 식민지의 사회적 현실이 한데 결합하여 빚어내는 욕망의 무대, 즉 상징계적 환상을 가장 잘 보여주는 사례인 것이다.

그것을 이 사건의 종점, 즉 「조선어학회 사건 예심 판결문」 및 「조선어학회 사건 최종 판결문」을 통해 살펴보자. 이 판결문 또는 이 판결문이 낭독되는 제국의 법정, 나아가 식민지 권력 전체의 아이러니는 우선 사법당국이 펼치는 다음과 같은 주장에서 선명하게 드러난다.

　　민족운동의 한 형태로서의 소위 어문운동은 민족고유의 어문의 정리·통일·보급을 도모하는 하나의 문화적 민족운동임과 동시에 심모원려를 품은 민족독립운동의 점진형태이다. 생각건대 언어는 인간이 지적·정신적이

23　특정한 기표들을 전유하려고 하는 욕망의 투쟁들은 반드시 식민자와 피식민자 사이에서만 일어나는 것은 아니다. 이 사건이 '국체변혁'을 시도한 것인가를 놓고 벌어진 공안당국자들의 이견과 갈등은 말하자면 '국체변혁'이라는 기표를 누가 점유하는가의 문제이다. '국어'는 '일본어'를 뜻했는가, '조선어'를 가리킨 것인가를 놓고는 식민자와 피식민자뿐 아니라 피식민자들 사이에서도 의견이 엇갈린다. 어떻게 해석하느냐에 따라 사건의 전체 의미와 연루된 주체들의 위치가 달라질 수 있으므로 이것은 단순한 의견 차이라기보다는 자신의 주체성을 결정하는 중요한 지점이 된다.

되는 데에 있어 원천됨과 동시에 인간의 의사감정을 표현하는 외 그 특성까지도 표현하는 것으로써 민족고유의 언어는 민족 간의 의사의 소통을 근본으로 민족감정 및 민족의식을 양성하고 이에 굳은 민족의 결합을 낳게 하고 이를 표기하는 민족고유의 문자가 있어 이에 민족문화를 성립시키는 것으로써 민족적 특질은 그 어문을 통해 다시 민족문화의 특수성을 파출(派出)해서 향상 발달하고 그 고유 문자에 대한 과시애착은 민족적 우월감을 낳고, 그 결합을 다시 더 견고히 하고 민족은 생생 발전한다.

그렇다면 민족 고유의 어문의 소장(消長)은 이에 기원하여 민족 자체의 소장에 관한 것으로써 약소민족은 필사적으로 이것의 보지에 노력함과 동시에 이것의 발전을 책(策)하여 방언의 표준화 문자의 통일 및 보급을 희구하여 쉬지 않는다. 그리하여 어문 운동은 민족 고유문화의 쇠퇴를 방지할 뿐만 아니라 그 향상 발전을 가져오게 하고 문화의 향상은 민족자체에 있어서 다시 강한 반성적 의식을 갖게 함에 이르게 하고 강렬한 민족의식을 배양해서 약소민족에게 독립의욕을 낳게 하고, 정치적 독립을 달성할 실력을 양성하게 하는 것으로서 해(該)운동은 18세기 중엽 이래 구주 약소민족의 반복되어 행하여 온 그 성과에 비추어 세계민족운동사상 가장 유력, 또 효과적 향목(向木)에 이르렀다.[24]

"민족과 민족어에 대한 근본주의적 이해와 상상공동체와 미디어, 내면성과 공공성에 대한 탁월한 해석을" 보여주는, "막스 베버와 베네딕트 앤더슨 사이에 놓인 정치 논문으로 제시할 수조차 있을 만한 탄탄한 추론으로 이루어져"[25] 있는 이 발언의 주체가 "민족고유의 어문의 정리·통일·보급을 도모하는" 조선어학회가 아니라 그들을 법정에 세운 제국의 사법 권력이라는 사실은 이 사건의 아이러니의 핵심이다. 이에 맞서는

---

24 「조선어학회 사건 예심 판결문」, 『語文研究』, 통권 제39-40 합본호, 1983, 482쪽. (황호덕, 앞의 글에서 재인용)
25 황호덕, 위의 글, 322쪽.

피고인들의 항변은 어떠한가.

> 이제 조선 어문을 가지고 정치를 말하며 경제를 논하며 과학을 연구하며
> 사회를 말하는 것은 불가능하다. 이 현상은 우리가 조선인과 말하든지 또
> 는 조선인과 말하는 것을 듣든지 혹은 그들이 쓴 문장 논문들을 보면, 곧
> 알 수 있는 것으로 그들이 의논의 요점을 반드시 국어(일본어)로 표현하는
> 까닭은 다름 아니라 진보된 문화를 말할 때 적절한 조선어가 없는 까닭이
> 다. 〈중략〉 아무리 조선 어문의 정리 통일을 도모할지라도 그것은 단지 종
> 래 존재하는 조선 어문의 정리 통일을 모색하는 순문학적 연구 또는 과거
> 의 고전 문학적 연구를 뜻할 뿐이며 나아가서 조선어족에 민족 정신을 불
> 어넣어 조선 민족 독립운동을 진전시키는 것과 같은 가능은 없다. 조선 어
> 문 운동에는 이제 이와 같은 능력은 없다. 만약 그래도 감히 이와 같은 것
> 을 하려고 한다면 그것은 마치 연목구어 따위의 우행이라 아니할 수 없을
> 것이다. 〈중략〉 민족고유의 어문의 소장(消長)이 그 민족자체의 소장에 대
> 하여 결정적 요인이라는 판정은 부당하다. 오히려 본말전도라고 생각된다.
> 〈중략〉 민족 자체의 소장, 발전은 오직 그 민족의 정치 경제 과학 사회 종
> 교 등 넓은 의미의 문화에 기인한 것으로 단순한 어문 정리·통일·보급 등
> 은 민족의 소장 발전의 원인이 아니라 오히려 그 결과에 불과하다.[26]

이 발언들이 진심인가 아닌가를 묻는 것은 부질없는 일이다. 처벌의
근거를 최대한 확대하고자 하는 식민지 사법 권력의 욕구와 어떻게든
그 함정으로부터 벗어나려 애쓸 수밖에 없는 피식민자의 욕구가 담론의
기본 조건을 형성하고 있는 법정에서의 상황을 고려하면, "어문운동은

---

26 「조선어학회 사건 최종 판결문」, 『동아일보』. 1982. 9. 6. 조선어학회 사건에 대한
조선총독부 고등법원 형사부의 최종 판결문은 1982년에 발견되어 『동아일보』에 세 차
례에 걸쳐 번역·전재되었다. 일본어 원문은 한국 국가 기록원(http://archives.go
.kr)의 「독립운동 관련 판결문」에서 볼 수 있다.

심모원려를 품은 민족독립운동의 점진형태"라는 권력측의 주장과 '조선 어로 정치, 경제, 과학, 사회 등을 논하는 것은 불가능하다'고 거침없이 말하는 피고인들의 주장이 그들의 진심인가 아닌가를 가리는 것은 필요 한 일도 아니고 가능한 일도 아니다. 내가 주목하는 것은 이 편집증적 텍스트에서 드러나는 일종의 환상 게임이다. '조선어는 민족정신이나 민 족발전 및 독립운동 등과 아무런 관련이 없다, 조선어문운동에는 그럴 능력이 없으며 우리 역시 그럴 의사가 전혀 없다'는 피고측의 장황하게 반복되는 변론은 '조선어문 운동은 민족독립 운동이다'라는 정치적 선언 또는 행동 보다 식민권력에게는 더 위험한 일인 것이다. 여기에 이 텍스 트의 무의식, 그리고 환상 게임의 비밀이 있다.

이 텍스트에서 피식민자는 자신의 욕망을 포기했음을 선언하고 있다. 그는 민족어로 꿈꿀 수 있는 것, 예컨대 민족정신의 함양, 민족문화의 발전, 궁극적으로 민족의 주권 혹은 독립이라는 환상을 포기했음을, 아 니 그것이 아예 불가능한 것임을 깨달았다고 선언한다. 이 선언은 지루 할 정도로 장황하게 반복된다. 그런데 이 선언은 현실의 주권자에게는 어떤 정치적 선언보다도 위험하다. 그는 피식민자가 평소에 품고 있는 환상, 즉 "어문운동은 민족운동임과 동시에 심모원려를 품은 민족독립 운동의 점진형태"이며 "강렬한 민족의식을 배양해서 약소민족에게 독립 의욕을 낳게 하고, 정치적 독립을 달성할 실력을 양성하게 하는 것으로", "세계민족운동사상 가장 유력"한 운동이라는 점을 거듭 강조한다. 이 텍 스트의 편집증 혹은 환상은 이와 같이 식민자와 피식민자의 욕망이 서로 전도된 채 표출되고 있다는 사실에서 기인한다.

민족어를 통해 민족 자아를 인식하고 독립적 주권을 확보할 수 있다는 피식민자의 환상을 식민자가 피식민자에게 강조하고 피식민자는 그것을 한사코 부정하는 이 기묘한 텍스트는 이른바 주인/노예의 변증법이 작동하는 현장을 놀랍도록 분명하게 보여주고 있다. 알다시피 주/노 변증법의 핵심은 양자가 서로에게 의지한다는 점이다. 주인과 노예는 서로에게 '인정'되지 않으면 존재할 수 없다. 주인이 주인이기 위해서는 노예가 노예이어야 하고 그 역도 마찬가지이다. 그런데 노예는 어떻게 노예인가? 다케우치 요시미(竹內好)의 통찰에 따르면, 노예를 노예로 만드는 것은 노예가 지닌 꿈, 즉 해방에의 환상이다. 언젠가는 해방될 수 있다는 꿈을 지니는 한 노예는 영원히 노예이다. 그 꿈을 포기하는 순간 비로소 그는 노예가 아닐 가능성에 마주 선다. 그러나 그것은 '절망'이며 '길 없는 길'이다. 그는 그 절망에 마주서야 한다.[27] 이 글의 문맥에 따라 다시 말하면, 그것은 노예가 상징계적 환상을 벗어나 실재와 마주서는 순간이다. 그것은 절대 공포의 세계이다.

나는 조선어학회 사건의 판결문이라는 텍스트에서 벌어지는 환상 게임의 무의식은 이것이라고 생각한다. 어떤 의미에서는 이 게임에서 수세에 몰려 있는 것은 주인, 즉 식민지의 주권 권력이라고 할 수 있다. 왜냐하면 피식민자=노예가 스스로의 환상을 포기했다고 선언했기 때문이다. 진심이든 아니든 이것처럼 위험한 징후는 없다. 놀란 주인은 노예가 지녀야 할 해방에의 꿈을 거듭거듭 자세히 일러준다. 노예의 환상이 없으면 주인의 환상도 없기 때문이다. 그러므로 주인에게 가장 무서운 노예

---

27 竹內好, 「近代とは何か」, 『竹內好全集』 第4卷, 筑摩書房, 1980, 156~157쪽. 여기서 다케우치가 말하는 '꿈'은 물론 정신분석학적 용법으로 쓰인 것은 아니다. 라캉에게 있어서 꿈은 우리가 실재를 만나는 유일한 통로이다. 우리가 꿈속에서 조우하는 것은 바로 우리 욕망의 실재이다. 우리는 실재와의 대면을 피하기 위해 꿈에서 깨어나 '현실 속으로 도피'한다. 그렇다면 '꿈'의 용례만이 다를 뿐, 다케우치와 라캉은 같은 말을 하고 있는 것이다. 즉, 실재와의 대면이 무서워 우리는 꿈을 깨기를 거부하거나(다케우치), 꿈에서 깨어나 현실로 도피하거나(라캉) 하는 것이다. 이 점에 관한 더 자세한 설명은 Slavoj Žižek, 『이데올로기의 숭고한 대상』, 87~91쪽. 『삐딱하게 보기』, 38~40쪽 참조.

는 환상을 포기한 노예이다. 그는 명령한다. "환상을 계속하라. 너는 노예다." 그렇다. 이 텍스트는 처벌을 내리는 문서가 아니다. 그것은 자신 (식민자=주인)의 환상을 지속시키는 데에 절대적으로 필요한 노예에게 꿈을 포기하지 말 것을, 즉 이 상징 질서 안에 계속 머물러 줄 것을 간절히 명령하는 호소문이다.[28]

3. 발기한(것처럼 보이는) 팔루스 – 『자유부인』의 오인

1954년은 두 개의 특별한 사건으로 기억될 만하다. 그 하나는 '한글간소화 파동'이고 또 하나는 정비석의 소설 『자유부인』인데, 이 두 개의 사건은 서로 깊숙이 연관되어 있다. 잘 알려진 바와 같이, '한글간소화 파동'은 대통령 이승만의 지시로 시작되었다. 조선어학회의 철자법을 폐기하고 구(舊)철자법으로 회귀하라는 대통령의 명령은 한글학자들의 반대에 부딪혀 2년여의 사회적 소동 끝에 철회되었다. 흔히 이 파동은 대통령 이승만의 개인적 취향이 작용한 것으로 이야기되지만, 과연 그것이 진정한 이유였을까? 그것은 아무래도 좋다.

이 사건을 "한 국민국가에서 통용되는 언어규범을 그 기원과 형성과정

---

28 그러므로 식민자에게 필요한 것은 피식민자의 '항복'이 아니라 그가 끝까지 '저항'하는 것이다. 「최종 판결문」의 결론 부분은 그 점을 압축적으로 보여주고 있다. "義本克魯(李克魯), 동 月城鉉培(崔鉉培), 동 木下熙昇(李熙昇)은 각기 공판정에서 자기들은 지금에 와서는 이미 완전히 **민족의식을 청산하고** 忠良한 臣民이 되어 있다고 공술하고 있으나 동 피고인등은 지금도 가슴 속 깊이 농후한 민족의식을 품고 있음을 알 수 있다. 이상 여러 사항을 종합하면 피고인등의 본건 범행은 실로 重大惡質이어서…악화의 경향이 보이는 半島現下의 사상정세에 비추어 일반타계의 의미에서도 우 피고인등을 **엄벌에 처하는 필요가 있음을** 통감하는 바(강조–인용자)"「조선어학회 사건 최종 판결문」, 『동아일보』, 1982. 9. 8.

에 대한 의문 없이 자명한 것으로 받아들이고 준수하는" 언어 내셔널리즘의 실정성(positivity)이라는 관점에서 해석한 이혜령에 따르면, "이 사건은 해방 이후 지금까지 이루어진 언어 정책의 동기와 수행 주체, 방식 등에 대해 전면적인 물음을 제기했기에 사건화 될 수 있었"[29]던 것이다. 이 해석에 동의하면서 나는 이 사건을 탈식민지 민족국가의 주권 형성이라는 관점, 보다 구체적으로는 국어=팔루스와의 관계에 따른 재주체화라는 관점에서 독해하고자 한다.

끊임없는 스캔들로[30] 넘쳐났던 이 소설은 "소장파 한글학자 장태연 교수"가 조간신문에 실린 "철자법 간소화 문제에 대한 문교 당국의 담화"[31]를 읽는 장면으로 시작된다. 알다시피, 장태연 교수는 국부(國父)로 추앙받는 대통령의 '한글간소화 정책'(실은 명령)에 학자적 양심을 걸고 반대하는 인물이다. 한편 장교수의 부인인 오선영은 남편의 무능력, 특히 성적 무능력과 경제적 결핍 그리고 지루한 일상에 지친 나머지 여러 남성들과의 연애사건을 일으킨다. 이렇게 소설은 국가권력 vs. 장태연, 그리고

---

29 이혜령, 「언어 법제화의 내셔널리즘」, 임형택·한기형·류준필·이혜령 엮음, 『흔들리는 언어들』, 성균관대 대동문화연구원, 2008, 543쪽.

30 가장 징후적인 것은 대학교수 부인의 '자유연애'를 그린 이 통속소설이 "중공군 40만 명보다 더 무서운 이적소설(利敵小說)"이라는 어마어마한 비난을 받았다는 것인데, 사실상 이 소설의 화자와 비판자들이 공통적으로 보여주는 것은 극도의 여성혐오증(misogyny)이다. 한국소설의 계보에서 이 보다 더 심한 여성혐오증을 드러낸 소설은 없을 것이다. '중공군'이나 '북괴'를 끌어들이고 있지만, 비판자들 역시 노골적인 여성혐오를 감추지 않는다. '적'은 다름 아닌 여자인 것이다. 남근중심주의자는 성차가 사회적으로 구성된 것임을 외면하고 오로지 남녀의 생물학적 차이에 집중한다. 그것은 남근기의 유아가 여자를 '남근이 거세된 남자'로 보는 것과 같다. 그러니까 그들은 자기 자신에게 적개심을 드러내고 있는 것이다. 그들이 무서워하고 비난하는 것은 억압된 자신의 욕망이다. 요컨대 그들은 이 소설이 드러내고 있는 여자의 '욕망'과 '쾌락'을 맹렬히 비난하고 있지만 실은 또 간절히 원하고 있는 것이다.

31 정비석, 『자유부인』 1, 고려원, 1985, 11쪽. 최초 텍스트는 1954년 『서울신문』에 연재된 것이다. 이 글에서는 고려원 간행의 단행본을 사용한다.

장태연 vs. 오선영이라는 두 개의 갈등 축을 따라 진행된다. 이 두 개의 축은 상호 반영적인데, 첫 번째 대립이 실제 현실의 단순한 모사에 그친다면 보다 상징적이면서 복잡한 의미를 지니는 것은 두 번째의 대립이다.

우선 주목할 것은 장태연이 문법학자라는 것, 그리고 국가권력과 그의 대립이 다름 아닌 문법을 중심으로 벌어지고 있다는 점이다. 주권 권력의 구조를 문법적 범주를 통해 규정한 아감벤에 따르면, "말한다는 것은 법을 말하는 것이다."[32] 독립한 신생국가로서 주권성의 회복은 무엇보다도 (문)법을 바로잡는 것, 즉 (문)법정립적 폭력의 획득에 있다는 명제 혹은 무의식적 욕망이 장태연과 국가권력의 대립을 통해 나타나고 있는 것이다. 다음 장면을 보자.

> 한글철자법을 간소화해야 한다는 것은 장태연 교수도 벌써부터 주장해 왔고, 지금도 그것에 대해 열렬한 연구를 계속하고 있다. 그러나 문법을 벗어난 간소화에는 찬동할 수가 없었다. 글의 질서를 유지할 수 있는 근본은 오직 문법이 있을 뿐이기 때문이다. 글에 있어서의 문법이란, 마치 국가에 있어서의 헌법과 같다고 장태연 교수는 생각한다. 국가에 헌법이 있음으로 해서 국민의 의무와 권리가 분명해지고, 국민 각자가 의무와 권리를 분명하게 실천함으로써 국가 전체의 질서가 정연하게 유지되어 가는 것과 마찬가지로, 글에도 문법이 없으면 질서를 유지하기가 어렵다고 생각하는 것이었다. (1권, 9~10쪽)

이 싸움에서 대통령이 지고 학자들이 이겼다고 말하면 그것은 부질없는 일이다. 이 사건의 의미는 누가 이겼느냐에 있는 것이 아니라, 문법이 헌법적 구조와 동일한 형상을 지닌다는 것, 따라서 문법이 주권 권력의 기초일 수 있다는 사실, 즉 아감벤적 명제를 분명하게 드러낸 하나의 사

32　Giorgio Agamben, *Homo Sacer*, 박진우 역, 『호모 사케르』, 새물결, 2008, 69쪽.

례라는 점에 있다. 그리고 이것은 이 소설의 두 번째 대립, 즉 장태연과 오선영의 대립으로 반영되면서 장태연에게 부여된 절대 권력의 근거가 된다. 이 문법학자의 세속적 무능과 남성적 무기력은 아내의 타락과 일탈을 초래하는 것이지만, 그 무기력을 벗어나 남성성을 회복하는 것은 그가 다름 아닌 문법학자이기 때문이다. 소설의 마지막, 즉 '한글간소화'에 대한 공청회 장면에서 그는 "민족의 말과 글을 연구하는 삼천만의 대표로서" 국회의사당을 가득 메운 청중들의 "우레와 같은 박수를 받으며", "순교자처럼 비장한 태도"로 연설을 하는데, 이 장면을 몰래 훔쳐보던 그의 아내는 "저렇게 훌륭한 남편을 몰라보았구나!" 하는 후회와 함께 "남편의 영웅적 모습"에 한없는 존경심을 느끼면서도 차마 남편 앞에 나서지를 못한다. 이 장면에서 오선영이 몸을 숨기고 남편의 모습을 훔쳐보는 "인영(人影)이 절무(絶無)한 넓은 복도"의 "국회의사당 기둥"이 그녀의 욕망으로서의 글자 그대로의 남근을 표상하는 것임을 짐작하기는 어렵지 않다. 그런데 그녀의 남편은 남근일 뿐만 아니라 국회의사당이 상징하는 바, 입법자인 것이다.

앞서 말했듯, 법은 곧 말이다. 말한다는 것은 법을 말하는 것이고, 법을 말하는 것은 법과 비법(非法)의 경계, 즉 '예외상태'를 결정하는 것이고, 예외상태를 결정하는 것이 곧 주권자인 것이다. 문법학자 역시 법을 말한다. 오선영에게 있어 문법학자인 남편은 그녀의 주권자이다. 그도 그럴 것이, 시종일관 무력하고 무능한 존재로 그려지고 있지만, 그녀의 운명을 결정할 수 있는 존재는 오로지 그 한 사람뿐이다. 아내의 일탈을 의심하는 한편 그는 "미군부대의 타이피스트" 박은미와 아슬아슬한 "밀회"를 즐기고 있다. 아내의 수상한 일탈은 "구역질이 나도록 역겨운" 것인 반면 자신의 그것은 "안타까움과 동시에 슬픔이 엄습하는", "아름다운 일"로 예외화 하는 이 남성의 형상을 단지 남성중심주의의 반영으로만 치부해서는 안 된다. 그는 그 이상이다. 즉, 그는 아내의 일탈에 대한 최종적인 심판자, 다시 말해, 아내의 죄를 응징할 것인지, 용서할 것인지를 결정하는 입법자, 사면권자(赦免權者)이며 무엇보다도, 자기 자신을 '예외'로 규정할 수 있는 주권자인 것이다. 그가 문법학자의 형상을 지닌 것은 그러므로 필연적인 것이다. 마침내 국회의사당에서 "영웅적인" 연설을 마치고 난 후에 그는 숨어서 그를 바라보던 아내를 용서하고 함께 집으로 돌아오는 것이다.

　문제는 이 법의 권위의 원천이다. 소설은 남편에 대한 이러저러한 불만에도 불구하고, 오선영이 남편에 대한 무조건적인 복종과 믿음을 표명하는 것으로 결말을 맺는다. 박은미 역시 장태연에 대한 존경을 끊임없이 표현한다. 이 믿음과 권위는 그가 문법학자(즉, 바르게 쓰기(orthography)의 권위자)라는 사실에서 오는데, 문제는 왜 (문)법이 믿음과 권위의 근거가 되는가, 라는 것이다. (문)법의 권위는 어디에서 오는가? 그것은 오로지 그것이 법이기 때문이다. 법의 권위는 어떤 필연적, 내재적 속성도 지니지 않는다. 그것은 전적으로 우연적인 것이며 전적으로 '몰상식한' 것이며, 다시 말해 초자아적 명령인 것이다. 요컨대 "법이기 때문에 법을 따르는 것이다."

　　법이기 때문에 법과 관습을 따르는 것은 우리에게 유익한 일이다. 하지만 사람들은 이런 주장을 흔쾌히 받아들이기 어렵다. 그래서 사람들은 진리가 발견될 수 있고 그것이 법이나 관습에 있다고 믿으면서 또한 그 법과 관습을 믿으며, 그것이 오래되었다는 점을 (진리가 없는 권위만의 증거가 아니라) 그것들의 진리에 대한 증거라고 보는 것이다.[33]

33　Blaise Pascal, *Pensées*, Harmondsworth, Penguin, 1966, p.216. (Slavoj Žižek, 『이데올로기의 숭고한 대상』, 76쪽 재인용).

우리는 법이 언제나 비일관적이며 트라우마적임에도 불구하고, 그 이면에는 진리와 의미가 있다고 '가정'하는데 이것이야말로 정신분석학적 의미에서의 전이(轉移), 즉 '이미 알고 있다고 생각되는 타자'를 상정하는 것이다. "사람들로 하여금 법 속에서 진리를 발견할 수 있다고 믿도록 하는 필연적이고 구조적인 환영은 정확히 전이의 메커니즘을 나타낸다. 다시 말해 전이는 믿음의 악순환을 지칭한다. 우리가 믿어야 하는 이유는 이미 믿음이 있는 사람들에게만 설득력이 있다."[34] 장태연의 두 여자, 즉 오선영과 박은미는 이 전이에 포획된 인물들이다. 그녀들에게 있어서 장태연이 지닌 문법의 지식은 절대적인 존경의 대상이며 권위 그 자체이다. 그녀들은 문법이 어째서 그의 권위를 보증하는 것인지는 묻지 않는다. 오선영에게 있어 장태연은 금지를 명령하는 초자아인데, 초자아는 법으로부터 면제된, 다시 말해 스스로를 예외상태에 둘 수 있는 존재이기도 하다. 초자아는 우리에게 금지하는 것을 스스로 행한다. 그것의 사회적 대리자는 예컨대 카프카의 소설에서 보는 것과 같은 관료기계이며 파시즘적 전체주의 국가이기도 하다.[35] 장태연은 1950년대 한국 파시즘의 은유인 것이다.

그런데 국회의사당의 거대한 기둥 아래 숨어서 남편을 바라보는 오선영의 눈에 비치는 남편의 그 기둥(=남근)은 정말 발기한 것일까? 그는 정말로 지금까지의 무능을 벗어던지고 온전한 남성성−주권성을 회복한 것일까? 박은미와의 관계를 살펴봄으로써 이 질문에 대답해 보자. "해방 후 싱가포르에서 돌아왔다는 처녀로 지금은 미군부대의 영문 타이피스트로 있는 여자" 박은미가 오선영과의 관계 불능을 대리하는 장태연

---

34 위의 책, p.77. 또 다른 설명을 덧붙이자면, "전이는 어떤 요소의 의미가 처음부터 내재적인 본질로 그 요소 안에 현존한다는 환영에서 비롯된다." p.172.

35 Slavoj Žižek, 『삐딱하게 보기』, 316쪽.

의 보상적 상상의 한 산물임은 분명하다. 박은미와 그가 가까워진 것은 그녀가 그에게 '한글철자법'을 강의해 달라는 부탁을 했기 때문이다. 화자는 박은미가 '해방 이후 싱가포르에서 돌아 온 처녀'라고만 말할 뿐 그녀의 전력에 대한 더 이상의 자세한 정보를 전하지 않는다. 그러나 일본의 점령지였던 싱가포르에서 그녀가 일본과 관련된 일에 종사하고 있었을 것, 그리고 일본어에 능숙했을 것이라고 추측하는 것은 전혀 무리가 아닐 것이다. 어쩌면 일본어 타이피스트였을 가능성도 높다. 이제 그녀는 미군부대의 영문 타이피스트로 근무하고 있다. 그런 그녀는 "저희들은 한글철자법을 모르는데, 역시 철자법을 몰라서는 안 되겠죠?"라고 말하고, 장태연은 "문맹자에게 한글을 가르치는 것은 자신의 천직"이라고 말하며 그녀의 부탁에 응한다. 한국어와 관련하여 박은미의 이러한 형상에는 어떤 억압의 흔적, 다시 말해 거세의 외상이 새겨져 있다. 그 억압의 흔적은 한문, 일본어, 영어 등과 관련된 것이며 문법학자 장태연에게는 끊임없이 '국어의 순수성'을 파괴하려 드는 위협적 외부로서 출몰한다.

그런 점에서 장태연과 박은미의 관계가 소설에서 끊임없이 반복되는 국어=주권의 이념과 더불어 시종일관 불안과 실패의 초조함에 쌓여 있는 것은 당연한 일이다. 장태연은 "이 혼돈천지에서 한글철자법을 배우고 있는 박은미만이 가장 올바른 현대여성"이라고 찬양하고 있는데, 과도하게 자기도취적인 이 감정은 필경 일방적인 것이며 결국 좌절될 수밖에 없다. 극도로 이상화된 그래서 도달 불가능한 존재인 그녀는 "욕망의 움직임 자체를 개시하는 욕망의 불가능한 원인/대상"[36]으로서의 대상 a이다. 이 도달 불가능한 대상 a 박은미에 대한 욕망은 당연히 좌절되는

---

36 Sean Homer, 『라캉 읽기』, 174쪽.

데, 이 좌절에 대한 장태연의 복수는 그가 가장 경멸하는 속물 학생과 그녀의 결혼에 의해 달성된다. 소설 안에서 독자는 박은미와 속물 원효삼과의 급작스런 결혼에 당황하게 된다. 지금까지 그녀에게 부여되었던 순결하고 고귀한 이미지와는 전혀 어울리지 않는 이 결합은 장태연에게도 독자에게도 예고된 것이 아니고 장태연이 그렇게 하도록 만든 것도 아니다. 중요한 것은 형편없는 속물과 결혼함으로써 박은미에게 부여되었던 고귀한 이미지가 추락하게 된다는 것이다. '그러면 그렇지, 그녀는 알고 보면 그렇게 대단한 여자가 아니었어'라는, 상실감을 위무하는 또 다른 목소리에 의해 트라우마는 묻히고 환상은 지속되는 것이다. 과연 장태연은 박은미의 결혼식 날 식장에 갈 것인가 말 것인가를 고민하다가 외박을 한 아내가 돌아오는 것을 기다린다는 핑계로 집안에 남는데, 돌아 온 아내를 집밖으로 내쫓음으로써 권위를 회복하고 박은미를 잊는다. 용서를 비는 아내의 눈에 남편은 "신의 존재 같이 무서워 보였던 것이다."(2권, 236쪽) 동시에 이 장면 이후 박은미는 소설 무대에 더 이상 나타나지 않는다. 이어서 국회의사당에서의 "영웅적인" 연설 후에 권위와 남성성을 회복한 장태연은 용서를 비는 아내의 손을 잡고 집으로 돌아온다. 그가 아내를 용서하기로 마음먹은 이유는 그녀가 국회의 한글공청회장에 나타났기 때문이다. ("나는 아내를 용서해야 한다. 아내는 이미 자신의 잘못을 깨닫고 한글 공청회장에 나타나지 않았는가"(2권, 273쪽) 아내를 용서하는 것은 그녀가 잘못을 깨달았기 때문이라기보다는 그녀가 공청회장에 나타났다는 것, 즉 그를 입법자, 명령권자, 초자아로 인정했다는 것에서 기인한다. 그의 남근은 비로소 발기하는 듯하다.

여기서 주의할 것은 오선영이 장태연과 박은미의 관계를 전혀 모르고 있다는 사실이다. 만일 그녀가 사실을 알면 어떻게 될까? 모든 것이 무너질 것이다. 그녀의 무지와 오인이야말로 이 세계를 유지시키는 근

본적인 토대다. 그녀가 오인을 계속하는 한 그들의 질서는 유지되고 장
태연의 권위도 보장될 것이다. 소설의 결말은 남편과 가정의 "따뜻한
품 안"에서 오선영의 오인이 영원히 계속될 것임을 알리고 있다. 그녀
에게 남편은 "눈물겹도록 거룩한", "순교자" 같은 "영웅"이며, 공청회에
참석한 십여명의 한글학자들은 옷차림은 허술하더라도 "민족의 말과 글
을 연구하는 삼천만의 대표자"이다. "집에서는 구박만 받던 남편"은 이
제 오선영이 감히 마주 보기도 힘든 위엄에 넘치는 영웅이다. 국회의사
당 복도의 "기둥에 꼭 기대어 서서" 남편을 훔쳐보는 그녀는 "심장이 맹
렬하게 뛰놀며 전신이 덜덜덜 떨려오는 것 같았다."(2권, 270쪽) 이 노골
적인 성적 메타포는 장태연의 남성성이 완전히 회복되었음을, 그의 남
근이 국회의사당의 거대한 기둥처럼 우뚝 섰음을 알린다. 장태연과 박
은미의 관계를 아는 순간 그녀의 '착시'(錯視)는 사라질 것이지만, 그럴
가능성은 전혀 없어 보인다. 이 오인 속에서 '자유부인'은 영원히 자유
로울 것이다.

  파시즘적 국가 기구들은 언제나 온갖 위용에 넘치는 장식들로 가득
차 있다. 힘에 넘치는 화려한 미장센은 전체주의나 파시즘 체제의 무대
에 필수적이다. 독립기념관, 혁명기념관, 국립묘지, 역사박물관 등등의
하늘로 치솟은 처마, 굵고 길게 뻗은 열주(列柱)들, 우러러 보게 만드는
중앙 홀의 천장과 영웅들의 동상들, 압도적인 군사 퍼레이드, 장군들과
참전용사들의 가슴에 주렁주렁 달린 훈장들, 특수부대 복장을 하고 거드
럭거리는 노인들, 팔을 휘젓고 다리를 공중으로 치켜 올리는 군대의 행
진, 격앙된 목청의 아나운서와 악대의 장엄한 연주들, 높은 단상 위에
올라 선 지도자들, 이 모든 미장센들은 성적 매력을 있는 대로 뽐내는
공작새의 활짝 펼친 꼬리, 가슴을 두드리고 괴성을 지르면서 이리저리

날뛰는 발정(發情)한 침팬지의 허옇게 드러난 이빨 같은 것(그러나 훨씬 더 비실제적인)이다. 신성함과 엄숙함으로 뒤범벅된 이 허세가 제대로 먹히기 위해 마지막으로 꼭 필요한 한 가지는 "심장이 맹렬하게 뛰놀며 전신이 덜덜덜 떨려오는" 모든 '우리들'이다.

'국어', '국가', '민족' 등은 "기의의 환유적인 미끄러짐을 멈추게 함으로써 하나의 이데올로기를 전체화"하는 "일종의 착시(錯視)" 즉 "이데올로기적 왜상(歪像, anamorphosis)"이다. 한스 홀바인(Hans Holbein)의 「대사들」(Ambassadors) 이라는 그림에 대한 라캉의 설명에 따르면, 이 그림의 한 가운데에 있는 '얼룩' 같은 물체는 정면에서 보면 마치 발기한 남근처럼 보인다. 그것은 무언가 의미로 가득 차 있는 듯이 보인다. 그러나 살짝 비껴서 '삐딱하게' 흘낏 바라보는 순간, 그것은 아무 상관없는 해골에 지나지 않는 것임을 알게 된다. 이 그림의 나머지를 채우고 있는 모든 세속적인 물건들, 그 허세들, 그 이데올로기적 허구들을 하나로 결집시키는 이 발기한 남근을 삐딱하게 바라보는 순간 "우리는 이데올로기적 의미의 중심에서 입 벌리고 있는 무의미의 틈새를, 결여의 구현을 확인할 수 있을 것이다." "근본적 불가능성의 빈 공간을 메우는 시나리오이자 공백을 감추는 스크린"인 환상의 무대 위에서 우리가 할 수 있는 일은 오로지 그 환상을 '횡단(traverse)'하는 것뿐이다. 횡단을 통해 우리가 해야 할 일은 "어떻게 그것 뒤에 아무 것도 없는지를 체험하는 것뿐이다. 어떻게 환상이 정확히 '아무 것도 아닌 것'을 감추고 있는지를 체험하는 것이다."[37] 환상을 가로지르고 나서 우리가 보는 것은 "있는 그대로의 무(無)", "자기 자신의 자리, 공백, 결여"이며 거기로 이행한 "자기 자신의 모습"[38]이다. 그리고 아마도 그것이야말로 우리가 발기한(것처럼 보이는)

---

37   Slavoj Žižek, 『이데올로기의 숭고한 대상』, 167~9쪽.

이 팔루스들에 속지 않으면서[39] 동시에 이 환상을 살아 갈 수 있는 유일한 방법일 것이다.

---

38 위의 책, 308~9쪽.

39 이 논문에 대한 익명의 심사위원들의 진지하고도 성실한 논평과 충고는 이 논문을 수정·보완하는 데에 큰 도움이 되었다. 깊은 감사의 말씀을 드린다. 특히 나는 한 심사위원의 다음과 같은 논평에 전적으로 동의하면서 여기에 그 일부를 부기(附記)해 둔다. "국어 의식에 대한 정신분석은 민족성의 기표로 강고하게 버티고 서 있는 발기한 '국어'의 내부가 실은 권력의 혈관과 해면체에 의해 지탱되는 폭력적인 것임을 환기한다. 그렇다는 것은 발기한 '국어(팔루스)'의 허구성이 발견 혹은 포착되는 순간 '국어'는 자칫 마지막 배설물(오줌)의 배설구로 덜렁거릴 뿐인 부끄럽거나 치욕적인 사물로 되돌아감을 또한 뜻한다. 그러니 '국어'는 발기하지 않으면 견딜 수 없다는 것, 오직 발기를 통해서만 자기를 입증할 수 있다는 것을 뜻하겠는데, 그러나 이런 '국어'는 타자도, 타인의 언어도 배려할 줄 모르고 또 약자의 목소리와 연대할 줄 모르는 파시즘적 전체성의 한 국면일 수 있다."

Ⅱ.

해방 후 세대의
이중언어 상황과
김수영의 응전

단일 언어 사회를 향해

서석배
UC Irvine

1. 들어가며

나는 내게 죽으라고만 하면 죽고, 죽지 말라고 하면 안 죽을 수도 있는 그런 **바보 같은 순간**이 있다.

모두가 꿈이다.

이것이 〈피로〉라는 것인지도 모르고, 이것이 광기라는 것인지도 모른다.

나는 형편없는 저능아이고 내 시는 모두가 쇼이고 거짓이다. **혁명**과 그 것을 지지하는 나도 모두 거짓이다. 단지 이 문장만이 **얼마간** 진실미가 있을 뿐이다. 나는 〈고독〉으로부터 떨어져 얼마나 긴 시간을 살아온 것일까. 지금 나는 이 내 방에 있으면서, 어딘가 먼 곳을 여행하고 있는 듯한 기분이 들고, 향수인지 죽음인지 분별이 되지 않는 것 속에 살고 있다. 혹은 나는 일본말 속에서 살고 있는 건지도 모른다.

그러고 나 자신은 지극히 정확하다고 생각하고 있는 이 문장도 어딘가 약간은 부정확하고 미쳐 있다.

정말로 나는 미쳐있다. 허나 안 미쳤다고 생각하고 살고 있다.

나는 **쉬르레알리슴**으로부터 너무나 오랫동안 떨어져서 살고 있다. 내가 이제부터 앞으로 (언젠가) 정말로 미쳐버린다면, 그건 내가 쉬르레알리슴 으로부터 너무 오랫동안 떨어져 있었던 탓이라고 생각해 다오. 아내여, 나는 유언장을 쓰고 있는 기분으로 지금 이걸 쓰고 있지만, 난 살테다! (강조 -원문)[1]

위의 글은 한국 시인 김수영(1921~1968)이 일본으로부터 한국의 해방
이 된지 16년 정도가 지난 후에 쓴 일기에서 발췌한 부분이다. 16년의
세월 동안에 한반도의 남쪽에서는 미군의 군정, 북쪽에서는 소련의 지배
가 있었으며(1945~1948), 이후에는 남과 북에서 정부의 설립(1948)이 있
게 되었고, 마침내 동족상잔의 전쟁(1950~1953)은 수백 만 명의 목숨을
앗아가고, 북쪽에서는 김일성의 공산주의 정권 강화, 남쪽에서는 부패
한 독재 정치로 이어진다. 이 발췌본이 쓰여 질 당시, 남한은 프린스턴대
학 박사출신이며, 1960년 4월까지 남한의 첫 대통령을 지냈던 이승만의
독재정권을 대중의 봉기가 쓰러뜨렸다는 그 기쁨 속에서 막 벗어나고
있을 때였다.

이러한 폭력의 정신적 외상의 상태를 통과하면서, 북한과 남한은 현
대적인 국민국가를 각각 구성하게 되었다. 그러나 남한과 북한은 그들의

1　僕ハ僕ニ死ネトダケイヘバ死ヌシ、死ヌナイトイヘバ死ナナイコトモ出来ルソウイウ馬
鹿ナ瞬間ガアル。
　ミンナガ夢ダ。
　コレガ「疲レ」トイフモノカモ知ラナイシ、コレガ狂気トイフモノカモシラナイ。
　ボクハ話ニナラナイ低能児ダシ、ボクノ詩ハミンナ芝居デ、嘘ダ。
　革命モ、革命ヲ支持スル僕モミンナ嘘ダ。タダコノ文章ダケガ**イクラカ**真実味ガアル
ダケダ。僕ハ「孤獨」カラ離レテ何ト長イ時間生キタンダラウ。今僕ハコノ僕ノ部屋ニハ
居リナガラ、何処カ遠イトコロヲ旅行シテイルヤウナ気ガスルシ、郷愁トモ死トモ分別
ノツカナイモノノナカニイキテヰル。或ハ**日本語**ノナカニイキテイルノカモ知レナイ。
　ソシテ至極正確ダト自分ハ思ッテイルコノ文章モドコカ少シハ不正確ダシ狂ッテ
イル。
　マサニ僕ハ狂ッテイル。ガ　狂ッテイナイト思ッテ生キテイル。
　僕ハシュルリアリズムカラアマリニ長イ間離レテイキテイル。僕ガコレカラ先(何時カ)
本當ニ狂
トシタソレハ僕ガシュルリアリズムカラアマリ長ガイ間離レテイタセイダト思ッテ呉
レ。妻ヨ、
ハ遺言状ヲ書イテヰル気分デイマコレヲカイテヰルケレドモ、僕ハ生イルゾ。
　　　　(김수영, 「일기초(II)」, 『김수영전집 2-산문』, 민음사, 2003, 508~509쪽)

주권 영역 안에서 그들이 일제 식민지의 잔재들을 계속해서 제거할 것이라는 주장에 있어서는 한 목소리를 냈다. 분단과 동족상잔의 전쟁에도 불구하고, 반일·반식민주의는 남한과 북한으로 한반도를 나누었던 불가침의 국경조차 넘었다고 볼 수 있다. 결과적으로, 한국민은 일본민족에 대비해서 가장 명증하게 민족으로 '상상'되었고, 일본 문화, 일본 관습, 그리고 무엇보다 일본어의 잔재가 북과 남에서 공히 일제 식민지의 유산으로 여겨졌다.

이러한 문맥 속에서, 위에서 인용된 발췌문에서 가장 눈에 띄는 점은 말할 필요도 없이, 이 글이 일본어로 씌어졌다는 사실이다. 더군다나, 이 글은 가타가나로 씌어졌을 뿐 아니라, 전후 일본에서는 더 이상 쓰이지 않는 전쟁 전의 맞춤법으로 씌어져 있다. 그의 개인적인 일기에서 저자인 김수영은 다른 그 누구도 아닌 바로 자기 자신에게, 한국에서 일본의 식민 지배를 끝낸 지 16년이 지난 후에도, 그가 아직 일본어 속에서 살고 있다는 것을 고백하고 있다. "향수나 죽음으로도 구분되지 않는 것"이라는 문장이 인접해 있는 단어인 "일본어"와 연결되어 있기 때문에, 저자에게 일본어가 향수를 불러일으키면서 죽어가는, 혹은 보다 명백하게 말해서, 사라지기 때문에 향수를 불러일으키는 그 무엇이라고 독자가 해석한다 해도 그리 틀린 말은 아닐 것이다.

김수영의 일기는 자신들이 받았던 식민시대의 교육 때문에, 한국어보다 일본어에 더욱 편안함을 느꼈던 한국 지식인 계층이 처한 곤경을 들여다 볼 수 있는 창문과 같다. 이러한 점에서 보면, 남한에서(북한에서도 마찬가지이지만) 이중언어의 한축으로서의 일본어가 사라졌다는 것은 김수영세대의 일본어/한국어 이중언어 사용을 억압함으로써 가능하게 된 것이다.

분명히, 식민 시대 동안에 일본어는 한국에서 불균형하게 퍼졌었다.

한국어가 모국어이지만 일본어를 할 수 있는 이들은 지리적으로는 도시 중심지에 집중되었고, 사회적으로 엘리트 계급에, 그리고 성별로는 남성에 집중되었다.[2] 시인이자 문학 비평가인 김병걸의 경험은 이러한 불균형을 잘 드러낸다. 함경남도의 변경 지역의 시골에서 태어나서 그다지 유복하지 않은 집안에서 자라났던 그는, 공식적인 교육 시스템 밖의 인증되지 않은 초등학교에 다녔다. 학교가 비록 일본어를 가르치기는 했지만, 교육에서 사용된 언어는 한국어였다. 김병걸은 그의 자서전에서, 그가 1939년에 고등 교육을 받기 위해 일본에 갔을 때, 그는 단 한마디의 일본어도 할 줄 몰랐던 반면, 초등학교에서 공식적인 교육을 받은 한국 청년들은 일본어를 훨씬 더 잘했다고 회고한다. 학교를 다니며 일을 하기 위해 신문을 배달하면서 만난 한국인 친구들은 그의 강한 함경도 사투리도 이해하지 못했다고 한다.[3]

그러나 해방 후에는 김병걸 조차도 한국어로 시를 쓸 수 없었기 때문에, 일본어로 시를 써야만 했다. 그와 같은 세대의 다른 많은 사람들처럼 그에게 문학적인 언어는 일본어이지 한국어가 아니었다.[4] 실제로, 식민 기간 동안 동화정책이 더욱 가속화되면서, 일본어에 친숙한 한국인들은 그 숫자가 꾸준히 늘어나게 된다. 해방 후에, 한국어학자였던 이희승은 해방 후에 일상생활에서의 일본어의 사용이 해방된 한국으로부터 일제 식민지의 잔재들을 제거하는데 가장 큰 걸림돌이라고 주장했으며, 사람들의 언어사용에 있어서의 애국심의 결여를 통탄했다. 이희승은 한국인

---

2 동원모, Andrew C. Nahm 역, 「한국에서의 동화정책과 사회적 변화」, 『일제 식민지 시대의 한국』, Kalamazoo: Center for Korean Studies Western Michigan University, 1973, 146~182쪽; 이병혁, 「일제하의 언어 생활」, 『일제의 식민지배와 생활상』, 한국 정신문화원, 1990, 27~80쪽.

3 김병걸, 『실패한 인생, 실패한 문학』, 창작과 비평사, 1994, 48~57쪽.

4 앞의 책, 111쪽.

들이 표준 한국어를 정확하게 사용하는 것을 배워야 한다고 역설했다.[5] 이희승의 이러한 개탄은 사회 전반에 걸쳐 일본어가 널리 퍼져 사용되었다는 것과, 일본어가 한국에 사는 사람들의 일상적 언어 사용에 강한 흔적들을 남겼다는 것을 증명해준다.

보다 엄밀히 말하자면, 일본어와 한국어는 식민지 기간 동안에 서로 다른 위치를 점하고 있었다. 일본어가 교육과 추상적인 사유와 과학의 언어였다면, 한국어는 "모국어"라는 것과 연관된 감정에 대한 언어였다. 이에 따라 한국어는 식민지 시기 전체를 통해서 한국의 문학적 창작에서의 표현의 수단으로 계속 유지되었다. 그러나 이에 반해, 1930년대에서부터 일제 시대말까지, 한국의 지식인들과 학생들의 독서경향은 점차적으로 일본 문학에 경도되어갔다. 더군다나, 학교에서 한국어를 배울 기회가 없었기 때문에, 점점 더 많은 젊은이들이 한국어를 읽거나 쓸 수 없게 되었다. 비율적으로 보았을 때, 이 젊은 한국인들은 한국어보다 일본어를 더욱 능숙하게 구사하였다. 결과적으로, 식민지시대 후반에 이르러서는 한국에서 한국어보다 일본어와 친숙한 이들이 존재하게 되었다.[6]

포스트식민지 시대의 이중언어 사용에 대한 억압은 한국에서 현대적인 국민국가를 수립하는데 있어서 중요한 부분이었다. 한국어학자인 이희승의 국어에 대한 정의는 이러한 언어에 대한 국민주의적인 강조를 잘 보여 준다. 이희승은 국어를 "국민 대다수에게 통용되는 국가 통치상의 공식어"라고 요약하였다.[7] 이러한 정의는 국어와 현대 국민 국가 사

---

5 이희승, 「일상 언어에 있어서의 일본적 잔재」, 『신천지』, 서울신문사, 1947.6.

6 1931년에 한국 신문에 의해 실시된 일반 고등학교 학생들에 대한 독서경향 조사에 따르자면, 남자 학생들이 선택한 일본어로 씌어진 책의 숫자는 그들이 선택한 한국어로 씌어진 책의 숫자의 두 배 가량 되었다. 천정환, 『근대의 책 읽기』, 푸른역사, 2003, 362쪽.

7 이희승, 「국어란 무엇인가?」, 『신천지』, 1권 3호, 서울신문사, 1946, 141~146쪽.

이의 불가분의 관계를 간결하게 보여준다. 해방 이후에 한국인들은 현대적인 국민 국가를 건설하기를 갈망하면서, 민족공동체를 통합하는 하나의 통일된 국어를 가지는 것을 중요할 뿐 아니라 불가피한 일로 여겼다.

이 논문에서, 나는 포스트 식민지시대의 이중언어사용이 한국, 특히 남한에서 사라지게 된 과정과 단일언어주의가 해방 후에 지배적이게 된 과정을 추적해 보려한다. 특히 남한에서 단일언어주의가 선점을 하게 되는데 있어서 문학의 역할에 대해 관심을 기울여 보고자 한다. 일본어가 해방 후의 한국에서 사라지게 된 과정에 대한 연구에서는 그들의 식민시대의 경험 때문에 한국어보다는 일본어가 더욱 익숙했던 한국인 세대의 경험에 대한 탐구가 포함되게 될 것이다. 일제 시대의 마지막 시기에 있었던 일본어 정책 때문에, 학교에서 한국어를 배울 기회를 얻지 못하게 되면서, 그들 중 많은 이들은 해방 후 십대나 이십대 초반의 나이에 한국어 글쓰기 체계를 배워야만 했다. 그들은 자신의 모국어인 한국어의 글쓰기 체계를 공부 과정에서 상당한 정신적 외상을 입었을 것이다. 그들은 "그들 자신의 언어"를 모르면서, 일본어에 더욱 익숙하다는 것에 대해 죄책감을 느끼고 부끄러워했을 것이다. 분명히 그들은 식민 통치 기간 동안, 집이나 개인적인 영역에서는 한국어로 말을 하였다. 그래서 그들은 구어체 한국어는 알고 있었다. 그럼에도 불구하고, 나중에 좀 더 자세히 언급하겠지만, 많은 일차자료들이 그들이 일본어를 더욱 편하게 느꼈다는 것을 보여주고 있다. 해방 후에 그들은 비록 선생님들에게 혼이 났을지언정, 방과 후에는 그들의 친구와 더불어 일본어로 이야기를 하였다.

십대나 이십 대에 한국어 글쓰기 체계를 배워야 했던, 이 세대의 많은 이들은 한국 문학을 읽으면서 한국어와 익숙해지게 되었다. 따라서 한국 문학은 한국의 젊은이들이 국어를 배우게 되는 하나의 방식으로 기능하게 된다.

2. 식민지 조선에서의 언어 사용 상태

흔히들 조선에서의 일본 식민주의의 목표는 한국어를 말살시키고 그
것을 일본어로 대체하는 것이었다고 이야기한다. 그러나 일제의 언어정
책의 실제는 이러한 간략한 설명보다 더욱 복잡한 것이었다. 일본의 통
치기간에 있어 오직 마지막 시기에서만, 식민지 정권은 일본어 사용의
독려의 일환으로 한국어의 사용을 억압하였다. 식민지 조선에서 일본어
를 "국가의 언어(國語)"로 독려하면서, 일본의 식민정부는 한국어에 대한
억압보다는 한국어의 표준화를 시도하였다. 일본 식민지 정부는 특히 한
국어의 맞춤법 표준화를 시도하였다. 식민지 정부가 한국어의 표준화를
강조했던 이유는 학교에서의 한국어 수업들에 필요한 맞춤법의 표준규
정이 필요했기 때문이었다. 식민지 정부가 1911년에 첫 '식민지 교육법'
을 발표하였을 때, 한국어와 한자 과목은 초등학교 교육에서 필수 과목
으로 지정되었다.[8] 이 후 1912년에, 식민정부는 초등학교 교육을 위한
일련의 맞춤법 통일안을 만들었고, 1921년에는, 개정된 맞춤법을 공표
하였다. 이 개정안은 1930년에 새로운 맞춤법으로 대체되었다. 새로운
맞춤법은 식민 정부에 의해 구성된 연구위원회에 참여한 한국인 언어학
자들의 제안을 반영하였다.[9]

한국인 언어학자들은 일제 식민 정부와는 독립적으로 한국어 맞춤법을
표준화하는 데 많은 노력을 기울였다. 그들에게 있어서, 맞춤법의 통일화
는 다른 문명화된 국가들의 언어들과 동등하게 한국어를 현대화 시키려

---

8 1922년에 공표된 식민지 교육법 개정안은 한국어와 한자라는 과목을 한국어 과목과
   한자 과목으로 나누게 된다. 한국어 과목이 필수로 남는 반면, 한자 과목은 선택과목이
   된다.

9 미츠이 타카시, 「식민지 조선에서의 언어적 지배」, 『한일민족연구』 4집, 한일민족연
   구학회, 2003, 203~228쪽.

는 첫 번째 단계였다. 그들은 한국어의 현대화가 현대 한국 문화의 발전을 촉진할 것이라고 믿었다. 예를 들어, 이극로는 그의 한국어 어휘사전의 편찬에 대한 논의에서, 문화를 증진시키고자 하는 열망을 가진 민족은 그 문화의 기반을 구성하는 언어를 표준화해야 한다고 주장하였다.[10]

한국어의 표준화를 통해서 한국 문화를 개혁하려던 일반적인 민족주의자들의 열망에도 불구하고, 한국의 언어학자들은 1920년대에 한국어의 문법과 맞춤법에 대해 통일된 목소리를 내지 못했다. 박승빈이 주도하는 조선어학연구회를 지지하는 이들과, 선구자적인 한국어 문법학자였던 주시경의 제자들이 이끌던 조선어연구회를 지지하는 이들 사이에는 논쟁이 계속 되었다. 이 후, 이 두 한국어 언어학자들의 그룹들은 한국어의 표준화를 이루는 데 있어서 우위를 점하기 위해 서로 경쟁을 하게 된다.

그러나 1930년대 식민정부가 조선어연구회의 제안들을 많이 받아들여 공포한 새 한국어 맞춤법은, 조선어연구회가 한국어의 표준화에 지배적인 위치를 점하기 시작했다는 것을 보여준다. 같은 해에, 조선어연구회는 그 이름을 조선어학회로 바꾸고, 단체의 구조를 개혁하였다. 1933년에 조선어학회가 통합 한국어 맞춤법을 공표하였을 때, 동아일보나 조선일보와 같은 조선의 신문들은 이 새로운 맞춤법을 지지하였다.[11] 1941년에, 조선어학회는 외국어 차용 단어들에 대한 맞춤법의 규칙들을 공표하고, 워크숍 등을 통해 그들의 맞춤법을 보급하는 데 많은 노력을 기울인다.

일본식민지 정부가 한국어 맞춤법에 대하여 한국의 언어학자들과 때

---

10 이극로, 「조선어 사전 편찬에 대하여」, 『한글』, 한글학회, 1932. 5, 12~14쪽.
11 미츠이 타카시, 「식민지 조선에서의 언어적 지배」, 니시오 간지, *Kokumin no Rekishi*, 산케이 신문, 1999.

로는 동맹관계를 맺고 때로는 경쟁을 했기 때문에, 몇몇 일제 시대 식민주의에 대한 옹호자들은 일본의 식민주의가 한국의 글쓰기 체계를 현대화하는데 도움을 주었다고까지 주장한다. 예를 들어, 한국에서 일제시대가 끝난 뒤 거의 55년 지난 후에, '새로운 역사교과서를 만드는 모임'의 공동 창설자중 한명인, 니시오 칸지는 일본의 식민주의에 대해 변호를 하면서, 한자에 대한 특권을 지녔던 양반 엘리트 계급이 한국의 글쓰기 체계를 얼마나 무시하고 경멸했었는지를 아는 현대 한국인들이 얼마나 되는지, 그리고 일제 통치 기간 동안 한국의 글쓰기 체계가 초등학교 과정에 포함되었던 것을 얼마나 많은 한국인들이 알고 있는지를 수사적으로 물어본다.[12]

그러나 비록 일본의 식민지 정부가 한국어의 표준화 작업에 참여했고, 1938년까지는 한국어를 조직적으로 억압하기 시작하지는 않았다고 할지라도, 식민지 정부는 식민통치기간 동안, 결코 일본어와 한국어를 동등하게 취급하지 않았다. 또한 비록 간헐적으로 일어나기는 했지만, 1938년 이전에도, 학교가 학급에서뿐만 아니라 학급 밖에서 학생들이 한국어를 말하지 못하도록 강제한 사례들이 있었다는 것 역시 기억해야 할 것이다. 예를 들어, 한국 신문인 동아일보는 1931년에 경상북도 지역의 초등학교에서 실시된 한국어 사용을 하지 못하도록 한 강제조치들을 비난하는 칼럼을 내보냈었다. 그 칼럼에 따르면, 학교의 교사들은 학생들에게 학교 밖에서 한국어를 쓰는 학생들을 보고하도록 시키고는 그들을 처벌하였다고 한다.[13] 말할 것도 없이, 일본어는 일제 시기 동안, 특

---

12 미츠이 역시 이 점을 그의 논문에서 지적한다. 미츠이 타카시, 앞의 글; 니시오 간지, 『국민의 역사』, 산케이 신문, 1999, 709쪽.
13 이 칼럼은 초등학교에서의 교육 언어로서의 한국어를 다시 살려 내기를 요구하며 끝을 낸다. 「초등 교육과 용어 문제」, 『동아일보』, 1931. 12. 3.

권을 지닌 공식어였다. 모든 정부의 문서들은 일본어로 발행되었으며, 식민시대의 행정 시험이나 사법 시험들은 일본어로 치루어졌다. 법적인 사건들 역시 일본어로 법정에서 다루어졌다. 원칙적으로 학교에서의 수업은 일본어로 가르치도록 했으며, 한국어와 한자를 제외한 모든 학교의 교재들은 일본어로 씌어졌다.[14]

그뿐만 아니라, 일본어는 식민지 조선에서 세계와 소통할 수 있는 언어였다.[15] 한 예로, 외국에서 수입된 책 중에 90% 가량이 일본으로부터 들어온 것이었다. 조선의 엘리트 계급들이 모두 한국어와 일본어의 이중 언어 사용자였다고 해도 과장은 아닐 것이다. 그들은 한국에 있는 학교에서 일본어를 배웠으며, 또한 그들 중 많은 이들은 고등 교육을 받기 위해 일본으로 갔다. 식민지 정부의 숨막히는 통제가 있는 식민지 조선과는 다르게, 적어도 1941년에 전쟁을 위해 고도로 조직화되고 전시체제화 되기 전까지, 일본은 조선인 학생들에게 비교적 더 많은 자유를 제공하였다. 한 예로, 1920년대 후반까지, 많은 한국의 민족주의자들과 좌파들은 식민지 정부의 엄격한 검열을 피하기 위해 팸플릿과 전단 광고를 찍어서 조선으로 들여왔다.[16] 식민시대를 통틀어서, 맑스주의자들과 공산주의자들의 책들은 독단적으로 종종 몰수되곤 했다.[17] 이에 반해서, 일본에서는 이러한 책들이 자유롭게 유통되고 비교적 쉽게 구할 수가 있었다.

무엇보다도, 조선의 젊은 지식인들은 서울에서보다 도쿄에서 더욱 빠

---

14 김혜종, 「근대 이후 국어와 교재 개발에 대한 사적 검토」, 『국어 교육 연구』 13권, 서울대학교 국어교육, 2004, 404~437쪽.

15 천정환, 앞의 책, 228쪽.

16 이중연, 『책의 운명』, 혜안, 2001, 419쪽.

17 이중연, 위의 책, 463쪽.

르게 서구에서 수입된 예술 학문의 현대적 조류들을 접할 수 있었다. 이에 따라 모더니스트였던 이상과 같은 한국의 지식인들은 도회적 현대성에 끌려서 도쿄로 가게 된다. 그는 한국어로 뿐만 아니라 일본어로도 시를 썼다.[18] 식민지 기간 동안 일본에 잠시 머물렀던 시인 김수영은 T.S. 엘리엇(Eliot)이나 W.H. 오든(Auden) 그리고 스티븐 스펜더(Stephen Spender)에게 뿐만 아니라 니시와키 준사부로(西脇順三郎), 미요시 타츠지(三好達治), 무라노 시로(村野四郎)와 같은 일본의 모더니스트 시인들에게도 매혹 당하게 된다. 모더니즘에 매료되고 언어에 민감한 조선의 젊은 지식인들에게, 도쿄는 근대성의 공간이었으며, 일본어는 문학창작의 언어였다.

식민지의 한국에서, 일본어를 말하고 이해할 수 있는 한국인의 비율이 낮았다고 할지라도, 그 비율은 앞에서 언급되었던 것처럼 1930년대에 걸쳐서, 급격하게 증가하였다. 1938년 이후, 식민지 정부가 국어로서의 일본어를 집중적으로 강요함에 따라, 1943년이 되면 조선인 가운데 일본어를 읽고 쓸 수 있는 인구의 비율은 22.15%로 빠르게 증가하게 된다.[19] 그럼에도 불구하고, 문학은 아직 한국어가 지배하는 문화적인 영역의 하나로 남아있었다. 1935년에 이광수가 쓴 한국문학에 대한 글은 문학에 있어서 그러한 한국어 우위를 유지하려는 노력으로 해석할 수 있겠다. 이광수는 경성 제국대학의 조선어문학과가 격몽요결(擊蒙要訣: 무지하고 다루기 힘든 이들을 계몽시키는 글)을 한국문학과정 교과서로 사용하겠다는 결정에 반발해서 이 글을 쓰게 되었다.[20] 그는 창조적인 글도

---

18 카와무라 미나토, 『요이도레부네』, 노 세이슌, 『'술취한 배'의 청춘』, 임파크토 출판사, 2000, 147~186쪽.

19 노영택, 「일제시기의 문맹률 추이」, 『국사관 논총』 51집, 국사편찬위원회, 1994, 109~159쪽.

아니고 과학적인 글도 아니며, 따라서 비록 문학의 범주가 확장된다고 할지라도 문학적 작품으로 평가할 수 없기 때문에, 격몽요결은 한국문학에 속한다고 여겨서는 안 된다고 말한다. 그는 특히 이 책이 한자로 쓰여 졌기 때문에, 한국문학일 수 없다는 점을 강조하였다. 그의 주된 비판은 문학의 민족성을 결정하는데 있어서 언어의 문제에 대한 것이었다. 그는 영문학이 영어로 씌어졌고 일본문학이 일본어로 씌어졌듯이, 한국문학은 한국어로 씌어져야 한다고 강하게 주장한다. 그는 또한 경성제대의 조선어문학과가 17세기 후반의 허구적 이야기인 '구운몽'을 교과서로 삼는 것에 대해서도, 구운몽이 한자로 씌어졌다는 점에서 그 결정에 비판적이었다. 이광수는 비록 이 두 글들이 한국인 작가들에 의해 씌어지기는 했지만, 작가의 민족성은 문학의 민족성을 결정하는 주요 요소가 아니라는 점을 강조한다. 그는 문학의 민족성은 그 문학의 속인주의나 속지주의의 원칙에 의해 결정될 수 없는 문제라고 주장한다. 그는 문학은 속어주의(혹은 속문주의 jus lingua)에 의해 결정된다고 간결하게 결론을 내린다.[21]

왜 이광수가 그의 한국 언어와 한국 문학의 뗄 수 없는 연결을 강조하면서 한국어와 중국어를 대별시켰는지를 이해하기 위해서, 우리는 조선 왕조 전체 기간 동안(1392~1897) 한국어 글쓰기 체계인 한글이 중국 한자에 비해 저급하게 취급되었다는 것을 기억할 필요가 있다. 조선일보의 문학 섹션의 편집장이던 홍기문이 1936년의 원탁 토론에서 말했던 것처

---

20 『격몽요결』은 1577년 이이가 쓴 것으로 유교적 군자에게 요구되는 도덕과 예절에 대한 책이다.

21 이 에세이는 분명히 이 광수의 잘 알려진 반 전통주의에 의해 물들어진 글이다. 이광수의 반전통주의는 한국 민족의 퇴락을 그 전통에 있다고 본 1922년의 그의 에세이 「민족 개조론」에서 분명하게 드러난다. 이광수, 「민족 개조론」, 『개벽』 23, 개벽사, 1922, 18~72쪽.

럼, 한글은 식민지 기간 동안에서야 한국문학에 있어서 주요한 위치를 차지하게 되었다.[22]

그러나 문학창작에 있어서, 한국어의 우위에도 불구하고, 식민 교육을 통해 지식인들과 고등학교, 그리고 대학교 학생들이 일본어와 일본 문학에 익숙해져 가면서, 일본 문학은 그들 사이에 더욱 유행하게 되었다. 동아일보가 1931년에 실시한 '서울에 있는 남자 고등학교 학생들의 독서 경향'에 대한 조사를 보면, 조사 대상자들에 의해 유일하게 언급된 한국 작가는 이광수 밖에 없었다. 이에 반해서, 구니키다 도포(國木田獨步), 츠루미 유스케(鶴見祐輔), 나쓰메 소세끼(夏目漱石)와 같은 일본 작가들의 작품들은 레마르크(1898~1970, Erich Maria Remarque), 알렉산드르 뒤마(1802~1870, Alexandre Dumas), 톨스토이(1828~1910, Leo Tolstoy)의 작품들과 함께 한국 남자 학생들이 가장 선호하는 글들로 꼽혔다. 같은 해에 실시된 동아일보의 또 다른 조사는 비록 그들이 가장 선호하는 작가들 속에 구니키다 대신에 기구치 칸(菊池寬)이 들어가고, 레마르크 대신에 헨리 입센(Henrik Ibsen)이 포함되기는 하였지만, 서울의 한국 여자 고등학교 학생들 역시 비슷한 취향을 지니고 있다는 것을 보여준다.[23]

일본의 제국정부가 1937년에 발발한 중일전쟁에 대한 한국의 지원을 확보하기 위해 동화정책을 강화하면서, 문학적인 수단으로서의 한국어의 지배적 위치에 대한 위협이 보다 강해진다. 일본어의 보급은 한국에서의 동화 정책의 필수적인 부분이었던 것이다. 일본어 보급 강화는 공공장소에서의 한국어를 사용하지 못하게 하는 정책으로 이어졌다. 1938년에 일본의 식민 정부는 식민지 교육법을 개정하였다. 이 개정은 표면적으로

22　홍기문, 「三專門學校 四敎授 三新聞社 學藝部長 文藝全體 會議」, 『삼천리』 8권 6호, 1936, 226~240쪽.

23　천정환, 앞의 책, 348~351쪽; 362~364쪽.

는 한국에 있어서, 일본어를 모국어로 하는 이들과 한국어를 모국어로
하는 이들에 대한 분리된 교육 정책들을 합치려는 것을 목표로 한 것이었
다. 일본어를 하지 못하는 조선인을 위한 교육 과정은 일본어를 모국어로
하는 이들의 교육과정과 동일하게 된다. 이에 따라, 과거에는 한국어 과
정이 일본어가 모국어가 아닌 조선인들에게 필수과목인 반면에, 일본어
를 모국어로 하는 이들에게는 선택과목으로 되어있었다는 점을 생각하
면, 이러한 정책의 변화는 한국어 교육에 부정적 영향을 미치게 된다.
즉, 이러한 개정은 무차별적으로 한국어 과정을 선택 과목으로 강등시키
는 결과를 낳게 된 것이다. 그와 동시에, 학교에서의 일본어사용은 더욱
전면적으로 강요된다.[24]

1940년에 이르면 한국어 신문들은 식민 정부에 의해 문을 닫게 된다.
예를 들면, 한국문학의 중요 발표장이었던, 가장 큰 두 한국어 신문사,
동아일보와 조선일보가 사업을 그만두도록 강요당한다. 일제 식민 정부
가 발행하는 매일신보가 유일한 한국어 신문이 된 것이다. 한국어로 된
잡지들도 역시 간행을 중단하게 된다. 한국어 문학 잡지였던『문장』은
또 다른 한국어 문학 잡지인『인문평론』과 합쳐져서 월간으로 발행되는
『국민문학』이라는 잡지가 되었는데, 원래 일 년에 네 번은 한국어로 발
행되고, 다른 발행 판들은 일본어로 출간하기로 계획되었던 것이, 곧 완
전히 일본어로만 출간되는 잡지가 되어 버렸다. 한국인 작가들과 시인들
역시 일본어로 문학 창작을 하도록 강요당하게 된다.

일본 식민지의 마지막 시기에 있었던 이러한 한국어에 대한 억압에
대항하여, 한국의 지식인들은 언어를 한국 민족정신의 근본으로 떠받들

---

24 이명화, 「조선총독부의 언어 동화정책」,『한국 독립운동사 연구』제9집, 독립 기념관
   한국 독립 운동사 연구소, 1995, 277~294쪽.

게 된다. 특히, 1942년의 식민지 정부에 의한 조선어학회의 회원들의 구속은, 한국어에 대한 식민주의적 탄압과 그에 대한 민족주의적인 저항에 대한 기억을 영구히 각인시키는 구실을 하였다. 조선어학회 회원들에 대한 구속은 그들이 한국어 연구라는 미명하에, 반일 활동들에 참가하고 있다는 의혹에서 이루어진 것이었다. 그러나 이 시대의 한국어에 대한 전반적 억압과 더불어, 한국어 연구소의 회원들에 대한 박해는 한국어가 처한 곤경과, 일본 제국주의의 언어에 대한 무자비한 탄압에 대한 민족주의자들의 저항을 상징화하게 된다.

해방 이후의 한 좌담회에서 이태준과 김사량이 벌인 한국 작가의 일본어 창작에 대한 논쟁이 보여주듯, 한국어에 근본적인 민족주의적 가치가 부여된 것이다. 식민지 조선이 일제 통치로부터 해방이 된 후 일 년 지날 즈음, 좌익계 잡지이던 『인민예술』은 김남천, 이태준, 한설야, 이기영, 김사량, 이원조, 한효, 그리고 임화와 같은 지식인들을 초청한 좌담회를 개최했다. 이태준을 제외하고 다른 지식인들은 식민지 기간 동안에, 좌파였거나 좌파에 대한 심정적 동조자였다.[25] 좌담회 참석자들은 그들이 식민지 기간 동안 했던 일들에 대해 자기반성을 해달라고 부탁받는다.

이 토론에서 가장 긴장이 고조된 순간은 이태준이 식민지 기간 동안에 일본어로 글을 썼던 이들을 비난했을 때였다. 이태준은 분명한 어조로 한국어는 식민지 정부의 박해 탓에 사라질 위기에 처했었으며, 그렇기 때문에 문학의 언어가 문학의 내용보다 더욱 중요했다고 주장한다. 이태

---

25 이태준은 좌파 문학 단체이던 카프(KAPF-1925년도에 창설된 한국예술가 프로레타리안 동맹)에 참여 해왔던 좌파 작가들과 다르게, 그 자신이 정치적인 활동들을 멀리하고, 창작을 몰두했다는 점을 강조하였다. 그러나 해방 후에, 이태준은 좌파 문학 활동들에 활발히 참여했었다. 그는 일본의 패망 후의 하루 뒤인 1945년 8월 16일에 발족한 좌파 문학 단체인 '조선문학건설본부'의 중앙 위원회 위원장직을 맡게 되었다. 그는 1946년에 북한으로 탈출했다.

준은 한국어 언어학자들이 박해를 당하고 한국어 매체가 폐간된 상황에서, 일본어로 글을 쓰라는 일본 식민지 정부의 압력에 굴복하고 순응해서 일본어로 글을 썼기에, 일본어로 작품 활동을 한 작가는 비난받아 마땅하다고 역설한다. 이태준은 이러한 점들을 분명히 독선적인 목소리로 말한다.[26]

이태준의 비난에 대응하여, 이원조는, 어떤 이들은 일본어로 쓰는 것이 아예 안 쓰는 것보다 낫다고 여겼을 수도 있으므로, 일본어로 창작활동을 했던 모든 작가들이 일제에 동조했다고 볼 수 없다며 반론을 편다. 이원조는 계속해서, 어떤 이들은 일본어로 쓰는 것이 검열을 피하기 용이할 것이라고 믿고 일본어 창작을 했을 수도 있었다며, 이태준을 반박한다. 그러나 이러한 이태준의 비난에 가장 격렬하게 반응한 이는 김사량이었다. 김사량은 그의 작품 중 가장 인정받는, 1940년 아쿠타카와 문학상 최종 후보작, 『빛 속에서』를 가지고 일본 문학계에 데뷔했었다. 그는 비록 일본어로 썼다고 할지라도, 창작활동을 한 것이 침묵으로 후퇴했던 것보다는 훨씬 낫다고 하면서, 한국인이 쓴 일본어 문학을 옹호했다. 이태준에 반대해서 김사량은 어떤 언어로 썼느냐가 아니라 무엇을 썼느냐가 더 중요하게 고려되어야 한다는 점을 강조했다. 그는 침묵으로의 도피라는 소극적 행위가 일본어 창작이라는 적극적 행위보다 나을 것이 없다고 말한 것이다. 그럼에도 불구하고, 그의 이러한 항의는 해방된 한국에서, 한국어를 국어로 특권화 시키려는 민족주의자들의 주장과 부딪혔을 때 연약하게만 보일 뿐이었다.[27]

---

26 그럼에도 불구하고, 이태준 또한 일본어로 된 단편인 「第一號船の揷話」를 썼다. 보다 많은 정보를 위해서는, 호테이 토시히로, 「일제 말기 일본의 소설 연구」, 서울대 석사 학위논문, 1996, 102~109쪽을 보시오.

27 송기한, 「좌담: 문학자의 자기비판」, 『해방 공간의 비평 문학 2』, 태학사, 1991,

3. 민족 문학과 국어

민족문화, 민족문학과 민족어에 대한 담론은 해방정국에서 더욱 풍성하게 이루어진다.[28] 좌파 지식인들이 민중에 기반 하면서, 해방된 한국에서의 사회 혁명에 도움이 되는 새로운 민족 문학을 주장했던 반면에, 보수적인 지식인들은 민족정신이라는 모호한 개념을 강조하는 경향을 보였다. 정치적 혼란기였던 해방 직후의 남한에서 좌파 지식인들은 우파들의 민족주의적 쇼비니즘이라고 비판한 반면에, 우파 지식인들은 좌파 지식인들을 계급간의 투쟁을 부추기기 위해 문학을 사용한다고 비난하면서 격렬한 충돌이 일어났다.

한 예로, 문학 단체에서 우파 진영에 있는 작가들의 한 사람이던 박종화는 민족은 신화들, 언어, 그리고 글 쓰는 체계를 포함한 공유된 전통에 기반한다고 주장하였다. 그는, 한국의 작가들이 식민주의에 대항한 민족주의자의 독립투쟁의 일환으로, 한국어의 전통을 보존하기 위해 한국어를 박해하던 일본 식민주의 언어 정책에도 불구하고, 한국어를 지키기 위해 노력했었다고 봤다.[29]

164~172쪽.

28 민족은 두 개의 한자인 民族(일본어로는 민조쿠)로 이루어진 단어의 발음이다. 민족과 국민(일본어로 고쿠민) 모두 영어로는 'nation'의 번역어임에도 불구하고, 국민이 국가(한국어로는 국가; 일본어로는 곳카)와 그 구성원의 관계를 강조하는데 반해, 민족이라는 단어에는 nation의 에쓰닉한 특성에 보다 무게가 실리게 된다. 한반도가 분리되어 1948년까지 소련과 미국의 지배 하에서 통치되었고, 이후 두 개의 서로 다른 정부들이 남한과 북한에 세워지게 되었기 때문에, 민족이라는 단어가 남한과 북한에서의 한국민들을 모두 일컫는 용어로 더욱 적당할 것이다. 그러나 논의를 남한만으로 좁혔을 때는, nation을 국민이라 번역하는 것이 더 적당한 경우도 있겠다. 가령, 남한과 북한이 각각 다른 표준어를 가지고 있는 상황을 고려한다면, 남한의 'national language'는 민족어 보다는 국어로 번역되는 것이 더 적절하겠다.

29 박종화, 「민족 문학의 원리」, 『경향신문』, 1946. 12. 5.

우파 진영의 또 다른 지식인이던 시인 조지훈은 한국 민족 안에서의
계급, 성, 지역적 차이를 극복하기 위한 민족 주체의식이 나타나는 장소
로서의 문화의 중요성을 강조하였다. 그는 한국 문화의 위기는 민족 주
체의식의 결여에서 온다고 분석했다. 그는 민족적 자아가 아직 세워지지
않았기 때문에, 한국 민족은 비판적으로 외국의 개념들을 수용할 수 없
으며, 한반도에서 그들의 영향력을 넓히려는 외세에 대항해 총체적으로
싸울 수 없다고 설명했다.[30]

반면에, 좌파 지식인이자 작가인 김남천은 문학의 교육적인 기능에
관심을 기울였다. 그는 작가들과 시인들은 민중으로 들어가서 민중 사이
에 문자를 보급해야 하며, 민중이 문학을 이해하고 그들 자신의 문학적
작품들을 쓸 수 있도록 교육해야 한다고 주장했다. 그는 식민시대 동안,
한국민족은 일반적인 학교 체계 안에서, 한국의 역사와 언어에 대한 교
육을 받을 수 없었기 때문에, 시인들과 작가들은 이제라도 이러한 교육
분야에 관심을 집중해야 한다고 주장했다. 그는 특히 문학은 언어에 의
존한 예술이기에, 대다수의 한국민들이 생활감정을 정확하면서도 미학
적으로 표현할 수 있도록, 한국어 속에서 아름다운 말들을 발견하고 분
명히 밝히며, 또 창조하는 것이 문학의 목적들 중의 하나라고 하면서,
언어학자, 작가와 시인들이 한국어를 증진시키는데 힘을 모아야 한다는
점을 강조했다.[31]

분명히 좌파 지식인들은 한국어를 장려하는데 있어서 극단적인 민족
주의적 경향에 대해 보다 조심스러웠다. 한 예로서, 좌파 문학 비평가로
서 이원조는 언어로서의 한국어 자체가 불변의 민족정신을 표명하지는

---

30 조지훈, 「민족 문학의 당면 문제」, 『문화』 4월호, 신문화사, 1947, 6~23쪽.

31 김남천, 「문학의 교육적 임무」, 송기한, 『해방 공간의 비평 문학3』, 태학사, 1991,
    36~42쪽. 이 글은 원래 1945년 11월에 쓰여졌다.

않는다고 경계했다.[32] 이원조는 일제 식민지의 탄압 덕분에, 한국어가 식민지 기간 동안에 민족의식의 정점으로 올라섰다고 보고 그 경로를 추적했다. 그는 한국민들이 어떻게 한국민의 민족의식을 말살하려고 기도했던 일본 제국주의의 동화 정책에 대응하여, 한국민들이 한국의 문화와 언어를 지키려고 노력했는지를 설명한다. 그러한 노력의 결과로서, 한국어는 한국 민족의 가장 가치 있는 특징으로 자리 매김을 하게 되었다는 것이다.

달리 말해, 그는 한국어를 민족의식 그 자체로 동일시하는 전도(顚倒)가 일어난 시점에 주목한 것이다. 그럼에도 불구하고, 이원조는 독자들에게 언어란 민족의식 자체가 아니라, 민족 의식의 표현이나 도구라는 점을 상기시킨다. 그는 위와 같은 전도가 한국인들로 하여금 한국어를 물신화 하도록 만들었다고 지적한다. 그는 그러나 그러한 물신화에도 불구하고, 한국어는 다른 언어와 마찬가지로, 변화한다고 독자들에게 말한다. 따라서 그는 언어의 발달이란 과거에 있었던 고대 한국어를 발굴하거나 혹은 생명력 없는 새로운 표현들을 창조하는 것을 의미하는 것은 아니라고 역설한다. 그가 보기에, 문학은 언어의 창조에 중요한 역할을 수행한다. 그는 문학에 의해 언어의 창조란 언어학적 표현들을 통한 사회와 사회의식에 있어서, 발전과 변화에 대한 문학적 표현을 의미한다고 보았다.[33]

이상에서 보았듯이, 민족 문학에 대한 우파와 좌파 지식인들의 관점 사이에는 차이가 있었다. 좌파 내부에서도, 그들이 강조하는 바에 따라 차이점들이 나타나게 된다. 그러나 우파나 좌파 지식인들 공히, 문화를

---

32 이원조, 「문학과 언어 창조」, 송기한, 『해방 공간의 비평 문학3』, 태학사, 1991, 61~65쪽.

33 이원조, 위의 책.

동일적인 민족을 만들어내는 제도로 보았다. 더군다나 그들은 민족 문학
과 언어는 그와 같은 민족 문화의 구성에 있어서 중요한 역할을 수행한
다는 점에 동의를 하였다. 그렇게 한국어는, 국어로서의 그 정치적인 위
상이 확고했던 반면, 계급과 성별, 지역들과 세대 사이를 이어주는 국어
가 되기 위해서 극복해야 할 장애물들을 가지고 있었다. 특히, 사람들의
일상 언어 속에서의 일본어의 잔재들은 가장 심각한 문제들의 하나로
여겨졌다.

한국의 지식인들의 입장에서 보면, 일제 식민지 통치 기간 동안 한국
어는 일본어로 오염되었다. 해방 3년 후에 간행된 한 신문 기사에 따르
면, 누구나 서울의 거리를 걷다 보면, 일본어와 일본 문화의 영향이 남아
있는 것을 쉽게 알아 챌 수 있었다고 한다. 이 기사의 저자는 그가 엿듣
게 된 젊은 여성들이 "어머, 싫어"(ara, iyada)나 "진짜"(Jissai)와 같은 일
본어 표현을 아직도 사용하는 것을 통탄했다. 저자는 계속해서, 아직도
"나니와 부시"(사미센 음악에 맞추어서 이야기를 하는 공연양식)과 같은 레코
드를 연주하는 가게들과 일본에서 만들어진 "재즈"(쟈즈)를 방송하는 라
디오 방송국에 대해 비난했다.[34]

언어학자이자 미군정청 문교부 편수국 부국장이던 장지영이 '한글'잡
지에 글을 기고한 글은 한국인들의 일상언어 사용에 미치는 일본어의
영향에 대한 지식인들의 우려를 잘 보여준다.[35] 장지영은 식민 지배 기간
동안 한국어에 침투한 일본에의 의해 한국어가 오염되었음을 통탄한다.
그는 현재의 일상적 한국어들 속에서 사용되는 일본어 어휘들은, 영국이
나 프랑스에서 포함된 라틴어나 그리스어 어휘들과는 비교할 수 없다고

34 「왜색의 잔재는 아직도 남아 있다」, 『조선일보』, 1945. 8.15.
35 장지영, 「나랏말을 깨끗이 하자」, 『한글』 98, 한글학회, 1946, 22~27쪽.

보았다. 그에 따르면, 영국과 프랑스가 주체적으로 자국의 언어를 풍부
하게 하기 위해서 라틴어나 그리스어로부터 단어들을 차용했던 반면에,
일본은 한국인들에게서 그들의 언어와 문학을 강제로 빼앗고, 그 대신에
일본말을 하도록 강요했다. 장지영은 일본어의 영향이 한국민들에게 남
아있는 한, 일본 정신 또한 한국 민족에 계속 남아있게 될 것이라는 주장
을 하였다.

위와 같은 일본어에 의한 한국어의 오염에 대한 관심은 남한의 미군정
시대의 한국인들이 한국어 정화 운동을 벌이는 시발점이 된다. 1948년
남한이 아직도 미군정 치하였음에도, 교육 정책에 관한한 실제적인 힘을
가지고 있던 이들은 미군정청 내의 한국 관료들이었다. 미군정의 교육정
책은 남한의 엘리트들로 구성된 고문단이 올린 제안들을 허가하는 과정
을 통해 수립된 셈이다.[36] 한국어 정화 운동의 경우, 미군정청 문교부에
의해 '국어 정화위원회'가 구성됐으며, 동 위원회는 일상 회화에서 자주
사용되는 862가지의 일본어들과 그 언어들을 대체할 한국어들로 된 목
록을 포함한 "우리 말 도로 찾기" 안을 만들었다. 이러한 강제적인 방법
에 반대하는 소수의 목소리에도 불구하고, 정부는 이 방법을 실행에 옮
겼고, 신문과 라디오 방송사들로부터 협조를 얻게 되었다.[37]

그러나 일본어의 잔존하는 영향력만이 한국어가 당면한 유일한 문제
는 아니었다. 위에서 잠시 보았듯이 식민 기간 동안에 맞춤법을 표준화
시키려는 모든 노력에도 불구하고, 한국어의 표준화는 아직 실체화되지
못했다. 이희승은 이러한 한국어의 표준화 작업의 부재를 해방 이후의

---

36 이응호, 『미군정기의 한글 운동사』, 성청사, 1974, 78, 261~262쪽. 동시에, 한국어
   학자들로 이루어진 언어과학총 위원회가 교육부 아래에서 형성되어 일본어를 대체할
   한국어 학술 과학 용어를 1946년 4월에 만들어냈다. 같은 책, 91쪽.
37 이응호, 『미군정기의 한글 운동사』, 성청사, 1974, 80~87쪽.

한국인의 정신 자체의 혼란된 상태와 연결시켰다.[38] 이희승은 한국인들의 사회적 정신이 혼란된 상태로부터 기인하는 사회 분열은 공산주의와 민주주의, 그리고 우파와 좌파의 대립을 넘어서는 것이라고 보았다. 그는 학생집회에서 일본어로 애국 연설을 하는 학생들의 모습을 전하며, 그러한 혼돈된 언어 사용이 한국민족주체성의 결여를 잘 보여준다고 주장했다. 그의 관점에 따르면, 일본 식민주의뿐 아니라 확고한 민족 주체성의 결여가 한국어의 혼란된 상황을 낳게 된 셈이다. 그리하여, 이희승은 국어의 표준화가 해방 후 한국의 분열된 사회를 통합시킬 수 있을 것이라고 주장했다.[39]

따라서 민족과 언어 사이의 불가분의 관계를 주장하는 이들에게, 한국어의 '정화'와 '표준화'는 일제 식민지의 잔재를 청산하고 분열된 사회를 근대 국민국가로 통합시키는 것과 같은 의미를 지니는 것이었다. 그러나 해방된 남과 북의 한국민들 중 누구도 실제로 반대하지 않았던 이러한 민족주의적 원칙에도 불구하고, "민족어 이데올로기" 내부에는 비록 모순적이지는 않을지라도 분명히 반대되는 경향들이 있었음을 쉽게 알아차릴 수 있다. 이들 민족주의자들이 지닌 언어 정화라는 개념은 한국어가 일본어에 의해 오염되기 이전에 있었을 순수한 한국어의 존재를 가정하면서, 그러한 순수한 한국어의 상태를 식민지 이전의 과거, 더 나아가 한국문화의 중국화 이전의 과거에서 찾으려는 것이었지만, 민족주의자들의 한국어의 표준화에 대한 강조는 현재에 없을 뿐 아니라 과거에

---

38   이희승, 「국어 교육의 당면 과제」, 『조선 교육』 1권 1호, 조선교육연구회, 1947, 33~42쪽.

39   실제로 1946년에 조선어학회는 식민지 기간 동안에 그들이 만들었던 맞춤법 제안서의 개정안을 발표했다. 미군정은 이것을 1947년까지 공식적인 맞춤법으로 승인하였고 이 맞춤법을 학교 교과서의 출판이나 정부 문서의 출판에 쓰도록 하였다.

도 존재하지 않았던 통일된 한국어에 대한 열망의 표현일 뿐 이었다. 다시 말하자면, 언어의 정화라는 것이 국어로서 한국어를 세우기 위해 현재의 한국어가 돌아가야 할 진정한 한국어를 먼저 가정한 반면, 한국어를 표준화하고자 하는 필요성 자체는 한국어가 다양한 언어의 사용 행위로서만 존재하며, 표준화를 위한 노력들에도 불구하고 절대로 체계적으로 통합될 수 없다는 사실을 드러낸다. 따라서 국어의 제도화는 식민지화와 중국화 이전, 원래의 한국어가 가졌을 순수한 상태로 돌아가는 것이 아니라 다양한 언어적 사용을 규제할 수 있는 표준화된 문법과 맞춤법을 개발해야 한다는 것을 의미한다. 말할 필요도 없이 국어의 개발은 민족으로 호명되는 공동체의 경계들과 조응하는 경계를 지닌 내적으로 동질화된 언어 단위라는 이데올로기를 구체화하는 과정이기도하다.

그러나 일본 식민 통치로 인해 일본어가 급속하게 한국어에 영향을 끼쳤을 뿐만 아니라, 한국어보다는 일본어를 편안하게 여기는, 이중언어를 사용하는 한국인들이 생겨나게 됐다. 불필요한 오해를 피하기 위해서 우리는 이 이중언어 사용이 무엇을 의미하는 지를 분명히 해야 한다. 위에서 논의한 것처럼, 일본어가 식민지 한국에서 교육, 법률, 그리고 군대와 같은 공적 영역에서 사용되는 공식 언어였기 때문에, 일본어는 교육, 법적 권위, 그리고 국가 권력의 언어였다. 문학의 영역에서 조차도, 대부분의 문학적 창작이 한국어로 이루어졌음에도 불구하고, 위에서 언급되었던 것처럼 한국의 엘리트 독자들은 일본어로 번역된 서양 문학이나 일본 문학에 더욱 경도되어 간다. 특히 1938년 이후에, 구세대들과 소통하기 위해서만 한국어를 말할 필요 있었던 젊은 세대들에게 있어서 한국어는 점점 더 가족이라는 개인적 영역으로 주변화 되어 간다. 다시 한 번 말하지만, 이중언어를 쓸 수 있는 인구는 도시 지역, 젊은 세대, 그리고 교육받은 엘리트와 남자들로 집중되었다. 비록 이중언어를 할 수 있는 이들이 불균형하게 퍼지기는 했지만, 일본 통치의 마지막 기간 동안의 일본어를 국민 언어로 만들고자 하는 강화된 강요 속에서 그들의 숫자는 급격하게 증가하게 된다. 조부모나 부모들과는 한국어로 이야기를 하기 때문에, 일상 대화를 한국어로 말하는 경향을 가지기는 했지만, 이중언어를 사용하는 한국인들은 일본어로 글을 읽고 쓰는 것을 더욱 편안하게 여겼다.

한국의 작가인 박완서가 들려주는 식민 시대 학교생활에 대한 개인적인 기억은 그녀의 동 세대인들 중 많은 이들이 일본어를 배우며 겪었을 경험을 잘 보여준다. 그녀가 어린 소녀였을 때, 그녀의 가족은 서울에서 북쪽으로 48마일 정도 떨어진 상업 도시인 개성의 시골에서 살았다. 그녀의 가족들이 서울에서 그곳으로 이사를 갔었기 때문에, 그들은 서울말을 썼고, 지역 사투리를 쓰던 이웃들에 비해 사회적인 우위를 누릴 수 있었다. 그러나 그녀가 식민지 한국에서 가장 좋다는 초등학교에 입학하기 위해 서울로 돌아갔을 때, 그녀가 자랑스러워하던 서울말은 물론이고, 한국어가 학교에서 금지되었기 때문에, 그녀는 언어적인 우위를 지킬 수 없었다. 그녀는 교수 언어였던 일본말을 할 수 없었기 때문이다.

그녀의 급우들은 다들 서울의 좋은 집안에서 왔기 때문에, 일본말을 할 수 있었고, 일본어를 한마디도 이해하지 못하는 박완서를 두고 놀려댔다.

그녀는 자신의 어머니가 뿌듯해 하시도록 일본어를 빠르게 배웠다. 그러나 그녀가 일본말에 능숙해지자, 그녀는 일본말을 이해하지 못해서, 학부모 간담회에서 딸의 선생님과 대화하기위해 일본어 통역이 필요한 자신의 어머니를 부끄럽게 여기기 시작했다. 동시에, 그녀가 사춘기로 접어들게 되자, 그녀의 일본어 실력은 일본어를 이해할 수 없는 자신의 어머니와 나이 든 세대로부터 그녀가 독립할 수 있는 자유를 주게 되었다. 그녀는 어머니가 찾아내서 혼낼 지도 모른다는 걱정을 할 필요 없이, 연애 소설을 포함한 어떤 책이든지 일본어로 씌어진 책은 자기가 원하는 만큼 읽을 수 있었다.

해방은 그녀는 14살이던 해에 왔다. 하룻밤 사이에 일본어는 학교에서 금지되었다. 박완서는 한국말을 할 줄은 알았지만, 한국어로 글을 읽고 쓸 줄은 몰랐다. 그녀는 말할 때도 일본어가 더 편했다. 그녀는 선생님에게 벌을 받는 것을 감수하면서까지 개인적으로는 계속 친구들과 일본어로 소통했다. 그녀의 말처럼, 그녀에게 일본어는 그녀가 세상과 통할 수 있게 해주는 언어로 남아 있었다. 헌책방은 일본인들이 자국으로 돌아가면서 남기고 간 일본어 책들로 가득 채워져 있었다. 그녀는 일본 문학을 읽고 일본어로 번역된 세계 문학을 읽었다. 아쿠타가와 류노스케(芥川龍之介)의 "톱니바퀴(齒車)"는 그 책에 나오는 광기직전의 분열된 정신에 대한 묘사로 그녀와 그녀의 친구들을 매혹시켰으며, 그들 사이에서 그 점에 대한 심각한 토론을 하도록 이끌었다. 그녀의 문학적 감수성은 일본어 안에서 자라났던 것이다.[40]

비록 박완서는 해방 전후에 걸친 그녀의 학창시절을 유쾌하게 회고했지만, 그녀의 경험은 틀림없이 정신적인 상처를 지녔을 것이다. 『부인(婦人)』이라는 잡지에 실린 한 이야기는 식민지 시대 동안 일본어를 배우도록 강요당하고, 해방 후에는 그것을 말하지 말도록 강요당한 한국 젊은 세대의 정신적 상흔의 경험을 잘 보여준다. 이 이야기는 초등학교에 다니는 정애라는 한 소녀에 대한 것이다. 그 소녀는 '벌쟁이'라는 별명을 지녔는데, 일본말을 잘 하지 못했기 때문에, 학급의 급우들로부터 놀림을 받는다. 그녀가 한국어로 말하는 것을 발견할 때마다, 카네야마 선생

---

40 박완서, 「내 안의 언어 사대주의 엿보기」, 『두부』, 창작과 비평사, 2002, 172~198쪽.

님은 "빠가[바보]"라고 야단치면서, 그녀의 뺨을 때린다. 그로 인해 그녀는 '벌쟁이'라는 별명을 얻게 되었다. 해방 후에 한 여학생이 정애의 학교로 전학 오게 된다. 그 아이의 가족은 오랫동안 일본에서 살았었기 때문에, 그 아이는 일본에서 나서 자랐으며, 한국어를 잘 하지 못했다. 그 아이는 항상 혼자였고 다른 아이들은 그 아이를 그녀의 일본 이름인 쿄코라고 불렀다. 정애는 그 아이가 불쌍해서 친구로 사귀고 싶어 한다. 정애가 쿄코에게 일본어로 말을 걸 때, 이제는 이름을 원래 자기 성인 김씨로 다시 바꾼 카네야마 선생님이 그것을 보고는 정애의 뺨을 때리면서 하시는 말씀, "내가 일본말로 말하지 말라고 했지?"[41]

위의 희비극적인 장면은 자크 데리다(Jacques Derrida)의 "모든 문화는 근원적으로 식민지적"이라는 도발전인 주장이 갖는 정당성을 증명한다. "타자의 단일 언어성 혹은 기원의 프로스디시스[人工器官 혹은 語頭音添加](Monolingualism of the Other or the Prosthesis of Origin)"[42]라는 책에서 데리다는 그가 식민지 알제리에서 유태계 알제리 인으로서 보낸 어린 시절과 청소년 시절로부터, 프랑스에 처음 왔던 순간, 그리고 국제적인 회의장에서 저명한 프랑스 학자로서 겪게 된 그의 최근 경험으로 이어진 프랑스어와 자신과의 관계에 대해 사유한다. 이 책에서 데리다는 식민지 알제리의 리세(프랑스의 국립 고등학교)에서 보낸 그의 학창시절에 대해 이야기를 하면서, 독자들에게 어떻게 식민주의자들의 언어가 식민피지배자들의 언어보다 우선시 되게 되었으며, 식민주의적 언어 계층화를 자연스러운 것으로 느끼게 하기 위해 어떻게 식민지배 시스템이 계속해서 데리다 자신을 포함한 학생들을 "금지명령(the interdict)"에 복종시켰는지를

---

41 박홍민, 「벌쟁이」, 『부인』 3, 조선출판문화사, 1946, 44~46쪽.

42 Jacques Derrida, *Monolingualism of the Other or the Prosthesis of Origin*, Stanford University Press, 1998, p.39.

회상한다.

　그러고 나서, 데리다는 식민주의적이든 아니든, 모든 문화는 언어의 정치를 일방적으로 집행함으로써 자신을 구축하고 유지한다고 주장한다. 그는 우월적 지배란 "이름 붙임, 즉 호칭을 정당화하고 강요하는 것을 통해서" 작동한다고 말한다. 환언하면, 문화는 자신의 정당화 과정에서 지배를 동반하고, 언어는 그 과정에서 결정적 역할을 담당한다는 것이다. 비록 데리다의 지배와 언어에 대한 논의가 앞에서 소개된 일본어를 가르치고 또 금지시켰던 이야기보다는 더 미묘하고 덜 강요적인 문화의 정당화 측면을 강조하는 경향이 있기는 하지만, 데리다의 논점은 일본의 식민지적 교육과 해방된 한국에서의 교육이 공유하는 공통점의 핵심을 볼 수 있게 해준다. 식민지 시대 교육, 해방 후 교육 공히, 언어를 통한 문화적 지배성을 정당화하기 위해 이루어졌던 것이다.

　한국의 포스트식민지적 현실에서, 언어영역내의 식민지적 이중언어의 존재는 되도록 그 어떤 것보다도 먼저 제거되어야 할 혼란스러운 식민지 잔재였다. 그럼에도 불구하고, 이중언어주의는 박완서의 경우처럼 하루 저녁에 사라지지는 않았다. 1945년에 한국이 일본으로부터 해방되었던 시기에 10대 중반이나 20대 초반 이었던 한국의 젊은이들에게, 일본어는 추상적 사고와 예술적 창작과 과학적 연구를 위한 언어였다.[43] 이 세대의 많은 한국의 작가들과 시인들은 1950년대 이후까지도 그들의 문학적 창작물들을 일본어로 썼으며, 그 일본어로 된 작품들을 이후에 한국어로 번역했다. 그들은 그들이 일본어로 생각한 것을 한국어로 번역하는 작업을 계속 해야만 했던 것이다. 한 예로, 1961년에 시인 전봉건

43　1947년에 한국 신문은 한국어로 된 과학 교재가 없으므로 인해, 몇몇 한국 중학교들이 아직도 일본어 과학 교과서를 사용한다고 보도했다. 「중등학교에 아직도 일어를 사용」, 『우리신문』, 1947. 11. 22.

은 일본어가 아직도 자신의 문학적 표현의 주요한 수단 이라는 점을 고백한다. 해방 이후에, 그는 자신의 "모국어로 써야 하기는 했지만, 아직 한국어를 거의 읽지 못했다"고 밝힌다. 한국어 읽기를 열심히 공부한 후에야, 그는 마침내 일본어만큼 빠르게 한국어를 읽을 수 있게 되었던 것이다. 그럼에도 불구하고, 그는 해방된 지 오랜 세월이 지나고서도, 자신이 머릿속으로는 아직도 일본어로 시적 이미지를 발전시키고, 그 이미지들을 한국말로 번역하여 시를 쓴다고 인정한다.[44] 전봉건의 고백은 동세대 작가들과 시인들의 일반적인 경험을 반영했다. 다시 말해, 1950년대와 1960년대 초반의 세대에 의해 창조된 한국문학은 일본어를 한국어로 번역하는 과정에서 나왔다고 감히 말할 수 있을 것이다.[45]

다른 한편, 문학은 일본어와 친숙하고 일본 문학에 보다 정통했던 세대들이 한국어를 어떻게 읽고 쓰는지를 배우는 수단이기도 했다. 1950년대의 선도적인 작가들 중의 하나인 장용학은 해방 이후에 한글을 배웠다고 한다. 시인 고은은 1950년대 한국 문학계에 관해 쓴 회고록에서, 식민지 시기 대표적 작가였던 이태준의 유명한 단편들 중의 하나인 '복덕방'을 장용학은 해방 후에야 도서관에서 한국어를 공부하기 위해 처음으로 읽었다고 전한다. 고은에 따르면, 장용학은 1년여에 걸쳐 한국어 사전에 있는 글자를 하나하나씩 필사하면서 한국어를 배우기 전까지는 한국어를 읽을 수 없었다고 한다.[46]

---

44 전봉건, 「시작 노트」, 백철 편, 『한국전후문예시집』, 신구문화사, 1961, 403~405쪽.
45 한국 전쟁(1950~1953) 이후의 두 명의 선도적인 작가들인 손창섭과 장용학에 대한 논의에서, 김윤식은 이미 그들의 글쓰기가 현대 일본 문학의 전통에 빚을 지고 있다는 것을 지적한다(김윤식, 『김윤식 선집 2』, 솔, 1996, 376쪽). 또 다른 곳에서, 김윤식과 정호웅은 1950년대의 한국문학이 잘못된 문장으로 가득 차 있었다고 보고, 그 이유를 1950년대에 활동한 작가들의 세대들이 한국어를 일상어로 말하는데 어려움을 가졌다는 점에서 왔다고 비판한다(김윤식·정호웅, 『한국 소설사』, 문학동네, 2000, 349쪽).

이러한 문맥에서 볼 때, 이태준의 『문장강화』는 특별히 우리의 관심을 끌 만하다. 『문장 강화』는 이광수, 김동인, 정지용, 이상과 같은 빼어난 시인이나 작가들이 쓴 글들에서 예들을 뽑아 만든 글쓰기 교과서였다.[47] 『문장강화』는 1939년에 『문장』이라는 잡지에서 처음 연재되었고, 1940년에 책으로 출판되었다. 해방 후에는 1947년에 재출간된다. 이 책은 아직도 남한에서 가장 권위 있는 글쓰기 교본으로 여겨지고 있다. 『문장강화』는 이 책의 저자가 글쓰기와 말하기 간의 관계에 대한 문제를 다루기 때문에, 1910년도에서 1930년까지 유행하던 글쓰기 교본이라는 장르로 출판된 많은 책들 중에서도 두드러진 책이다.[48] 책의 첫 부분에서, 이태준은 "문장이란 언어의 기록이다. 언어, 즉, 말을 빼여놓고 글을 쓸 수 없다. 문자가 회화로 전화하지 않는 한, 발음 할 수 있는 문자인 한, 문장은 언어의 기록임을 벗어나지 못할 것"이라고 강조하면서, 글쓰기란 글과 말의 일치(언문일치)에 기반 한다고 역설한다.[49]

반면에 이태준은 또한 글쓰기와 말하기 간의 차이 역시 강조한다. 그는 누구라도 의식적으로 연습을 안하더라도 말은 할 수 있지만, 그 어떤 사람이라도 미학적이며 교육적으로 효과적인 글쓰기를 하기 위해서는 글쓰기 연습을 해야 할 필요가 있다는 점을 강조한다. 다시 말하면, 글쓰기는 말하기의 장황한 기록이 아니며, 효과적인 글쓰기를 하기 위해서는 누구나 따라야 할 원칙들이 있다는 것이다. 동시에, 이태준은 개인적인

---

46   고은, 『1950년대』, 민음사, 1973, 301~305쪽.

47   이태준, 「문장강화」, 『문장』, 1939년 2월에서 10월까지.

48   천정환은 글쓰기 책들이 유행하게 된 것을 식민 기간 동안에 자신을 표현하고 다른 이들과 대화를 하고 싶어하던 한국인들 사이의 현대적 자아의 확장에 기인한다고 본다. 그는 또한 일본어로 된 글쓰기 책들이 1920년대에 시장을 주도하게 되었다는 점에 주의를 환기시킨다. 천정환, 앞의 책, 146~147쪽.

49   이태준, 「문장강화」, 『문장』, 문장사, 1932. 2, 180쪽.

스타일도 강조한다. 그는 창조적인 글쓰기를 하기 위해서는 글쓰기의 기존의 관습들을 피해야 한다고 말한다. 따라서 이태준의 주장에는 마치 두 개의 상반되는 규범성과 창조성에 대한 강조들이 있는 것 같다. 그러나 이 두 가지 강조점은 한국어를 완벽하게 기능하는 문학 언어로 수립하기 위해 상보적으로 작용한다.

식민지 기간 동안 일본 제국 안에서 효과적인 소통의 언어로서 뿐 아니라, 서양으로부터의 문화적 과학적인 전파의 언어로서도, 일본어보다 한국어가 열등한 것으로 취급됐었다는 점을 고려한다면, 한국어 글쓰기를 정련하려는 이태준의 노력은, 그가 식민지 기간 동안 일본어로 소설들을 써왔던 김사량과 좌담회에서 대립하면서 보인 독선적인 태도를 정당한 것으로 보이게 한다. 일본의 지배에 직면하여, 이태준은 한국어를 완전히 기능적인 근대 언어로 발전시키려는 노력을 하여왔던 것이다. 더나가서 이태준의 문학 작품들과 더불어 그의『문장강화』는 해방 이후에 한국어에 익숙하지 않았던 한국의 젊은이들에게 한국어를 가르치는 교육적 도구들로서 기여한다.

4. 사라지는 언어에 대한 애가(哀歌)

이 논문의 앞에서 소개되었던 일본어 일기의 발췌본의 저자인 김수영은 시에 대한 일련의 시작(詩作) 노우트를 남겼다.[50] 이 글들은 대부분 자신의 시와 시 일반에 대한 단상들로 이루어져 있다. 이러한 일련의 글들 중의 하나가 우리의 논의와 관련하여 눈에 띈다. 이 글은 남한에서의 이중언어 사용을 일소하려는 교육과 문학과 대중매체를 통한 조직적인

50 김수영, 「시작 노트 6」, 『김수영 전집 2』, 민음사, 2003, 446~453쪽.

노력들에도 불구하고, 1960년대의 남한에 아직도 일본어/한국어의 이중 언어 사용이 존재했었다는 것을 보여주는 증거이다. 1966년에 썼던 이 글에서 김수영은 일본어에 대한 그의 복잡한 태도를 고백했을 뿐 아니라, 일본어 그 자체로 이 글을 썼다. 그는 일본어로 씌어진 원래 원고를 한 잡지에 보냈다. 그 잡지는 이 글을 한국어로 번역하기로 결정했다.[51] 이 잡지는 일본어를 이해하지 못하는 독자들을 위해서 이 글을 번역했었을 지도 모른다. 그러나 시인의 의도와 잡지의 반응은 남한과 일본 간의 외교 관계 정상화의 문제로 인해 불거진 남한 내의 강력한 반일 정서를 고려할 때만 완전하게 이해 될 수 있을 것이다.

남한에서는, 1964년과 1966년 사이에 일본과의 외교 관계 정상화에 대항하여 일련의 강력한 저항운동들이 있었다. 비록 남한 정부와 일본 정부가 1952년 이래 외교 관계 재수립을 논의하기 위한 만남을 가져 왔지만, 일본의 한국 식민통치에 대한 경제적 보상과 양국 사이의 해양 경계선과 관련된 문제들에 대한 의견 불일치가 협상의 진전을 가로 막았다. 그러나 남한에서 박정희 군사정권이 그들의 경제개발 계획을 실행에 옮기기 시작하면서, 한국은 일본으로부터의 경제적인 지원과 차관을 절실하게 필요로 하게 된다. 군사 정권은 경제발전의 성공이 자신들의 권력에 정당성을 부여하는 결정적 요인이라는 것을 잘 알고 있었다.[52] 반면에, 일본정부는 이 협상을 일본 자본을 아시아로 수출할 수 있는 기회로 보았다.[53] 미국은 또한 동아시아에서 반공 동맹을 건설하고자 하는 희망

---

51 김수영의 전집은 한국어 번역을 싣고는 이 글이 한글로 번역이 되어, 잡지에 의해 출판되었다고 설명하였다. 그러나 전집은 어떠한 잡지가 그 글을 출판하였는지는 밝히지 않았다.

52 정해구, 「한일회담과 박정희」, 『근현대사 강좌』 6호, 한국현대사연구회, 1995, 187~196쪽.

53 이원덕, 「한일 협상과 일본의 전후 처리 외교」, 『한국과 국제 정치』 12권 1호, 경남대

에서 양국이 외교 관계를 수립하도록 압력을 넣었다.[54] 세 관련 국가들이 외교 관계의 재수립을 바랐기 때문에, 협상은 급속도로 진전된다.

그러나 남한의 대부분의 사람들은, 한일회담을 한국 정부가 일본 정부의 요구 조건에 끌려가는 것으로 보았고, 그것을 국가적인 수치라고 여겼기 때문에, 일본과의 관계 정상화에 반대하였다. 남한 사람들의 회담 반대는 반 군사정권의 정서와 연결되어 갔다. 군사정권은 1965년에 회담 반대를 억압하기 위해 계엄령을 선포해야만 했다.[55]

위에 언급한 시작 노트에서 김수영은 그가 일본어로 글을 썼다는 것에 대해 그의 독자들이 자신을 비난하리라 예상한다고 말한다. 그는 일본 작가인 코야마 이토코의 남한 방문을 언급하면서, 그녀가 남한의 미디어들로부터 완전히 무시당했었다는 점을 지적하고는 친정부적인 매체들은 그들이 야당으로부터 듣게 될 부정적인 반응들을 두려워하기 때문에, 학생들이나 반정부적인 매체들은 반일의 원칙을 유지하기 위해서, 일본과 관련된 문제들에 대해 다루기를 꺼린다고 주장한다. 이러한 점에서, 그는 남한에서의 반일정서는 이제 완벽하다고 결론을 내린다. 김수영은 아이러니컬하게도 반일의 원칙을 존중하기 위해서 일본어로 글을 썼다고 주장한다. 그는 그가 독자들로부터 일본 언어의 사용에 대한 비판을 불러일으키기 위해서 일본어로 글을 썼으며, 그렇기 때문에 자기 이후의 그 누구도 일본어로 글을 써서 출판할 엄두를 못 낼 것이라고 말한다.

그 후 김수영은 즉시, 그가 누군가에게 더 나은 일본어로 쓸 수 있는

학교 극동문제연구소, 1996, 35~57쪽.

54 홍인석, 「한일 협상에 대한 미일의 구도와 대응」, 『역사 비평』 1995년 봄호, 역사비평사, 22~37쪽.

55 김수영은 조지훈과 박두진에 의해 시작된 일본과의 국교 정상화 협상에 반대하는 서명운동에 참여했다. 최히립, 『김수영 평전』, 실천문학사, 2001, 312쪽.

기회를 주기 위해 의도적으로 부자연스러운 일본어로 글을 쓰기로 했는데, 일본으로부터 해방 20년 이후에 그제야, 그가 처음으로 번역에 의존하지 않고 글을 쓸 수 있었다고 덧붙인다. 다시 말하면, 그의 한국어 글쓰기는 항상 일본어로부터의 번역을 동반했다는 것이다.[56]

김수영은 작금, 모더니즘 시인 이상의 일본어로 된 시 "애야"(哀夜)를 번역하고 있다고 말하며, 이상이 두 가지 언어로 시를 썼다는 점에 주목한다. 그와 관련해 김수영은 이상의 시에 대해 불만스러운 점은, 이상이 한국의 서정을 한국어로 쓰고, 일본의 서정을 일본어로 쓴 점이라고 말한다. 그는 이상이 그와는 반대로, 한국의 서정을 일본어로 쓰고 일본의 서정을 한국어로 썼어야 했다고 주장한다. 그는 이상이 분명 그렇게 할 수 있었을 것이라고 말한다. 만일 그렇게 했다면, 이상이 완벽한 아이러니를 성취했을 것이라고 김수영은 아쉬워한다.

그러나 김수영은 자기가 일본어로 쓰는 것은 이상이 했던 것과는 차이가 있다고 본다. 수수께끼처럼, 그는 자기는 일본어를 사용한 게 아니라, 망령을 사용하는 것이라고 말한다.[57] 그리고는 김수영은 왜 그가 아직도 일본어를 쓰는지에 대해, 다음과 같은 이유를 열거한다. 그는 사람

---

56 김수영은 일련의 글들 중에 있는 이전 논문에서, 그가 한국어에 서투르고 과민하기 때문에, 한 페이지를 쓰려면 적어도 세, 네 번 정도씩 한국어 사전을 참조해야 했다고 고백했다. 김수영, 「시작 노트 4」, 『김수영 전집 2』, 민음사, 2003, 437~441쪽.

57 전집에는 耄靈 으로 나와 있으나, 본 저자는 亡靈으로 읽는 것이 김수영의 의도에 더 가깝지 않은가 생각한다. 그리 추측하는 데는 두 가지 이유가 있다. 첫째, 원래 원고가 일본어로 씌어졌음을 감안할 때, 김수영이 한국어 耄靈(나이 들어 정신이 흐려짐)을 뜻하는 일어 단어 耄碌 대신 耄靈이라고 쓴 점이다. 둘째, 古文 에서는 耄자가 亡자로 통용된 경우가 있었던 점을 고려할 때, 耄靈이 老耄을 뜻한다기보다는, 亡靈을 뜻하는 것이 아닐까 여겨지기 때문이다. 결론적으로 말하면, 자신의 포스트 식민주의적 일본어 사용을 亡靈에 비유함으로써, 김수영은 망령처럼, 일본어가 사라질 운명에 처했음에도 불구하고, 여전히 자신을 떠나지 않고 출몰하고 있다는 점을 강조한 것이 아닌가 생각된다.

들이 더 이상 사용하지 않는 것들에 대한 동정심을 느끼며, 일본어로 쓰는 것이 그에게 더욱 쉽고, 일본어로 쓰는 동안에는 자신의 오래된 일영사전에서 단어들을 찾아 볼 수가 있다는 이유였다. 그는 궁극적으로는, 자신이 하나의 언어에 매몰돼 있는 동안에는 접하지 못할 그 모든 현상들을 발견함으로써, 시적 현실의 변모에 대해 성찰하고 인식할 수 있다고 말한다.

김수영의 이중언어 사용은 단지 몇몇 한국인 지식인들이 아직도 일본어로 글을 쓴다거나 그들이 일본어에 더욱 편안함을 느꼈다거나 하는 것을 보여주는 것은 아니다. 김수영의 이중언어 사용은 오히려 그의 세대에 가해졌던 단일언어주의에 대한 저항으로 볼 수 있을 것이다. 김수영은 일본서정을 한국어로 쓰고, 한국서정을 일본어로 씀으로써 성취할 수도 있었던 전복적인 아이러니에 주목하기까지 했다. 요는 시인이 하나 이상의 모국어에 익숙해야 하는가가 아니다. 그보다는 김수영의 시쓰기에 내재한 일본어로부터 한국어로의 번역이, 모국어와 국어 사이의 차이를 드러낸다는 점에 있다. 김수영의 모국어는 그가 어머니로부터 배웠던 한국어다. 그러나 이 모국어는 그가 일본어의 도움이 없이는 자유롭게 시를 쓸 수 없었던 국어로서의 한국어와는 다른 것이다. 더군다나 김수영의 번역을 통한 시 쓰기는 우리에게 시인은 자신이 시적 이미지들을 가장 효율적으로 표현할 수 있는 자기의 모국어를 완벽하게 구사해야 한다는 순진한 믿음 뒤에 숨어 있는 이데올로기에 대해 의문을 던진다. 이러한 이데올로기는 언어의 타자성을 지우고 문화적 공동체에 대한 규범적인 언어 상황으로서의 단일언어주의를 강조한다. 김수영의 시 쓰기가 요구했던 번역은 언어의 타자성에 김수영 자신이 끊임없이 주목하도록 했음이 틀림없다.[58] 시인조차도 언어를 완벽하게 길들이고 통제하고 전유할 수는 없다. 따라서 언어의 타자성에 대한 인식은 김수영으로 하여금, 시인의 시적 마음은, 그 혹은 그녀의 모국어를 통해서만 완벽하게 표현될 수 있기 때문에, 시는 실제적으로 번역에 저항하는 문학 장르라는, 널리 인정되는 믿음에 회의(懷疑)토록 했을 것이다.

그러나 동시에 김수영의 시작 노트는 단일언어주의의 불가피한 우위의 반영이기도 했다. 김수영은 일본어가 사라져가기 때문에 일본어에 더욱 애착심을 갖게 된다. 보다 정확히 말하자면, 이중언어로서의 일본어는 남한에서 사라지도록 강요되었다. 그의 독자들로서의 새로운 세대들 중 대부분은 그의 문학적 뿌리들 중의 하나가 니시와키 준사부로와 미요시 타츠지와 무라노 시로와 같은 일본의 모더니즘 시인들에 있음을 인식하지 못할 것이다. 식민시대의 이중언어 주의는 김수영 세대와 더불어 한국에서 사라졌다. 일본어 사용에 대한 억압은 북한에서 훨씬 더 광범위하게 이루어지게 된다. 한 예로, 일본 책 시장은 정부의 압력에 의해 사라지게 되었다. 그 책들이 일본어로 되어 있다면, 맑스와 레닌주의자의 책들조차도 압류를 당했다. 김일성대학이 설립 될 때, 학교 도서관은 맑시즘에 대한 일본어로 된 책들을 중국의 만주로부터 사와야만 했다.[59] 그러나 완전히 사라지기 전까지, 이 이중언어는 그가 말한 대로 마치 망령처럼 출몰하고 있었던 것이다.

— 번역 : 김대중(동국대 영어영문학과 강사)

---

58 김수영은 많은 영문을 번역한 번역가였다. 그는 돈을 벌기 위해 아틀란틱(The Atlan -tic), 인카운터(Encounter), 파티즌 리뷰(Partisan Review)와 같은 잡지에서 기사와 이야기들을 뽑아 한국의 잡지들에 번역했다. 앞에서도 잠깐 언급하였지만, 그는 또한 T.S. 엘리엇, W.H. 오든, 스티븐 스펜서와 같은 모더니즘 시인들에 많은 영향을 받았다. 그는 그의 시의 비밀은 그의 번역 안에 있었다고 밝히기 조차 했다.

59 이중원, 『책, 사슬에서 풀리다』, 혜안, 2005, 252~253쪽.

김수영 시의 혼성성과
다중언어의 자의식

김용희
평택대학교

1. 조선적 근대와 이중언어

언어가 세계에 대한 구성력을 가진다는 말은 이미 낯익은 사실이다. 인간은 언어체계를 통해 사고하고 세계를 파악해낸다. 언어는 인간의 정신과정에 개입하고 인식과 사고의 틀을 제공하여 혼란스러운 경험에 질서를 부여한다. 대상에 언어를 부여하는 작업은 언어를 통해 새로운 의미의 질서를 나의 것으로 간취해 내는 것이다. 언어가 가지는 형성력과 창조적 발생력은 이런 데 근거하고 있다.

그런 의미에서 언어는 생래적으로 비유적일 수밖에 없다. 우리 삶이 언어의 기호로 물질화되는 순간 체험의 전면적인 직접성은 일정량 전달되지 못한 잔여물로 남게 된다. 작가에게 있어 글쓰기란 이와 같은 배제된 잉여를 찾아내는 작업이며 그 모색이라 할 수 있다. 기호화되는 순간 탈각되는 도저히 설명해 낼 수 없는 극주관적 지대, 이 미결정성과 여백이 글쓰기의 공간이 된다. 대상을 의미화 함으로써 세계와 유기적 관계를 가질 수 있다는 언어의 형성력은 언어가 기호화되는 순간 은폐와 배제의 논리를 따를 수밖에 없는 역설적 자기 모반성을 가지는 것이다.

이와 같은 언어의 역설성과 은폐화 속에 사실 언어의 이데올로기화 과정이 숨겨져 있다. 수사학에서 '은유'야말로 정치적 이데올로기화의 극치라 할 수 있다. 임금을 어버이라 칭하고 왕비를 국모라 칭함으로써 생겨나는 혈연적 연대는 봉건 왕권과 가족주의가 긴밀하게 봉합되는 그 은유적 동일성의 지대다. 상징적 동일화는 이념으로서의 '충효'를 국가 이데올로기로 형성해 낸다. 근대 국가형성 과정에서 '모국'과 '모국어' 도 사실은 언어를 통한 국민 통합력을 강화하고자 한다는 점에서 주목을 요한다. 결국 언어결정권자 즉 지배자의 언어가 결정적인 언어라 보았을 때 '민족'이란 명명도 국가적 관념을 심화시키고자 하는 언어결정권자의 은유 이데올로기에 크게 빚지고 있다.

1894년 갑오경장의 최대 의의는 한국이 중국과의 거리를 확보할 수 있게 되었다는 점[1]이다. 조선은 그 당시 '민족'이라는 가치를 선명히 나타내야할 필요를 느꼈고 그러기 위해서 먼저 중국 문명과의 관계 재정립이 이루어져야 했다. 공동문명권이라는 틀안에서 해방되기 위해 조선은 국가 대 국가라는 조정을 이룩하면서 독립된 주권국가로의 자의식을 쟁취하려 한다. 여기서 중요한 것은 전적으로 한문에 의존해 왔던 어문 생활에서의 큰 변화다. 공식 문서가 한문 대신 국한문으로 작성되면서 국한문혼용체를 허용하게 되었다는 점이다. 국가를 형성하는 데 있어 언어와 문자의 문제가 중요하다는 것은 익히 아는 바다. 국민이라는 새로운 집단이 사용해야 할 언어는 '국어'였다. 그것은 이광수의 말대로 '봉건적 백성'이 아닌 '국민적 주체'가 되기 위한 근대국가의 기획이기도 했다. 결국 근대 조선의 계몽이 문맹의 깨우침에서 시작하였다는 점은 이와 같은 '국어'의 발견 '모국어'를 통한 '민족의 발견'과 연결되는 것이다.

---

1 권보드래, 『한국근대소설의 기원』, 소명, 2000, 131쪽.

근대사회에서는 문자해독능력이 있어야 역사를 알게 되고 신문을 읽어 사회와 세계의 형편을 짐작하게 된다. 이를테면 개인은 아침에 일어나 신문을 읽음으로써 집단구성원으로 소속되어 있다는 것을 재인식하고 집단의 규칙과 규범을 재하사받는다. 특히 근대 초기 '신문'이라는 매체는 개인을 공동체 사회의 구성원으로 일원화하는 데 크게 기여한다. 근대 초기 신문은 새로운 문명에 대한 소개와 학습이 이루어지는 장이었다. 신문은 공통의 역사와 공통의 관심사를 추출해 냄으로써 계몽과 민족 통합의 장을 이룩한다. 이때 '언어' 혹은 '모국어'는 '민족', '국가'를 표기하며 비유해 내는 극단의 보루였던 셈이다.

특히 문학언어는 특정 시대와 사회적 전제, 관습과 매우 긴밀한 관련을 맺는다. 문학의 경험과 이해는 '보편보다는 존재론적 주체'[2]와 연결된 특수한 시간 체험 현장과 관계한다. 그런 점에서 조선의 근대화 과정에서 '국어'의 형성 '모국어'에 대한 지향은 문학작품에서 시인이 언어적 자의식을 주체적으로 갖게 하는 중요한 관건이 된다.

이런 관점에서 유종호 교수는 일제강점하에서 모국어지향의 작가들 이를테면 1930년대 시문학파의 일군의 시인들과 김유정, 이효석, 김동리, 황순원 등을 높이 평가한다. 기층민의 정서는 민족 토착어를 통해서 전달되고 오랫동안 회자되며 역사 속에서 호소력을 지닌다[3]고 밝히고 있다. 근대 시인 작가들의 토착어 발굴과 세련 과정은 모국어의 자기 발전과정에서 매우 중요한 의미를 지닌다.

그러나 '모국어'가 순수한 우리말, 문화와 역사적 시간이 담겨있는 잠재태인가에 대한 근본적인 의아심을 가질 필요가 있다. 다시 말해 '순

---

2   유종호, 위의 글, 위의 책 참조.
3   유종호, 「시와 토착어 지향」, 위의 책 참조.

종'이라는 문화적 순혈주의에 대한 의심을 해볼 필요가 있는 것이다.

한국문학은 오랫동안 한문과 국문, 이질적인 두 언어체계(이중 국어)의
지배를 받아 왔다. 한문 소설과 한문 시는 국문 소설과 국문 시와 달리
소리 내어 읽고 듣기보다는 눈으로 읽고 생각하면서 수용되었다. 전달의
현장성을 문제 삼지 않기 때문에 흔들림 없는 문학의 논리가 추구된다.
한문 고유의 함축성은 은유적 심도를 더해주며 내관적(內觀的)이다. 18세
기 이후에는 전통적인 한문어법에 매이지 않고 비교적 자유롭게 우리
일상어를 구사하여 이른바 '한국적 백화문'이라는 독특한 한문을 구사한
한문소설까지 보게 된다.[4] 19세기 성황을 보인 판소리계 소설에 이르기
까지 한문과의 교섭관계는 긴밀히 나타나고 있다. 요는 한국 고전문학사
에서 한문과 국문의 이중 표기로 상징되는 이중언어의 문제는 한문계와
국문계로 이분화되었으며 한문계는 이질감 없이 수용, 향유되어 국문문
학에서 고상성과 품격, 문어적 어법을 조성하는 데 기여했다는 점이다.
결국 언어와 문화는 끝없이 흘러 들어오고 흘러 나가는 것들의 뒤섞임
속에서 형성되며 비동시적인 것의 동시성 안에서 구성된다. 식민지 당시
치열한 '모국어' 추구는 이 부정할 수 없는 혼류에 대한 반증이라 할 수
있는 것이다.

그런 맥락에서 일제강점하에서 일본식 한자어(외래한자어)가 재래한자
어의 본래의 뜻을 왜곡하면서 잠식해 왔다는 부분에 대하여 크게 우려할
바는 아니다. 사실 재래한자어도 근본적으로 따져봤을 때 외래의 것이었
고 전통은 기실 온갖 잡동사니의 규율적인 총화[5]란 점이다. 식민지하에

---

4 黃浿江, 「한국고전소설과 이중언어」, 國文學論集 – 檀國大學校 國語國文學科, Vol.17,
   2000, 121쪽.

5 전통이란 지배이데올로기가 외래의 것과 기존의 것들을 섞고 배합하는 과정에서 문
   화와 언어로 호명하고 제도화 한 것들의 총합이라 할 수 있다.

서의 조선인이 배우고 쓰고 사유한 언어체계는 결국 재래한자어, 일인식
한자어, 위의 것들과 구별되는 한글이라 할 수 있다.

일제시대 작가들은 결국 일본어와 한글 이중언어사용자였고 이러한
문제는 문학과 언어의 문제에서 매우 중요한 관심을 요한다.[6] 왜냐하면
한국의 근대는 기존의 삶의 조건들을 급격하게 변화시키면서 새로운 논
리들을 작동시키는 형국이었다. 근대적 정신과 반근대적 경제구조, 전
통이 끊임없이 중첩되고 양립하면서 동시에 충돌하는 그 현장이었기 때
문이다. 물론 근대이전에 이(異)문화와 문물의 교환은 이루어졌지만 근
대 초엽 제국주의 침략전쟁으로 인한 영토이동은 이(異)문화끼리의 접합
과 교접을 급진전시키는 계기가 된다. 포스트모더니즘에서 문화담론으
로 말하고 있는 혼종성 혹은 하이브리드는 이미 근대 자본주의의 진행과
정에서 시작되고 있었으니 잡종성이란 결국 근대의 상황에서 "자기구성
과정의 불가피한 정황"[7]이라 할 수 있다. 즉 잡종화란 현대(모더니티)를
경험하는 방식이자, 민족이란 관념을 투쟁적으로 구성해가는 방식인 것
이다.

근대 조선의 상황은 집단적 정체성(민족성)의 순결과 근대문명에 대한
이질적인 것의 섞임 속에서 혼란과 재정립 자체를 자아형성의 과정으로
삼았다. 특히 일본유학생 문인들에게서 중요한 것은 새로운 근대문명이
었다. 문명은 언어에 의해 형성되는 것이며 문명형성과정에서 언어는 새
롭게 탄생하는 것이다.

---

6 김윤식 교수의 『일제 말기 한국 작가의 일본어 글쓰기론』(서울대출판부, 2003)은 일
제 당시 작가들의 이중언어 글쓰기에 대하여 여러 가지 유형분류를 하고 사상의 선택
이 어떤 방식의 이중언어사용으로 드러나는지를 밝히고 있다.

7 라틴 아메리카 문화에서의 토착문화와 스페인 포르투갈 문화의 상호 혼합과정을 생
각해볼 수 있다. 김명섭, 「세계화 시대의 문화적 혼성과 문명적 표준」, 문학판, 2002,
여름호.

　그런 맥락에서 조선에서 '모국어'는 새로운 국면을 맞는다고 할 수 있다. 이를테면 정지용 시 〈카페 프란츠〉에서 '루바쉬카'나 '패롵'과 같은 외래어, 김광균 시에서 '폴란드 망명정부의 지폐'와 같은 이국문화적 정취는 새로운 문명에 접한 조선어의 운명을 암시한다. 언어선택이 가장 신중한 시인에게 근대문명은 언어적 자의식을 더욱 첨예한 지점으로 옮아가게 한다. 문명은 시인에게 새로운 언어를 낳게 한다. 다중언어(영어, 일본어, 한국어)의 공존이 조선 시가 새롭게 국면한 근대의 시어가 된 것이다.

2. 김수영의 혼성 언어와 언어적 자의식

　김수영은 1921년 일제강점하에 태어났다. 김수영은 다섯 살부터 여덟 살 되기까지 서당을 다니면서 동몽선습, 천자문, 논어, 맹자 등을 공부했다.[8] 식민지 당시 시인들, 이를테면 정지용, 이육사 등의 시에 나타나는 한학적 전통에 비추어 보면 일반적일 현상일 수 있겠지만 김수영의 경우는 좀더 면밀한 관찰이 요구된다. 김수영 시에 나타나는 자학적인 자의식, 도덕적 자기 강제, 속물적 근대주의에 대한 철저한 염오 등은 엄격한 유교주의를 드러내는 부분이다. 김수영의 엄격한 도덕적 양심과 정직에 대한 추구, 정신의 순수성은 유교적 인문주의자의 면모를 드러내기에 충분하다.

　그러나 김수영이 유년기 한학공부를 중시하였다는 점에서 김수영 시에 빈번한 한자구사가 한학의 영향이라고 말하기[9]에는 무리가 있다. 김

8　김명인, 『김수영, 근대를 향한 모험』, 소명, 2002, 46쪽.

9　김종윤, 「태도의 시학-김수영의 시론」, 『현대문학의 연구』 1집, 바른글방, 1989.

수영 시에서 한자는 철저한 일어식 한자라는 사실이다.

휴전이후의 1950년대 중 후반에 작가로 등단한 이들 흔히 '전후작가'들은 한결같이 1920년대에 태어나 해방과 전쟁이 끝날 쯤 20대 중반을 맞아 작품을 쓰게된 이들(장용학, 선우휘 등)이다. 이들은 한결같이 그들이 교육받은 일본어로 작품을 구상하고 메모한 뒤 이를 다시 한국어로 고치는 식으로 습작을 한 경험을 지니고 있다. '4 · 19세대' 즉 '순 한글 세대'라고 규정하는 세대의 글쓰기와 어떤 차이점을 지니는가에 대하여 새로운 검토가 필요하겠지만 어떤 방식으로든 이들의 글쓰기는 다른 사유방식을 경유하면서 전개되었다는 점은 고찰할 필요성이 있다.

1920년대 출생하고 1950년대 작품활동을 하기 시작한 김수영 시의 경우는 이와 같은 언어혼용의 문제를 지닌다. 김수영 시에 나타난 무수한 한자어는 습득된 일본어에 대한 무의식적 결과이며 시적 소재들로 자주 등장하는 영어 이름의 잡지들(〈VOGUE야〉, 〈아메리카 타임誌〉, 〈엔카운터誌〉 등) 또한 새로운 서구문명에 대한 시적 현실의 표명이었다.

> 그 이전에 나는 〈아메리칸 타임 지〉라는 제목의 작품을 일본말로 쓴 것이 있었다 …… 이 일본말로 쓴 〈아메이칸 타임지〉라는, 내 딴으로는 리얼리틱한 우수한(?) 작품 이전에 또 하나의 리얼리틱한 우수한 작품으로 〈거리〉라는 작품을 나는 썼다.[10]
>
> 나는 우리나라의 문학의 연령을 편의상 대체로 35세를 경계로 해서 2분해본다. 35세라고 하는 것은 1945년에 15세, 즉 중학교 2,3학년쯤의 나이이고 따라서 일본어를 쓸 줄 아는 사람이다. 따라서 35세 이상 중에서도 **우리말을 일본어보다는 더 잘 아는 사람들과 일본어를 우리말보다 더 잘 아는 비교적 젊은 사람들이 있다.**[11]

---

10 김수영, 「연극을 하다가 시로 전향」, 『김수영 전집 2 散文』, 민음사, 1981, 227쪽.

김수영은 일본어를 통해 문학의 자양을 흡수한 사람이었고 일본어로 사고하고 일본어로 글을 쓴 사람이었다. 해방이 되자 김수영은 무의식적으로 내재화된 일본어로 시를 쓰고 그것을 다시 한글로 옮기는 작업을 했다. 시작과정은 실제 번역의 작업이기도 했지만 김수영의 이중의식, 즉 이중언어의 겹침 속에서 일어식 한자와 한글이 시로 탄생되는 과정이기도 했다.

김수영은 또한 일제강점하에 일본으로 건너가 일본 모더니스트들과 영미 모더니스트들의 시를 공부했으며 영어와 미술에 대한 관심이 깊었다. 1951년 거제도 포로수용소 생활에서 김수영의 영어실력은 외과 과장의 통역이 되게 하기도 했지만 미군의 총애를 받으면서 처참상을 피했다는 자괴감을 심어주는 계기가 되기도 했다. 김수영의 시에서 일어식 한자와 영어, 한글의 혼용은 이와 같은 전기적 사실에서 살펴볼 때 그 연유를 알 수 있다.

> 가까이 할 수 없는 書籍이 있다
> 이것은 먼 바다를 건너온
> 容易하게 찾아갈 수 없는 나라에서 온 것이다
> 주변없는 사람이 만져서는 아니될 冊
> 만지면 죽어버릴듯 말 듯 되는 冊
> 가리포루니아라는 곳에서 온 것만은
> 確實하지만 누가 지은 것인줄도 모르는
>
> — 〈가까이 할 수 없는 書籍〉부분

"2차 대전 이후의 긴긴 역사를 갖춘" 책은 미국에서 건너온 새로운 지배문화의 표상이다. 그러나 김수영은 '켈리포니아'를 일본식 발음인 '가

---

11 김수영, 「히프레스 文學論」, 『김수영 전집 2 散文』, 민음사, 1981, 200쪽.

리포루니아'로 표기함으로써 다중 언어의 표식을 드러낸다. 가까이 할 수 없는 서적, 주변없는 사람이 만져서는 아니될 서적, 김수영은 일본과 또다른 신문명의 국면에서 새로운 떨림과 공포를 느낀다. 김수영이야말로 일본식 근대와 미국적 근대, 한국적 문화의 낙후성이라는 잡종적이고 혼성적 문화의 틈새에 놓여있었다. 이를테면 〈轉向記〉 "일본의 [진보적] 지식인들은 쏘련한데/욕을 하지 않는다고 한다 …… 쏘련을 생각하면서 나는 치질을 앓고 피를 쏟았다 …… 中共의 욕을 쓰고 있는데/치질이 낫기 전에 또 술을 마셨다"에서 '일본진보주의자', '소련', '중공'이라는 복잡한 이데올로기의 지구화시대에 시인은 이념의 혼종이라는 의식의 작동방식을 보여준다. 때로 〈美濃印札紙〉라는 시 "우리 동네엔 美大使館에서 쓰는 타이프용지가 없다우/편지를 쓰려고 그걸 사오라니까 밀용인 찰지를 사왔드라우"에서 시인은 여전히 미국식 문화에 대한 생활적 관심을 가지지만 한편 "누이야/너의 방은 언제나/너무나 정돈되어있다/ …… /킴 노박의 사진과/國內小說冊들 …… /이런것들이 정돈될 가치가 있는 것들인가"(〈누이의 방〉)에서 미국문화에 대한 지독한 염증을 보인다.

우리 문학이 일본서적에서 자양분을 얻었다고 했지만, 정확하게 말하자면 일본을 통해서 서양문학을 수입해왔고, 그러한 경우에 신문학의 역사가 얕은 일본은 보다 더 신문학의 처녀지인 우리에게 중화적인 필터의 역할을 (물론 무의식으로)해주었다. 그러나 해방과 동시에 낡은 필터 대신에 미국이라는 새 필터를 꽂은 우리 문학은, 이 새 필터가 헌 필터처럼 천절하지 않다는 것을 느꼈다. 「사께와 나미다까」는 의미를 알고 부를 수 있겠지만 「하이 눈」의 주제가는 그것을 부르는 김씨스터나 정씨스터도 그 의미를 모르고 부른다.[12]

---

12 김수영, 앞의 글, 204쪽.

이와 같은 발언은 김수영에게 일본어와 일본문학이 내재화되어 있는
데 반하여 영어는 생소한 제국주의 언어로 남아 있다는 것을 암시한다.
김수영은 일본문학에 심취했던 식민지문학을 이해하지 않고 영어를 배
우는 35세 이하의 젊은이들을 "뿌리없이 자란 사람"이라고까지 말한다.
그러면서 김수영은 "오늘날의 우리들이 처해 있는 인간의 형상을 전달하
는 의무를 이행할 수 있는 언어 —이러한 언어가 없는 사회는 단순한 전
달과 노예의 언어밖에는 갖고 있지 않다"고 역설한다.

결국 김수영에게서 일본식 한자가 무의식적이며 생래적으로 이식된
언어체계라면 영어와 미국문화는 제국주의 자본주의의 음험한 논리와
함께 인식된 것들이다.

김수영 시에 대한 지금까지의 논의는 민족적 근대주의자 혹은 한국
모더니즘의 완성자라는 범주를 맴돌아왔다. 사실 이러한 논의의 근저에
는 김수영의 시가 한국문학에서의 핵심적 논의라고 할 수 있는 미적 근
대성의 중요지점이라는 점(이를테면 우리 시의 어법과 담론의 형식, 주체의 세
계 대응에 대한 태도 등이 기존의 방식과 달랐다는 점)과 한국 역사의 이데올로
기적 특수성 속에서 민족적 현실을 천착하는 리얼리즘 시라는 전제가
깔려 있다.

그러나 위에서 살펴본 바대로 김수영이 처한 언어적 현실에 대한 면밀
하고 섬세한 역사적 사실들을 규명한다면 좀 더 다른 국면에서 김수영의
실체를 읽을 수 있는 계기를 맞게 된다. 즉 김수영에게서 시적 자의식은
전근대와 근대라는 그 첨예한 경계지점 이전에 바로 언어적 자의식, 모
국어로서의 한국어와 생래적으로 이식된 일본어, 새롭게 학습된 영어라
는 다중언어 체계속에서 시적 자의식이 출발하고 있다는 점이다. 이 글
은 단순히 김수영이 이중 혹은 다중 언어 사용자로서의 글쓰기의 문제를
다루려는 것이 아니다. 오히려 김수영이 토착어가 아닌 이러한 외래언어

를 통해 시로 형상화하고자 했던 문명과 지식의 문제, 그 천착을 통한 한국근대화에 대한 첨예한 고민의 문제에 대하여 접근하고자 한다.

사실 김수영은 철저하게 서책에 대한 물신주의자[13]였고 문자와 언어에 대한 관심은 그가 기자생활을 그만두고 양계장을 하면서 영어사전을 찾아가며 번역하는 모습[14] 등에서도 짐작할 수 있다. 김수영은 외래언어를 문명과 지식의 집적체로 살피려 하였다는 점이다. 이와 같은 사실은 1930년대 정지용이나 김광균이 보여준 포오즈화된 모더니즘의 형식주의과 구별되는 지점이다. 이 글은 그런 관점에서 김수영 시에 나타난 다중 언어의 특징과 그 섞임의 의미들, 시적 효과를 살펴보고 근대와 전근대 의식의 혼융 속에서 민족 언어의 자의식의 문제를 살펴볼 것이다.

김수영 시의 혼종성에 대한 연구는 김승희의 「김수영의 시와 탈식민주의적 반(反)언술」[15]이 있다. 김승희는 김수영의 시를 포스트모더니즘의 관점에서 헤게모니를 가지고 식민화하려는 미국문화에 대한 강도높은 저항적 언어로 읽어내면서 김수영의 시가 탈식민주의적 문제의식을 드러냈다는 점에 주목한다. 문광훈의 글[16]에서 김수영의 이중언어 사용에 대한 짧은 언급이 있지만 주권을 읽은 백성의 서러움으로 해석하는

---

13 김수영의 시에서 〈책〉에 대한 무수한 시편들은 그것을 예증한다. 졸고, 「독서공간 안에서 독자의 계보학적 유형에 대하여」, 『내러티브 제7호』, 한국서사학회, 2003, 참조.
14 "프레이서의 現代詩論을 사전을 찾아가며 읽고 있으려니/여편네가 일본에서 온 새 잡지안의 金素雲의 수필을 보라고 내던져준다/읽어보지 않은 분은 읽어보시오/나의 프레이서의 책 속의 날말이/송충이처럼 꾸불텅거리면서 어찌나 지겨워 보이던지"(〈파자마바람으로〉)에서 보면 영어 사전을 찾으며 영어책을 읽어내고 일본잡지에 실린 한국수필을 읽어야 하는 김수영의 복잡한 언어현실과 관심을 알 수 있다.
15 김승희, 「김수영의 시와 탈식민주의적 반(反)언술」, 『김수영 다시읽기』, 프레스21, 2000.
16 문광훈, 『시의 희생자, 김수영』, 생각의 나무, 2002.

것에 그치고 있다. 그런 점에서 본고는 김수영 시의 혼성성과 언어적 자
의식에 대한 최초의 본격적인 논의가 되리라 생각한다.

3. 번역된 근대성, 새 문명어로서의 명사(名辭)들

> 사람이란 사람이 모두 苦憫하고 있는
> 어두운 大地를 차고 離陸하는 것이
> 이다지도 힘이 들지 않는다는 것을 처음 깨달은 것은
> 愚昧한 나라의 어린 詩人들이었다
> 헬리콥터가 風船보다 가벼웁게 上昇하는 것을 보고
> 놀랄 수 있는 사람은 설움을 아는 사람이지만
> 또한 이것을 보고 놀라지 않는 것도 설움을 아는 사람일 것이다
> 그들은 너무나 오랫동안 自己의 말을 잊고
> 남의 말을 하여왔으며
> 그것도 간신히 떠듬는 목소리로밖에는 못해왔기 때문이다
> 설움이 설움을 먹었던 時節이 있었다
> 이러한 젊은 時節보다 더 젊은 것이
> 헬리콥터의 永遠한 生理이다.
>
> -〈헬리콥터〉부분

　한국에 헬리콥터가 출현하게 된 것은 아마도 한국전쟁 이후로 추정된
다. 전쟁은 한국문학에 체험적 실존적 큰 의미들을 지니는 것이기도 하
지만 전쟁을 통해 이국적 문명, 문화의 이입이 이루어지게 되었다는 점
은 주목해볼 수 있다. 특히 김수영은 새로운 문명 기술에 민감한 시적
반응을 드러낸다. 이를테면 전쟁과 관련된 소재들을 적극 시적 대상으로
도입한다. 시 〈헬리콥터〉〈레이판彈〉에서 '헬리콥터'와 '레이판彈'은 남

근적 상징, 전투적 파괴의 상징을 넘어서서 당시 전쟁무기와 전후 한국 문화의 새로운 변이에 대한 첨예한 관찰을 암시한다. 무엇보다 한국민은 한국전쟁을 통해 처음으로 최첨단의 신기한 문물을 발견하게 된 것이다. 한국전쟁은 미국, 소련, 중공의 물리적 충돌과 혼합이 이루어지는 격전장이기도 했지만 동시에 낯선 두려운 것들이 문화적으로 혼재하는 이질적인 것을 총화이기도 했다.

김수영은 헬리콥터를 보며 "어두운 大地를 차고 離陸하는 것이/이다지도 힘이 들지 않는다는 것을" 처음 깨닫는다. 그러나 신문물의 충격을 접하면서 동시에 한국의 낙후성에 설움을 느낀다. 충격적 발견은 "愚昧한 나라의 어린 詩人들"에게나 일어나는 일이다. 헬리콥터에 놀랄 수 있는 사람은 비로소 자신이 놀라는 것에 대한 '설움'을 알게 된다. 시인은 헬리콥터를 보고 놀라지 않는 것도 설움을 아는 사람이라고 언급하고 "그들은 너무나 오랫동안 自己의 말을 잊고/남의 말을 하여왔으며/그것도 간신히 떠듬는 목소리로밖에는 못해왔기 때문"이라고 말한다. 신문명에 익숙해지는 것은 새로운 남의 말을 알게 되는 것이며 떠듬는 목소리로 남의 말을 흉내낸 것에 불과한 것이다.

일본어를 모국어처럼 학습하고 번역하면서 한글로 시를 쓰고 다시 영어를 공부하는 다중언어의 발화는 각양각생의 사회적 인자, 이중 삼중 언어의 지배와 섞임을 드러낸다. 〈헬리콥터〉에서 시인은 "헬리콥터", "제트機", "카이고" 라는 신문물로서의 전투기 이름, "린드버어그" 라는 영어 고유명사와 "離陸", "愚昧", "風船"와 같은 일본식 한자어, 조사와 문장서술을 위한 한글의 통합을 이루어놓는다.

김수영의 다중언어적 글쓰기는 체질화된 일본식 한자와 구문을 한글로 번역하는 과정, 그 과정에서 틈입해 들어온 영어 새 어휘들의 혼류라 할 수 있다. 관념으로서의 근대와 실제 문물에서 비롯된 근대문화의 특수성이 빚어낸 상관성이라 할 수 있다. 사실 김수영의 다중적 글쓰기 자체는 일종의 번역불가능한 근대의 혼종을 드러내는 것이다. "너무나 오랫동안 自己의 말을 잊고 /남의 말을 하여왔"다는 실어증은 근대성의 혼종에 대한 구체적 발언이다.

동일한 시간대 안에 놓인 다양한 차이와 그 차이의 불안정한 경계는 거대한 문명사 안에서의 대타의식을 함축한다. 이와 같은 타자의식이 세계의 근대사 속에서 한국이라는 낙후성을 생각해보게 하는 거리를 확보하게 하는 것이다. 자신의 언어 안에 이방인처럼 존재하는 것, 언어의 엉김과 분열증세를 반죽처럼 들여다볼 수 있는 것, 상이한 세력의 언어들, 다양한 언어의 기능성이 충돌하는 과정에서 근대적 인식으로서의 '피로'과 '설움'과 '속도'가 생겨난다.

그러나 여기서 주목할 수 있는 것은 전후세대 작가로서 김수영이 다른 모더니스트 시인들과 구별되게 특히 근대문명에 대한 지성적 관심과 세계문명사적 흐름에 대한 감각을 인지하고 있었다는 사실이다.

서양 근대문명의 힘은 과학 기술에 근거한다. 과학 기술은 서양의 합리적 사고와 인간의 자율적 이성에 대한 이념과 아울러 정치 사회적 자유주의를 동반한다.[17] 유교적 이념과 동시에 근대 지식과 개인주의 합리성을 추구한 김수영에게 언어의 선택은 그의 지성적 선택과 연결되어 있다. 이를테면 일어식 한자어("愚昧", "時節", "風船", "生理")는 관념이나 추상을 명료화할 뿐만 아니라 축어적으로 개념전달을 가능하게 하는 지성적 의미를 지니고 있다. 김수영이 특히 '서책', '먼 나라에서 건너온 책', '국립도서관의 책'에 주목을 하는 것은 근대지식의 보급과 유통경로에 대한 지식인적 고민을 함축한다. 이를테면 구술문화에서 기록문자로

---

17 박이문, 「전통과 근대성」, 『문명의 위기와 문화의 전환』, 민음사, 1996, 193쪽.

의 전이를 가능하게 하게 한 것이 근대 초 인쇄매체의 발달과 보급에 따른 것이라고 보았을 때, 그리하여 인쇄매체로 인한 기록문자의 지식 보급이 민주화와 일반화로 나아가게 되었을 때 지식에 대한 과도한 지향을 가진 김수영이 지식과 문화의 접적체로서 '책'에 대한 과잉된 관심을 보인 것은 당연한 일이다.

문제는 새 문명의 이입이 '새로운 언어'와 함께 등장한다는 점이다. 근대의 물적 기반은 '사물' 혹은 '물건'의 출현과 그 생산 유통, 소비 과정으로 구현된다. 이때 신문물의 수용은 결국 '제국주의적 명사로 된 이름을 획득'하는 일이 되는 것이다. 일어식 한자어가 명사("純粹", "東洋", "自由", "悲哀") 혹은 명사의 동사화("橫斷하다", "離陸하다")로 연결되고 있다는 점, 영어 단어들이 신문물로서의 명사("헬리콥터", "린드버어그")로 출현하고 있다는 점이다.

〈映寫板〉에서 "映寫板"은 '스크린'의 일본식 한자번역어다. 〈거리2〉 "구두여 洋服이여 露店商이여/ 印刷所여 入場券이여 負債여 女人이여"에서 '구두', '洋服', '露店商', '印刷所', '入場券', '負債' 등은 근대문물과 함께 일제 때 나타난 일본식 한자어다. 〈바뀌어진 地平線〉에서 "로날드 골맨의 新作品", "賣春婦의 生活", "클락 게이블", "大衆雜誌", "新聞記者"도 일본식 한자어와 영어의 고유명사다. 시인에게 언어의 발견은 일종의 문명의 발견이라고 할 수 있으며 문명 형성의 과정에서 새 언어는 탄생된다 할 수 있다.

국민국가가 민족공동체를 만들어내기 위해 국어를 상정하고 절대화하였을 때 국민국가의 형성에 언문일치라든가 속어 혁명이라는 것은 국어 보급에 중요한 틀이 된다. 그런 맥락에서 볼 때 한국에서의 언문일치 과정은 매우 특이한 과정을 거치게 된다. 20세기 이후 꾸준히 진행되어온 언문일치 운동은 글자 그대로 말하듯이 쓴다는 취지다. 하지만 보다

쉽고 유연성 있는 일상언어를 향한 지향과 병행해서 일본식 한자어가 함께 특징적으로 나타나게 되었다는 점이다. 언문일치 운동에서 특이하게도 일본식 한자가 무제한적으로 나타나게 된 데[18]에는 무엇보다 지식 계층에게 일본식 한자어가 상용어가 되었다는 것을 의미한다. 김수영이 시에서 쓰고 있는 일본식 한자는 김수영에게 일상어로 굳어진 것이다. 김수영이 쓴 일본식 한자는 전후 오십년 동안 지금 한국민이 쓰는 한국의 일상어로 정착되어 왔다. 그런 점에서 볼 때 김수영의 시에 나타나는 무수한 한자어와 영어의 도입은 고의적이거나 전략적 선택이었다기보다는 근대 문명 삶에 대한 도시적 지식인의 일상이었다고 할 수 있다.

"집과 文明을 새삼스럽게/즐거워하고 또 비판한다"(〈가옥찬가〉)"문명에 대항하는 비결은 당신 자신이 文明이 되는 것이다/미스터 리!"(〈미스터 리에서〉) "이미 오래전에/일과를 전폐해야 할/文明이/오늘도 또 나를 이렇게 괴롭힌다"(〈파리와 더불어〉). 결국 이와 같은 문명에 대한 치열한 자의식이 김수영 시에서 신문물의 상징으로서 외래어 '명사'를 등장시켰으며 근대 삶에 대한 일상적 기록을 가능하게 했다. 근대가 현대적 개인에게 가르쳐준 것은 '생활'의 국면이며 생활의 구체적 삶의 현장에서 '일상성'은 매우 중요한 요소다. 김수영은 근대 생활과 일상의 국면에서 그가 습득한 일본식 한자어와 영어를 구사했고 신지식으로서의 문명어에 지식인적 자의식을 곤두세웠다. 이것이 토착적 서정과 재래 민중어를 추구하려 한 서정주와 구별되는 지점이다.

---

18 유종호, 「시와 토착어지향」, 앞의 책, 169~171쪽 참조, 유종호 선생은 언문일치 운동이 교육받은 지식층중심으로 일어났기 때문에 일반 민중이 소외되었고 그렇게 됨으로써 외래어의 무제한적 개방성향이 드러나게 되었다고 설명하고 있다.

4. 낯선 전통, 숨겨진 타자의 호명

김수영은 "해방 후 20년 만에 비로소 번역의 수고를 덜은 문장을 쓸 수 있었다"고 고백한 적이 있다. 김수영이 해방이 되고 나서 오랫동안 일본어로 창작하고 다시 한글로 옮겨 쓰는 번역 작업을 해오다 20년이 될 무렵 비로소 체질적으로 이식된 일본식 문장을 벗어났다는 것일까. 그렇다면 1964년에 발표된 〈巨大한 뿌리〉는 매우 의미있는 시로 부각된다.

> 비숍女史와 연애를 하고있는 동안에는 進步主義者와
> 社會主義者는 네에미 씹이다 統一도 中立도 개좆이다
> 隱逸도 심도 學究도 體面도 因習도 治安局
> 으로 가라 東洋拓殖會社, 日本領事館, 大韓民國官吏,
> 아이스크림은 미국놈 좆대강이나 빨아라 그러나
> 요강, 망건, 장죽, 種저商, 장전, 구리개 약방, 신전,
> 피혁점, 곰보, 애꾸, 애 못 낳는 여자, 無識쟁이,
> 이 모든 無數한 反動이 좋다
>
> ─〈巨大한 뿌리〉부분

근대적 인식체계는 주체가 보는 시각의 주체이면서 동시에 보여지는 대상이라는 타자성의 인식과 연관된다. 이는 "나 자신을 보는 나 자신을 본다"는 명제로 공식화될 수 있다. 주체는 곧 대상을 시각 속에 고정시키는 주체이면서 동시에 보여짐을 통해 비로소 자신을 인식하는 주체다. 단순한 예로 최초의 인간 아담과 이브는 낙원에서 벗은 몸을 부끄러워하지 않았지만 지식에 눈을 뜨면서 벗은 몸을 가리기 시작한다. 그들은 타자의 시선을 의식하기 시작한 것이다. 바라봄으로 충만하던 시절에서 보여짐이 들어서는 순간 타자의 시선은 의식 분열의 한 지점을 제공한다.

동일화가 파괴되며 자아와 거리를 유지하게 되기 때문이다.

비숍여사에 의해서 말해지는 조선의 장안거리를 상상하면서, 시인은 비로소 이 '기이한 관습'의 나라를 바라보고 동시에 바라보여진 조선을 생각한다. 비숍여사의 시선을 통해 시인은 타자의 다른 이질적 시선으로 자신을 들여다보고 다시 자아와 거리를 두는 자기반성적인 시선의 거리를 회복하는 것이다.

그리하여 시인이 발견하는 것은 '요강', '망건', '장죽', '장전', '구리개 약방', '곰보', '애꾸'와 같은 민족의 구체적 생활어들이다. 이를테면 '進步主義者', '社會主義者', '統一', '中立', '隱逸'과 같은 추상적인 관념이 아니라 삶의 구체적 기억과 원시성을 함축한 단어이다. 그것은 경험과 체험의 축적과 관계하며 기억의 구체와 연관된다. 해방공간을 지나 근대의 불연속적 충돌의 과정을 거치면서 김수영이 발견한 전통은 제국주의적 문물을 통과하고 얻은 소수민족의 구별된 문화 기호라 할 수 있다. 근대의 공간에서 김수영의 시가 다중적 언어의 접합점이었다면 김수영의 후기 시는 무수한 이질 문화의 교차와 충돌의 운동 끝에 문화적 차이를 수용하는 근대의 민족시학을 발견한다.

그러나 김수영이 나열하는 이 전통의 기호들은 단순한 사회적 상상물 즉 국민을 단일체로 나타내려는 정치적 이데올로기적 동일시의 언표와 구별된다. 김수영은 오히려 유교적 엄격한 전통에서 소외되고 무시된 무수한 반동의 타자들, 즉 곰보와 애꾸, 무식쟁이, 애 못 낳는 여자를 이끌어 냄으로써 민족이나 전통이라는 숭고의 대상, 은유화되어 언제나 추상화된 국민이라는 상상적 공동체를 해체한다. 국민은 언제나 은유적 운동에 의해 존재해 왔고 상상적 알레고리 속에서 작동해 왔다. 그런 점에서 김수영은 비숍에 의해 관찰되는 타자의 시선을 의식하면서 다시 스스로 한국을 들여다보았고 그럼으로써 낯선 이방인의 시각을 지니게 된다. 이방인의 시선으로 전통밖에 숨겨져 있던 파편들 '애꾸', '곰보'를 발견한다. 역설적이게도 "문화와 언어의 이질성은 모국어를 발음하기 위한 불가피한 문화적 조건이 되는 것"[19]이다.

> 市場거리의 먼지나는 길옆의
> 좌판 위에 쌓인 호콩 마마콩 멍석의
> 호콩 마마콩이 어쩌면 저렇게 많은지
> 나는 저절로 웃음이 터져나왔다.
>
> —〈生活〉부분

김수영의 모국어의 탐색은 시장거리에서 토종적 먹거리로 등장한다. '호콩', '마마콩'은 국민문화의 비유적 상관물로서 향수와 동질성을 특화한다. 이것은 그야말로 "生活의 極點"이며 "愛情처럼 솟아오른 놈"이다. 음식과 종자는 유년의 향수와 연결된 육체의 기억이다. 그것은 공동체 집단과 언어의 문화적 동일시를 구현한다.

> 이유는 없다 —
> 가다오 너희들의 고장으로 소박하게 가다오
> 너희들 美國人과 蘇聯人은 하루바삐 가다오
> 미국인과 소련인은 「나가다오」와 「가다오」의 差異가 있을 뿐
> 말갛게 개인 글 모르는 백성들의 마음에는
> 美國人과 蘇聯人도 똑같은 놈들
> 가다오 가다오
> 四月革命이 끝나고 또 시작되고
> 끝나고 또 시작되고 끝나고 또 시작되는 것은
> 잿님이 할아버지 상추씨, 아욱씨, 근대씨를 뿌린 다음에

---

19   호미바바, 나병철 역, 『문화의 위치, 탈식민주의 문화이론』, 소명출판, 2002, 325쪽.

호박씨, 배추씨, 무씨를 또 뿌리고
호박씨, 배추씨를 뿌린 다음에
시금치씨, 파씨를 또 뿌리는
夕陽에 비쳐 눈부신
일년 열두달 쉬는 법이 없는
걸찍한 강변밭갈기도 할 것이니

-〈가다오 나가다오〉부분

김수영 시는 4·19혁명을 기점으로 후기로 넘어오면서 어떤 속도감을
회복한다. 속도감은 외래어보다 한글위주 산문의 서술성이 강화되고 한
국적 체험의 역사화가 가능해지면서부터 가능해진다. 미국인과 소련인
에게 "'나가다오", "가다오"로 외치는 유사 언어의 반복, "끝나고 시작되
고", "끝나고 시작되는"의 반복이 의미의 강화를 일으킨다. "뿌리고", "뿌
린"의 변형적 반복이 시에서의 박진감 있는 의지를 드러나게 한다. "잿
님이 할아버지"가 살아온 역사는 한국적 기억의 총화이면서 한국주체의
연속적 에너지와 연결된다. 토종 씨앗인 "호박씨", "배추씨", "시금치씨"
은 파종과 수확의 지속성과 연결된다.

"잿님이할아버지", "경복이할아버지", "두붓집할아버지"는 순수한 고
유명사로서 개인적 경험과 이야기가 궁극적으로 집단적 정체성을 지닐
수 있음을 암시한다.

이와 같은 문화적 파편들은 단순히 국가주의에 의해 고안된 역사적
고안물이라고 할 수가 없다. 김수영 시에서 낡은 문화적 조각들은 생활
의 언어로서 구체적 삶의 조건과 다양성을 노출시킨다. 씨앗의 이름들과
순수모국어로서의 할아버지의 이름은 생물적 토착성과 매우 밀접한 관
련이 있다. 대개 토착어란 토양과 수질과 날씨라는 지역상황과 관련지어
형성된 생물어이면서 풍토어인 것이다. 토착어의 소멸은 생물적 다양성

을 소거해버리는 것과 같다. 김수영의 토착문화의 명명은 시인에게 육화
되고 내면화된 민족역사의 표징이라 할 수 있다.

5. 문명 형성으로서의 민족어

김수영은 간혹 한국어에 지독하게 서툴렀다는 평을 받는다. 한국 전
통 시에 익숙한 독자에게 김수영의 시는 곤혹스러운 독서물 중의 하나이
다. 그것은 그의 시가 지금까지의 모국어, 모성으로서의 토착어, 젖내의
언어를 과감하게 벗어나 새로운 언어를 보여주기 때문이다. 김수영 시는
그 이전 소월이나 만해가 보여주었던 여성적이고 청각적이고 서정적인
한국 정조와 정서를 벗어나 지성적이고 도시적 감수성을 드러낸다.

김수영은 한문과 한글, 조선어와 일본어, 영어와 우리말 사이를 고통
스럽게 이주하면서 끝없이 언어 번역 과정을 통과한다. "日記의 原本은
日本語로 쓰여져있다/글씨가 가다가다 몹시 떨린 漢字가 있는데/그것은
물론 現政府가 그만큼 惡毒하고 反動的이고/假面을 쓰고 있기 때문이
다"(〈中庸에 대하여〉 "일본말보다 빨리 영어를 읽을 수 있게 된/몇차례의 언어의
이민을 한 내가/우리말을 너무 잘해서 곤란하게 된 내가//지금 불란서 소설을 읽으
면서 아직도 말하지/못한 한가지 말—政治意識의 우리말이/생각이 안 난다"(〈거짓
말의 여운 속에서〉). 일본어로 일기를 쓰고 다시 영어를 읽는 김수영의 언
어 이민은 김수영이 철저하게 제국주의 언어 이식자로서 다중언어의 혼
류 속에 놓여 있음을 보여준다.

일본식 한자어(橫斷, 愚昧,), 영어(린드버어그, 카이저), 영어와 일어의 결
합(제트機, 가리포루니아), 재래 한국어(애꾸, 곱추)의 혼류와 시적 수용은
김수영에게서 근대를 번역해가는 과정이었다. 김수영은 추상화된 이념

적 대상이라는 근대의 이성과 불연속적 충돌을 구체적 사물에 대한 명명
(命名)을 통해 드러내고자 한다. 근대는 신문물에 의해 구체화되고 새로
운 물건에 이름을 붙여줌으로써 언어를 발생시킨다. 그것은 '전쟁', '사
랑', '애국', '삶' 따위의 추상성을 거둬내고 정치적 작위를 해체한다. 김
수영은 스스로의 경험 세계가 구성되는 문화의 파편들, 사물들의 이름을
구성하는 방식으로 근대의 자의식을 구성했고 그것으로 자신의 글쓰기
를 지적으로 계도해나가고자 했다. 그것이 생활 세계의 언어에서 정치적
사회적 사실들을 구성해나가는 김수영 특유 시세계라 할 수 있다.

김수영의 시는 초기 외래문물에 대한 시적 관심과 다중 언어의 적극적
수용을 보이다 후기로 넘어오면서 순수 한글 재래어와 한국문화에 대한
관심으로 옮아온다. 그의 마지막 시로 알려진 〈풀〉에는 한자와 외래어
가 단 한 개도 나오지 않는다.

그러나 이와 같은 시적 변이과정을 두고 김수영의 모국어로의 민족적
급선회라고 말하는 것은 매우 단순하고 범박한 논리다. 사실 김수영의
〈거대한 뿌리〉에서 시인이 발견한 전통이란 소외되고 숨겨져있던 익명
의 타자들이다. "요강", "망건", "애꾸", "애 못 낳는 여자" 등은 유교전통
에서 무시되어온, 엄격한 의미에서 전통의 범주에 속해 있지 않던 것들
이다.

한국 현실에서 '전통'은 권력과의 인적 유착을 통해 '관제문화'가 되어
왔다. '한국적인 것' 혹은 '토착'문화란 기성세대의 완고한 권력을 유지
하기 위해 사용되는 경우가 빈번했다. '한국적인 것'이란 오래 전부터 정
형화된 형식을 작위적으로 불러오는 것에 불과하다.

이때 김수영이 주목한 것은 '국민적 알레고리'로서의 낙후된 물건들이
아니라 지금 여기서 살아가는 것을 시적 언어로 구현하려는 문명적 감각
이었다. 김수영은 세계를 바라보는 대타의식 속에서 한국을 들여다보고

자 했다. 이를테면 김수영의 시에서 '바라본다', '생각하다', '발견하다'
라는 술어가 빈번히 나타난다. 문명의 상징으로서 외래어 명사를 접하고
있었다면 그 외래어 명사(名辭)에 대(對)하여 김수영은 '바라보다', '생각
하다', '발견하다'라는 동사(動詞)로 대응하여 간다.

> 오늘 또 活字를 본다
> 限없이 긴 활자의 連續을 보고
> 瓦斯의 政治家들을 凝視한다
>
> 　　　　　　　　　　　　　　　　　　　-〈아메리카 타임誌〉부분

> 좁아도 좋고 넓어도 좋은 房안에서
> 나의 偉大의 所在를 생각하고 더듬어보고 짚어보지 않았으면
>
> 　　　　　　　　　　　　　　　　　　　- 〈나의 家族〉부분

> 헌 옷과 낡은 구두가 그리 모양수통하지 않다 느끼면서
> 나는 옛날에 죽은 친구를
> 잠시 생각한다
> ……
> 내가 바로 바라다보는
> 저 허연 석회천정 -
>
> 　　　　　　　　　　　　　　　　　　　-〈거리 1〉부분

　　근대의 인식체계가 '보는 주체'로부터 형성되고 시각에 의해 이성의
지각틀이 만들어진다는 것은 데카르트 이후 합리적 사유의 은유로 받아
들여진다. 〈孔子의 生活難〉에서 "바로 보마"라는 언명에서도 보여주듯
김수영은 사물을 명석성과 객관성 속에서 보고자 한다. 이것은 사물의
본질까지 꿰뚫어 보겠다는 형이상학적 충동을 드러내는 부분이기도 하
다. '바라보다', '생각하다', '응시하다'는 곧 보는 주체와 대상세계에 대

한 길항적 견인관계, 주체가 사물에 대하여 판단하려는 '대타의식' 속에서 가능하다.

미개 상태에서 문명으로의 전이란 삶의 외경과 신비에 대한 감각, 모든 생명있는 것에 대한 공감과 연민, 고통받는 사람들에 대한 상상적 이해, 도덕적 염결성과 정의에 대한 간구라 할 때 김수영은 문명사의 흐름 속에서 한국의 문화를 지성적으로 통찰하려는 지속적인 갈망을 놓치지 않았다. 김수영에게서 '문명'의 단위는 '서구적 개념의 개화'가 아니라 '자각된 민족개념', '각성된 주체/타자의식'으로서의 한국, 미국, 일본이었다.

'한국적인 것'을 찾으려할 때 한국민은 시원을 따지는 습관이 있다. 그러나 시원은 정체성 판단에 아무런 기여를 하지 못한다. 오히려 지금 현재 한국이 갖고 있는 것이 정체성 판단의 근거가 된다. 정형화되거나 혹은 존재하지 않는 과거를 탐구해 한국 것을 주장하는 것은 무의미하다. 김수영은 이 세계와 한국과 자기자신을 상대화하며 바라보려 하였고 지금, 살아있는 현재 안에서 문명의 의미를 읽어내려 하였다.

이와 같은 대타의식 속에서 김수영은 엄격한 유교 전통에서 소외된 살아있는 생활언어를 발견하게 된다. 시인은 한국 안의 이질성을 바라보면서 끝없이 움직여가는 민중의 생활과 그 생활 세계에서 살아있는 '경험언어'를 발견한다. 김수영의 문명과 세계에 대한 응시의 거리, 인식적 관조는 무비판적으로 쏟아지고 이식되는 외래문물에 대한 성찰적인 지식인의 태도이기도 하지만 무엇보다 다중 언어 속에 놓인 시인이 치열한 자신의 시어를 모색하는 과정에서 나오게 된 결과다. 요컨대 "요강", "망건", "장죽"은 전근대적인 민족어라기보다는 서구문명에 대한 대타의식 속에서 비로소 발견하게 된 '새로운 전통 언어'다. 김수영은 이식된 서구 개념으로서의 '문명'개념을 넘어서서 한국 전통풍속 그 자체에서 한국적 문명을 찾아낸다. 그것은 대타적 문명사적 시각에서 비로소 인식하게 된

재래문명어다.

"린드버어그", "가리포루니아", "時節", "愚昧", "요강", "망건", "장죽"
은 표준화되고 일반화된 한국어가 아니다. 김수영 시는 일어, 영어, 소
외된 한국어를 섞어 혼재함으로써 근대가 번역되는 과정과 문화적 전이
를 드러낸다. 이것은 새로운 종류의 문체를 만들고 새로운 종류의 언어
적 규칙으로 밀고 나가 낡은 언어적 규칙을 희석시킨다.

이를테면 소수자의 언어란 소수자들이 사용하는 자신만의 언어가 아
니라 다수적 언어안에서 그것을 변형시키고 '더듬거리게 하는'방식으로
만들어진다고 보았을 때 다중 언어의 변형된 양식은 새로운 변이 지대를
창출한다. 모국어의 순수성과 토속성을 고수하려는 노력은 이런 점에서
언어학적 자폐증의 일종이다. 들뢰즈와 가타리는 좀더 근본적으로 "모
국어는 없다"라고 말한다.

> 진정한 아름다운 우리말의 낱말은? …… 그런 말들('마수걸이', '에누리'
> 색주가''은근짜'군것질'—필자 주)이 반드시 순수한 우리의 고유의 낱말이
> 아닌 것은 물론이다. 이 점에서 보아도 민족주의의 시대는 지났다 …… 우
> 리들의 실생활이나 문화의 밑바닥의 精密鏡으로 보면 민족주의는 문화에
> 적용되어서는 아니된다. 언어의 변화는 생활의 변화요, 그 생활은 민주의
> 생활을 말하는 것이다. 민중의 생활이 바뀌면 자연히 언어가 바뀐다.[20]

자신의 언어 안에서 이방인이 되는 것, 동일한 언어 안에서 이중언어,
다수의 국어를 쓸 수 있는 것, 순수한 인종 안에서 혼혈 내지 서출이 되
는 것, 바로 여기서 김수영이 근대성을 바라보는 타자적 인식과 현대적
문체가 발생한다. 언어는 강밀해지고 새로운 문법의 시 언어가 탄생한

---

20 김수영, 「가장 아름다운 우리말 열 개」, 『김수영 전집 2 散文』, 민음사 1981, 281~
    282쪽.

다. 동질적이고 항상적인 체계로서의 표준어가 아닌 창조적이고 잠재적 생성으로서의 언어가 탄생된다.

김수영이 자국문화에 대한 이방인적 시각을 지닐 수 있었던 것은 '현대적 지성'에 대한 강렬한 욕망 때문이다. "우리에게 가장 결핍된 것이 지성이다. 지성이 없기 때문에 오늘의 문제점의 소재를 파악하지 못하고 있다⋯⋯.이 시대의 지성이란 정의 자유 평화를 사랑하고 인류의 운명에 적극적 관심을 가지는 것"[21]이라고 말한다.

그런 맥락에서 김기림의 「동양에 관한 단장」(1941)은 의미있는 한 지점을 제공한다. "동양은 그저 덮어놓고 경도될 것이 아니라 다시 발견되어야 하리라고 말했다. 그러면 어떻게 발견될 것인가. 서양적인 근대문화가 우리들의 시야에서 한창 관찰되기에 알맞은 거리로 마침 우리가 물러선 기회에 우리는 이 근대문화의 심판장에서 무엇을 명일의 문화로 가져갈 유산인가를 반성해야 할 것이다". 김기림의 문명에 대한 새로운 구상은 외래 서구문명의 전방위적 유입속에 놓여 있던 김수영이 선택한 문명에 대한 감각과 만나는 지점이다. 김수영에게서 문명은 내성을 가진 자가 거리를 두고 스스로를 관찰할 수 있는 지적 의미에서의 문명이다.

김수영은 다중언어를 사용하여 근대적 반성의 자의식을 구축할 수 있었으며 다양한 이종 언어(일본어, 영어, 소외되었던 한글)를 통해 문명의 의미를 찾아내고자 했다. 그렇게 함으로써 김수영은 주체적인 자기자신의 문명어를 성취해 낸다.

그렇게 하여 김수영은 그의 시를 통해 민족어란 민족의 감수성과 감각을 훌륭하게 살려내는 언어가 아니라 전통과 문명의 형성을 창조해내는 언어라는 것을 보여준다. 현재, 지금, 여기, 살아있는 언어로서의 문명

21 김수영, 「지성이 필요할 때」, 『金洙暎 全集2 산문』, 민음사, 1981, 78쪽.

어, 김수영은 다중언어의 혼류 속에서 생활의 극단과 만나며 생동하는 문명어를 보여준다. '동일시의 상상'이라는 평면적 민족시학이 아닌 '문명적 감각으로서의 민족시학'이다. 다중언어 속에서 차이적 기호를 통한 문학언어의 정치적 실천이라 할 수 있다.

김수영은 왜 시작 노트를 일본어로 썼을까?

강계숙
명지대학교

1. 김수영과 이상의 만남 : 유고(遺稿)의 번역

　김수영이 일본어로 쓰여진 이상(李箱)의 미발표 유고(遺稿)를 처음 번역한 것은 1960년 12월의 일이다. 이상의 유고가 발견된 것은 1960년의 일로, 조연현은 1960년 11월 『현대문학』에 「이상의 미발표 유고의 발견」이라는 제명 하에 유고 발견의 경위와 자신의 고증을 거쳐 시인 김수영에 의해 유고의 일부를 번역해서 싣게 된 사정을 밝히고 있다. 이후 1960년 12월과 1961년 1월 두 차례에 걸쳐 『현대문학』에는 이상의 유고가 연이어 실리게 된다.[1] 번역자가 따로 명기되지 않은 것으로 봐서 11월호 이후에도 김수영이 계속 번역했음을 알 수 있다. 이상의 유고를 김수영이 번역하게 된 정황에 대해서는 정확히 알려진 바가 없지만, 김수영이 일본어에 능했고, 50년대 중반부터 번역일에 종사했으며, 무엇보다

1　유고의 작품명과 게재 호수는 다음과 같다. 『현대문학』 1960년 11월 : 제목 없는 시 한편과 「十九三一年(作品 第1號)」, 「얼마 안되는 辨解」, 제목 없는 수필 두 편, 1960년 12월 : 「이 아해들에게 장난감을 주라」, 「暮色」, 제목 없는 수필 한 편, 1961년 1월 : 「구두」, 「어리석은 夕飯」.

그가 '현대적' 경향의 시를 쓰는 시인이었다는 점 등이 번역자로 택해진 배경이 되었으리라 추측할 수 있다.

이상의 유고는 1966년 7월에 『현대문학』에 재차 번역 게재되는데, 이때에도 번역자로 김수영이 참여한다.(다른 한 사람은 김윤성이다.) 그가 번역한 작품은 「애야(哀夜)」이다.[2] 그런데 이 글을 번역하던 중, 김수영은 특이하게도 근작 시에 대한 작후감(作後感)을 일본어로 써서 발표하게 된다. 1966년 『한국문학』 여름호에 실린 이 글을 잡지사는 독자의 편의를 위해 우리말로 번역해서 실었는데, 민음사 刊 『김수영 전집2』에 수록되어 있는 「시작 노트6」이 바로 그것이다.

지금까지 김수영을 다룬 많은 글들은 이 노트의 한 대목을 시인이 한국어에 익숙치 않음을 보여주는 예로 인용해왔다. "하여튼 나는 해방 이후 20년만에 비로소 번역의 수고를 던 문장을 쓸 수 있었다. 독자여, 나의 휴식을 용서하라"가 그 대목인데, 인용문의 앞 문장은 그가 한국어보다 일본어가 더 익숙한 세대이고 그로 인해 한국어가 능숙해지기까지 아주 오랜 시간이 걸렸음을 알려주고 있다. 그런데 그 다음 문장인 "독자여, 나의 휴식을 용서하라"는 무슨 뜻일까? 「시작노트6」이 본래 일본어로 쓰여진 글이었음을 염두에 둔다면, 이는 한국어로 옮기는 과정 없이 생각한 바를 일본어 그대로 쓰는 일을 용서해달라는, 즉 번역의 수고가 없음을 이해해달라는 의미이다. 따라서 이 문장은 '독자여, 내가 일본어로 쓰는 것을 용서하라'는 뜻이 된다. 그렇다면 질문은 다음과 같다. 그는 왜 뜬금 없이(!) 일본어로 글을 써서 발표한 것일까?

---

2 1966년 『현대문학』 7월호에 실린 이 글은 이상의 유고로는 김수영의 마지막 번역이었다. 이후 이상의 나머지 유고는 두 차례 더 번역되었는데, 유정에 의해 1976년 7월 『문학사상』에, 최상남에 의해 1986년 10월 『문학사상』에 게재되었다. 만약 김수영이 살아있었다면, 나머지 몇 근의 유고도 그가 번역하지 않았을까 싶다.

그리 대수로워 보이지 않는 이 질문에는, 그러나 예상외로, 매우 복잡하고 다양한 함의가 내포되어 있다. 이와 관련된 역사적 배경이나 맥락이 그리 간단치 않고, 이즈음에 이르러 자기 시대를 어떻게 극복할 것인가와 더불어 시의 모더니티에 대한 김수영의 사유가 어떤 전환점(turning-point)에 이르렀음이 예기(豫期)되어 있기 때문이다. 그러한 복잡성을 보여주듯, 「시작노트6」은 내용의 전개가 비약적이고 함축적이며, 행간과 행간 사이에 미처 표현되지 않은 의미들이 산재되어 있어 문맥의 해석 또한 용이하지 않다. 더구나 '독자여, 용서하라'는 말을 반어로 만들듯, 김수영 자신은 일본어를 공적 언어로 사용하는 것에 크게 개의치 않고 있다. 아니, 오히려 그러한 공개적인 일본어 사용을 강하게 의도한 것처럼 보인다. 그리고 이러한 '반민족적인' 문자 사용이 사회적으로 팽배한 반일주의(反日主義)[3]로 인해 비난의 표적이 될 수 있음을 예상한 듯, 김수영은 다음과 같이 말한다.

> 그대는 기껏 내가 일본어를 쓰는 것을 비방할 것이다. 친일파라고, 저널리즘의 적이라고. 얼마 전에 小山いと子(고야마 이도코)가 왔을 때도 韓國의 잡지는 기피했다. 여당의 잡지는 야당과 학생데모의 기억이 두려워서, 야당은 야당의 대의명분을 지키기 위해서. 東亞日報라면 전통 때문이라고 할 것이다. 《思想界》도 사장의 명분을 위해서. 이리하여 排日은 完璧이다. 군소리는 집어치우자. 내가 일본어를 쓰는 것은 그러한 교훈적 명분도 있기는 하다. 그대의 비방을 초래하기 위해서이기도 하다. 그러나 인기 때문만은 아니다. 어때, 그대의 機先을 制하지 않았는가.

---

3 1964년 한일 협정 체결 당시 4·19에 버금가는 대규모 반대 시위가 발생했었다는 점을 떠올린다면, 해방 후 반일 감정의 정도가 어떠했는지 짐작할 수 있다. '반일'은 감정의 차원을 넘어 하나의 '주의(主義)'로서 한국 사회에 자리잡고 있었다. 그런 사회적 분위기 속에서 한국 시인이 일본어로 글을 써서 잡지에 발표한다는 것은 '친일' 중에서도, 가장 고약한 '친일'로 비칠 것임은 분명하다.

김수영은 위의 인용문에 앞서 "그대는 근시안이므로" 자신이 일본어로 글을 쓰는 진짜 이유를 알지 못할 것이라고 말한다. 그리고 그러한 '근시안'으로 하여금 비방을 초래하기 위해 이런 글쓰기를 시도한다고 말한다. 결국 근시안의 비방쯤은 전혀 문제가 안됨을 역으로 강조한 셈이다. 그런데 주목을 요하는 것은 김수영이 은연중에, 이러한 근시안적 비방의 또 다른 양태를 지적하고 있다는 점이다. 일본의 저명 문학가가 방한을 해도 일언반구의 언급조차 없는 한국사회의 '완벽한 배일', 이 철저한 함구야말로 '근시안' 사회가 무(無)-발언의 방식으로 상대를 제압하려는 술책인 것이다. 무조건적인 냉대는 무조건적인 환대와 다르지 않고, 무반성적인 폄하는 무반성적인 모방과 다르지 않다. 김수영은 이러한 고의적인 침묵이야말로 피식민의 경험에서 벗어나지 못하고 있음을 반증하는 뿌리 깊은 피해의식과 콤플렉스의 소산이 아니겠느냐고, 그리고 어떤 대상에 대해 말하는 않는 것은, 실은, 그 대상이 되고자 하는 욕망이 너무 커서 차마 그에 대해 말할 수 없게 된 것이 아니냐고 꼬집는 듯하다. 만일 그렇다면, 김수영의 「시작노트6」은 탈식민화 이후에도 존속하는 식민지적 무의식의 극복을 '일본어 글쓰기'로 꾀한 것인지 모른다. 즉 일본어를 써서는 안 된다는 공동체의 금기를 거스름으로써 그러한 금기의 무의식적 동기를 비판하고, 역으로 그 같은 금기를 자신이 직접 실행함으로써 집단적 무의식으로 자리잡은 피식민자로서의 콤플렉스와 타자(제국)에 대한 모방적 동일시를 깨뜨리고자 하는 것, 그것이 일본어로 글을 쓴 김수영의 첫 번째 의도라고 할 수 있다.

그런데 김수영의 이러한 의도는 집단 공동체의 공통적 경험이라는 역사적 차원의 문제만을 겨냥하고 있지는 않다. 그의 일본어 글쓰기에는 자기 전대(前代)의 문학적 전통에 대한 성찰과 비판이 동시에 내재되어 있는데, 김수영은 그러한 전통의 정전으로 이상을 떠올린다. 조금

단언하자면, 「시작노트6」은 김수영이 이상의 유고를 번역하면서 가졌던 궁금증에 대해 스스로에게 답변하는 형식으로 제출된 글이다. 이상의 글쓰기 방식, 즉 조선어로 글을 쓰지 않고 일본어로 글을 쓴 방식을 따르면서. 더 정확히 말하면, 이상의 글쓰기 방식을 따르되, 그것을 거꾸로 뒤집는 방식을 취하고 있다. '일본어(사고)→조선어(번역)'가 이상의 글쓰기였다면, 김수영은 '한국어(사고)→일본어(번역)'의 순서를 택한 것이다. 그렇다면 김수영은 이러한 역전 방식으로 이상에게 무엇을 말하고 싶었던 것일까? 이상을 본뜨면서, 이상의 어떤 점을 초점화하고 재전유하려 것일까?

> 그러나 생각이 난다. T.S.엘리어트가 시인은 二個 國語로 詩를 쓰지 말아야 한다고 말한 것을. 나는 지금 이 노우트를 쓰는 한편, 李箱의 日本語로 된 시 「哀夜」를 번역하고 있다. 그는 二個 國語로 시를 썼다. 엘리어트처럼 조금 쓴 것이 아니라 많이 썼다. 이것을 어떻게 생각해야 할 것인가. 내가 不滿스럽게 생각하는 것은 李箱이 日本的 抒情을 日本語로 쓰고 朝鮮的 抒情을 朝鮮語로 썼다는 것이다. 그는 그 反對로 해야했을 것이다. 그는 그렇게 할 수 있었을 것이다. 그러함으로써 더욱 徹底한 逆說을 履行할 수 있었을 것이다. 내가 日本語를 使用하는 것은 다르다. 나는 日本語를 使用하고 있는 것이 아니라 妄靈을 使用하고 있는 것이다.

인용문은 김수영이 이상의 유고 번역과 관련하여 언급하고 있는 유일한 구절인데, 짧은 문구지만 의미 파악이 쉽지 않다. 가장 눈길을 끄는 부분은 이상이 "일본적 서정을 일본어로 쓰고 조선적 서정을 조선어로 썼다는 것", "그는 그 반대로 해야 했을 것"이며, "그러함으로써 더욱 철저한 역설을 이행할 수 있었을 것"이라는 지적이다. 이것이 대체 무슨 뜻일까? 더구나 자신은 "일본어를 사용하는 것이 아니라 망령을 사용하는 것"이라니? 수수께끼를 품은 듯한 이 모든 내용을 어떻게 이해해야 할까? 위의 문맥에 비추어 한 가지 추정할 수 있는 것은 김수영이 이상의 오류라고 판단한 바를 자신이 수정하는 방식으로, 즉 일본적 서정을 조선어로, 조선적 서정을 일본어로 쓰는 방식으로 "역설"을 이행했다는 점이다. 아마도 이것이 일본어 시작 노트를 쓴 김수영의 두 번째 의도이자 가장 직접적인 의도일 것이다.

2. 이중언어 체계에서의 조선어 시작(詩作)

1934년 8월 「오감도」 연재를 중단하며 이상은 「오감도 작자의 말」에서 다음과 같이 쓰고 있다.

> 왜 미쳤다고들 그러는지 대체 우리는 남보다 數十年씩 떨어져도 마음 놓고 지낼 作定이냐. 모르는 것은 내 재주도 모자라겠지만 게을러빠지게 놀고만 지내던 일도 좀 뉘우쳐 보아야 아니하느냐.[4]

"남보다 수십년씩 떨어져" 있으면서도 그것을 깨닫지 못함을 질타하는 이상의 말속에는 근대주의자로서의 그의 면모가 고스란히 담겨 있다. 「오감도」의 창작 의도가 무엇이든, 이상은 자신의 시가 수십년씩 떨어진 조선의 현실을 뛰어넘어 '남과 같아지려는 노력'의 한 예임을 공표한 셈이다. '남'을 따라 잡으려는 그의 자의식적 노력은 언어 실험 면에서 가장 첨예화되었는데, 이는 김기림에게 보낸 그의 편지에 잘 나타나 있다. "요새 朝鮮日報 學藝欄에 近作詩 「危篤」 連載中이오. 機能語. 組織語. 構成語. 思索語.로 된 한글文字 追求試驗이오. 多幸히 高評을 비오. 요

---

4   김윤식 엮음, 『이상문학전집3-수필』, 문학사상사, 1993, 353쪽.

다음쯤 一脈의 血路가 보일 듯하오."[5] 한글을 '기능어, 조직어, 구성어, 사색어'로 만들고자 시험 중이라는 이상의 말은 그가 조선어를 문명어, 과학어, 근대어로 만드는 작업을 시작(詩作)의 일차 과제로 삼았음을 보여준다. 황현산은 이상의 이러한 시험을 가리켜 그가 문학에 뜻을 두면서 직면했던 모국어의 궁핍함을 과학적 사고의 검열을 통해 건조하게 '순화'된 수학적 등식의 표현으로 극복하려 한 나름의 방식이었다고 설명한다.[6] 이상에게 시어는 과학처럼 계산되고 조직되고 검증되고 건설되어야 할 근대적 기획물의 하나였던 것이다. 그런데 이 같은 조선어의 근대적 문학어 만들기는 일본어를 매개로 수행되고 있다. 이상의 많은 작품이 일본어 습작을 거친 뒤 조선어로 번역되는 순서를 밟았다는 것은 익히 알려진 사실이다. 그의 문학은 일문 체계와 한글 체계를 오가는 사이에 이루어진 새로운 의미생산의 결과이므로 그의 이언어(二言語) 체계에 대한 전문적 연구가 필요하다는 지적[7]은 '일본어의 선행 습작→한국어의 작품 완성'이 매우 중요한 문학적 의미를 담고 있음을 보여준다. 그런데 일본어로 구상하고 조선어로 최종 기호화한 경우가 이상만은 아니었다는 점에 우리는 주목할 필요가 있다.

> 소설을 쓰는 데 가장 먼저 봉착하여-따라서 가장 먼저 고심하는 것이 用語였다. **구상은 일본말로 하니 문제 안 되지만, 쓰기를 조선글로 쓰자니**(강조-인용자), (……) 거기 맞는 조선말을 얻기 위하여서는 많은 시간을 소비하고 하였다.[8]

5 위의 책, 231쪽.

6 황현산, 「모국어와 시간의 깊이」, 『말과 시간의 깊이』, 문학과지성사, 2002, 420~421쪽.

7 김윤식 엮음, 『이상문학전집2-소설』, 문학사상사, 1991, 204~205쪽. 참고 부분은 김윤식의 「공포의 기록」 해제 중 한 대목이다.

위의 인용문은 김동인의 술회 중 한 대목이다. 구상을 일본말로 하고, 쓰기를 조선글로 쓰는 이언어적 상황을 무심결에 서술한 그의 문장에는 글쓰기 주체가 일본말로 구상하는 일을 어색하게 여기거나 문제적이라고 생각했던 흔적이 없다. 그를 난감하게 했던 사태는 일본어에 대응되는 조선말을 얻기 어려웠다는, 즉 근대어로서는 결핍과 빈곤의 언어였던 조선어와의 대면이었다. 여기서 1920년대의 조선어가 근대어인가 아닌가를 따지는 것은 그다지 중요한 일이 아니다. 조선어를 정치적으로나 문화적으로 근대의 경험이 일천한 언어, 즉 낙후된 언어로 인식한 근대 초기 문학인들의 의식 세계를 고찰하는 것이 더 본질적인 문제이다.

이들의 의식 속에서 제국의 언어인 일본어는 조선어의 낙후성, 후진성을 비추는 거울의 역할을 담당하고 있었다. 1910년대 이후로 일본어는 국어이자 제도어, 중심어, 표준어로, 조선어는 지방어이자 방언이자 유아어로 담론화되었다. 3차에 걸쳐 개정된 조선교육령에 따라 일본어의 학습은 점차 강화되었던 데 반해 조선어는 교육어로서의 지위를 점점 잃게 되었고, 급기야 1938년 3차 교육령에 의해 조선어는 공적 언어로서의 기능을 완전히 상실하게 된다. 그리고 중일전쟁(1937) 전후로 '조선어 방언화'론은 일본의 '고쿠고(國語)'의 위상 정립과 맞물려 식민지 언어 정책의 핵심 담론으로 부상된다.[9] 이처럼 위계적인 이중언어 체계에 대해 한국의 근대 문학이 어떻게 대응하였는가를 살펴보는 것은 별도의 논의를 필요로 하지만, 발달된 언어와 미개한 언어라는 도식이 발전 단계로서의 진화 과정이라는 근대적 논리와 설법에 힘입어 강한 설득력을 가지

---

8   김동인, 「문단三十年의 자취」, 『김동인전집 제15권』, 조선일보사, 1988, 327쪽.

9   야스다 도시아키, 「제국 일본의 언어 편제—식민지 시기의 조선·'만주국'·'대동아 공영권」, 『언어제국주의란 무엇인가』, 미우라 노부타카·가스케 게이스케 엮음, 돌베개, 2005.

고 근대 초기 문학인들의 지적 세계를 지배하였다는 점은 김동인의 무의식적 진술에서 확인할 수 있다. 식민지를 열등하고 비천하고 낡은 것으로 바라보는 제국의 시선이 역으로 내면화되는 식민지적 무의식의 양상이 이중언어 상황에서도 반복되고 있는 것이다.

그렇다면 일본어의 매개 역할을 당연시한 김동인과 달리, '한줄기 피의 길'("一脈의 血路")을 찾기 위해 일본어 글쓰기를 의도적으로 실행한 이상의 작업은 어떤 의의를 지니는 것일까? 제국어의 이미지에 비추어 조선어를 인식하면서도, 그러한 비(非)-근대어로서의 조선어를 제국어를 능가하는 언어로 탈바꿈시키려 했던 이상은 자신의 언어적 난관을 어떻게 극복하려 했을까? 대략 두 가지 답을 떠올릴 수 있다. 첫째 문학어로서의 과학어의 발견. 둘째 일본어와의 일본식 싸움. 문학어로서 과학어, 수학어가 "추구시험"된 가장 큰 이유로는 그것이 가치 중립적 기호[10]인 까닭에 이중언어의 관념적 우열 체계를 뛰어넘을 수 있는 문자로 인식되었으리라는 점을 들 수 있다. 그는 수학의 언어를 시의 언어로 만듦으로써 새로운 문학어, 새로운 조선어의 창출을 동시에 시도한 것이다. 한편 일본어와의 일본식 싸움의 의의는 그의 언어 실험과 서정주의 그것을 비교할 때 잘 드러난다.

서정주의 언어를 가리켜 "종족의 방언으로 자주 종족만이 알아듣게 말한"[11] 언어였다고 평한 예리한 지적도 있듯이, 서정주의 시어는 모어의 순결성을 유지하고 보존하는 것, 혹은 순결함을 입증하는 것을 한국 근대시의 최대 과제로 여긴 가장 대표적인, 전형적인 예로 꼽힌다. 서정주와 조선어와의 관계는, 의식과 언어간에 존재하는 현실적 소외를 은폐하고 자신과 공동체간의 합체뿐만 아니라 공동체 구성원간의 통합을 가능

---

10 과학의 언어와 수학의 문자가 정말 가치 중립적인 기호인지에 대해서는 엄밀히 따져보아야 할 일이지만, 여기서는 논외로 한다.

11 황현산, 위의 글, 430쪽.

케 한다고 믿어지는, 모어를 둘러싼 환상[12]에 기반하고 있다. 그의 시가 언어와 대상의 일치, 언어와 꿈의 일치, 언어와 감정의 일치, 언어와 사유의 일치를 의심하지 않는 언어로 구축될 수 있었던 까닭은 일본어의 강제라는 외부적 충격에 대해 조선어가 본래의 고유한 언어로 관념화, 실체화되는 가운데, '조선어=모어'라는 등식에 힘입어 모어로서의 조선어는 공동체의 성스러운 기억이 담지된, 자기도 모르는 사이에 육화된 고유어라는 '모어의 낭만화' 과정을 동반하고 있기 때문이다. 이러한 언어라면, 언어와 시인의 일치는 자명한 일이 되고, 모어를 말함으로써 시인은 자연스럽게 자신의 신성함을 유지하게 된다. 서정주에게 종족의 모어는 시어로서 완벽한 언어였던 것이다.

그런데 그는 종족의 언어 중에서도 방언을, 즉 전라도 사투리를 조탁하는 데 심혈을 기울였다. 일본어에 비겨 지방어인 조선어, 그 중에서도 지방어인 전라도 방언에 서정주는 미적 가치를 부여한 것이다. 이는 '모어의 낭만화'와 마찬가지로 낭만주의적 미의식에 근거한다. 근대화로 인해 존재 가치를 잃어가는 것, 점차 사라져 가는 것을 이 세계에 존재하지 않는 '저 너머'의 아름다움이라는 관점을 통해 재가치화하여 본래적인 것으로 지각하고 경험하는 것은 낭만주의의 미학적 전통이다. 따라서 서정주의 언어 실험은 과거의 것을 재전유함으로써 새로운 것을 선취하는 작업이었다고 할 수 있다. 다만 변두리어인 조선어를 '더 변두리어'로 탁마하는 방법으로, 즉 '방언의 방언'을 언어적 무기로 택하는 역설적 방법으로, 서정주는 한국 근대시의 새 경지를 개척한 셈이다.

토착어에 기댄 서정주의 이러한 언어 실험은 이상의 경우와는 극단적

---

12 조선어가 모어로서의 형상을 얻게 되는 과정에 대해서는 정백수, 『한국 근대의 식민지 체험과 이중언어 문학』, 아세아문화사, 2000, 23~25쪽 참조.

으로 대비되는 위치에 있다. 이상에게 '방언의 방언'은 견고하게 질서화, 제도화되는 이중언어의 위계를, 그리고 그러한 위계를 고정 사실로 만드는 식민지적 근대를 극복할 수 있는 좋은 무기가 아니었다. 그는 제도의 힘이 어떠한가를 조선총독부의 건축기사였던 자신의 체험으로 알고 있었다. -「얼마 안되는 辨解」는 건축술로 표상되는 근대적 제도의 힘을 공포로 감지한 이상의 (무)의식 세계를 잘 보여준다. - 따라서 그는 서정주와는 정반대 지점에서 출발한다. 일본어를 일본식으로 철저하게 사용하는 것. 즉 중심(제도)에서 중심(제도)을 실천하는 것. 그리고 그러한 싸움으로부터 조선어의 가능성을 확인하는 것. 그러나 일본어로부터 조선어로의 변환 과정은 모어 시스템으로부터의 이탈을 뜻한다. 그것은 언어공동체 내부의 동질성, 동일 언어 사용자간에 보장되는 의미의 공유, 독자와 작가간에 형성되는 발화시의 기대 지평 등에 균열을 가함으로써 발화자-수화자 사이의 소통 불가능성을 야기한다. 이상은 일문 체계와 한글 체계를 오가면서 조선어이지만 '모어는 아닌', 낯선 언어로서의 제3의 언어를 발명하려 한 것이다. 이상의 언어는 결과적으로 모어의 탈낭만화를 지향한 셈이다.

이상에게 번역은 번역 불가능한 나머지, 즉 조선어로 옮겨짐으로써 발생하는 일본어와의 의미론적, 화용론적 틈(간격)을 지각함으로써 조선어의 근대적 문학어로서의 현주소와 가능성을 확인하는 작업이었을 것이다. 그리고 그것은 모어 내에서 자신의 언어를 이방인의 언어로 만드는 일이기도 했다. 그의 말대로 "일맥의 혈로"로 나아가는 "시험"이었던 것이다. 이러한 이상의 의도를 김수영은 어느 정도 간파했던 듯하다. 어쩌면 자신이 벌였던 현대와의 현대식 싸움의 전례(典例)를 이상에게서 본 것인지도 모른다. "그는 그 반대로 해야했을 것이다. 그는 그렇게 할 수 있었을 것이다. 그러함으로써 더욱 철저한 역설을 이행할 수 있었을 것"

이라는 김수영의 평은 이상의 일본어 글쓰기에 내포된 의미가 무엇인지를 직감한 데서 비롯한다. 그리고 그 말 속에는 이상에 대한 김수영의 고평(高評)이 함축되어 있다. 그러나 이러한 문학적 인정(認定)과는 별도로, 김수영은 이상의 방식이 잘못 되었다고 말한다. 이상은 "반대로" 했어야 했다. "반대로" 어떻게? 김수영이 시작 노트를 일본어로 쓴 까닭은 이 '어떻게'의 답을 찾을 때 비로소 명확해질 것이다. 답을 위한 힌트는 수영에게 상(箱)이 반면교사였다는 점에 있다.

3. '언어 이민자'의 자의식과 자기분석

김수영은 1921년 태생이다. 중일전쟁이 발발했을 때, 그는 15살이었고 선린 상업 학교에 재학 중이었다. 태평양전쟁이 일어났던 스무살 때 동경 유학 길에 올랐고, 도일(渡日)을 위해서는 창씨개명도 했을 터이다. 해방되던 1945년에 김수영은 24살의 어엿한 성인이었다. 갑자기 김수영의 연보를 재확인하는 이유는 그의 지적 성숙기가 역사적으로 어떤 시기와 겹쳐져 있는가를 상기하기 위해서이다. 선린상업학교에 입학한 35년부터 동경 유학 시절을 거쳐 징집을 피해 만주로 이주했던 45년까지는 일제의 파시즘 체제가 가장 강화된 때로, 김수영은 이 시기 동안 일본 '국민'으로 교육받고, 일본어를 '국어'로 배우며, 지적 소양과 문화적 감수성을 일본의 근대 문화 안에서 키웠다. 식민 치하의 피착취인이었으니 이 시절의 소년들과 청년들이 강한 민족 의식을 가지고 있었으라 추측하는 것만큼 잘못된 상상력도 없다. '황국신민'으로 '대동아 동영권'이 주창되는 군국주의 체제하에서 일본어, 일본식 교육, 일본 문화가 자연스런 일상이 된 이들 세대에게 해방은 "하나의 충격"[13]이었고 예상치 못한

국면의 전개였다. 그런 점에서 해방 직후 새로운 공적 언어로 그 위상이
재정립된 한글은 이들에게 새롭게 습득되어야 할 이질적인 타자였을 공
산이 크다. 이러한 언어적 조건의 변화를 김수영은 "몇 차례의 言語의
移民"(「거짓말의 여운 속에서」)이라고 표현한 바 있다. 한글을 '터득'하지
않고 '학습'하였던 경험을 그는 여러 글에서 언급하였는데, 「히프레스 文
學論」은 대표적 예이다. 그는 이 글에서 "우리나라의 문학의 연령을 편
의상 35세를 경계로 해서 이분해 본다." 이유는 다음과 같다.

> 35세라고 하는 것은 1945년에 15세, 즉 중학교 2,3학년쯤의 나이이고
> 따라서 일본어를 쓸 줄 아는 사람이다. 따라서 35세 이상은 대체로 일본어
> 를 통해서 문학의 자양을 흡수한 사람이고, 그 미만은 영어나 우리말을 통
> 해서 그것을 흡수한 사람이다. 그리고 35세 이상 중에서도 우리말을 일본
> 어보다 더 잘 아는 사람들과, 일본어를 우리말보다 더 잘 아는 비교적 젊은
> 사람들이 있다. 이 후자에 속하는 사람들 중에는, 전봉건이가 언제인가 시
> 작노우트에서 말했듯이 해방 후에 비로소 의식하고 우리말을 공부한 사람
> 도 적지 않다.[14]

김수영의 구분에 따른다면, 그 자신은 일본어를 쓸 뿐만 아니라 일본
어를 우리말보다 더 잘 아는 사람들에 속할 것이다. 그의 몇몇 사적인
글은 일본어가 그의 의식 속에 얼마나 깊숙이 자리잡고 있는지를 잘 보

---

13 유종호, 『나의 해방전후』, 민음사, 2004, 111쪽. 해방 전후에 겪은 유소년기의 체험
    을 생생하게 기록하여 이 시기를 이해하는 데 귀중한 자료가 될 이 책에서 필자는 해방
    의 순간에 대해 다음과 같이 적고 있다. "해방은 그 시절의 우리에게 하나의 충격으로
    다가왔다. 어제까지 듣던 얘기와는 정반대의 얘기를 같은 교사의 입을 통해 듣는다는
    것은 정신이 멍멍해지는 충격이었으나 그것을 깨끗이 잊어버린 것이다. (…) 그때는
    해방이니 독립이니 생소한 낱말을 사용하며 그전과는 정반대되는 얘기를 하여 무엇인
    가 세상이 크게 달라졌다는 실감을 다시 갖게 되었다."
14 김수영, 「히프레스 문학론」, 『김수영전집 2-산문』, 민음사, 2003, 278쪽.

여준다. 1960년 9월 9일과 1961년 2월 10일에 쓰여진 일기문이 대표적
예에 해당한다. 전자에는 일본어로 쓰여진 일기초가 바탕이 되어 한 편
의 시가 창작되었음이 나타나 있다.(「中庸에 대하여」가 그것인데, 이 시는 일
어를 한글로 번역하는 과정 자체를 주된 모티브로 하고 있다.) 후자에는 자신의
분열된 의식을 분석하며 이를 정돈하려 애쓴 흔적이 역력하다. 김수영은
2월 10일의 일기문에서 매우 의미심장한 말을 남긴다. "지금 나는 이 내
방에 있으면서, 어딘가 먼 곳을 여행하고 있는 듯한 기분이 들고, 향수인
지 죽음인지 분별되지 않는 것 속에서 살고 있다. 혹은 일본말 속에서
살고 있는 건지도 모른다."[15] 이 문장은 물론 일본어로 쓰여있고, '일본
말'에는 방점까지 찍혀있다. 이를 통해 짐작컨대, 김수영은 자기 의식의
존재처가 일본어 가운데 있음을 예민하게 '의식'하고 있었다. 그의 의식
과 언어, 랑그(langue)와 파롤(parole)은 일본어와 한글로 이원화되어 있
었던 것이다. 이는 그의 글쓰기가 식민지 언어 편제에 따른 이중언어 체
제를 바탕으로 시작되었음을 의미한다.[16]

　해방 후 등단한 젊은 시인들 대부분은 김수영과 마찬가지로 '일본어
(공용어)-조선어(가족어)'라는 이중언어 체제의 영향 하에서 작품 활동을
시작하였다. 해방과 함께 한글 중심의 단일 언어 체제는 빠르게 제도화
되었지만 이들, 특히 후반기 동인을 위시한 50년대 모더니스트들에게
기존의 조선어로 창작을 한다는 것은 그들의 시적 지향과 부합하지 않는
일이었다. 이들 대부분은 8·15를 '민족'이 해방된 날이라고 이해하기보

15　김수영, 「일기초2」, 『김수영전집 2-산문』, 민음사, 2003, 509쪽.
16　「연극하다 시로 전향」에서 김수영은 처음 시작(詩作)에 관심으로 가졌을 때, 일본어
　　로 시를 창작했던 경험을 술회하고 있다. 최하림이 쓴 『김수영 평전』(실천문학사,
　　2001, 45~47쪽)에도 보면, 김수영이 선린 학교 시절에 이미 일문 시를 창작한 바 있음
　　이 밝혀져 있다. 몇몇 일화로 보건대, 김수영과 일본어의 관계가 쉽게 간과될 만한
　　사항이 아님은 분명하다.

다는 종전과 함께 낡은 '근대'가 끝나고 새로운 시대인 '현대'로 진입하는 역사적 분기점이라고 보았다. 일본 제국에 종속되어 있던 시대가 '근대'였다면, 이제 그러한 '근대'를 털어 버리고, 세계사의 무대로 나아가는 '현대'의 출발점에 자신들이 서 있다고 인식한 것이다. 그런데 이러한 시대 인식과 자기 인식은 이들 모더니스트들을 이중의 난관에 맞닥뜨리게 하였다.

'현대'의 출발점에 서 있긴 하지만, 그들에게 주어진 언어는 주변어이자 방언이자 유아어였던 조선어였고, 그것은 조선어가 '현대어'로서 매우 미흡하고 불충분한 언어였음을 뜻한다. 해방과 함께 조선어는 그것의 후진성과 변두리성을, 문명어, 지성어, 사색어로서의 모자람을, 너무나 갑작스럽게, 무방비 상태로 노출시키고 만 셈이다. 더구나 이들에게 익숙한 일본어는 사회적으로 악덕이 되어버렸고, 해방된 '조선인'인 이상 그들에게 선(善)인 언어는 조선어였다. 문제는 이러한 조선어의 조탁에 몰두한 이들이 서정주와 청록파 등의 전통파 시인들이었고, 전통에 대한 강한 부정을 자신들의 문학적 지향으로 삼은 모더니스트들에게 이들 전통파 시인들처럼 전래의 조선어를 고수하는 것은 자신들의 문학적 입장과 상치되는 일이었다. 따라서 새로운 모더니스트로 스스로를 내세운 이들에게 필요한 것은 지금까지와는 '다른' 조선어, '다른' 한국어였으며, 이러한 사정은 전통파 시인들에 의해 시도된 모어의 낭만화와는 다른 길을 걷도록 하기에 이른다. 외래어의 무조건적인 남용이며, 생경하고 조악한 시어의 조합이고, 그로 인해 이전 시기의 시편들에도 못 미치는 미흡한 수준이라고 평가를 받아 온 이들 모더니스트들의 언어 실험은 이런 맥락에서 볼 때, 한국어를 하루 바삐 '현대어'로, '세계어'로 만들기 위한 욕망의 소산이었다고 할 수 있다.

한편 언어 체제가 모어 중심주의로 탈바꿈하는 순간, 일본어로 사고

하는 것이 더 익숙하다는 사실이 맞닥뜨리게 되는 언어사용 내부에서의 소외 국면은 이후 사회 역사적 변화와 당대 사유 체계 변화와 함께 연동하면서 이들의 의식 심층에서 국외자 의식을 형성했을 가능성을 생각하게끔 한다. 한글이 랑그(langue)로 내면화되지 않는 이상, 이들은 언어 주체로서는 소외 지대에 서 있을 수밖에 없다. 그리고 언어 주체로서 주변에 머문다는 것은 필경 이들의 자기 현존의식에도 큰 영향을 미칠 수밖에 없게 된다. 언어는 자기 의식의 가장 직접적이고 물리적인 근거이기 때문이다. 상황이 이러하다면, 시대 의식의 불철저 때문이라고 지적되어 온 50년대 모더니스트들의 센티멘탈리즘은 새롭게 이해될 필요가 있을지 모른다. 스스로를 새로운 시의 적자(適者)로 주장하는 이들의 문학적 담론 이면에는, 아이러니하게도, 자신들이 구사하는 언어로부터 배척되고 소외된 채, 현존과 언어 사이를 가로지르는, 동일화되지 않는 간극과 틈에 사로잡힌 국외자의 비극이 가로놓여 있는 것이다. 50년대 모더니스트들의 시에서 공통적으로 나타나는 무력한 센티멘탈리즘은 이러한 언어적 조건으로부터 빚어진 것일 수도 있다.

현대적 시어의 창출이 지난한 작업이 될수록 이들 모더니스트들은 자신들의 슬픔과 비애와 절망을 감추기라도 하려는 듯, 근대/현대, 전통/반전통, 주변/중심 등의 담론을 자신들의 주의 주장으로 내세웠다. 그러나 이는 제국과 식민, 문명과 비문명의 도식에 버금가는 이분법을 확대 재생산하는 일과 다를 바 없었다. 김수영이 이들과 구분되는 지점은 그가 의식과 언어의 불일치 상태를 문제적으로 인식하였다는 데 있다. 그는 우리말보다 일본어가 더 능숙하다는 사실을 예민하게 받아들였고, 그것의 의미를 스스로 추궁했다. 「中庸에 대하여」는 이러한 김수영의 문제의식이 전면에 드러난 작품이다.

그러나 나는 오늘아침의 때문은 革命을 위해서
어차피 한마디 할 말이 있다
이것을 나는 나의 日記帖에서
찾을 수밖에 없었다

中庸은 여기에는 없다
(나는 여기서 다시한번 熟考한다
鷄舍 건너 新築家屋에서 마치질하는
소리가 들린다)

쏘비에트에는 있다
(鷄舍 안에서 우는 알 겯는
닭소리를 듣다가 나는 마른침을 삼키고
담배를 피워물지 않으면 아니된다)

여기에 있는 것은 中庸이 아니라
踏步다 죽은 平和다 懶惰다 無爲다
(但「中庸이 아니라」의 다음에「反動이다」라는
말은 지워져있다
끝으로「모두 適當히 假面을 쓰고 있다」라는
한 줄도 빼어놓기로 한다)

담배를 피워물지 않으면 아니된다고 하였지만
나는 사실은 담배를 피울 겨를이 없이
여기까지 내리썼고
日記의 原文은 日本語로 쓰여져 있다

글씨가 가다가다 몹시 떨린 漢字가 있는데
그것은 물론 現政府가 그만큼 惡毒하고 反動的이고
假面을 쓰고 있기 때문이다[17]

-「中庸에 대하여」全文

이 시가 일본어 일기를 모티브 삼아 쓰여졌다는 점은 앞서 설명하였는데, 시인은 일문으로 기록된 일기의 문장을 하나하나 한글로 해석하고 분절하면서 그것의 의미를 재차 검토한다. 그리고 그러한 검토 과정을 시화(詩話)한다. 작시(作詩) 과정이 그 자체로 한편의 시가 된 셈이다. 그런데 이 시가 의도하는 바는 이것이 전부가 아니다. 이 시에는 두 개의 주체가 겹쳐져 있다. 일어 일기를 쓴 주체(a)와 그것을 한글로 번역하는 주체(b)가 그것이다. (a)는 혁명에도 불구하고 변화의 진전이 없는 한국 사회를 숨어서 비판한다. 사회주의 국가를 긍정하는 (a)의 발언은 한글로 표현될 수 없기 때문이다. 진정한 혁명을 바라는 (a)의 욕망은, 따라서 은밀하게 일본어 속에 감춰진다. 그런 (a)를 주시하고 관찰하는 시선이 (b)이다. (b)는 (a)를 면밀히 분석하고 조망한다. 일본어에 숨겨진 (a)의 욕망을 (b)는 한글이라는 공적 언어로 노출시킨다. (b)는 심지어 (a)가 지운 문장과 (a)의 한문 글씨체까지 지적한다. 그리고 그것을 근거로 "현정부"의 "악독"과 "반동"과 "가면"을 비판한다. (b)는 (a)에 비해 훨씬 용감하고 직접적이다. '일본어-(a)'와 '한글-(b)' 사이의 간격은, 따라서 시의 전개에 따라 점점 더 벌어진다. 그런데 이 시에는 또 다른 제3의 주체가 있다. 그것은 일어를 읽으면서 그 내용에 따라 행동하는 주체, 즉 괄호 속의 '나'이다. 일문의 내용에 긴장하고 주눅들고 검열하고 삭제하는 '나'는 (a)와 (b) 모두가 현실적으로 무력한 존재임을 드러낸다. (a)의 일본어 발화도, (b)의 한글 발화도, 괄호 속의 '나'를 괄호 밖으로 끄집어내어 현실 속에서 행동하는 주체로 탈바꿈시킬 수 없다. '나'야말로 한국 사회의 현재이며 가감 없는 사실인 것이다. 시인은 이러한 현실의 리얼리티를

---

17 일기에 남겨진 이 시의 초고를 보면, 괄호 속의 문장들이 모두 안으로 밀려져 있다. 괄호 속의 내용을 강조하려는 의도였던 것이 분명한데, 전집에 실린 「중용에 대하여」에는 이와 달리 모두 같은 줄로 맞춰져 있다. 발표 당시의 원문을 확인할 필요가 있다.

괄호로 묶어 둔다. 괄호로 묶어둘 수밖에 없는 이 점 또한 현실의 사실적 국면이다.

김수영은 일본어로 사고하고 글을 쓰는 자기 자신을 전경화함으로써 현실의 진짜 리얼리티를 재현하려 한다. 일기에 남겨진 시의 초고를 보면 이 점은 더욱 분명해진다. 초고는 발표작과는 달리 3연 15행의 내용이 시의 서두에 더 첨가되어 있다. 김수영은 어떤 의도를 가지고 초고의 4연부터를 '중용에 대하여'라는 제명 하에 한 편의 시로 만들어 발표한 것이다. 혁명의 불이행과 점진적 타락을 비판하는 것이 표면 주제이긴 하지만, 앞의 분석에서 드러나듯, 이 시의 이면에는 자신의 의식과 언어에 강한 영향력을 행사하는 이중언어 체제와 그것에 내포된 당대적 의미를 함께 성찰하는 시인의 내면 풍경이 가로 놓여 있다. 우리는 김수영의 이러한 자기 분석으로부터 그가 자기 의식의 자리를 일본어도, 한국어도 아닌, 일본어와 한국어 '사이'에 두고 있음을 알 수 있다. 아니, 그는 일본어에도, 한국어에도, 의식의 거처 혹은 '존재의 집'을 확정할 수 없었다는 말이 더 정확한 표현일 것이다. 이것이 뜻하는 바는 무엇일까?

김수영은 50년대 모더니스트들이 '근대/현대'라는 이분법적 도식에 의거해 '한국어=세계어'의 등식에 무비판적으로 함몰되고 만 것을 경계한다. 제국/식민의 이분법만큼 이들이 제출한 담론들도 도식적인 이분법이긴 마찬가지였다. 그것은, 그의 표현에 따르면, "실험을 위한 실험을 난행하며", "세계의 문제와 직결되어" 있지 않은 자국의 현실을 세계사의 근간으로 등치시키면서 "한국의 현실 같지 않은" 세계를 시의 현실로 탈바꿈시키려는 "현대성에의 도피"(「〈現代性〉에의 도피」)와 다를 바 없었다. 김수영에게는 이러한 시대착오적인 이분법과 싸우는 것이 비로소 '현대적'이 되는 길이었다. 저 견고한 빗금선(/)을 깨뜨리고 나갈 때, '현대성'은 비로소 성취될 것이었다. 그러기 위해선 이중언어에 근거하여 작동되는 의식의 추이를 운산(運算)하는 일이 필요했다. 그것은 한국 사회의 후진적인 현실과 현대성의 추구라는 역사적 지향의 내용을 구체적인 세목에서부터 확인하는 상징적 작업이었다. 김수영에게 빗금선의 붕괴는 이 같은 적나라한 자기 확인으로부터 시작된다. 그가 이상에게 가진 불만은 '일본적인 것/조선적인 것'의 빗금선이 깨지지 않고 유지되었다는 데 있다. 이상은 빗금선을 깨뜨렸어야 했다.

4. 일본어 글쓰기의 세 층위와 '자코메티적 발견'

김수영이 보기에 '일본적인 것'과의 일본식 싸움을 통해 새로운 '조선적인 것', 전래의 것과는 다른 '조선적인 것'을 창출하려 했던 이상의 목적은 "방향은 현대"(「레이판 彈」)라는 점에서 제대로 정향된 것이었지만, '일본적인 것/조선적인 것'의 이분법에 근거하여 추구되는 한, 그것은 도달될 수 없는 이상(理想)이었다. 저 빗금선은 자기의 감각과 감정과 의식과 언어를, 즉 자기의 근대적 정체성을 스스로 자신하지 못하고 있다는 자기 불신의 징표이며, 담론이 사실을 앞서는 식민지 근대 하에서 관념과 현실의 일치를 일찌감치 포기한 데서 생겨난 좌절의 흔적이다. 그리고 그것은 그러한 좌절을 불변의 사실로 확정한 뒤 그러한 확정을 자기 유지의 토대로 삼았다는 증거이기도 하다. 한편 그것은 '남'과 '나'를 엄밀하게 구분시켜 자기 동일성의 보존을 약속하는 안전선이지만, 동일성과 상이성을 가르는 기준이 '일본적인 것'이라는 바깥의 준거를 따르고 있는 한, 이러한 이분에 의거한 자기 정체성은 외부의 상징적 타자에 여전히 종속되어 있음을 반증하는 한계선이기도 하다. '일본적인 것─일본어/조선적인 것─조선어'라는 대응식의 빗금에는 이렇듯 상이한 것과의 뒤섞임을 꺼려하는 순결 콤플렉스와, 상이하게 되고자 하는 욕망이 정작은 '남'으로부터의 종속을 심화한다는 아이러니가 숨겨져 있다. 이 것이야말로 근대주의에 드리워져 있는 역사적 그늘이고 어둠이다.

　김수영은 이러한 문제들이 이상에게서도 발견됨을 아쉬워한다. 이상 의 문학이 김수영이 파악하듯, 실제로 그 같은 이분법의 형태를 취하고 있는 지는 별도로 따져보아야 할 일이지만, 김수영이 판단하기엔 이상 또한 '조선적인 것'을 실재하는 동일성으로 여기는 관념과 환상으로부터 자유롭지 못했다. 이로써 김수영이 말한 "그 반대로 해야 했을 것"이라 는 의미가 분명해진다. '일본적인 것/조선적인 것'의 이분법과 '일본어/ 조선어'의 위계를 해체하고, '남'과 '다른', '나'가 되려는 욕망, 혹은 상이 한 것, 독창적인 것이 되려는 집념이 사실은 서로간의 차이를 무화시키 는 "서로 닮는 방식"(「시작노트6」)임을 깨닫는 것, 그리하여 '나'와 '타자' 가 동일하게 되는 것을 두려워하지 않고 그것을 과감히 시도함으로써 "혼용되어도 좋다는 용기"(「시작노트6」)를 얻는 것, 그것이 일본적인 것을 조선어로, 조선적인 것을 일본어로 뒤집어서, 반대로 짝지어야 한다고 말한 문맥의 진짜 의미이다. 그리고 그가 보기엔 이러한 방식이 '현대성' 의 진정한 내용이자 형식이다. 김수영은 이러한 혼종성의 의미와 그것의 실행에 자신감을 가졌기에 일본어를 "망령"으로 사용할 수 있었다. 그에 게 일본어는 더 이상 동경과 매혹의 대상도, 극복되어야 할 대상도 아니 다. 이제 일본어는 죽음을 선포 받는다. 그가 달(達)한 모더니티의 정점 을 일본어로 기술함으로써 일본어의 장례를 치르는 것, 이것이 김수영이 시작노트를 일본어로 쓴 세 번째 의도이다.[18]

18　이런 맥락에서 볼 때, 1967년 작(作)인 「라디오界」는 김수영과 일본어의 관계가 「시작 노트6」 이후로 크게 변화되었음을 보여준다. 「中庸에 대하여」와 비교할 때, 이 점은 더욱 분명히 드러난다. "지금같이 HIFI가 나오지 않았을 때/ 비참한 일들이 라디오

김수영의 일본어 시작 노트에는 이처럼 자기 문학의 전통에 대한 그의 비판적 검토와 식민지적 근대로부터 기원하는 당대의 사회 역사적 모더니티에 대한 성찰이 함께 집약되어 있다. 그런데 이 노트에는 한가지 더 중요한 내용이 담겨 있다. "자코메티적 발견", "자코메티적 변모"와 관계된 시의 스타일에 대한 탐구가 그것인데, 이는 66년을 전후로 본격화된 듯 보이는 스타일의 창조를 둘러싼 김수영의 고민과 밀접히 연관되어 있다.

> 나는 日本語를 使用하고 있는 것이 아니라 妄靈을 사용하고 있는 것이다. 아무도 使用하지 않는 것에는 同情이 간다―그것도 있다. 純粹의 흉내―그것도 있다. 韓國語가 잠시 싫증 났다―그것도 있다. 日本語로 쓰는 편이 便利하다―그것도 있다. 쓰면서 發見할 수 있는 새로운 現象의 즐거움, 이를테면 옛날 日英辭典을 뒤져야 한다―그것도 있다. 그러한 變貌의 발견을 通해서 詩의 레알리떼의 變貌를 自省하고 確認한다(자코메티的 發見)―그것도 있다. 그러나 **가장 새로운 執念은 相異하게 되는 것이 아니라 同一하게 되는 것이다.** 약간 빗나간 引用처럼 생각키울지 모르지만 보부왈 가운데 이러한 一節이 있다.

> 「프티 블의 패들은 모두 獨創的으로 되려는 버릇이 있다」라고 볼이 말했

소리보다도 더 發光을 쳤을 때/ 그때는 인국 방송이 들리지 않아서/ 그들의 달콤한 억양이 금덩어리 같았다/ 그 금덩어리 같던 소리를 지금은 안 듣는다/ 참 이상하다// 이 이상한 일을 놓고 나는 저녁상을/ 물리고 나서 한참이나 생각해본다/ 지금은 너무나 또렷한 立體音을 통해서/ 들어오는 以北 방송이 不穩 방송이/ 아니 되는 날이 오면/ 그때는 지금 일본 말 방송을 안 듣듯이/ 나도 모르는 사이에 아무 미련도 없이/ 회한도 없이 안 듣게 되는 날이 올 것이다……"(「라디오界」) "금덩어리 같던" 일본 말 방송을 아무 미련 없이 들을 수 있게 되기까지 그가 얼마나 굴곡 많은 싸움을 한국어와 한국 사회와 한국적 모더니티를 두고 벌였던가를 밝히는 것은 「中庸에 대하여」와 「라디오界」 사이에 놓인 그의 시적 인식의 변화를 밝히는 것과 동궤에 놓여 있다. 이를 밝히는 것이 앞으로의 과제이다.

다. 「그것이 역시 서로 닮는 방식이라는 것을 모르고 있어」 그는 치근치근히 또한 기쁜 듯이 자기 생각을 되풀이하고 있었다.

「勞動者는 獨創性 같은 건 問題 삼지도 않고 있어. 나는 내가 그치들과 닮아 있다고 느끼는 것이 오히려 기쁘단 말이야」

발뺌을 해두지만 나는 政治思想을 이야기하고 있는 것은 아니다. 詩의 스타일에 관해 이야기하고 있는 것이다. **相異하고자 하는 作業과 心勞에 싫증이 났을 때, 同一하게 되고자 하는 挺身의 勇氣가 솟아난다.** 이것은 뱀 아가리에서 빛을 빼앗는 것과 흡사한 기쁨이다. 여기에 揭載한 三篇 中에서 「눈」이 그것이라고 생각된다. 이 詩는 「廢墟에 눈이 내린다」의 八語로 充分하다. 그것이 쓰고 있는 중에 **자코메티的 變貌**를 이루어 六行으로 되었다. 萬歲! 萬歲! 나는 言語에 밀착했다. 言語와 나 사이에는 한 치의 틈사리도 없다. (…) 낡은 型의 시이다 그러나 낡은 것이라도 좋다. **混用되어도 좋다는 勇氣를 얻었다.** (강조-인용자)

「시작노트6」의 독해가 어려운 것은 사회 역사적 모더니티에 대한 그의 사유가 새로운 시의 창출이라는 문학적 지평과 결합된 형태로 표출되고 있기 때문이다. 시작노트의 핵심 부분인 위 대목은 이를 잘 보여준다. 이상의 이언어(二言語) 문제를 논하다가 갑자기 비약된 이 부분의 내용은 「시작노트6」이 자코메티로부터 시작되는 것과 관련이 있다. 이 노트를 쓰던 당시 김수영은 네 편의 글을 번역 중이었다. 그 중 하나가 이상의 「애야(哀夜)」이고, 나머지는 수잔 손탁의 「On style」(Partisan Review, 1965), 칼톤 레이크의 「자꼬메티의 지혜」(『세대』, 1966년 4월호), 스티븐 마커스의 「현대영미소설론」(『한국문학』, 1966년 6월호)이다. 김수영은 「시작노트6」을 쓰면서 자신이 번역 중인 글을 모두 언급하는 데, 「애야」를 제외한 나머지 글들은 예술 작품의 스타일을 논하고 있다는 점에서 공통적이다. 이 중 「자코메티의 지혜」가 「시작노트6」의 직접적인 집필 동기라

할 수 있다. 이 글은 말년의 자코메티가 본다는 것, 본 것을 사실로 표현한다는 것이 무엇을 의미하는 지를 방문자인 레이크와 함께 논의한 것을 기록한 글이다. 그는 다음과 같이 말한다.

> 우리들이 참되게 보는 것에 밀접하게 달라 붙으면 달라 붙을수록, 더욱더 우리들의 작품은 놀라운 것이 될 거예요. 레알리떼는 非獨創的인 것이 아녜요. 그것은 다만 알려지지 않고 있을 뿐이예요. 무엇이고 보는 대로 충실하게 그릴 수만 있으면, 그것은 과거의 걸작들만큼 아름다운 것이 될 꺼예요. 그것이 참된 것이면 것일수록, 더욱 더 所謂 위대한 스타일(樣式)이라고 하는 것에 가까워지게 되지요.[19]

인용문에 앞서 자코메티는 참되게 보는 것의 한 예로 사람들은 결코 "等身大"로 보이지 않으며, "멀리 떨어져 있지 않고 가까이 있을 때에도", "훨씬 작게 보인다는 것"을 든다. 그는 "등신대는 존재하지 않"으며, "그것은 단지 槪念"일 뿐인데, 대부분의 사람들은 추상적인 치수와 개념을 통해 사물을 본다고 말한다. 치수화된 개념으로 대상을 보기 때문에 이들 대부분은 리얼리티를 독창적이지 않다고 여긴다는 것이다. 그러나, 그의 말에 따르면, 리얼리티는 비독창적인 것이 아니라 독창적인 것이다. 김수영이 주의 깊게 본 대목은 바로 이 부분인 듯하다. 참되게 봄으로써 대상의 리얼리티와 동일하게 된다는 것, 그리고 그것이 독창적인 스타일을 낳는 방법이라는 것을 그는 자코메티의 말에서 발견한다.

그런데 참되게 본다는 것은 눈에 보이는 것, 즉 감각된 바를 그대로 믿는다는 것과는 다르다. 이는 실제의 부피, 크기, 넓이, 높이를 감각하는 것 그 자체가 리얼리티는 아니라는 말과 상통한다. "우리들이 있는

---

19 칼톤 레이크, 김수영 옮김, 「자코메티의 지혜」, 『세대』, 세대사, 1966년 4월호, 316쪽.

곳에서 저기 있는 테이블까지의 공간은 여기에서 파리의 맞은편 끝까지의 공간이나 여기에서 달까지의 공간만큼 광대"하며, 그 거리에는 "차이가 없다."[20] 자코메티의 말에 따른다면, 이 '차이 없음'을 보는 것이 참되게 보는 것이다. 그리고 그것이 사물과 대상의 진짜 리얼리티이다. 사정이 이렇다면, 본 것을 표현한다는 것은 대상의 모사(模寫)를 뜻하지 않는다. 모사는 "타인의 눈을 즐겁게 해주는 그림"인데, 김수영은 "참된 창조"를 위해 그런 그림을 중지했다는 『타인의 피』(보봐르 作)의 마르셀에게 감격한다.(「시작노트6」) "참된 창조"는 "상이하게 되는 것이 아니라 동일하게 되는" 집념으로부터 나온다. 테이블의 공간이 파리의 끝이나 달까지의 공간과 동일하다는 것이 참-리얼리티이고, "참된 창조"는 그것을 간파할 때 가능해진다.

김수영은 이러한 자코메티의 말을 자신의 사유 속에서 재전유하여, 대상의 리얼리티는 본대로 말해서는 보이지 않고, 보이지 않게 말함으로써 보이게 된다는 역설을 유추한다. 예컨대 그가 인용한 자코메티의 다음 말, "There is no hope of expressing my/ vision of reality. Besides, if I did,/ it would be hideous something to/ look away from"에서, 김수영은 'to look away from'을 빼고 '끔찍한'의 뜻인 'hideous'를 '보이지 않는'으로 해석하여 문장의 뜻을 다시 새긴다.(「시작노트6」) 이 문구를 김수영식 대로 읽는다면, 그것의 의미는 "내가 본 사실(혹은 실재)을 표현한다면, 그것은 보이지 않을 것이다"가 된다. 이렇게 읽는다면, '본다는 것-표현한다는 것'의 관계는 본 것을 표현하면 보이지 않고, 보이지 않도록 표현하면 보이는 역설의 관계가 된다. 김수영은 이를 새로운 스타일을 창출하는 데 유용한 미학적 방법으로 판단한 듯하

---

20 위의 글, 311쪽.

다. 이러한 역설의 발견으로부터 언어의 이민을 여러 번 거친 자신의 언어적 조건에 미적 의의를 부여하고 있기 때문이다.

그는 일본어 글쓰기를 위해 일영사전을 뒤지면서 언어의 변모를 새삼 느낀다. 그리고 하나의 기표에서 다른 기표로, 하나의 기의에서 다른 기의로의 언어 이동이 완벽히 대응될 수 없는 '미끄러짐'의 연속임을 깨달으며, 보이는 형상이 보이지 않는 형상을 은폐하고, 역으로 보이지 않는 형상이 '다른' 형상을 보이게 하는 언어 작용의 시적 곡예를 경험한다. 그는 이를 "시의 레알리떼의 변모를 자성하고 확인하는", "자코메티적 발견"이라 칭한다. 그가 「눈」(1966)을 "자코메티적 변모"가 이루어진, "혼용되어도 좋다는 용기"의 시적 증거로 선언할 수 있었던 것도 이러한 언어 작용의 심미적 측면을 새롭게 인식하였기 때문이다. 이로써 그가 시작노트를 일본어로 쓴 네 번째 의도가 드러난다. 김수영은 번역 과정에서 나타나는 언어의 '미끄러짐', 즉 표현 형상의 표층과 심층을 동시에 드러내면서 감추는 언어 작용의 효과를 자신의 시작 노트를 통해 보여주려 한다. 그것은 '남'의 방식으로 '남'과 싸운 이상의 용기와는 다른, "혼용되어 좋다는 용기"의 시적 발현이기도 하다. 그리고 글쓰기의 스타일이 때로 "낡은 형"(「시작노트6」)의 것 – 일본어 글쓰기 – 일지라도 그것이 진술 내용을 창조적으로 탈바꿈시키는 도구적 언어의 "희생"(「시작노트6」) – '망령으로서의 일본어' – 을 바탕으로 한다면, 그것은 예상치 못한 시적 긴장을 낳을 수 있음을 보여준다. 그의 일본어 시작 노트는 이러한 모든 (무)의식적 의도를 동시에 담고 있다.

64년 무렵부터 "언어 서술과 언어 작용"(「생활현실과 시」)을 시의 스타일과 연관시켜 고민하던 김수영은 '자코메티의 지혜'에서 그에 대한 답을 찾은 게 아닌가 여겨진다. 「시작노트6」을 쓴 뒤, 그의 시 형태가 매우 달라지기 때문이다. 「풀의 影像」, 「엔카운터誌」, 「電話 이야기」, 「꽃잎」

1·2·3, 「먼지」, 「元曉大師」, 그리고 「풀」. 이 시들의 특징을 살펴보는 것이 김수영의 후기시를 연구하는 일이 될 터인데, 66년을 전후로 김수영의 시가 어떻게 내적으로 변화되는가를 살피는 것은 추후의 과제이다. 다만 이에 대한 검토는 「시작노트6」에서 짧게 언급된 수잔 손탁과 스티븐 마커스를 오가며, 스타일의 의의에 대해 긍정과 부정, 다시 재긍정을 거듭한 김수영의 시적 사유를 추적하는 것으로부터 출발되어야 함을 부기(附記)해 둔다.

'번역체험'이 김수영 시론에 미친 영향

'침묵'을 번역하는 시작 태도와 관련하여

조연정
서울대학교

1. 서론

시인 김수영이 생계를 위해 번역작업에 힘썼다는 것은 널리 알려진 사실이다. "도대체가 우리나라는 번역문학이 없다"[1]며 오역과 생략이 비일비재한 우리나라의 후진적 번역문화를 비판하기도 했던 김수영은, "덤핑 출판사"[2]에 기생하는 "청부 번역"자로서의 고충을 그의 산문 곳곳에 털어 놓았다. 고된 노동의 대가를 제대로 인정받지 못할 뿐 아니라 적은 번역료나마 제때에 수령할 수 없는 열악한 출판 현실에 대한 한탄이 주를 이루지만, 번역 작업과 관련된 김수영의 볼멘소리들은 결국 매문(賣文) 행위에 대한 수치와도 무관하지는 않다. "나는 지금 매문(賣文)을 하고 있다. 매문은 속물이 하는 짓이다"[3]라고 말하며, 외부 현실의

1　김수영, 「모기와 개미」, 『(개정판) 김수영 전집 2-산문』, 민음사, 2003, 89쪽. 이 글에서 김수영의 산문을 인용할 경우 모두 이 책을 따른다. 앞으로의 인용에는 『전집 2』라는 약어와 함께 쪽수만 표기한다.

2　「모기와 개미」(1966.3), 『전집 2』, 89쪽.

3　「이 거룩한 속물들」(1967.5), 『전집 2』, 119쪽.

후진성과 속물성보다도 "우선 내 자신의 문제가 더 급하다"[4]고 뼈아프게 고백하기를 주저하지 않았던 김수영에게 번역이라는 작업은 어떤 의미로 다가왔을까?

완벽한 창작이라기보다는 오히려 기계적인 노동일 수 있다는 점에서 번역은 '매문' 행위라는 자의식으로부터 어느 정도 자유로울 수 있는 것이었겠으나, 김수영의 또 다른 부업인 '양계'와 비교하자면 속물적 노동으로 인식되었을 수도 있다. 1963년에 쓴 「번역자의 고독」이라는 짧은 글에서 김수영은 번역을 부업으로 삼아온 10년이라는 시간 동안 점점 불성실한 번역자가 되어가는 자신에 대해 자조 섞인 고백을 늘어놓고 있다. 더불어 글의 말미에서 그는 "아무리 보수가 적은 번역일이라도 끝까지 정성을 잃지 말아야지"라고 충고하는 사람이 있다면 그 사람이야말로 정말 "고급 '속물'"일 것이라고 지적하는 일도 잊지 않는다. 단순히 생각해보면, "번역책의 레퍼토리 선정은 물론 완전히 출판사 측에 있"[5]었던 부자유한 상황에도 불구하고 좋아하는 독서와 맞물려 진행되는 돈벌이 작업으로서의 번역이 그에게 다행스러운 부업으로 여겨졌을 수 있다. 그러나 일차적으로는 생계를 위한 작업에 불과했던 번역에 대해서도 그는 '속물적 매문'에 관한 자의식을 흐리지 않았다. "흙에 비하면 나의 문학까지도 범죄에 속한다"[6]고 말했던 그에게 번역 행위 역시 '고급 속물'의 부업으로 여겨졌던 것이다.

번역 행위가 김수영에게 노동의 대가를 제대로 인정받지 못하는 불우한 부업으로 여겨졌든, '고급 속물'의 행복한 부업으로 여겨졌든, 그간의 연구에서 번역 작업은 김수영 문학의 참조점으로서 지속적인 관심의 대

---

4 「이 일 저 일」(1965), 『전집 2』, 81쪽.
5 「번역자의 고독」(1963), 『전집 2』, 56쪽.
6 「반시론」(1968), 408쪽.

상이 되어왔다. 그런데 정확히 말해 본격적으로 번역 작업의 의미에만 주목한 연구는 많지 않다고 할 만큼, 번역에 대한 그간의 연구들은 김수영이 독서체험으로부터 받은 영향을 검토하는 연구들과 구분 없이 맞물려 있다. 김현이 "내 시의 비밀은 내 번역을 보면 안다"[7]라는 김수영의 발언에 처음으로 주목하여 "그의 비밀의 상당 부분은 그가 번역을 했건 안 했건 그가 읽은 것 속에 있다(강조:인용자)"[8]라고 지적한 이후, 연구자들은 김수영이 산문에서 산발적으로 제시한 번역 목록과 독서 목록을 함께 살피며 김수영 문학의 비밀에 접근하고자 지속적으로 시도해왔다. 조현일[9]은 김수영이 탐독했던 미국의 좌익 잡지 『파르티잔 리뷰』의 자유주의 정신이 그의 "모더니티관"에 끼친 영향에 주목했다. 『파르티잔 리뷰』의 편집고문을 담당한 라이오넬 트릴링의 「쾌락의 운명」이라는 논문을 김수영이 번역·소개한 점을 참조하여,[10] 프로이트의 '죽음충동' 개념을 전유한 트릴링의 '불쾌'의 미학이 김수영의 시론에 끼친 영향을 검토했다. 1960년대 문단에서 유독 김수영만이 현대성의 핵심으로 "부르주아 쾌락 원칙을 배격하는" 태도를 강조할 수 있었던 것, 그리고 순수파로 대변되는 모더니즘과 참여파로 대변되는 리얼리즘을 동시에 비판하며 "급진적 자유주의"를 주장할 수 있었던 것은, 『파르티잔 리뷰』의 독서체험과 번역체험이 그 동력으로 작용했기 때문이라는 것이 조현일의 주장이다.

7 「시작노트6」(1966.2.20), 『전집 2』, 450쪽.

8 김현, 「김수영에 대한 두 개의 글」, 『김현 문학전집 5-책읽기의 괴로움/살아 있는 시들』, 문학과지성사, 1992, 46쪽.

9 조현일, 「김수영의 모더니티관과 『파르티잔 리뷰』」, 김명인·임홍배 엮음, 『살아있는 김수영』, 창비, 2005.

10 「연극하다 시로 전향」이라는 글에서 김수영은 "요즘 나는 리오넬 트릴링의 「쾌락의 운명」이란 논문을 번역하면서, 트릴링의 수준으로 본다면 나의 현대시의 출발은 어디에서 시작되었나 하고 생각해보기도 했다"(『전집 2』, 336~337쪽)고 언급한다. 김수영이 번역한 이 논문은 『현대문학』 1965년 10월호와 11월호에 분재되었다.

  김수영의 번역 작업에 꾸준한 관심을 보여 온 박지영은 「번역과 김수
영의 문학」이라는 글에서 김수영의 번역 작업을 포괄적으로 검토하며
김수영에게 번역이 "현대성의 전범으로 설정된 서구이론을 받아들이는
창구로, 시인으로서의 자기정체성을 형성하고 정당화해주는 거울로 작
용"[11]했다는 결론을 얻어낸다. 박지영이 특히 주목한 것은 번역을 통해
얻은 서구이론들을 단순히 소개하는 차원을 넘어 자신의 시론에 주체적
으로 적용하는 김수영의 시론 생성 과정이다. "그가 내적으로 우리 문학
의 후진성을 인정하는 것과 그럼에도 불구하고 서구문학을 우리 식으로
번역해내야 한다는 의지 사이의 분열을 인식하고 있었다"[12]라고 주장하
는 박지영은 이러한 사실로부터 김수영식 탈식민적 기획의 단초를 읽어
낸다. 한편, 박지영의 최근 연구는[13] 김수영이 번역 작업을 군사독재체
제 하에서 검열의 부담 없이 자신의 신념을 발설할 수 있는 기회로 활용
하기도 했다는 점에 주목한다. 그러나 그동안 잘 알려지지 않았던 마야
코프스키와 네루다 번역자로서의 김수영을 발굴했다는 실증적 성과에도
불구하고, 더불어 김수영 문학에서 '독서–번역–창작'의 연쇄 고리에 주
목했다는 관점의 타당함에도 불구하고, 이 연구는 '혁명의 시인'이라는
익숙한 상징 속에 김수영을 다시 가두는 한계를 내포하기도 한다.

  김수영의 번역작업 혹은 독서체험에 관한 최근 연구들이 관심을 두는
것은 프랑스 문학이 김수영 문학에 끼친 영향이다. 그의 산문에서 말라
르메, 보들레르, 랭보, 쉬페르비엘 같은 프랑스 시인과 바타이유, 블랑
쇼 등의 철학자, 뷔토르 등의 소설가에 대한 언급이 쉽게 찾아진다는 점
에 이들은 주목한다. 정명교는[14] 프랑스적인 것에 대한 김수영의 언급들

11   박지영, 「번역과 김수영 문학」, 김명인·임홍배 엮음, 앞의 책, 359~360쪽.
12   위의 글, 362쪽.
13   박지영, 「김수영 문학과 '번역'」, 『민족문학사연구』 39집, 민족문학사연구소, 2009.

을 검토하며, "자기 배반의 감행"[15]으로 설정된 김수영식 현대성의 방법적 기제가 프랑스 문학에 대한 양가감정 속에서 전개되는 모습을 포착한다. 그는 프랑스적인 것이 김수영에게 끼친 영향을 '연극성'의 측면에서 접근하며 김수영의 후기 시론이 가닿은 "낡은 것과 새로운 것이 혼용된 시, 보이지 않는 – 연극적인 것이 서술적인 것 안에 투영되어 환기되는 그런 시"[16]의 경지를 「시작노트6」의 "자코메티적 변모"를 참조하며 논한다. 정명교의 연구를 비롯하여 바타이유와 블랑쇼의 독서체험에 주목한 이미순의 일련의 연구들[17]은 김수영 문학에 프랑스 문학이 끼친 영향을, '번역 행위'의 측면에서 본격적으로 다루기보다는 '독서 체험(⊃번역 행위)'의 측면에서 다루는 논의들이라 할 수 있다. 그러나 이러한 논의들은 외국문학의 영향을 단순히 '내용'의 측면에서 논하지 않고, 재현의 방식이나 언어에 대한 태도 등 시작법의 측면에서 논했다는 점에서, 독서체험(⊃번역 체험)이 김수영 문학에 끼친 영향을 심도 있게 살핀 논의들이라 할 수 있다.

"번역을 했건 안 했건" 김수영 시의 비밀이 그의 독서체험에서 찾아진다고 말했던 김현의 논의를 이어받아 독서체험과 번역체험의 차이를 무화하고 결국 번역체험을 독서체험 안에 포함시켜버리는 이러한 논의들은 김수영의 독서체험이 그의 문학행위에 적극 수용되고 있다는 사실에

---

14 정명교, 「김수영과 프랑스 문학의 관련양상」, 『한국시학연구』 22호, 한국시학연구, 2008.
15 위의 글, 354쪽.
16 위의 글, 368쪽.
17 이미순, 「김수영의 시론에 미친 프랑스 문학이론의 영향–조르주 바타이유를 중심으로」, 『비교문학42』, 2007; 이미순, 「김수영 시에 나타난 바타이유의 영향–에로티즘을 중심으로」, 『한국현대문학연구23』, 2007; 이미순, 「김수영의 언어론에 대한 연구」, 『개신어문연구31』, 2010.

는 별다른 의심이 없는 듯하다. 그러나 이 경우, 그의 번역 목록과 독서
목록의 넓이만큼 김수영 문학을 바라보는 우리의 시각 역시 무한히 커져
중심을 잃을 가능성이 크다. 그의 자발적 독서 목록과 비자발적 번역 목
록까지를 통틀어 살피며 그가 어떤 텍스트로부터 깊은 영향을 받았는지
를 검토하는 일은 결국 추측에 불과한 단정으로 남을 수도 있다. 물론
김수영 문학의 넓이와 깊이를 재는 과정에서 김현의 지적처럼 독서체험
(⊃번역 행위)의 중요성이 간과될 수는 없다. 그러나 후배시인들에게 "철
학을 통해서 현대 공부를 철저히"[18] 하라고 조언했을 뿐 아니라, 월평을
통해 "견고한 자기풍"[19]과 "자기만의 땀내"[20]를 강조했던 비평가 김수영
을 상기한다면, 영향관계에 주목하는 논의들은 김수영이 읽은 텍스트와
김수영이 쓴 텍스트를 축자적으로 비교·검토하는 방식을 넘어 좀더 섬
세해질 필요가 있다. 이러한 반성으로부터 시작하는 이 글은, 김수영의
번역 행위를 독서체험 안으로 무화시키지 않고 번역 행위 자체의 의미에
주목하고자 한다. 한 언어체계로부터 다른 언어체계로의 불완전한 이동
이라는 번역 행위가 김수영의 문학론에 끼친 영향을 분석하는 것이 이
글의 목적이다.

이제껏 많은 연구자들은 "내 시의 비밀은 내 번역을 보면 안다"라는
구절에 각별히 주목해왔다. 이 글의 관점에 따르면 이 구절의 의미는 단
순히 김수영 시의 비밀이 그가 번역한 원작 텍스트의 내용과 밀접한 관
련이 있다는 것으로만 이해될 수 없다. 이 글에서는 그의 번역목록을 검
토하며 특정 작가 혹은 특정 이론가가 그의 사유와 창작 행위에 어떤
영향을 끼쳤는가를 분석하는 작업을 유보한 채, 정확히 말하면 이에 대

---

18 「고은(高銀)에게 보낸 편지」(1965.12.24), 『전집 2』, 475쪽.
19 「포즈의 폐해-1966년 6월 시평」, 『전집 2』, 561쪽
20 「체취의 신뢰감-1966년 7월 시평」, 『전집 2』, 570쪽.

한 선행 작업으로서 '번역'이라는 행위 자체가 김수영의 언어관 혹은 시 작법에 끼친 영향을 탐색하기로 한다. 이를 위해 우선 번역이라는 행위 의 의미를 검토하고, 김수영이 자신의 산문에서 번역에 대해 언급하는 지점들의 전후 맥락을 살피면서 그것을 김수영의 언어관과 관련짓는 작 업을 할 것이다. 원텍스트와 번역텍스트를 함께 검토하며 김수영식 번역 의 원칙이 무엇인지를 판단하는 일과, 그가 번역행위로부터 받은 영향을 실제 시 창작에서 어떻게 실천하고 있는지를 분석하는 일이 이러한 연구 와 함께 진행되어야 할 것이다. 그러한 작업은 차후를 기약한다.

2. '시인-번역자'의 과제로서의 언어에 대한 충실성

문학작품을 다른 언어로 옮기는 일은 결코 쉬운 일이 아니다. 특히 산 문이 아닌 시의 경우, 사태는 더욱 심각하다. 흔히 직역과 의역의 대립, 벤야민의 용어로 "충실성"과 "자유"의 대립[21]은 시의 경우 단순히 번역자 의 입장차로만 볼 수 없으며 언어학 혹은 시학에 관한 근본적인 문제와 관련된다. 시가 단순히 의미 전달에만 치중하는 산문 형태로 번역된다면 리듬을 비롯한 시의 본질적 측면, 즉 '시적인 것'이라는 할 수 있는 작품 의 정수는 번역의 과정에서 사라질 위험이 크다. 프랑스 산문시가 태동 할 수 있었던 배경에 이 같은 운문의 번역 경험이 놓여있었다는 것은 잘 알려진 사실이다. 운문을 산문 형식으로 번역하면서 불가피하게 사라 진 부분을 대치할 것을 고안하는 과정에서 산문시에 대한 사유가 생겨난 것이다.[22] 이 같은 시의 '번역불가능성(l'intraduisibilité)'에 주목하여 그

---

21 발터 벤야민, 「번역자의 과제」, 『발터 벤야민 선집 6-언어 일반과 인간의 언어에 대 하여, 번역자의 과제 외』(최성만 옮김), 도서출판 길, 2008, 135쪽.

것을 시학의 본질과 체계적으로 연결시킨 것은 뒤 벨레(J. Du Bellay)와 앙리 메쇼닉(H. Meschonnic)이다. 특히 메쇼닉은 번역이 "단순히 랑그와 랑그 사이에서 벌어지는 문법적 등가성의 전환이 아니라 디스쿠르와 디스쿠르 사이에서 행해지는 주체성의 미끄러짐을 반영한다"[23]는 사실을 강조한다. 하나의 언어 체계로부터 다른 언어체계로 이동하면서 '번역불가능성'을 극복하며 원작의 문학적 특수성을 빠트리지 않고 담아낸다는 것은 번역자가 두 개의 언어체계 사이에서 창작에 육박하는 창조성을 발휘하는 경험이라 할 수 있다. '번역불가능성'을 돌파하는 번역자의 이같은 '자유'에는 어떤 한계도 없는 것일까. 벤야민은 번역자의 '자유'보다는 '충실성'을 강조하는 편이다. 그가 설명하는 '번역자의 과제'에 대해 살펴보자.

번역은 두 개의 죽은 언어들 사이의 생명 없는 동일성과는 동떨어진 것이며, 바로 모든 형식들 가운데 번역에는 [원작의] 낯선 말이 사후에 성숙하는 과정과 번역자의 언어가 겪는 출산의 고통을 감지하는 것이 가장 고

---

22 이에 대해서는 조재룡, 「번역의 시학」, 『앙리 메쇼닉과 현대비평—시학·번역·주체』, 도서출판 길, 2007, 242~245쪽 참조.

23 위의 글, 260쪽. 이때 '랑그(langue)'와 '디스쿠르(discour)'라는 용어의 대립은, 앙리 메쇼닉이 이원론(시니피앙—시니피에/랑그—파롤/공시태—통시태 등)을 중심으로 설정된 구조주의자들의 소쉬르 독해를 넘어서는 지점과 관련된다. 앙리 메쇼닉은 소쉬르에게서 '가치(valeur)', '체계(système)', '작동기능(fonctionnement)', 기호의 '극단적인 자의성(radicalement arbitraire)'이라는 네 가지 상호 의존적인 개념들을 추출해낸다. 이러한 개념들을 바탕으로 그는 기호의 초월성을 전제하는 구조주의 언어학과 기호학을 넘어서는 '디스쿠르의 시학'을 정립한다.(루시 부라사, 「맥락—언어학에서 디스쿠르의 시학으로」, 『앙리 메쇼닉 — 리듬의 시학을 위하여』(조재룡 옮김), 인간사랑, 2007 참조) 메쇼닉의 번역자 조재룡에 따르면 '랑그'가 불변의 원칙을 기준으로 작동하는 개념인 반면, '디스쿠르'는 '조직된 파롤의 집합'이다. '디스쿠르'가 조직된 무엇이라면 이는 '조직하는 힘'을 내포할 텐데 디스쿠르를 조직하는 힘이 바로 디스쿠르를 움직이는 실질적인 '주체'라 할 수 있다.(위의 글, 21쪽)

유한 과제로 주어져 있다.[24]

번역은 기호로 전락한 언어들 사이에서 "생명 없는 동질성"을 추구하는 단순한 의사전달의 과정이 아니다. 벤야민이 번역의 난점과 관련하여 지적하는 것은 두 가지이다. 인용문에서 벤야민이 염두에 두는 것은 언어 자체의 역사성이다. "번역은 제아무리 위대한 번역이라도 번역자의 언어의 성장 속에 편입되고, 새로운 번역 속에서 몰락하게 되어 있는 법"[25]이라고 그는 말한다. 하나의 언어 체계는 사전 속에 불변의 완성형으로 고정되어 있는 것이 아니다. 언어는 인간의 삶 속에서 끊임없이 생멸(生滅)을 거듭한다. 이 같은 언어의 역사성으로 인해 완벽한 번역은 불가능한 것이 된다. 그러나 벤야민은 '번역불가능성'보다는 '번역가능성'에 주목한 철학자이다. 서로 대체될 수 없는 두 개의 언어가 결국 "의도된 것"의 차원에서 동일해지는 순간을 추구하는 것, 이것이 바로 번역의 궁극적 과제일 것이라고 벤야민은 말한다. 벤야민이 강조하는 번역의 두 번째 난점은 '충실성(직역)'과 '자유(의역)' 사이에서 발생한다. 흔히 번역에 관한 전통적인 논쟁에서, 구문에 충실한 직역은 언어들의 기괴한 조합을 만들어내고 결국 원작의 의미 재현을 불가능하게 만들어버린다고 비판받는다. 원작의 의미를 재현하는 일이 번역의 유일한 목표가 된다면 직역의 충실함보다는 의역의 자유가 훨씬 요령있고 가치있는 방식일 수 있다는 것이다. 그러나 원작과 번역 사이 의미 전달을 번역자의 최종 과제로 설정하지 않은 벤야민에게 '충실성'은 다른 의미로 이해된다. 그에 따르면 원작과 번역 사이에서 추구되어야 할 유사성은 단순히 작품과 작품 사이의 의미의 유사성이 아니라 언어들의 근친성이다. 즉 번역에서

---

24 발터 벤야민, 앞의 글, 129쪽.
25 위의 글, 128쪽.

추구되어야 할 '충실성'은 언어와 언어를 잘 만나게 하는 일과 관련되며, 결국 모든 언어를 죽은 기표로부터 살아있는 의미로 부활시키는 일과 관련된다.

> 번역의 언어는 그 의미의 의도를 어떤 재현으로서가 아니라 오히려 그 속에서 그 의미의 의도가 스스로 전달하는 어떤 언어를 향한 조화와 보충으로서 그 언어 고유의 의도방식이 울려나오도록 해야 한다. 그렇기 때문에 어떤 번역이 생성된 시대에는 그 번역이 번역의 언어로 쓰인 원작처럼 읽히는 것은 최고의 칭찬이 아니다. 오히려 바로 언어 보충에의 거대한 동경이 작품에서 표현되는 일이 직역을 통해 보증된 충실성의 의미이다.[26]

결론적으로 말해 번역에서의 '충실성'은 번역자로 하여금 언어에 밀착하도록 만든다. 원작의 의미를 전달하는 것이 번역의 최종 목표가 아니기 때문에, 번역이 원작과 무관하게 완성된 작품으로 읽힌다는 것이 번역에 대한 최고의 칭찬일 수 없다고 벤야민은 말한다. "번역의 자유는 전달되어야 하는 의미를 통해 그 정당성을 획득하는 것이 아니다. 이러한 전달의 의미로부터 해방되는 것이 바로 충실성의 과제이다"[27]라는 말은 벤야민이 생각하는 번역의 기본 자세를 암시한다. 그가 생각하는 충실성이란, 원작의 언어와 번역의 언어를 "초역사적 근친성"[28]을 나누는 지점으로까지 밀어붙이는 것이다. 그 결과 번역의 언어를 일시적인 의미 재현의 매체로 격하시키는 것이 아니라, 재현 불가능한 원작의 언어와 조화를 이루고 그것을 보충하며 스스로 "의미의 의도"를 발설하는 언어로까지 격상시키는 것이다. 단순화의 위험을 무릅쓰고 벤야민의 번역론

---

26 위의 글, 137쪽.
27 위의 글, 139쪽.
28 위의 글, 129쪽.

을 요약하자면, 중요한 것은 '유사성 속의 차이'를 통한 즐거움이 아니라 차이를 극복하는 충실성이라 할 수 있다. 그러한 충실성을 통해 서로 다른 언어들이 서로를 끌어당기게 되고 그 과정에서 전달 불가능한 (벤야민의 표현을 따르면) "의미의 의도"가 보존된다.

번역은 언어의 소통불가능성과 문학의 재현불가능성처럼 번역불가능성이라는 한계를 내포한다. 그리고 이러한 번역은 흔히 낯선 언어와 모국어의 만남을 통해 기존의 모국어 체계를 교란시키며 갱신하고 해방시키는 창작으로까지 육박할 수 있다고 판단된다. 그렇다면 일상어의 해체와 재구축을 도모하고 "모국어로부터 외국어성 찾아내기"[29]에 골몰하는 시인들은 번역자와 공통의 과제를 부여받은 자들이라 할 수 있다. 이렇게 번역은 시쓰기의 모험과 밀접한 관련을 맺는다. 그러나 번역도 시쓰기도 마냥 즐거운 작업은 아니다. 재현 불가능한 것을 재현하려는 고통스러운 시도와 결부되기 때문이다. 벤야민이 「번역자의 과제」에서 강조했듯, 언어의 이동과정에서 강조될 것은 서로 다른 언어체계가 '명확한 의미'를 공유하면서도 독자적인 표현을 얻는 원심력이 아니라, 이들이 '재현 불가능한 것'을 중심으로 밀착하는 구심력이라 하겠다. 그렇다면 이런 추측도 가능하다. 번역 체험으로부터 원심력의 '자유'를 배운 시는 낯선 두 언어 체계를 즐겁게 오가며 생경한 언어들의 질감을 누릴 수 있겠지만, 구심력의 '충실성'을 배운 시는 언어를 '시적인 것', '환원 불가능한 것', 결국 '침묵'에 밀착시키는 의지를 배우게 된다고 말이다.

번역작업과 시쓰기의 이 같은 근본적 유사성을 고려한다면, 영어에 능통한 김수영을 굳이 떠올리지 않더라도, 명목상의 모국어와 실질적 모

---

29 황현산, 「번역과 시-외국시의 모국어 체험」, 『불어불문학연구』 82집, 한국불어불문학회, 2010년 여름, 287쪽.

국어가 다를 수밖에 없는 식민지 청년으로 자라났으며[30] 일본어로 쓴 자신의 시를 한국어로 고쳐 써본 경험도 없지 않았던[31] 그에게 번역이 얼마나 중요한 체험이었을지 짐작할 수 있다. 그가 자신의 「시작노트」에서 "내 시의 비밀은 내 번역을 보면 안다"라고 언급한 문장도 의미심장하게 읽힐 수밖에 없다. 일본어와 한국어, 그리고 영어를 자유자재로 오가는 김수영의 언어 환경이 그의 시작(詩作)과 관련하여 의식적으로든 무의식적으로든 일정한 영향을 끼쳤음은 부인할 수 없는 사실이다. 이러한 조건 속에서 그는 언어에 대한 특별한 감각과, 특히 시어에 대한 각별한 신념을 키워간다. 김수영은 『한양』지의 대표 비평가인 장일우와 자신의 견해를 비교하며, 자신은 그와 달리 "현실을 이기는 시인의 방법"을 "(시 작품상에 나타난) 언어의 서술"뿐 아니라 "(시작품 속에 숨어 있는) 언어의 작용"에서도 찾는다고 역설한 바 있다.[32] 이러한 관점의 연장선상에서 그는 실패한 참여시보다도 오히려 실패한 순수시, 즉 사이비 난해시에 대해 유독 신랄한 비판의 목소리를 내곤 했다. 김수영이 시작(詩作)을 통해 궁극적으로 강조한 것은 산문적 의견의 개진이 아니라, '무엇을 어떻게 말할 것인가'라는 질문과 관계되는 것이다. 그렇다면 "믿을 수 있는 작품! 사상은 그 다음이다"[33]라는 김수영의 서슴치 않은 발언도 충분히 이

---

30 「히프레스 문학론」(1964)에서 김수영은 "이곳의 문학계가 저조하고 좋은 작품이 나오지 않는 이유가 어디 있는가"라는 문제에 대해 숙고한다. 식민 체험과 언어의 문제, 세속적 패거리 의식을 보이는 문단 등을 문제 삼고 있지만 그가 가장 중요하게 지적하는 문단 저조화의 원인은 바로 문학의 언어가 '노예의 언어'로 전락한 상황이다. 여기에는 식민 체험뿐 아니라 자유당 정부와 군사정부로 이어지는 언론 탄압의 상황도 포함된다. 결론적으로 "우리 문학 40년사에서 언제 우리들은 제대로 민주적 자유를 경험한 일이 있었던가"라는 반문은 김수영이 생각하는 문단 저조화의 원인이 무엇인가를 보여준다. 『전집 2』, 278~286쪽.

31 「연극하다가 시로 전향―나의 처녀작」(1965.9), 『전집 2』, 334~335쪽 참조.

32 「생활현실과 시」(1964.10), 『전집 2』, 261쪽.

해가 된다. 더불어 그가 산문 곳곳에서 강조한 '언론의 자유', 즉 말할 자유라는 것도 시작(詩作)에 관한 최대치의 자유가 아니라 최소한의 자유에 불과했음을 알 수 있다.

'언어의 서술' 못지않게 '언어의 작용'에 강조점을 둔 김수영이 "내 시의 비밀은 내 번역에 있다"라는 구절로써 의미하고자 한 바는 번역의 내용이 아닌 번역의 과정에 자기 시의 비밀이 있다는 말이 아니었을까. 실제로 그는 「시작노트6」을 일본어로 쓴 정황에 대해 말하며 "나는 해방 후 20년 만에 비로소 번역의 수고를 던 문장을 쓸 수 있었다. 독자여, 나의 휴식을 용서하라"고 적었다. 이러한 언급을 통해 미루어 짐작해본다면, 김수영의 시작(詩作), 즉 한국어 시쓰기는 어느 정도는 일본어를 경유한 번역 체험을 내포한 작업이었음을 알 수 있다. 물론 김수영과 같은 세대의 시인 혹은 작가라면 대부분 이중어 글쓰기 체험을 가지고 있었을 것이다. 영어에도 능통하여 꾸준히 번역 작업을 하였고 그로 인해 하나의 언어체계에서 다른 언어체계로의 잦은 이동을 경험하였던 김수영은 이중어 글쓰기 상황에 놓여있던 다른 작가들에 비해 특히 더 치밀한 언어감각을 키웠을 수 있다. 시인 김수영이 자신의 시작(詩作)을 번역에 빗댄 장면을 읽어보자.

> 나는 한국말이 서투른 탓도 있고 신경질이 심해서 원고 한 장을 쓰려면 한글 사전을 최소한 두서너 번은 들추어보는데, 그동안에 생각을 가다듬는 이득도 있지만 생각이 새어나가는 손실도 많다. 그러나 시인은 이득보다도 손실을 사랑한다. 이것은 역설이 아니라 발악이다.[34]
>
> (강조: 인용자, 이하 동일)

---

33 위의 글, 263쪽.
34 「시작노트4」(1965), 『전집 2』, 441쪽.

 "한국말이 서투른" 김수영에게 한국어로 시쓰기는 어느 정도 번역을 내포한 작업이었다 할 수 있을 텐데, 아닌게아니라 자신의 시작(詩作)에 관한 단상을 늘어놓은 「시작노트4」에서 김수영은 자신의 시쓰기를 이와 같이 번역에 빗댄다. 그리고 그는 번역의 과정에서 발생하는 '손실'을 사랑하는 시인이라고 고백한다. 이 인용문에서 그가 말한 "생각이 새어나가는 손실"은 단순한 의미로 해석될 수 없다. 사전을 옆에 두고 하나의 단어를 다른 단어로 옮겨 적는 수고로운 과정에서 그 단어가 놓인 좁은 맥락에만 집중하다보면, 글의 더 큰 맥락을 놓치게 된다는 뜻으로 일단 이해될 수 있다. 그러나 기계적인 번역이 아닌 시작(詩作)으로서의 번역에서라면 이 '손실'은 한 언어체계가 다른 언어체계로 이동할 때 불가피하게 발생하는 뉘앙스의 손실 혹은 '시적인 것'의 '손실'이라고까지 확장시켜 이해될 필요가 있다. 하나의 언어 체계 안에 묶여 있는 시인에게라면 이 '손실'의 의미가 쉽게 이해되지 않을지도 모른다. 그러한 시인은 자기와 자신의 언어가 이미 한몸이라는 충만한 착각 속에 언어를 마음껏 부리며 시를 쓰게 되기 쉽다.

 그런데 김수영은 "시인은 이득보다 손실을 사랑한다"라고 말하며, 이 같은 '손실'에 대한 시인의 애정을 "역설이 아니라 발악"이라고 표현한다. 그는 왜 '발악'이라고 표현했을까. 손실에 대한 시인의 애정이 단순한 취향이 아니라 피할 수 없는 안간힘일 수밖에 없다는 뜻이 아닐까. 여기서 "이득"을 언어의 이동과정에서 누릴 수 있는 차이의 즐거움으로 이해하고, "손실"을 언어와 언어 사이의 거리, 나아가 시인과 언어 사이의 거리로 이해하면 어떨까. 김수영이 생각하는 시인의 사명은 이 거리를 애틋하게 여기고 그것을 좁히려고 "발악"하는 태도와 관련되지 않을까. 김수영은 한국어와 일본어를 오가는 과정에서, 혹은 일본어, 한국어, 영어를 오가는 과정에서 차이의 '이득'보다는 '손실'에 대한 안타까움과 애정을 더 많이 느꼈는지도 모른다. '손실'에의 '애정'을 통해 언어에 밀착하면서 이 '시인-번역자'는 '애정'이 '발악'으로 진화하는 경험을 했을지 모른다. 요컨대 "손실을 사랑한다"는 말은 이처럼 언어를 대하는 '시인-번역자'의 태도 자체를 일컫는 말이 된다. 김수영은 시작(詩作)을 번역에 빗댐으로써 번역의 과정에서 언어에 밀착하게 되는 체험과 시쓰기 과정에서 언어에 몰입하는 체험의 유사성을 말하고 싶었던 것이라 할 수 있다.

한국어로 시를 쓰는 과정에서 경험하는 '손실'에 대해 말하고 있는 저 구절의 앞부분에서 그는 "한 달이나, 기껏해야 두 달의 간격을 두고 쓰는 것이 큰 작품이 나올 수가 없다"라고 말한다. 좋은 시를 쓰기 위해서는 그만큼 오랜 시간의 숙성이 필요하다는 말일 텐데, 이러한 태도는 물론 시가 영감의 소산이라는 소박한 낭만주의적 창작관과는 다른 성격의 것이다. 김수영에게 시작(詩作)은 기다림이 아니라 다가감을 통해 완성된다. "우리의 현대시가 겪어야 할 가장 큰 난관은 포즈를 버리고 사상을 취해야 할 일이다"[35]라는 언급에서도 확인되듯 김수영이 시론을 통해 자주 강조한 것은 '포즈가 아닌 사상'에 관한 것이다. 이제, 김수영이 번역의 체험과 시쓰기를 빗대는 장면을 통해 우리가 알 수 있는 것은, 그에게 시쓰기란 언제나 언어와 치열하게 대면하는 작업이라는 사실이다. 번역이 부업이자 전업(한국어 시쓰기≒번역)이었던 김수영으로부터 우리는 '내용'과 '형식'을 넘어선 현대시 창작 방법론이 본격적으로 시작되고 실천되는 장면을 목격할 수 있다. 의미 전달의 매체가 아니라 존재 자체로서의 언어에 '발악'하는 심정으로 밀착하여 "언어와 나 사이에는 한 치의 틈서리도 없"[36]을 만치 언어와 나를 한몸으로 만들기, 이것은 김수영이

---

35 「요동하는 포즈들—1964년 7월 시평」, 『전집 2』, 535쪽.

온몸으로 체득한 시작 원리이며 시의 비밀이다. 김수영이 시를 통해 궁극적으로 추구한 "언어의 주권을 회복"[37]시키는 일은, 언어를 의미 전달의 도구로부터 해방시키는 일을 전제로 한다. 벤야민이 번역에 있어 '자유'보다는 '충실성'을 강조하며 언어를 의미 재현의 도구로부터 해방시켰듯 말이다. 이제 "내 시의 비밀은 내 번역을 보면 안다"라는 문장이 적힌 「시작노트6」을 읽으며 김수영이 생각하는 시작의 윤리로서 "언어의 주권을 회복"시키는 일이, 김수영식 '시의 레알리떼'와 어떤 관련을 맺는지, 그리고 이때 번역체험은 어떤 작용을 하는지 살펴보기로 하자.

3. '자코메티적 발견' - 진실한 재현과 시인의 양심

"내 시의 비밀은 내 번역을 보면 안다"라는 문장은 일본어로 씌어진 김수영의 「시작노트6」에서 발견된다. 「시작노트6」은 그 동안 김수영 후기시의 시적 변모를 증언하는 중요한 텍스트로 읽혀왔다. 기존의 연구가 주목한 김수영의 시적 변모는 이 텍스트에서 그가 자신의 시 「눈」의 창작 과정을 설명하며 "자코메티적 발견", "자코메티적 변모"[38]라고 명명한 것과 관련된다. 알베르토 자코메티는 주네, 사르트르 등과 우정을 교류하던 스위스의 화가 겸 조각가이다. 시와 산문을 비롯한 김수영의 텍스트에서 '자코메티'라는 이름은 「시작노트6」에서 유일하게 출현하는데 기존의 연구가 지적했듯 이 같은 '자코메티의 돌발적 출현'은 이 시작노트를 쓸 당시 그가 칼톤 레이크의 「자코메티의 지혜」라는 텍스트를 번역

---

36 「시작노트6」(1966), 『전집 2』, 452쪽.
37 「가장 아름다운 우리말 열 개」(1966), 『전집 2』, 377쪽.
38 「시작노트6」, 『전집 2』, 452쪽.

중이었다는 사실과 관련된다.[39] "그의 마지막 訪問記"라는 부제가 달린 「자코메티의 지혜」는 어떤 글인가. 자코메티는 1925년 이후 10년 간 인물 조각을 포기하고 초현실주의의 추상 작업에 몰두하다가 1935년 즈음에 다시 인물 조각으로 돌아왔다. 이 글은 새로운 구상 작업으로 귀환한 그가 "느릿 느릿 (…) 서툴게"[40] 보는 작업을 통해 "중요한 것은 비젼"이라는 사실을 깨닫고 나름의 "아름다움을 발견"하는 과정을, 자코메티의 육성을 통해 소개하는 글이다.

「시작노트6」의 중요성을 간파한 정명교는 김수영의 "자코메티적 발견"이 연극성으로부터 탈피한 이후의 김수영식 새로운 시작(詩作) 원리와 밀접한 관련을 지닌다고 지적한다. 그 변모는 "'낡음'-'보이지 않음'-'상식과 평범'의 외양을 통해 '새로움'-'끔찍함'-'멋'의 실재를 은닉

---

39 정명교, 앞의 글, 364쪽. 김수영이 번역한 칼톤 레이크의 「자코메티의 지혜」는 『세대』 (1966년 4월호)에 실렸다. 원문은 *The Atlantic Monthly*(Sept. 1965)지에 실려 있다. (제임스 로드, 『자코메티』, 신길수 옮김, 을유문화사, 2006에서 재인용) 이 글은 자코메티의 작업실을 방문한 칼톤 레이크와의 대담을 적은 글이다. 기존의 연구자들이 추측한 대로, 외국의 여러 잡지를 섭렵하던 김수영이 우연히 자코메티에 관한 글을 발견하고 그의 작업 방식에 깊이 공감하여 「시작노트6」을 썼을 가능성이 농후하다. 그러나 자코메티가 주네, 사르트르 등과 사상적으로 교류하였다는 사실을 참조한다면, 김수영이 자신이 읽은 이들의 텍스트로부터 이미 자코메티를 '발견'했었는지도 모를 일이다. (주네와 사르트르는 김수영의 산문에서 언급된 바 있다) 주네는 1961년 출간한 『자코메티의 아뜰리에』에서 이미 자코메티를 본격적으로 다루었으며, 김수영이 「시작노트4」 (1965)에서 극찬한 블랑쇼 역시 1955년 출간된 『문학의 공간』에서 자신이 생각하는 글쓰기의 방식을 자코메티의 조각에 빗대어 설명한 적이 있다.(모리스 블랑쇼, 『문학의 공간』(1955), 이달승 옮김, 2010, 56쪽) 한편 「시작노트6」에서 김수영이 언급한 수전 손택의 「스타일론」은 『파르티잔 리뷰』에 1965년에 실렸는데, 손택 역시 이 글에서 자코메티의 작업을 긍정적으로 평가하고 있다. 명확한 사실관계를 입증하기는 힘들지만, 「자코메티의 지혜」라는 텍스트가 우연히 김수영에게 도달해 "자코메티적 변모"를 일으켰다고 보기는 어렵다. 김수영은 어쩌면 자신이 접했던 여러 텍스트를 통해 이미 자코메티의 방식에 경도되어 있었는지도 모른다.

40 칼톤 레이크, 앞의 글, 299쪽.

하는 상태의 달성을 가리킨다"[41]는 것이다. 정명교는 '상식과 평범'과 '멋'의 대립을 김수영 문학에서 영국적인 것의 영향과 프랑스적인 것의 영향의 대립으로 설명한다. 1966년을 기점으로 가시화된 김수영의 변모에는 프랑스적인 것의 영향, 즉 그가 1961년 「새로움의 모색-쉬페르비엘과 비어렉」이라는 글에서 "말라르메의 invisibility"[42] 개념을 통해 말하려 한 것의 영향이, 더불어 그가 자코메티의 작업을 통해 획득한 새로운 '레알리떼' 개념의 영향이 중요하게 작용했다는 것이다. '연극성'과 관련하여 김수영 시의식의 변모를 추적하는 조강석의 연구[43] 역시 1966년의 "자코메티적 변모"에 주목한다. 그는 "자코메티적 발견"이 김수영의 시가 추상성을 버리고 새로운 구상성을 획득해가는 과정과 밀접한 관련을 지닌다고 분석한다. "자신의 비전에 의존해서 사태를 거듭 들여다보고자 하는 의지, 그리고 그렇게 바라보는 눈에 그때그때의 실감에 의해 부분적으로만 다면적 진실을 드러내는 리얼리티의 양상을 포착하고 표현하는 것"[44]이 바로 자코메티의 방법이며, 기괴하지만 진실된 이같은 자코메티적 '레알리테'의 독창성을 김수영이 적극 수용하고 있다는 것이다.

이러한 연구들이 지적하듯 "자코메티적 변모"는 '진실한 재현이 무엇인가'라는 질문과 관련된다. 「자코메티의 지혜」를 통해 자코메티의 언급들을 직접 살펴보자.

41 정명교, 앞의 글, 362쪽.
42 「새로움의 모색-쉬페르비엘과 비어렉」(1961.9.18), 『전집 2』, 229쪽.
43 조강석, 「김수영의 시의식 변모 과정 연구-'시적 연극성'과 '자코메티적 전환'을 중심으로」, 『한국시학연구』 28호, 한국시학회, 2010.
44 위의 글, 382쪽.

① 寫生畫를 할 때에는, 나는 한번에 조금씩 밖에는 못 봐요. 두고 두고 조금씩 조금씩 일을 해가죠. 그리고 노상 변경을 하게 되요. 生物은 끊임없는 진화에요. 매번 나는 모델한테 똑같은 광선 속에서 똑같은 포오즈를 취하게 해요. 그렇게 하는데도, 그것은 나한테는 똑같은 것으로 보이지가 않아요. 그러니 어떻게 끝이 날 수가 있겠어요?[45]

② 우리들이 참되게 보는 것에 밀접하게 달라 붙이면 달라 붙을수록, 더욱 더 우리들의 작품은 놀라운 것이 될 거예요. 레알리떼는 비독창적인 것이 아녜요. 그것은 다만 알려지지 않고 있을 뿐예요. 무엇이고 보는 대로 충실하게 그릴 수만 있다면, 그것은 과거의 걸작들 만큼 아름다운 것이 될 거예요. 그것이 참된 것이면 것일수록, 더욱 더 소위 위대한 스타일(樣式)이라고 하는 것에 가까워지게 되지요.[46]

자코메티의 작업실을 찾아간 칼톤 레이크가 "느리게 끝마치고 좀처럼 손을 잘 떼지 않는 것으로 유명"한 자코메티의 작업 방식에 대해 질문하자 그는 ①과 같이 대답한다. 똑같은 피사체(모델과 모델의 포즈)와 똑같은 작업 조건(광선)이라 하더라도 자신에게 보이는 피사체의 모습은 매번 다르기 때문에 "사생(寫生)"에 있어 완벽한 종결은 불가능하다는 것이다. 매번 달리 보이는 피사체와 그로 인해 언제나 불완전한 상태일 수밖에 없는 사생 작업에 대해 자코메티는 "생물"이 "끊임없는 진화"를 거듭하기 때문이라 말하는데, 이러한 '사생불가능'과 관련하여 그가 강조하는 것은 피사체의 유동성보다는 관점(vision)의 독창성이다. ②를 보자. 자코메티는 "무엇이고 보는 대로 충실하게 그릴 수만 있다면" 그것이 독창적인 '레알리떼'가 될 것이라고 말한다. "보는 대로 충실하게" 그린다는 것은 무엇일까. "현실적인 형태의 견지"를 버려야 한다는 말과 "등신대

---

45 칼톤 레이크, 앞의 글, 299쪽.
46 위의 글, 316쪽.

가 존재할 수 없다"는 말을 통해 추측해보면, "보는 대로 충실하게" 그린
다는 것은 대상에 관한 어떠한 고정된 가상(假想)의 이미지도 염두에 두
지 않는다는 말이 된다. 쉽게 말해 상상과 선입견을 배제한 채 눈앞의
대상에 순간적으로 몰입하라는 말이다. "보는 대로 충실하게" 표현하라
는 말은 사실 이제껏 보지 못한 것을 보라는 말과도 같다. 요컨대 자코메
티는 유동하는 피사체와 유동하는 관점으로 인해 사생이 불가능해진다
는 말을 하려는 것이 아니라, 대상과 관점이 끊임없이 유동하는 상황에
서도 자신이 보고 있는 것에 진실해질 때 비로소 사생이 가능해지며 이
때 "위대한 스타일"이 탄생한다고 말하는 것이다. '사생불가능'이 결국
독창적이고 진실된 스타일을 가능하게 한다는 것이다.

　자코메티가 생각하는 "위대한 스타일"은 독창적일 것을 전제로 한다.
이 '독창성'은 물론 비교우위의 새로움은 아니다. 다른 시도에 의해 언젠
가 '비독창적'인 것으로 전락할 수 있는 갱신될 새로움이 아니라, 유일무
이한 영원한 새로움으로서의 독창성이다. 영원한 독창성은 어떻게 가능
할까. 유일무이한 '내'가 있듯 '나'의 관점(vision)도 단 하나 뿐이라는 사
실을 기억하면 된다. 자신의 관점을 신뢰한 채 집요하게 관찰한다면, 보
는 주체는 보이는 대상에 완전히 밀착할 수 있다. 이러한 '자코메티적
발견'은 시작의 방법에 있어서나 시작의 태도에 있어서나 김수영에게 새
로운 계기를 마련해주었다. 일단 시작법상에 있어서 "자코메티적 발견"
을 통해 김수영이 발견한 것은 자신의 시 「눈」의 창작 과정을 통해 그가
설명했듯 "시의 레알리떼의 변모"이다.

　　"폐허에 눈이 내린다"의 여덟 글자로 충분하다. 그것이, 쓰고 있는 중에
　　자코메티적 변모를 이루어 6행으로 되었다. 만세! 만세! 나는 언어에 밀착
　　했다. 언어와 나 사이에는 한 치의 틈서리도 없다. "폐허에 폐허에 눈이

내릴까"로 충분히 "폐허에 눈이 내린다"의 숙망(宿望)을 달(達)했다. 낡은
형(型)의 시다. 그러나 낡은 것이라도 좋다.[47]

폐허에 눈이 내리고 있다는 사실을 "현실적인 형태의 견지에서" 표현
한다면, "폐허에 눈이 내린다"라는 여덟 글자로 충분하다. 이때 언어는
정보전달의 수단이 될 뿐이다. 가상에 불과한 "등신대"가 모델의 대체물
이 되는 것과 마찬가지로 말이다. 그렇다면 저 여덟 글자도, 등신대도
비독창적인 거짓된 사생에 불과하다. 여덟 글자로 충분한 시를 김수영은
"자코메티적 변모를 이루어" 6행으로 만들었다고 말한다. "폐허에 눈이
내린다"라는 비독창적 표현이, "눈이 온 눈이 온 뒤에도 또 내린다//생각
하고 난 뒤에도 또 내린다//응아 하고 운 뒤에도 또 내릴까//한꺼번에
생각하고 또 내린다//한 줄 건너 두 줄 건너 또 내릴까//폐허에 폐허에
눈이 내릴까"라는 독창적 스타일로 완성되었다며 김수영은 기뻐한다.
그것이 비록 "낡은 형(型)의 시"일지언정 최소한 "언어와 나 사이에는 한
치의 틈서리도 없"게 되었다며, 그는 「눈」을 완성한 기쁨을 아낌없이 드
러낸다. 김수영 스스로 이 시를 "낡은 형(型)의 시"라 고백했듯, 사실 이
6행의 시가 1966년 즈음의 그의 시와 다른 면모를 보인다 하더라도, 놀
랄 만큼 새로운 스타일을 보여주는 것은 아니다. 독자에게는 이 시를 완
성하고 "만세!"를 부르며 흥분하는 김수영이 의아할 수도 있다.[48] 그러므
로 이 장면에서 우리가 알게 되는 것은 결국 그가 새로 터득한 시작법의
핵심이 상대적 새로움이 아닌 절대적 독창성과 관련된다는 사실이다. 그
'독창성'을 판단하는 기준은 사생의 대상도 기존의 스타일도 아닌 시인

---

47 「시작노트6」(1966), 『전집 2』, 452쪽.

48 조강석은 「눈」의 "6행"이 비독창적인 진술로부터 독창적인 표현으로 옮겨가는 과정
을 상세히 분석하며 김수영 스스로의 판단에 적극 동의하고 있다. 조강석, 앞의 글,
382~383쪽.

자신의 의지와 믿음이다. 그것은 시작(詩作)의 방법보다도 어쩌면 시작(詩作)의 태도상의 문제인지 모른다. 즉 '독창성'은 그가 시종일관 강조해온 시인 자신의 '양심'을 통해 판별되는 것이다.[49] 그것은 형태상의 '낡음'과 '새로움'을 문제 삼는 단계를 넘어선 차원의 것이다.

김수영이 「시작노트6」에서 직접 언급하는 수전 손택의 표현을 빌리면, '낡음'과 '새로움'에 대한 판단은 "스타일"에 관한 판단이 아니라 "스타일화"에 관한 판단이라 할 수 있다. 손택은 '스타일=휘장'이라는 휘트먼의 은유가 결국 '스타일'을 '내용'과 분리 가능한 "덧붙이는 요소" 쯤으로 취급하도록 만들었다고 지적한다. 그는 "스타일이 곧 영혼"[50]이라는 콕토의 말을 인용하면서 '스타일=휘장'이라는 잘못된 관념을 전제로 논해지는 '스타일'은 엄밀히 말해 '스타일화'에 불과한 것이라고 말한다.

'스타일화'는 예술가가 작품 속에서 내용과 표현 방식, 주제와 형식을 그럴 필요가 없는데도 굳이 구분하려 드는 바로 그 순간에 나타난다. 그렇게 됐을 때, 혹은 스타일과 주제가 너무 제각각 두드러진 나머지 서로 반목 때, 우리는 주제가 특정 스타일로 다뤄졌다고 (혹은 잘못 다뤄졌다고) 말할 수 있다. 창조적으로 잘못 다룰 것, 오히려 이것이 규칙이라 하겠다. (…) 입체주의 회화나 자코메티의 조각은 ('스타일'과는 구분되는) '스타일화'의 사례에 들어가지 않는다. 인간의 얼굴과 몸을 아무리 심하게 일그러뜨렸다 해도 그것이 얼굴과 몸을 흥미로운 것으로 만들기 위해서가 아니었기 때문이다.[51]

49 이와 관련하여 다음의 언급을 참조할 수 있다. "시의 다양성이나 시의 변화나 시의 실험을 나는 두려워하지 않는다. 오히려 그것은 어디까지나 환영해야 할 일이다. 다만 그러한 실험이 동요나 방황으로 그쳐서는 아니 되며 그렇지 않기 위해서는 지성인으로서의 시인의 기저(基底)에 신념이 살아 있어야 한다." 「요동하는 포즈들」, 『전집 2』, 535쪽.
50 수전 손택, 「스타일에 대해」, 『해석에 반대한다』(이민아 옮김), 이후, 2002, 39쪽.

"예술이란 (…) 의지를 객관화하는 일"[52]이며 이때 스타일과 내용은 자연스럽게 한 몸이 될 수밖에 없다고 주장하는 손택에게 "창조적으로 잘못 다룬 것"으로서의 "스타일화"는 김수영식으로 말해 '사이비'이며 '포즈'일 뿐이다. 그것은 '차이'를 강조하며 "흥미"를 유발하는 것에 불과하기 때문이다. 손택은 자코메티를 언급하며 그의 일그러진 조각은 '스타일화'의 사례에 속하지 않는다고 말한다. 이같은 손택의 입장을 확인한다면, 김수영이 자코메티라는 매개를 통해 손택에게 어느 정도 공감했음을 짐작할 수 있다. 김수영은 손택과 더불어 '스타일'이라는 것을 창작의 기술로서 따로 떼어 생각하는 방식 자체를 비판한 것이다. 김수영은 「시작노트6」(1966)을 쓸 당시 1965년 『파르티잔 리뷰』에 실린 수전 손택의 「스타일론」을 직접 번역하고 있었다. 그는 "나는 이 시 노트를 처음에는 Susan Sontag의 「스타일론」을 초역한 아카데믹한 것을 쓰려고 했다."라고 썼다가 바로 "Sontag이 싫어졌다"라고 말한다. 이같은 간단한 언급으로는 손택을 경유한 김수영의 인식 변화를 엄밀히 파악할 수 없지만,[53] 그가 '스타일화'에 대한 손택의 비판에 대해서만큼은 충분히 공감했으리라 확신할 수 있다. 차이를 통해 단순한 흥미를 유발하는 방식은 김수영이 생각하는 '시의 레알리떼'와는 상극인 '시의 속물화'에 불과한 것이다. 1966년 경 김수영이 추구한 시작의 방법과 태도는 흡사 번역에

---

51 위의 책, 42~43쪽.

52 위의 책, 60쪽.

53 시작노트를 손택의 번역으로 대신하려 했다는 진술과 손택이 싫어졌다는 진술 사이에는 "그러나 Steven Marcus 의 '소설론'을 번역한 후 생각해 보니"라는 구절이 삽입되어 있다. 손택의 「스타일론」이 김수영에게 의미있게 다가온 지점과 그렇지 않은 지점이 무엇인지를 살피기 위해서는 마커스의 텍스트를 함께 검토해야 할 일이다. 한편, 손택의 「스타일론」은 '시를 쓴다는 것(형식)'과 '시를 논한다는 것(내용)' 사이의 관계를 통해 정립되는 김수영의 '온몸의 시론'(「시여, 침을 뱉어라」)과도 일정 정도 관련이 있는 듯하다. 이에 대해서는 별도의 논의를 요한다.

있어서 '자유'가 아닌 '충실성'을 추구하는 태도와도 같으며, 결국 언어
가 의미 재현의 도구가 아니듯 스타일도 내용 전달의 도구는 아니라는
인식 자체와 관련된다.

4. '침묵 한걸음 앞의 시' – 침묵을 번역하는 '성실한 시'

시에 있어서 '진실한 레알리떼'와 '독창적 스타일'이 무엇인가라는 질
문으로 요약되는 「시작노트6」의 복잡다단한 사유는 단순히 "자코메티적
발견"이라는 하나의 계기를 통해서만 포착되지 않는다. 기존의 연구가
살폈던 말라르메적인 것의 영향이나,[54] '연극하다 시로 전향'한 김수영식
구상(具象)의 특수성도 고려될 수 있다. 혹은 손택의 「스타일론」의 영향
도 면밀히 살필 수 있다. 그렇다면 김수영이 "자코메티적 변모"라고 명
명한 시작 방법 혹은 시작 태도와 관련하여, 이 글의 주된 관심인 '번역
체험'은 어떤 관련을 맺는 것일까. 그가 시와 번역의 관계를 직접 언급한
부분을 읽어보자.

한 언어 체계가 다른 언어 체계로 옮겨가면서 불가피한 손실이 발생할
때 번역자의 '자유'보다도 언어를 마주한 번역자의 '충실성'이 강조되어
야 한다는 것은 앞서 벤야민을 통해 살펴본 대로다. 완벽한 번역의 불가
능성을 언어의 가능성으로 돌파하는 번역의 과정, 그리고 (자코메티를 통
해 살폈듯) 재현불가능성을 독창적 스타일로 돌파하는 진실한 사생(寫生)
의 과정은 기본적으로 동일한 메카니즘을 공유한다. 여기서 재차 강조되

---

54 이미순에 따르면 김수영이 강조한 "자코메티적 발견", 즉 "지움으로써 새롭게 도달하
    는 실재, 언어와 밀착하게 되는 방법" 등은 블랑쇼의 말라르메론과 밀접한 관련을 지닌
    다. 이미순, 앞의 글 참조.

어야 할 것은 원텍스트를 번역자의 언어로 옮기는 번역 과정이나, 시인의 의도라는(손택식으로 말해 '세계에 대한 시인의 의지'라는) 원텍스트를 시인의 언어로 옮기는 시작(詩作) 과정에서, 번역자 혹은 시인은 절대적인 자유를 보장받는 존재일 수 없다는 점이다. 이 '시인-번역자'는 명료한 의미 재현이 전제된 상황에서 독창적 전달 방식을 고안하는 즐거운 '자유'를 누리는 자가 아니다. 그는 재현 불가능한 것을 필사적으로 재현해야 하는 '충실성'의 과제를 부여받은 자이다. 김수영의 시작에서 이 '충실성'은 아마도 "가장 진지한 시는 가장 큰 침묵으로 승화되는 시다"[55]라는 언급과 관련하여 해석되어야 할 것이다.

일단 「시작노트6」의 전체적인 구성을 살펴보자. "너무나 많은 상념이 한꺼번에 넘쳐나와 난처하다"는 그의 말처럼 다른 산문들보다도 특히 더 즉흥적이며 감정적으로 읽히는 이 텍스트는 논리적 흐름을 파악하기가 쉽지 않은 글인데, 「시작노트6」의 앞부분에서 김수영이 숙고하는 내용을 한마디로 요약하면 그것은 "불성실한 시"와 "성실한 시"의 구분이라 하겠다. 「시작노트6」이 시작 방법보다도 시작 태도와 관련하여 할 말이 많은 텍스트일 수 있다는 사실은 이와 같은 도입부를 통해서도 드러난다.

> 나는 또 자코메티에게로 돌아와 버렸다. 말라르메를 논하자. 독자를 무시하는 시. 말라르메도 독자를 무시하지 않았다-단지 그만이 독자였엇지 않느냐는 저 수많은 평론가들의 정석적인 이론에는 넌더리가 났다. 제기랄!-정말로 독자를 무시한 시가 있다. 콕토 류의 분명히 독자를 의식한 아르르캉의 시도-즉, 속물주의의 시도-독자를 무시하는 시가 될 수 있는 성공적인 경우가 있다. 그러나 정말 독자를 무시한 시는 불성실한 시일 것이다. 침묵 한걸음 앞의 시. 이것이 성실한 시일 것이다.[56]

---

55 「제정신을 갖고 사는 사람은 없는가」(1966.5), 『전집 2』, 186쪽.

자코메티의 한 구절을 변형시키고[57] 보부아르의『타인의 피』의 한 구
절을 인용하면서[58] 그가 도달한 결론은, "참된 창조"란 "타인의 눈을 즐
겁게 해주는" 것과 무관하게 자신에게 충실한 작품이라는 것이다. "참된
창조"와 관련해 김수영은 말라르메를 예로 든다. 벤야민이 인용했던 "불
후의 말은 여전히 침묵 속에 있다"[59]라는 말라르메의 말을 기억하는 우
리는 "타인의 눈"과 무관한 "참된 창조"가 결국 "침묵"의 영역에 속한다
고 짐작할 수 있다. 김수영이 보부아르와 말라르메를 무리하게 연결시킨
것은 결국 "나의 참뜻이 침묵"[60]이라는 자신의 입장을 강조하기 위한 것
이라 하겠다. 그러나 김수영은 동시에 "침묵"의 위험을 지적한다.

우선, 그는 "정말 독자를 무시한 시는 불성실한 시"라고, "말라르메도
독자를 무시하지 않았다"라고 쓰며 '침묵' 이상의 것을 시도한 말라르메
의 '성실함'을 말한다. 더불어 '침묵'이 "속물주의" 시인들에게 독자를 무
시한 채 (정확히 말해 독자를 의식한 채) "참된 창작"을 연기(演技)할 수 있는
기회가 될 수 있음을 경고한다. 결국 "독자를 무시한 시는 불성실한 시일
것이다"라는 문장의 의미는, 독자를 철저히 무시(無視)한 채 자기만의 침
묵에 빠진 시도, 독자의 판단력을 무시(輕視)한 채 '침묵'을 가장한 시도,

56 「시작노트6」(1966.2.20), 『전집 2』, 450쪽.
57 김수영은 "There is no hope of expressing my/vision of reality. Besides, if I
did,/It would be hideous something to/look away from"이라는 자코메티의 구절에
서 hideous를 ""보이지 않는다"라는 뜻으로 해석하여 to look away from을 빼버리고
생각해도 재미"있을 것이라고 말한다. 이러한 명제는 사이비 시인들에게 "보이지 않으
니까 진짜야"라는 식의 알리바이를 제공해줄 수 있다는 것이다. 김수영은 물론 이러한
사이비 시인들의 속물성과 말라르메 등이 보여준 "참된 창조"를 구분하고 있다.
58 김수영이 보부아르의『타인의 피』에서 가장 감격한 부분이라면 인용한 부분은 다음
과 같다. "요 몇 해 동안 마르셀은 생활을 위한, 타인의 눈을 즐겁게 해주는 그런 그림
을 그리는 일을 중지해 버렸다. 그는 참된 창조를 하고 싶어했다"
59 벤야민, 앞의 글, 134쪽에서 재인용.
60 「시작노트6」, 『전집 2』, 451쪽.

"참된 창조"는 아니라는 말이다. 결국 그에게 "참된 창조"이자 "성실한 시"는 "침묵 한걸음 앞의 시"이다. 그것은 말할 수 없는 것을 말하는 시도와 관련되며, 그것을 지속할 수 있는 의지와도 관련된다. 김수영이 생각하는 "시의 레알리떼"는 이처럼 말할 수 없는 것을 말해야 하는 것과 관련되며, 특정한 의미의 재현을 전제한 채 이런 저런 '스타일화'를 고안하는 '자유'와는 무관하다. 「시작노트6」의 말미에서 김수영이 재차 보부아르를 인용하며 말하는 "상이(相異)하고자 하는 작업과 심로(心勞)가 싫증이 났을 때, 동일하게 되고자 하는 정신(挺身)", 이것이 그가 생각하는 시인의 과제다. 자코메티를 통해 그가 얻은 것을 단지 '독창적 레알리떼'를 위한 '상이한 관점(vision)'과 '상이한 스타일'이라는 방법상의 새로움으로 이해한다면, 이 구절의 의미가 제대로 밝혀질 수 없다. 나아가 김수영의 후기 시작 태도를 완전히 오해하게 된다. 김수영은 시작에 있어 '독창성'을 최종심급에 놓지 않았으며 그것이 일부러 추구돼야 할 것이라고 생각하지도 않았다. 김수영에게 문제는 오로지 "큰 침묵"을 완성해가는 "침묵 한걸음 앞의 시"로서의 "참된 창조"였다. "침묵"으로부터 "불후의 말"(말라르메)을 끄집어내어 그것을 성실히 번역해낼 때 '독창적 스타일'은 저절로 얻어지는 것이라 그는 생각한 듯하다.

그렇다면 이제 기존의 연구가 별로 관심을 두지 않은 장면을 읽으며, "자코메티적 변모"와 "시의 레알리떼의 변모" 사이에서 그의 실제 '번역 체험'이 어떤 작용을 하는지 살펴보기로 하자.

① 나는 이 시 노트를 처음에는 Susan Sontag의 「스타일론」을 초역한 아카데믹한 것을 쓰려고 했다. 그러고는 쓰지 않으려고 했다. 다시 Sontag을 초역(抄譯)하려고 했다. 그러나 Steven Marcus의 「소설론」을 번역한 후 생각해 보니 Sontag이 싫어졌다. 게다가 잊어버렸다. Sontag의 「스타일론」은 한마디로 말한다면 Style is the soul이다. Mary McCarthy는 이를

Style-non style이라 말하고 있다. 나는 번역에 지나치게 열중해있다. 내 시의 비밀은 내 번역을 보면 안다. 내 시가 번역 냄새가 나는 스타일이라고 말하지 말라. 비밀은 그런 천박한 것은 아니다. (…) 그리고 내가 참말로 꾀하고 있는 것은 침묵이다. 이 침묵을 지키기 위해서라면 어떤 희생을 치러도 좋다. (…) 그러나 그대는 근시안이므로 나의 참뜻이 침묵임을 모른다.[61]

② 엘리엇이 시인은 2개 국어를 쓰지 말아야 한다고 말한 것을. 나는 지금 이 노트를 쓰는 한편, 이상(李箱)의 일본어로 된 시 「애야哀夜」를 번역하고 있다. 그는 2개 국어로 시를 썼다. 엘리엇처럼 조금 쓴 것이 아니라 많이 썼다. 이것을 어떻게 생각해야 할 것인가. 내가 불만스럽게 생각하는 것은 이상이 일본적 서정을 일본어로 쓰고 조선적 서정을 조선어로 썼다는 것이다. 그는 그 반대로 해야 했을 것이다. 그는 그렇게 할 수 있었을 것이다. 그러함으로써 더욱 철저한 역설을 이행할 수 있었을 것이다. 내가 일본어를 사용하는 것은 다르다. 나는 일본어를 사용하고 있는 것이 아니라 망령(妄靈)을 사용하고 있는 것이다. 아무도 사용하지 않는 것에는 동정이 간다-그것도있다. 순수의 흉내-그것도 있다. 한국어가 잠시 싫증이 났다-그것도 있다. 일본어로 쓰는 편이 편리하다-그것도 있다. 쓰면서 발견할 수 있는 새로운 현상의 즐거움, 이를테면 옛날 일영사전을 뒤져야 한다-그것도 있다. 그러한 변모의 발견을 통해서 시의 레알리테의 변모를 자성(自省)하고 확인하다(자코메티적 발견)-그것도 있다. 그러나 가장 새로운 집념은 상이하게 되는 것이 아니라 동일하게 되는 것이다.[62]

김수영이 자신의 글에서 '번역'에 대해 논하는 방식은 크게 두 가지이다. 하나는 부업으로서 번역 작업의 어려움을 이야기하는 방식이며, 또 하나는 자신의 독서목록을 공개하는 차원에서 번역 텍스트를 언급하는 형식이다. 이러한 점을 고려할 때 김수영의 '번역 작업'과 관련하여 「시작노트6」의 중요성이 커진다. 여기서 그는 다른 텍스트에서와는 달리 번역에 대한 내밀한 속내를 일정한 맥락 없이 돌발적으로 여러 번 드러내고 있기 때문이다. ①과 ②는 결정적인 구절을 인용해본 것이다. ①을 보자. 앞서 살폈듯 김수영이 발견한 "시의 레알리떼"는 단순히 다르게, 혹은 새롭게 보는 눈을 통해 충족되는 것이 아니다. 피사체에 밀착한 조각가(자코메티)를 전유해 그가 체득한 시의 과제는 독창적 스타일의 고안 이전에 어떤 불가능한 재현이라는 과제이다. 그 과제를 충족시키는 일은 자코메티의 조각이 기괴한 모습을 띠게 되었듯 시에 있어서는 "낡은 형(型)"의 스타일까지도 무릅쓰는 것이다. 그렇다면 "내 시가 번역 냄새가 나는 스타일이라고 말하지 말라. 비밀은 그런 천박한 것은 아니다"라는 구절의 의미는 무엇일까. "번역 냄새가 나는 스타일"은 의미 재현을 중시하는 글쓰기에서라면 의미 전달을 방해하는 불성실한 '진술'의 한 형태가 된다. 그러나 시의 영역에서라면 사정은 달라진다. "번역 냄새가 나는" 어색한 스타일은 낯선 형식, 손택의 구분법을 활용하면 새로운 '스타일화'의 사례로 인정될 수 있다. 그러나 김수영이 가장 경멸한 것은 바로 이처럼 생경한 형식 자체를 목적으로 삼는 '속물주의'의 시였다. 김수영의 주장대로라면 "번역 냄새가 나는 스타일"은 차라리 그가 비난해 마지 않았던 박인환이나 전봉건의 시가 보여준 양태에 가깝다. 그는 "비밀은 그런 천박한 것이 아니"라고 말한다. 일본어로 씌어진 시작노트에서 이처럼 두서없이 번역에 관한 속내를 꺼내는 장면은 굉장히 흥미로운데, 이는 김수영 시작의 비밀이 결국 '번역'의 과정 자체와 관련된다는 사실을 그가 은연중 인식하고 있었음을 시사한다.

②에서 김수영은 "2개 국어"로 시를 쓰는 시인 이상(李箱)에 대해 언급하며 이상의 시작과 자신의 시작을 구분하고 있다. 김수영은 이상이 일본적 서정을 일본어로, 조선적 서정을 조선어로 쓴 것을 불만스럽게 생

각한다. 반대로 작업하여 더욱 "철저한 역설"을 실천했어야 한다는 것이다. 김수영이 이해하기로, 이상이 일본적 서정을 일본어로, 조선적 서정을 조선어로 분리하여 썼다는 것은 그가 두 개의 언어로 두 개의 분리된 작업을 했다는 것을 의미할 뿐, 이상의 시작에 '번역불가능성'도 '번역가능성'도 개입될 여지가 없었음을 증명하는 것이라 하겠다. 김수영의 시작은 다르다. 앞서 지적했듯 그에게는 한국어로 시를 쓰는 작업 자체가 번역을 내포한 과정이었다. 어쩌면 그는 일본어로 사유하고 한국어로 표현했는지 모른다. 그러므로 그가 의도한 것과 그가 적은 것 사이에는 메울 수 없는 간극이 있었을 것이며, 그 간극 속에서 그는 자신의 언어가 단순히 의미 전달의 매체로 전락하거나 생경한 형태로 탈바꿈하는 것을 경계했을 것이다.

일본어로 시작노트를 작성한 김수영은 자신이 일본어라는 "망령"을 사용하면서 여러 가지 흥미와 편리와 즐거움을 느꼈다고 말한다.[63] 시를 쓰는 일이 아니라 시작노트를 쓰는 일, 즉 의미 전달을 목적으로 한 산문을 쓰는 일은 일본어라는 "망령"으로도 충분히 완성될 수 있는 것이다. 이같은 산문을 쓰는 김수영에게 일본어는 단지 의미 전달의 매체, 즉 죽은 언어일 뿐이다. 그런데 일본어로 착상한 것을 한국말로 번역해내는 김수영식 시작(詩作)에서라면 사정이 다르다. 아마도 김수영은 일본어라

---

63 강계숙은 「시작노트6」이 일본어로 씌어진 점에 주목하여 "그는 일영사전을 참조하면서 불현듯 깨달은 언어의 이민 과정을 "시의 레알리떼의 변모를 자성하고 확인하는", "자코메티적 발견"이라 칭하고 있는 것이다."라고 지적한 바 있다. 강계숙, 「1960년대 한국시에 나타난 윤리적 주체의 형상과 시적 이념-김수영, 김춘수, 신동엽의 시를 중심으로」, 연세대 박사학위논문, 2008. 178쪽. 한편, 강계숙은 「김수영은 시작노트를 왜 일본어로 썼을까?」(『현대시』, 2005. 8)에서 김수영의 「시작노트6」을 중심으로 그의 '이중언어' 문제를 이상(李箱)의 그것과 비교하며 세대론적 논의로 확장시켜 분석한 바 있다.

는 "망령"을 사용해 산문을 쓰다가, 이러한 산문 쓰기의 체험과는 다른 자기 시작의 비밀을 체득했는지 모른다. 일본어라는 '망령'이, 즉 의미 전달의 매체로서 생기를 읽은 언어가, 한국어와 함께 되살아나고 해방되는 자기 시작의 비밀을 말이다. 일본어로 쓴 산문에서 일본어는 '망령'일 뿐이지만, 한국어로 쓴 시에서 (일본어로부터의 번역을 통해 탄생한) 한국어는 '망령'이 아니다. 더불어 이때 원작으로서의 일본어도 '망령'으로 그치지 않고 사후적으로 재탄생한다. 그는 이 같은 사실을 확인하며 "시의 레알리떼의 변모를 자성(自省)하고 확인"하게 되었다고 적은 것이 아닐까. 김수영이 궁극적으로 주장한 "상이하게 되는 것이 아니라 동일하게 되는 것"으로서의 시의 비밀은 원작에 밀착하는 번역어, 그리고 침묵에 접근하는 언어와 관련된다. 결국 김수영 시의 비밀은 언어에 밀착하는 시인 자신의 "집념"으로 확장된다. 말할 수 없는 것을 말해야 하는 "집념" 말이다.

5. 결론을 대신하여

이 글은 김수영의 번역 체험이 그의 시작법과 언어관의 형성에 끼친 영향을 그의 산문을 통해 살피는 것을 목표로 삼았다. 시와 시평을 쓰는 틈틈이 생계를 위한 부업으로서 꾸준히 번역작업을 해온 김수영은 자신의 「시작노트」에서 "내 시의 비밀은 내 번역을 보면 안다"라고 말한 바 있다. 이 문장에 주목한 연구자들은 김수영의 번역 목록을 작성해보면 그로부터 김수영 문학의 기원을 찾는 데 많은 공을 들였다. 이때 연구자들은 그의 번역목록을 독서목록의 일부로 편입시켰고 번역 체험 자체에 큰 관심을 보이지는 않았다. 한 언어 체계로부터 다른 언어체계로 이동

하는 번역의 과정이 김수영의 시작 태도에 끼친 영향에 대해서는 별로
관심을 두지 않은 것이다. '번역불가능성'과 그것을 돌파하는 번역자의
'자유'보다는 '번역가능성'과 그것을 성취하는 번역자의 '충실성'을 강조
한 벤야민의 이론을 토대로, 이 글은 번역체험이 김수영의 시론에 끼친
영향을 탐색하였다. 이 과정에서 그가 「시작노트6」에서 말한 "시의 레알
리떼의 변모를 자성하고 확인"하는 일이 "자코메티적 발견"뿐 아니라 번
역체험 자체와 관련되는 양상을 살펴보았다. 기존의 연구들이 김수영의
번역체험을 독서체험 안으로 함몰시켜 그의 언어관과 문학관이 그가 읽
은 텍스트로부터 직접적인 영향을 받았음을 전제하였다면, 이 글은 독서
체험과 분리되는 번역 체험 자체에 주목하였다는 점에서 의의를 지닌다.
이러한 연구는 물론 김수영이 실제 번역에서 어떤 입장을 취했는지를
검토하는 일과 함께 진행되어야 할 것이며, 결국 그의 시작 태도가 실제
작품에서 어떻게 실천되고 있는지를 탐색하는 작업으로써 마무리되어야
할 것이다. 황현산은 김수영의 시가 어떤 관념을 표현하기 위해 사물들
을 동원하지 않는다고 말했다.[64] 이러한 지적을 토대로 김수영식 언어
운용방식을 번역 체험의 영향 속에서 살피는 일은 차후를 기약해야 할
것이다.

---

64 황현산, 「김수영의 현대성 또는 현재성」, 『창작과비평』, 2008 여름호, 183쪽.

'상상하는 모어'와 그 타자들

'김수영과 일본어'의 문제를 통해 본
전후세대의 언어인식과 언어해방의 불/가능성

한수영
연세대학교

1. 김수영의 해프닝이 야기하는 문제성

1966년에 김수영은 하나의 해프닝을 연출한다. 한 잡지[1]에 실릴 원고
를 모조리 일본어로 써서 건네주었기 때문이다. 그의 일본어 원고는 정
작 잡지가 출간되었을 때는 한글로 말끔히 번역되어 있었다. 그의 글이
애초 '일본어'로 씌어 있었다는 사실은 원고 끝에 달린 '편집자 주' 때문
에 알려졌다. 거기에는 "이 詩 노우트의 原文은 英字와 고딕(韓國語로 되
었음) 部分을 除外하고는 日本語로 씌어진 것인데 讀者의 便宜를 생각하
여 우리말로 옮겨 싣기로 했다"[2]고 적혀 있다. 아마도 '편집자 주'가 없었
더라면, 당시의 독자는 물론, 그로부터 수십 년이 지나 이 글을 하나의

1 　이 잡지는 『한국문학』이다. 한국 잡지사에는 두 개의 『한국문학』이 있다. 하나는
　1966년에 계간으로 창간된 『한국문학』(현암사 간)이고, 다른 하나는 1973년 창간된
　『한국문학』(한국문학사 간, 편집인 김동리, 주간 이근배)이다. 이 글에 등장하는 것은
　앞의 것이다. 현암사가 간행한 『한국문학』의 특징 중의 하나는, 다른 문학잡지처럼 편
　집위원을 두지 않고 '집필위원' 체제로 운영되었다는 점이다. '집필위원'은 일종의 '고
　정필자'의 개념이었고, 김수영은 그 '고정필자' 중의 한 사람이었다.
2 　김수영, 「시작노우트」, 『한국문학』, 현암사, 1966, 여름. 136쪽.

연구대상으로 삼고 있는 우리들도 까맣게 모르고 지나갔을 것이다. 그리고 본문에 간간이 등장하는 "내가 일본어로 쓰는 것은…"과 같은 구절의 정확한 의미와 맥락을 이해하지 못해 어리둥절했을 것이다. 편집자는 원고를 전부 일본어로 써서 건넨 김수영의 의도를 짧은 '편집자 주'로나마 살려주고 싶었는지도 모른다. 김수영 자신도, 원고를 건네면서 자신이 쓴 그대로 출간되리라고는 생각하지 않았을 가능성이 크다. 편집자주의 행간에 등장하는 '독자의 편의를 생각하여'라는 구절이, 일본어 원고를 한국어로 번역·게재하는 편집자들의 진짜 이유라고 생각할 사람은 많지 않을 것이다.

　일본어로 글 쓰는 행위는, 식민지 당시에도 한국인 작가에게 다양한 감정의 파장을 일으키는 민감한 일이었다.[3] 그것은 민족적 정체성과도 연결되고, 폭력적 식민주의 문화정책에 대한 협력과 저항 사이의 결단을 요구하는 일이기도 했다. 어떤 이유로 썼든, 식민지 시기의 일본어 글쓰기는 해방 이후 '부끄러운 행위'로 규정되었다. 그런데, 해방이 된 지 21년이 지난 시점에, 일본어로 원고를 써서 건넨 김수영의 이 행동을 어떻게 이해해야 좋을까.[4]

3　식민지시기 조선인 작가의 '일본어글쓰기'와 관련해서는 다양한 연구들이 있다. 대표적인 것으로, 정백수, 『한국근대의 식민지체험과 이중언어문학』(아세아문화사, 2000), 김윤식, 『일제말기 한국인 작가의 일본어 글쓰기론』(서울대출판부, 2003), 김재용, 『협력과 저항』(소명출판, 2004), 윤대석, 『식민지 국민문학론』(역락, 2006), 방민호, 『일제말기 한국문학의 담론과 텍스트』(예옥, 2011) 등이 있다. 방민호의 저작에 대한 서평이지만, 일제말 일본어쓰기의 문제를 기존 논의와는 다른 각도에서 볼 필요가 있음을 제안한 글로는, 필자의 「사상이냐 윤리냐: 일제말 문학을 인식하는 에피스테메」(서울대 인문학연구원편, 『인문논총』 66집, 2011)를 참조할 수 있다.

4　김수영과 일본어의 관계를 규명하기 위해 애쓴 연구들이 수 편 있다. 김승희, 「김수영의 시와 탈식민주의적 반언술」(『한국문학이론과 비평』 5집, 1999), 곽명숙, 「김수영의 시와 현대성의 탈식민적 경험」(『한국현대문학의 연구』 9, 2001), 서석배, 「단일 언어 사회를 향해」(동국대학교 한국문학연구소, 『한국문학연구』 29, 2005년 하반기),

김수영이 평소 보여주었던 일본어에 대한 태도와 관점을 재구성해 보면, 원고를 전부 일본어로 써서 잡지사에 넘긴 일은 그저 단순한 하나의 '해프닝'에 불과한 것이 아니라, 깊고 복잡한 연원(淵源)을 지닌 하나의 '사건'임을 알 수 있다. 그것도, 해방이 된 지 21년이 지난 시점(그리고 지금도 여전히 현재진행중인)에서, 한국어와 일본어의 관계를 근본적으로 다시 사유하게 만드는 사건으로서 말이다. 김수영과 일본어의 관계를 이해하고 재맥락화하는 것은, 전후세대의 이중언어적 정체성을 새롭게 이해하는 일인 동시에, 한국문학사 전체를 관통하는 이중언어적 상황, 나아가서는 다중언어적 상황을 재인식하는 출발점이 될 수 있다. 그리고 그 지점으로부터, 언어에 관한 속박의 양태, 해방의 가능성과 불가능성을 다시 가늠해 볼 수 있을 것이다.

김수영이 한국어와 일본어 사이를 진자운동(振子運動)하면서 시쓰기를 할 수밖에 없었던 언어적 · 문화사적 맥락들에 대해 다양한 접근이 이루어져 왔다. 서석배는 김수영을 중심으로, 전후세대의 이중언어자들의 언어 혼란 현상을 '단일언어 사회'를 향한 포스트식민 사회인 전후(戰後) 한국의 민족주의적 욕망을 통해 규명한 바 있다.[5] 배개화는, 김수영의 일본어쓰기가 "식민도 탈식민도 아닌 중간 지대에 놓인 자신의 주체성을 간신히 긍정"[6]하는 행위의 소산으로 규정하면서, 김수영의 '일본어'가

배개화, 「김수영 시에 나타난 '탈식민적 언어'의 양가성」(한국어교육학회, 『국어교육』, 2006) 및 「김수영 시에 나타난 양가적 의식」(우리말글학회, 『우리말글』 36, 2006), 강계숙, 「김수영은 왜 시작노트를 일본어로 썼을까?」(한국문연, 『현대시』, 2005.8) 및 「김수영 문학에서 '이중언어'의 문제와 '자코메티적 발견'의 중요성」(한국근대문학회, 『한국근대문학연구』 27, 2013.3), 그리고 장인수, 「전후 모더니스트들의 언어적 정체성」(국제어문학회, 『학술대회자료집』, 2011.5) 등이다. 김수영의 언어 인식을 이해하는 데 이 선행연구들로부터 환기 받은바 크다는 점을 밝혀둔다. 구체적인 논의와 인용은 필요한 경우 다시 언급하기로 한다.

5   서석배, 앞의 글.

'갈라진 혀'를 가진 이중언어세대의 '주체'에 대한 최소한의 자기확인의 과정이라고 보았다. 강계숙은 김수영과 일본어의 시적 관계를 분석하면서, "일본어로 사고하고 한국어로 번역되는 과정이 구체적으로 김수영의 시작(詩作)에 어떤 영향을 미쳤고, 어떠한 흔적을 시 내부에 남기고 있는지에 대한 실증적 해명"[7]이 이루어져야 함을 강조한 바 있다.

이제 한국 전후문학과 전후세대를 언급할 때, 더 이상 한국전쟁과 냉전(혹은 반공이데올로기), 또는 실존주의의 프레임으로만 접근할 것이 아니라, 그보다는 오히려 식민지 경험과의 연속성을 통해 고찰할 필요가 절실하다는 인식이 연구자들 사이에 확산되고 있는 현상은 매우 고무적인 일이다. 이러한 인식이 전후문학과 전후세대를 이해하는 필수적인 문제틀(problematic frame)의 지위를 확보하기에는 아직 좀 더 많은 시간이 필요하리라 생각되지만, 최근 연구동향의 변화는 반가운 일이 아닐 수 없다.

한국문학의 전후세대들은 대체로 1920~1935년 사이에 태어나, 식민지시기에 일본 제국주의의 교육을 받고 자랐으며, 한국전쟁을 전후(前後)로 문학 활동을 시작했다. 이들은 대부분 모어인 한국어를 표현하는 문자(=한글)보다 일본어로 읽기와 쓰기를 먼저 배운 탓에, 해방이 되고 나서야 한글쓰기와 읽기를 배운, 문해자(文解者, literacy)로서의 독특한 이력을 지니고 있다. 그리고 이제 이러한 사실은, 한국문학 연구자들에게는 하나의 상식으로 받아들여지고 있다. 필자를 포함하여, 2005~2006년 무렵부터 전후문학을 새로운 방법과 시각으로 접근하려고 애쓴 사람들 대부분이 이런 문학사 및 문화사적 공백들을 재구성하는 데 집중해

---

6 배개화, 「김수영 시에 나타난 양가적 의식」, 『우리말글』 36, 우리말글학회, 2006, 463쪽.
7 강계숙, 「김수영 문학에서 '이중언어'의 문제와 '자코메티적 발견'의 중요성」, 『한국근대문학연구』 27, 한국근대문학회, 2013.3, 184쪽.

왔으며, 그를 통해 한국 근현대문학의 사각지대(死角地帶) 혹은 맹점을 재조명하기 위한 전환점으로 삼고자 노력해왔다.[8]

　이 글의 시각과 방법론적 지평은 그 연장선 위에 놓여 있다. 이 글은 앞선 연구들의 문제의식과 성과를 이어받으면서, 김수영의 '일본어'를 '식민화된 주체'의 언어적 해방과 정치적 해방을 향한, 좀 더 적극적인 '가능성'의 매개로 읽어보고자 한다. 이를 위해, 이 글에서는 두 가지 문제를 집중적으로 논의하게 될 것이다. 첫째는, 일본어 및 이중언어자로서의 자기인식에 관한 김수영의 독특하고 개성적인 위치를 확인하는 일이다. 이중언어자로서의 자기정체성, 제국어와 식민지어 사이의 위계, 언어들의 길항과 해방의 가능성에 관해서 김수영은 전후세대에 속하는 어떤 다른 문인들에게서도 찾아보기 어려운 독특한 인식과 태도를 보여준다. 그런데, 김수영의 논리와 그의 사유의 위치를 확인하기 위해, 우선 이 문제를 고민한 다른 전후세대들의 인식과 논리를 살펴볼 필요가 있다. 그래야, 그가 놓여있는 위치의 선별성이 드러날 수 있기 때문이다. 따라서 이 글에서는 먼저 이중언어 문제를 둘러싼 전후세대들의 인식과 논리를 몇 개의 유형으로 나누어 살피고, 각 유형에 드러나는 사유

8　지면의 제한으로, 이 자리에서 연구동향 및 세목(細目)을 일일이 밝혀 적지 못하는 점에 대해 양해를 구한다. 이 글의 논지와 직접 연관되는 몇몇 글들에 대해서는 다시 본문에서 언급할 기회가 있을 것이다. 다만, 이 글이 어떤 문제의식과 논의지평의 연장선 위에 있는가를 확인하기 위해, 이 문제와 관련된 필자의 논의방향과 지평을 간략히 밝히기로 한다. 최근 수년간, 나는 전후문학과 전후세대에 관해 주로 세 가지 정도의 접근경로를 통해 논의를 진행해 왔다. 첫째는 전후세대의 이중언어자(bilingual)적 정체성, 둘째는 한국전쟁에 선행하는 경험으로서의 중일전쟁과 태평양전쟁의 기억(또는 관전사(貫戰史)적 관점=viewpoint of transwar), 그리고 세 번째로는 이 두 가지 모두를 내장한 '식민화된 주체colonized subject'라는 개념이 그것이다. 이에 대한 그간의 연구와 논의를 정리하여 펴낸 책이 앞에서 언급한 『전후문학을 다시 읽는다 - 이중언어·관전사·식민화된 주체의 관점에서 본 전후세대 및 전후문학의 재해석』(소명출판, 2015)이다.

의 기저(基底)와 전제들을 살펴보고자 한다. 이것이 이 글의 두 번째 검
토 내용이다. 이 과정을 통해 전후세대 문인들의 언어적 자기정체성과
모어관(母語觀), 이중언어 문제의 전치(轉置, displacement) 등이 함께 확
인될 것이다. 시인 김수영에게 '일본어'란 과연 무엇이었는가. 이것이 일
본어로 원고를 써서 건넨 김수영의 해프닝의 표인(表因)과 근인(根因)을
탐사하기 위한 첫 출발점이자 우리의 근본적인 질문이다.

2. 전후세대의 이중언어 인식과 논리구조

2.1. 모어 순혈주의와 윤리적 자의식

언어적 정체성에 관한 전후세대의 고백이나 회고에서 가장 먼저 우리
의 눈길을 끄는 것은 일종의 '고해'의 형식을 통해 속죄의식을 드러내는
경우다. 요컨대, 식민 지배를 받고 일본어에 오염된 '불순한 한국인'이라
는 죄의식이다. 소설가 이호철(1932~)이 한 에세이에서 토로하는 다음과
같은 고백은 이런 의식의 가장 전형적인 형태를 보여준다.

> 작년(1972년-인용자) 늦가을 필자는 난생 처음 일본에 갔다가 묘한 당
> 혹감에 사로잡힌 일이 있다. 교오또(京都)에서 나라(奈良)로 가는 길의 산
> 이름이라든지 명소(名所) 이름들이 적지 않이 귀익은 이름들이 아닌가. 요
> 시노야마(吉野山)니, 구스노기(楠木)부자(父子)니, 요도가와(淀川)니 하는
> 이름이 그것이었다. 식민지시대에 배운, 근 30년 전의 일제 교육 잔재가
> 저 어느 깊은 곳에서부터 가만가만 되살아오는 것이고, 그것이 적지않이
> 당혹감을 불러 일으키던 것이다. 그야 기억이 나는 것을 어쩔 수는 없다.
> 그러나 이것이 그냥 소설 같은 것을 통해서만 익숙해진 것이라면 모르지만
> 이 경우는 문제가 다르다. 필자에게 있어 기억이 되살아온다는 것은 바로

필자 속에 아직도 둥우리를 틀고 있는 집요한 일제(日帝), 그것이 아닐 수 없다.

　이때 필자는 비로소 새삼 생각했던 것이다. 우리 세대로서 국민학교 교육을 받고 중학교 교육을 받고, 일본말을 능숙하게 구사할 수 있다는 그 사실부터가, 이미 그렇지 못한 사람들에 비해서 순수한 한국인의 자격으로서는 결격(缺格)이라는 사실의 냉정한 확인이었다. 다시 말하면, **우리 세대로서 그 당시 국민학교도 못다니는 사람들보다 국민학교 중학교를 다닌 편이 근본적으로는 이미 잘못 오염되어 있는 점이 있으리라는 것이다.** 어느 끝까지 천착해 들어가면 틀림없이 그렇다. 좀더 구체적인 예를 들어 **그 무렵 국민학교도 없는 산간 벽촌에서 초동(樵童)으로 농사꾼으로 뻗어간 사람들편이, 일제의 식민지 교육을 받으면서 자라온 우리들보다 순종 한국인**이 아니겠느냐는 점이다. 일본말을 잘 알고 잘 한다는 일이, 결코 조금도 자랑이 될 수는 없는 것이다. (밑줄 강조-인용자)[9]

　전후세대에 속하면서도 이중언어자로서의 고통을 일체 말하지 않는 작가나 시인도 넓은 의미에서는 이호철과 같은 속죄의식에 시달렸기 때문이라고 해석할 수 있다. 창씨명이 히라야마 야키치(平山八吉)였던 시인 신동엽도 이 범주에 해당한다고 본다. 그는 부여공립심상소학교의 우등생으로 조선학생으로는 유일하게 일본견학단에 선발되어 15일간 관서와 관동지방을 여행하고 돌아왔으며, 졸업할 때는 표창장인 '선장장(選奬狀)'을 받았다.[10] 그의 시에서 이미지의 원형으로 종종 등장하는, 때묻지 않은 원시의 순결함은, 이호철의 표현을 빌리자면 '이미 오염된 한국인'으로서, 그에 관한 속죄의식 혹은 이중언어자라는 언어적 정체성에 대한 자기부정의 계기에서 비롯되었을 가능성이 높다.

9　이호철, 「우리 세대」, 『작가수첩』, 진문출판사, 1977, 11~12쪽.

10　김응교, 「히라야마 야키치, 신동엽과 회상의 시학」, 『민족문학사연구』 30, 민족문학사학회, 2006 참조.

윤리적 속죄의식의 유형을 확장해 보면, 일본어로부터 한국어로의 '코드스위칭' 과정에서 겪는 학습의 '고통'을 민족(주의)적 '당위'로 전환시키는 대다수의 전후세대들이 이에 해당된다는 사실을 알 수 있다. 다시 말하면, 언어적 전환을 감당해야 하는 개별 주체의 '고통'과 '혼란'을, 해방된 조국의 '모어로 글쓰기'의 세계로 진입하기 위한 일종의 '통과의례'로 받아들이는 태도다. 이런 태도에 함몰되어 있는 동안에는, 언어 전환 과정에서 나타나는 '고통'과 '혼란'이 '모어로 글쓰기'에 재투사되거나 반영되는 현상에 대해 주목하기 어려우며, 그럴 경우의 '모어로 글쓰기'란 과연 무엇인가에 대해 질문하기 어렵게 된다. '모어'는 선재적인 것이고, '모어로 글쓰기' 또한 그와 연동된 선재적 경험세계이기 때문이다.

위의 인용문에는 두 개의 서로 다른 계열체들이 대립되는 구조로 되어 있다. 즉 '식민지 피교육자=일어 문해자=지식인=오염된 한국인'과 '식민지 무학자(無學者)=일어 문맹자=초동과 농사꾼=순종 한국인'이 그것이다. 일본 여행 도중, 자신도 모르게 식민지 역사교육의 잔재가 되살아나는 당혹스러움, 그 끈질긴 기억의 관성에 대한 뼈아픈 자성(自省)은 동정과 연민을 일으킨다. 그러나 '오염/순종'의 대립구도에는 민족과 윤리를 결합시키는 반성의 휘장을 걷어내면, 그 이분법의 단순성 때문에 오히려 복잡하고 다소 위험하기까지 한 문제점들이 잠복해 있다. '순종 한국인'은 과연 누구인가? 문맹(文盲) 상태의 초동과 농민이라면 글을 아는 그 밖의 '모든 한국인'은 '비순종 한국인'인가? 문맹 상태의 초동과 농민이 경험적 실재일 수는 있으나, 그들에게 '순종'의 계관을 씌우고, 작가 스스로를 '오염된 한국인'으로 분류하는 것은, 관념조작이며 동시에 스스로를 기만하는 것이기도 하다. 왜냐하면, '초동'과 '무식꾼 농민'이 경험적 실재의 위치를 벗어나 '순종 한국인'으로 범주화되는 순간, 하나의 '표상'이 되어버리기 때문이다. '표상'은 표상의 대상에 대해 균질화

된 동일성을 상상함으로써만 가능해진다. 동시에, 표상이 그것이 가리
키는 바의 실재로 환원될 수 있는지, 혹은 환원된다면 표상과 실재는 일
치하는지에 관해 어떤 기준도 마련할 수가 없다. 수십 년이 지나서도 일
본 식민지 교육의 잔재로부터 자유롭지 못한 자신에 대한 혹독한 자기비
판으로서의 '수사(修辭)'로 출발했지만, '순종/오염'의 대립구도는, 예기
치 않게 수많은 '순종'의 '타자'들을 만들어낸다. 그런 논법이라면, 이미
이루어진 모든 '한국문화'는 '오염된 문화'일 수밖에 없으니, 거기에는
중국문화의 자취와 일본문화의 흔적, 그리고 서구문화의 영향이 분리불
가능할 정도로 습합되어 있기 때문이다.

'순종'의 내포는 과연 어떻게 채워질 수 있을까. 그것은 문자의 세계에
대응하는 구술의 세계를 가리키는가? 어떤 외부 문명과도 접촉한 적 없
는 원시 상태의 한국인을 가리키는가? 그렇게 관념으로 형성된 '순종'은
과연 한국문학과 한국문화에 어떻게 개입하거나 기여할 수 있을 것인
가?[11] 이호철을 비롯한 많은 전후세대 문인들은, 자신을 구성하고 있는
'일본어'로부터 벗어나 다시 '모어'인 '한국어'의 세계로 서둘러 귀환하고
자 애썼다. 이호철이 에세이에서 밝힌, 오염된 한국인이라는 '부끄러움'
은, '모어'인 '한국어'로의 복귀 욕망을 더욱 강하게 추동하는 동력이 된
다. 그러나 그 귀환지인 '모어 한국어'는 과연 어떤 언어인가에 대한 고
민은, 욕망의 강도(强度)만큼 크지 않다. 그들이 귀환하고자 하는 '모어

---

11 전후세대는 아니지만, 김동리는 등단직후인 1930년대 후반부터 평생토록 '조선적인
것'을 탐구했다는 점에서, '순종 한국인'의 논리구조와 연결된다. 그의 논리는, 일본뿐
아니라 한국문화에 개입한 중국, 한자와 한문, 불교 등 모든 외래문화를 제거하고 남은
'어떤 것'이 '조선적인 것'이라는 산법(算法)에 근거한 것이었고, 그 귀결점이 '샤먼'과
'샤머니즘'이었다. 이에 대한 자세한 논의는 필자의 「김동리와 조선적인 것-일제말 김
동리 문학사상의 형성구조와 성격에 대하여」(한국근대문학회편, 『근대문학연구』 21,
2010)를 참조하기 바람.

한국어'는, 일본어를 제거하고 나면 자동적으로 구성되는 언어가 아닌 까닭이다. 따라서 자괴감과 자성(自省)은 발본적으로 검토될 기회를 봉쇄당하고, 식민주의와 언어의 관계에 관한 질문은, 민족주의가 불러일으킨 감정이나 정서의 등가물(즉, 부끄러움)에 의해 수면 아래로 가라앉거나 봉인된다.

2.2. 이중언어 문제의 전치(轉置)로서의 일산(日産) 한자어와 토착어

전후세대 평론가 유종호(1935~)는, 이호철을 비롯한 많은 전후세대 문인들이 암묵적으로 동의한 '일본어사용=부끄러운 일=오염된 한국인'이라는 등식의 관념성을 벗겨내고자 애쓴다. 그는 이중언어자인 전후세대가 복귀할 '모어'로서의 '한국어'가 무엇인지를 질문하고, 나아가서 그 '한국어'는 '(근대) 문학언어'로서 어떤 가능성을 지닌 언어인가를 묻는 것으로 '모어 순혈주의'의 논리적 난관을 뚫고 나가고자 애쓴다.

그는, 이호철의 글에 등장하는 '순종 한국인'이 구사하는 '순종 한국어'를 '토착어'로 범주화하고, 그 '토착어'로 구성되는 세계의 딜레마에 좀 더 분석적으로 다가선다. 이중언어 문제와 연관지었을 때 유종호의 언어의식이 가장 도드라진 글은 그의 초기비평 「토착어의 인간상」이라고 할 수 있다. 「토착어의 인간상」에서, 그가 제시하는 근대 한국문학이 봉착해 있는 딜레마는 다음과 같이 정리할 수 있다. 우리말은 토착어(요즘의 용어로는 고유어 혹은 토박이말)와 한자어로 구성되어 있다. 한자어 중 상당수는 오래도록 우리 겨레가 사용해옴으로써, 거의 토착어화된 것도 상당수 있다. 일상생활이나 의사소통에서 토착어와 한자어가 혼용되는 것은 아무 문제가 없다. 그러나 언어예술인 문학은 예술적 형상화가 핵심인데, 이럴 경우 한자어는 형상화에 심각한 어려움을 발생시킨다. 왜냐하면, 우리말의 한자어는 대부분 일본인들이 서구어에서 번역하거나 술어로 만들어 낸 것을 그대로 수입해 온 것인데, 이 서구어의 번역어로서의 한자어는 서구인의 생활감정이나 서구의 정신사를 배경으로 가지고 있는 까닭에 우리에게 정서적 연상대(聯想帶)를 만들어내지 못하기 때문이다. 그는, 근대문학의 많은 시와 소설들이 관념(이데)으로 일관하거나 비시(非詩)로 전락한 것은 바로 이 일산(日産) 한자어 때문이며, 이것은 작가 개인의 한계가 아니라 우리말의 근본 성격에서 기인한 것이라고 본다.

그렇다면 근대에 수입된 일산(日産) 한자어의 이러한 난맥상은 토착어를 구사함으로써 해결될 수 있는가? 그러나 토착어로 이루어진 문학은 '절반의 성공'에 불과한 것인데, 그 까닭은, '토착어'가 '한자어'에 비해 '정서적 연상대' 즉 '감각적 형상화'에는 성공할 수 있지만, '토착어'가 연상시키는 '인간'과 '삶'은 '근대'가 아니라 오로지 '전근대'에 고착되고 말기 때문이다. 요컨대, 유종호가 발견한 '모어'는 이호철의 '모어'처럼 순혈지향의 윤리적 귀착점으로서가 아니라, '근대문학'을 구성하기에는 심각한 '결여태(缺如態)'로서였다.

근대문학은 근대의 언어로 근대인의 근대적 삶을 형상화한 것이어야 한다. 이 당위적 명제는 한국의 근대문학에 대입하는 순간, 일종의 모순명제로 변하고 만다. 근대의 언어라는 외피를 입는 순간, 한국의 근대문학은 '형상화'에 미달하며, 문학이 '형상화'를 성취하는 순간, 그것은 더 이상 근대인의 근대적 삶을 그리지 못하게 되기 때문이다. 「토착어의 인간상」에서 제시된 최종의 딜레마는, 한국인의 삶이 더 이상 '전근대적 형태'가 지배적인 국면이 아닌 쪽으로 변화하고 있다는 사실이다. 따라서 감각적 형상화를 통해 문학이 언어예술의 완미한 경지를 보여주려면, '토착어'를 통해서만 가능한 일인데, 정작 그렇게 형상화된 '한국인'과 그들의 '삶'은 '전근대'라는 시공간으로부터 벗어나지 못하는 '모순'이 발

생하고 만다. 그래서 그는 "손쉬운 토착어의 조직과 세련은, 결국 토착
어의 전근대적 인간상의 형상에만 안주하게 될 위험성이 많으며, 그렇게
함으로써 현대 한국의 진면목을 일실(逸失)하고 일면적인 한국만을 고집
하는 보수에의 길로만 일편단심 걸어가게 될 위험성이 있다"[12]고 경고한
다. 그는 "우리 문학의 새로운 가능성은 토착어의 자리를 대치하여 가고
있는 생경한 언어군을 어떻게 예술적으로 형상해 가느냐는 점에서 찾지
않으면 안될 것"[13]이라고, 마지막으로 문학사의 과제를 던진다.

그는 '일본어' 대신 '일산 한자어'를 문제삼는데, 이중언어 문제를 '일
산 수입 한자어'로 문제틀을 옮겨 설정한 것[14]은 전후 한국 사회나 한국

---

12   유종호, 「토착어의 인간상」, 『비순수의 선언』, 신구문화사, 1962, 179쪽.
13   유종호, 앞의 글, 같은 쪽. 이 모순명제가 해결되는 돌파구는, 형식논리상 '근대의
     언어'가 '형상화'를 성취하는 데까지 성숙하거나 발전하는 길 이외에는 없다. 그러나
     '근대의 언어'가 '형상화'와 행복한 조화를 이루는 수준, 혹은 지점이 문학의 어떤 질량
     의 조건을 충족해야 가능한지에 대해서는 구체적인 언급이 없다. 그 이후에 비평가
     유종호가 제시한 시 언어의 지향은 사실상 점점 '토착어의 세계'로 수렴되는 듯한 양상
     을 보여 주었다. 그래서 그가 구성하는 한국 시문학사의 구도 속에는, 정지용을 필두로
     백석, 김소월을 거쳐, 동년배의 신경림에 이르기까지, 토착어에 매개된 '모국어'의 시
     적 성취가 단연 앞자리를 차지한다. 그리고 '모국어'의 세례를 제대로 받지 못한 임화
     나 이상, 김수영과 같은, 유종호의 분류법에 의하자면 '근대어주의자'들의 시는 '모국
     어의 속살'과 성공적으로 결합되지 못함으로써 비평가 유종호의 감식안에 의해서는 평
     가절하된다.
14   한국어 안에서의 일산 한자어에 관한 구도는, 해방 직후 김기림의 문제의식을 이어받
     은 측면이 있다. 해방 직후의 김기림은 누구보다도 열성적으로 해방된 한국 사회의
     '언어'를 둘러싼 난맥상을 해결하기 위해 고심했다. 유종호가 「토착어의 인간상」을 비
     롯한 초기비평에서 구획한 '토착어/수입한자어'의 구도에 비하면, 김기림이 해방 직후
     언어를 둘러싼 난맥상의 진단과 처방은 훨씬 섬세하고 풍요롭다. 그의 언어 문제에
     관한 인식에서 가장 주목할 만한 것은 '문자운동'과 '언어운동'을 구분하는 논리이며,
     한자어 문제의 해결에 대한 전망이 대단히 낙관적이란 점을 들 수 있다. 해방 직후
     그의 언어문제에 관한 논의가 집대성되어 있는 『문장론신강』은 오늘날의 시각에서 읽
     어도 조금도 낡은 느낌이 없을 정도로 짚고 넘어가야 할 사안들에 대해 치밀한 논의를
     전개한다. 그러나 김기림도 '일상대중'이라는 모호하고 추상적인 '한국어의 주체'를 상

문학이 직면해 있는, 언어상황의 심각성을 감당하기에는 미흡한 지점이 있다. '전후세대'를 중심에 놓고 생각하자면, 우선 '토착어/수입한자어'의 구도는, '이중언어(자)'의 본질과는 다소 거리가 동떨어진 것이다. 그런 까닭에, 전후 한국문학에 내재해 있는 언어 문제의 핵심을 '한국어/일본어'라는 구도, 혹은 '제국언어/식민지언어'라는 구도의 역사적이고 중층적인 맥락에서 구조화하지 못하고, '토착어/수입한자어'로 대체하여 그 '질곡'을 읽어낼 수밖에 없었던 셈이다.

이 논리의 가장 중요한 결락은, '토착어(=전통)/일산 한자어(=근대(서구))'라는 구조화 과정에 은폐되거나 삭제되어버리는 '일본/일본어'의 문제에서 발생한다. 나중에 다시 논의될 부분이지만, 전후세대의 '모어로 글쓰기' 과정에서 가장 그들을 괴롭힌 것은, 일산 한자어가 '한국인'의 토착적인 삶과 정서를 드러내지 못하고 오로지 근대(서구)적 정서를 환기할 뿐이라는 사실이 아니었다. 그들을 가장 곤혹스럽게 만든 것은, 창작 과정에서 머릿속에 먼저 떠오르는 일본어 어휘나 통사구조였고, 그 어휘를 다시 '모어' 안에서 대체할 '번역어'를 찾아야 했고, 통사구조를 한국어에 맞게 해체/재구성하는 '번역'의 과정을 거쳐야 만하는 현실이었다.

정한다. 그의 논리를 극단적으로 추상화하면, '일상대중이 무리없이 사용하는 언어와 문자라면 무엇이든 상관없다'로 요약된다. '일상대중은 누구인가?'라는 질문 앞에, 이 논리는 문득 무력해진다. 대개 이 문제는 '이중언어' 자체의 문제를 근원적으로 검토하는 방식이 아니라, 거의 예외 없이 '한글전용 논란'에 결부되었었다. 그리고 '한글전용과 한자', 혹은 '한글전용과 한자어'라는 문제틀은 이중언어가 지닌 문제의 본질을 가리거나 사안의 핵심을 돌아보지 못하게 만들었다. 해방 직후 김기림의 언어인식에 관한 가장 최근의 논의는 이재은, 「해방 후 한글전용론의 주체, 방법, 범위의 문제─조선어학회의 '우리말 도로 찾기 운동'과 김기림의 우리말 논의를 중심으로」(『상허학보』 41, 2014)을 들 수 있다. 이재은은 김기림을 '한글전용'(최현배)의 맥락 안에서 다루고 있어, 그 문제를 이중언어 문제의 '전치(轉置)'로 보고자 하는 필자의 관점과는 조금 다르다는 점을 밝혀둔다.

유종호는 이호철의 '순종 한국인'을 '전근대인'으로 바꾸어 묘사한다. 즉, 어떤 언어를 구사하는 주체인가에 따라 이호철에게는 '순종'과 '오염'의 이분법이 가능했다면, 유종호에게는 '전통(전근대)'과 '근대'의 이분법이 만들어지는 셈이다. 그는 "전근대적 인간상이란 구체적으로 어떠한 사람들을 가리키는 것일까? 일언이폐지(一言以蔽之)하면 촌뜨기다. 즉 근대 국가가 베풀어주는 의무 교육의 혜택도 못받고 '아니미즘'이나 '샤마니즘'의 세계상을 가지고 있다. 무지몽매하여 소박한 생활감정을 가지고 있을 뿐 생활의식이라고 할 만한 것도 가지고 있지 않다. 그들의 생활은 무지와 빈곤과 궁상과 청승으로 일관되어 있다"[15]고 '순종 한국인'과 결별한다. 그러나 '토착어'와는 단호히 결별하지 못한다. 그 언어는 여전히 한국문학의 강력한 정서적 환기 능력을 지니고 있지만, 그 대척점에 서 있는 '일산 한자어'는 그렇지 못하기 때문이다. 전후문학과 전후세대가 당면한 '언어와 문학'의 질곡을, 이 딜레마적 구도로는 근본적으로 헤쳐 나가기 어렵다. '모어'를 '순종(=순혈)'과 결부짓지 않고 '전통(전근대)'과 결부짓는 것만 차이가 날뿐, 식민주의와 언어가 내장하고 있는 문제의 본질을 비껴가거나, 혹은 다른 문제설정방식으로 치환하는 점에서는 같은 궤적을 그리고 있기 때문이다. 가장 중요한 문제는, '실재하는 한국어'를 어떻게 인식할 것인가의 문제이다. '모어'를 '순종'과 연결하든, '전근대'와 연결하든, '실재 한국어'는 그 과정에서 소외된다. '실재 한국어'야말로 '오염'되어 있거나 '불순'하고, '근대와 전근대'가 뒤섞인 채 다중적인 '카오스'로 존재하는 까닭이다.

---

15 유종호, 앞의 글, 177~178쪽.

2.3. 전후세대의 인정투쟁과 오도된 보편성

유종호에게 버릴 수도 껴안을 수도 없는 딜레마를 제공한 '일산(日産) 한자어=근대어'의 문제는, 전후세대의 대표적인 소설가 중 하나인 장용학에게 전혀 다른 지평에서 그 딜레마가 해소된다. 장용학은, 당시로서는 대단히 파격적으로 '민족주의'를 부정하고 '국민주의'를 주장하는데, 그의 민족주의 부정은 한글전용 부정과 맞짝을 이룬다.

> 민족은 개인이나 인류를 배척하는 개념으로 그 閉鎖的이고 排他的인 점에 있어서 휴머니즘과 대립된다. 민족주의는 민족적이 아닌 것은 일체 배격하려 들며 민족의 발전을 위해서는 인류의 행복이나 개인의 존엄성, 자유, 創意性 같은 것은 무시해도 좋다는 권리를 갖고 있다. 그러한 민족의 神이 예술의 神일 수 없고 문학 특히 소설은 휴머니즘이다. 그래서 민족주의문학으로서의 민족문학은 그럴 때 純粹文學이라는 옷을 갈아입고 나온다. 그들의 이른바 純粹란 '土着性'이란 딴 이름에 지나지 않았고 거기서는 外來的인 것이 不純物이 되지만 그 외래도 新來에 한한다. 그들은 오늘의 신래가 내일에는 舊來가 되는 날이 있다는 것을 외면하려고 한다.(중략) 민족문학은 닫힌 세계의 문학이지만, 국민문학은 열린 세계의 그것이다. '民族'에는 神이 있지만, '國民'에는 神이 없다. (중략) 우리 문학에 있어서 최고의 德은 순수가 아니라 豊富여야 하고 發展이어야 한다. 한국 소설의 무엇보다도 斷點은 그것이 貧弱하다는 데에 있다. 풍부는 異質에서 생긴다. 우리 한국 문학에는 이질적인 것, 異端的인 것이 流入되어야 하겠다. 민족정서가 안 보여질 만큼 混亂해져야 하겠다. 민족정서는 언제나 어떠한 혼란보다도 크다. 그것은 대지이기 때문이다. 변질되어도 그것은 우리의 大地이다.[16]

---

16 장용학, 「국민문학을 위해서」, 『장용학전집』 6, 국학자료원, 2002, 131~132쪽. 전집에는 한자를 전부 괄호 안에 병기하는 방식으로 처리했으나, 장용학의 평소 소신을 존중한다는 점에서 직접 노출시켰다. 이 글은 1965년의 글이지만, 등단 이후 지속된

장용학에게는 '한글전용주의-(해방 이후의)민족주의-순수문학론-전통론'이 하나의 계열체를 이루고 있어서, 하나가 부정되면 나머지도 동시에 부정된다. 이 각각은 전부 '민족주의'와 일정한 연관을 맺고 있지만, 모두가 민족주의로 환원되지는 않는다는 점에서, 장용학이 견지했던 이러한 논리적 계열화는 다소의 과도함을 면하기 어렵다. 그는 민족주의를 곧 전통회귀론과 같은 개념으로 이해했고, 소설에서의 한글전용을 근대소설을 다시 근대 이전의 '이야기' 수준으로 끌어내리려는 시도로 받아들였기 때문이다.

'민족(주의)문학'은 배타적이지만 '국민문학'은 이질적인 것의 다양한 포섭에 기초한다는 그의 논리는 납득하기 힘들다. '민족'이 상상에 의해 구축되는 공동체라면, '국민'은 제도의 강제를 통해 형성되기 때문이다. 그것은 이질적인 것의 자발적 동화(同化)라기보다는, 푸로크루테스의 침대처럼, 비국민적인 것을 제거하는 과정을 통해 형성된다. 그런 점에서 '포섭/배제'의 논리가 작동하는 것은 둘 다 마찬가지다. 더구나, 국민문학론을 한자혼용론으로 연계하는 것은 논리적 비약이다.

이러한 논리적 허술함을 무릅쓰고 완고하게 한자에 고착하는 장용학의 사유의 핵심을 이해하려면, 그의 주장의 표면만을 살펴서는 어렵다. 그의 한글부정 논리에는 '(한글로 된) 한국어'와 '(한자로 된)한국어'라는 구별과 위계가 숨어 있다. 그리고 같은 한국어이긴 해도, 전자는 '형용사의 한국어'이고 후자는 '개념어(명사)로서의 한국어'이다. 그리고 문장의 주어, 나아가서 문명의 주어는 당연히 개념어이다.[17]

그가 '한자'에 그토록 집착했던 것은 '문자' 자체로서의 '한자'가 아니

그의 언어관 내지는 문학관이라고 판단하여 논의의 근거로 삼는다.

17 장용학, 「形容詞의 나라 韓國」, 앞의 책, 91쪽.

라, 19세기 말 이후, 일본이 번역하거나 번안한 '근대어'로서의 '한자'였
다. 전후세대의 언어적 정체성에 비추어 볼 때, 이러한 추론만이 장용학
의 '한자 고착증'을 제대로 설명할 수 있다. 그러나 그는 '한자'로 표상되
는 '번역된 근대'에서 '번역'의 부분을 지우고 '근대'의 부분만을 남겨둔
채, (한글로 된)한국어를 부정하고, (한자로 된)한국어만이 진정한 '한국어'
임을 역설하는 것이다. '한자'라는 문자 자체에 한정되면, 장용학의 논리
가 지닌 이러한 자기기만과 '한글 부정'을 파악하기가 힘들다. 또한 이것
은 장용학 개인의 논리적 오류일 수도 없다. 그 나름으로는, '식민주의
이후'에 전개된 '단일 언어'지향에 대한 저항이었던 셈이고, 또한 자기세
대의 언어적 정체성에 대한 '속죄의식'이 아니라 일종의 '인정투쟁'이었
던 것이라고 할 수 있다. 아울러, 인용문에 등장하는 '이질과 혼란'에 관
한 언급은 처음으로 식민화된 주체가 자기의식으로부터 소외되지 않은
상태의 자신을 보여주는 장면이기도 하다.

　그런데, 장용학은 유종호의 '토착어'가 밟아나간 도정(道程)과는 반대
의 방향으로 걸어감으로써, '토착어'가 야기한 '소외'를 다시 반복한다.
유종호의 경우, '토착어'는 '모어=한국어'의 시민권을 얻은 '언어'이지만,
'일산 한자어'는 비록 '한국어'에 틈입되었어도, 아직 '시민권(=예술적 형
상화의 기능)'을 획득하지 못한, 이질적인 '언어'로 분류된다. 이 이분법은
'상상하는 모어'로서의 '한국어'가 전제되어야 성립가능하다. 이 이분법
의 구조 안에서는, '실재 한국어'가 '상상하는 모어로서의 한국어'로부터
소외당한다. 동시에, 이중언어자인 '식민화된 주체'도 소외를 겪는다. 장
용학은, 유종호와는 반대로, '토착어'에 기반한 '상상하는 모어'를 '특수
자'로 처리하고, 자신의 언어(=일산 한자어)는 보편주의에 안착시킨다. 이
구도 안에서 이중언어자인 '식민화된 타자'는 다시 소외된다. 장용학의
대응논리는 이렇게 전개되어야 옳았다. 즉, '상상하는 모어로서의 한국

어'가 '실재 한국어'가 아님을, 그 사이에 존재하는 '차이'와 '거리'가 '식민화된 주체'와 같은 무수한 '타자'들을 양산하는 것임을 지적했어야 했다. 그러나 장용학은 서둘러 보편주의의 미망에 자신을 의탁해버린다.

위의 글에서 또 하나 관심을 끄는 구절은 '민족에겐 신이 있지만 국민에겐 없다'는 구절이다. 그에게 '신'은 절대적인 화두다. 그에게 '신'이란 여러 가지 다양한 의미로 사용되는데, 좁게는 '규범'이나 '사회질서' 정도의 차원에서, '도덕'이나 '윤리' 혹은 '문명'과 같은 인류학적 개념으로, 그리고 마침내는 '신/인간'으로 나누어지는 종교적 차원의 '신'으로 확장되기도 한다. '민족의 신'이란 물론 비유이고 수사적 표현이기는 하지만, 지금 열거한 그 어느 것중의 하나에 해당하는 의미로 쓰고 있음은 틀림없다. 민족에 '신'이 있다면 과연 국민에는 '신'이 없을까. '민족에는 신이 있고 국민에는 없다'는 이 과감한 선언에서, 우리는 다시 '식민화된 주체'로서의 장용학의 자기부정을 목도하게 된다. '식민화된 주체'에게 발생하는 균열과 혼란은 근본적으로 이 두 개가 하나의 주체를 각기 '호명'함으로써 생겨나기 때문이다. 그 '호명'하는 이데올로기적 주체를 만약 장용학의 용법으로 '신'이라 부른다면, 그 '신'은 '민족'에게만 있는 것이 아니라 '국민'에게도 있다. 다시 문제의 본질로 돌아가자면, 장용학은 '민족'과 '국민' 사이에 존재하는 자기(自己)에 대해 질문을 던졌어야 옳았을 것이다. 전자를 부정하고 후자만을 선택적으로 인정하는 데서 그의 착종이 일어난다. 그러나 이것은 장용학 개인의 오류이거나 잘못이라고 보기 어렵다. 전후세대 작가는 대체로 이러한 자기의식으로부터의 소외에서 자유롭지 못하다.

요컨대, 장용학은 '자기의식'의 고갱이에 가닿으려다가, 다시 그것으로부터 비껴나거나 미끄러진다. 그 점에서 손창섭과 닮아있기도 하지만, 둘은 엄연히 다르다. 다른 한편으로는 김수영과 비슷한 지점을 형성하면서도 둘은 또 구분된다. 장용학이 '상상하는 모어'에 저항하고, '식민화된 주체'로서의 인정투쟁을 벌이다가 잘못 잡은 방향 탓에 미로를 헤매는 그 지점에서, 김수영은 자기만의 방식으로 이 문제와 씨름하며 다른 출구를 모색하고 있었다.

3. 김수영과 일본어, 혹은 언어해방의 불/가능성

앞 절에서 살펴 본 전후세대의 이중언어 인식과는 물론이고, 여타 전후세대 문인들이 일본어에 대해 취하는 태도와 김수영의 그것은 처음부터 사뭇 달랐다. 무엇보다도 그는 '실재 한국어'가 안고 있는 딜레마로서의 현상, 즉 일본어로부터의 영향관계에 대해, 은폐하거나 삭제하려는 시도를 하기보다는 오히려 다소 과장된 방식으로 그 점을 노출시킨다. 우선, 김수영은 시와 산문에서 일본어 어휘를 그대로 노출시키는 일이 다른 전후세대 문인들에 비해 월등히 많았다는 사실에서 그 점을 확인할 수 있다.

> …… 대구의 문학청년들이 이것을 보면 서울에 와서 〈와이로〉를 쓰고 칭찬을 받았다고……[18]
> …… 요즈음 통 잡지가 팔리지 않는다고 하면서 이것이 〈나츠가레〉가 원인이 되고 있기도……[19]

---

[18] 『김수영전집 2-산문』, 민음사, 2003(개정판), 55쪽. 2003년에 나온 『개정판 김수영전집』은 한자를 한글로, 당대의 표기를 현대표기로 옮겨놓는 편집원칙을 고수해서, 언어 문제를 검토하는 이 글의 취지와 어긋나는 경우가 더러 있다. 그러므로 개정판의 글을 인용하는 것을 원칙으로 하고, 필요한 경우에 초판, 또는 게재지의 1차 텍스트를 인용하기로 한다. 단, 시의 경우는 발표 당시의 원형을 유지한 초판본 『김수영전집 1』에서 인용하기로 한다. 이하 『전집』으로 줄여 표기한다.

······ 그만큼 그 줄거리의 〈야마〉에 매료된 모양이었다.[20]
······ 내 시는 〈인찌끼〉다. 이 「후란넬 저고리」는 특히 〈인찌끼〉다.[21]

일본어 어휘를 그대로 노출시키는 것은 조심성이 없거나, 언어 관성의 탓이라고 볼 수도 있다. 그러나 일본어에 대한 그의 논리와 태도를 연결 지어 유추하면 이건 의도적인 것이라 봐야 한다. 무엇보다도, 이 일본어 어휘들은 당시의 한국인의 일상 언어 가운데서 거기에 대응하는 한국어 어휘들, 예컨대 '뇌물(와이로)', '여름철 비수기(나츠가레)', '절정(야마)', '사기 또는 속임수(인찌끼)'에 비해 여전히 더 왕성하게 사용되고 있던 어휘들이라고 보는 게 정황에 어울린다. 이런 어휘들의 거리낌 없는 노출은 김수영 특유의 윤리적 염결성과 연결된다. 이를테면 그 윤리적 염결성은-때로는 '위악적(僞惡的)'인 형태로 과장되기도 하는데- 일상에서 일본어 어휘를 쓰면서도, 글을 쓸 때는 '한국어의 순수성'이라는 당위 때문에 자기검열을 거쳐 삭제해야 하는 이중성 내지는 자기기만에 대한, 김수영 특유의 '어깃장' 혹은 도발로 나타난다. 단지 일본어 어휘를 자주 쓰는 정도에 그치는 것이 아니라, 그는 시론과 시평, 에세이를 쓸 때 일본 문단 동향이나 일본 문인의 영향, 일본 서적과 잡지 등을, 다른 전후세대 작가들에 견준다면 거의 거리낌 없다고 해도 좋을 정도로 자주 언급한다. 그의 시와 시론에는, 다카미 준(高見順), 홋타 요시에(堀田善衛), 곤도 아즈마(近藤東), 요시야 노부코(吉屋信子), 기타조노 카츠에(北園克衛), 미기시 세츠코(三岸節子), 미요시 다츠지(三好達治), 니시와키 준자부로(西脇順三郎), 아베 토모지(阿部知二), 안자이 후유에(安西冬衛)

---

19 『전집 2』, 119쪽.
20 『전집 2』, 175쪽.
21 『전집 2』, 435쪽.

등, 19세기말부터 20세기 전반기에 걸쳐 활동한 다양한 면면들이 등장한다. 식민지 시기는 물론이고, 전후의 어떤 문인의 글에도 이처럼 당당하고 빈번하게 자신이 읽고 영향받은 일본 문인의 글과 서적을 밝혀 적은 경우를 확인하기는 어렵지 않을까. 특히, 전후의 상황에서는 더욱 그럴 것이다.

김수영은 선린상업 시절부터 발군의 영어실력을 나타낸 바 있으며,[22] 전문학교 영어강사 및 통역사 경력도 지니고 있었다. 또한 1950~60년대에 영문 번역으로 생계를 꾸려나가기도 했다. 60년대 말의 어느 시에서 그는 "日本말보다도 빨리 英語를 읽을 수 있게 된"[23] 자신에 대해 묘사한다. 그런 까닭에 그는 다른 전후세대 문인들에 비해 영어 서적과 잡지를 통한 서구의 문학예술 동향과 정보, 이론 등에 훨씬 용이하게 접근할 수 있었지만, 그럼에도 일본어 서적으로부터 확보하는 지식과 정보의 양은 여전히 절대적이었다. 하물며, 영어에 능통하지 못한 여타의 전후세대 문인들에게 있어 일본어와 일본어 서적에의 의존도는 다시 말할 필요조차 없을 것이다. 이런 실제의 상황을 은폐하거나 가리고, 일본어와 전혀 상관없이 글쓰기가 가능한 것처럼 위장하는 자기기만에 대해, 김수영은 견디기 힘들어 했다. 그런 점에서, 아래의 글은 김수영을 지배했던 일종의 '이중구속(double binding)'[24] 상황에 관한 상징적 묘사라고

---

22 김수영의 뛰어난 영어 실력에 관해서는, 최하림의 『개정판 김수영평전』(실천문학사, 2001) 여기저기에 실린 동창생과 친구들의 증언 및 부인 김현경 여사의 에세이 『김수영의 연인』(책읽는오두막, 2013) 등에 의해 확인할 수 있다. 김수영의 영어 번역에 관해서는 박지영, 「김수영문학과 번역」(민족문학사학회, 『민족문학사연구』 39, 2009)를 참조.

23 김수영, 「거짓말의 여운 속에서」(1967), 『전집 1-시』, 민음사, 1981, 274쪽.

24 정신분열증 환자의 정신분석을 위해 '이중구속(Double Bind)'이론을 만들어냈던 그레고리 베이트슨(Gregory Bateson)은, 분열증 환자가 증세로부터 놓여나기 위해서는 '이중구속' 상태를 만들어내는 '상황' 자체에 대해 질문을 던질 수 있어야 한다고 말했

할 수 있다.

> 노먼 메일러의 「마지막 밤」이라는 소설(…중략…) 아직 번역을 못하고 있
> 다. 미국의 대통령을 정면으로 공박한 얘기라 〈반미적 운운〉에 걸릴까 보
> 아서가 아니라 이 소설의 텍스트가 없고, 일본 잡지에 번역된 것을 가지고
> 있어, 그것이 뜨악해서 번역을 못하고 있다. **원본이면 된다. 일본말 번역은**
> **좀 떳떳하지 못하다**—이것이야말로 사대주의라면 사대주의일 것이다. 이
> 사대주의의 〈벽〉을 뚫는 의미에서도 굳이 일본말 텍스트로 「마지막 밤」을
> 번역해 보고 싶다.[25] (밑줄강조—인용자)

짧은 대목이지만 주의 깊게 읽으면 김수영의 언어관의 실체가 함축되
어 있음을 발견할 수 있다. 우선, 밑줄로 강조된 부분은 김수영의 생각이
라기보다는, '뜨악함'의 이유인 동시에, 당시의 일본어와 영어 사이에 형
성된 '위계(位階)'를 드러내는 전후 한국 사회의 허위의식을 나타낸다. 영
어 소설 「마지막 밤」의 번역을 망설이게 만드는 이유는, 그것이 '이중번

다. '이중구속'의 상태란, '이럴 수도 저럴 수도 없는 상태 속에서 주체가 타자에 대해,
그리고 자기 자신에 대해 명확한 지점을 확보할 수 없는 경우'를 말하는데, 그 출구는
'상태' 자체를 질문해야 확보된다는 것이다. 김수영을 비롯한 전후세대 작가들이 봉착
하고 있던 상황을 이 '이중구속'과 연결 짓는다면 이러한 모순적 상황을 그려볼 수 있
을 것이다. 즉, 해방 전은 물론, 해방 후에도 전후세대를 비롯한 많은 사람들이 일본어
서적을 읽고, '일본어'를 통해 많은 지식과 정보를 구득할 수밖에 없다.(상황①). 그러
나 한편으로는 '일본어'와 관련된 그러한 문화적 상황을 결코 정당하고 공개적으로 인
정하거나 회고할 수 없는 사회문화적 상황이 존재한다.(상황②). '주체'는 상황①과 상
황② 사이를 끊임없이 진자운동한다. 이 '진자운동'이 '주체'에게 구속인 동시에 피로
를 야기시키지만, '주체'는 결코 두 상황 중 어느 것도 선택할 수 없다. '이중구속'이론
에 관해서는 그레고리 베이트슨, 『마음의 생태학』, 박대식 옮김, 책세상, 2006을 참
조. 특히 제3부 '관계의 형태와 병리'를 참조. 박지동이 옮긴 『정신과 자연』에도 '이중
구속이론'에 관한 논문이 보론의 형태로 5편이 실려 있다. 그레고리 베이트슨, 『정신과
자연』, 까치, 1990 참조.
25 김수영, 「벽」, 『전집 2』, 민음사, 1981, 113쪽.

역'이라는 사실 때문이 아니다. '일본어'라는 사실 때문이다. 김수영은 영어와 일본어 사이에 형성된 이 '위계'를 '사대주의'라고 규정한다. 김수영이 보기에 그것은 단순히 '영어'에 대한 언어 사대주의가 아니라, 자신과 한국 사회의 문화사, 그리고 현존(現存)을 은폐하는 자기기만으로 다가왔다.

1950~60년대는, 새로운 지식과 정보에 대한 폭발적 수요로 인해 번역붐이 일던 때였다. 지식의 원천어(源泉語)가 일본어로부터 영어로 바뀌기는 했지만, 그것은 상징적 지위의 변화였을 뿐이다. 영어를 비롯한 서구어 전공자의 숫자가 매우 적었을 뿐 아니라, 번역 작업은 외국어 독해 능력 외에도 한국어에 대한 감각이 갖추어져야 가능한 것이어서, 당시 번역은 거의 대부분 일본어 텍스트를 통한 이중번역으로 이루어졌으며, 일본어에 능통할 뿐 아니라 문장에 대한 감각이 뛰어난 전후세대 문인들이 대거 번역에 종사하고 있었다.[26] 사정이 이러함에도, 영어는 떳떳한 외국어지만, 일본어는 '부끄러운 말'로 규정되는 현실, 존재하면서도 존재하지 않는 것처럼 '삭제'된 일본어. 그 '가짜 금기'에 대한 도발로 김수영은 "이 사대주의의 〈벽〉을 뚫는 의미에서도 굳이 일본말 텍스트로 「마지막 밤」을 번역해 보고 싶다"는 역설적 욕망을 피력했던 것이다. 실제로는 창작과 비평 행위의 가장 중요한 참조처(參照處)이면서도 항상 '삭제'해버림으로써 '가짜 금기'와의 타협의 제물이 되어버리는 '일본어' 현상을 김수영은 견디기 힘들었다. 그가 왜 자신의 글에 일부러 일본어 어

---

26 1950~60년대의 번역, 특히 영어와 일본어 중역 과정에 대해서는 박지영, 「1950년대 번역가의 의식과 문화정치적 위치」(『상허학보』 30, 상허학회, 2010)를 참조. 한편, 전후세대 문인 중의 한 사람인 김윤성(金潤成)은 일본어로부터의 중역(重譯)은 1970년대까지도 출판계의 대종을 이루고 있었으며, 특히 전집류와 사전류는 절대적이었다고 회고한다. 국립예술자료원 구술사 아카이브 '김윤성편' 참조. http://www.daarts. or.kr/gusool-artist

휘들을 노출시킨 것인지, 그 이유도 이를 통해 미루어 짐작할 수 있다.

서두에 밝힌 것처럼, 잡지사에 원고를 통째 일본어로 써서 넘긴 일이 단순한 하나의 '기행(奇行)'이나 '해프닝'이 아닌 이유는, 문제의 그 글 속에 내장되어 있다.

> 그대는 기껏 내가 日本語로 쓰는 것을 誹謗할 것이다. 親日派라고, 저어널리즘의 敵이라고. 얼마 전에 小山いと子(고야마 이도꼬)가 왔을 때도 韓國의 雜誌는 忌避했다. 與黨의 雜誌는 野黨과 學生데모의 記憶이 두려워서, 野黨은 野黨의 大義名分을 지키기 위해서. 이리하여 排日은 完璧이다. 군소리는 집어치우자. 내가 日本語를 쓰는 것은 그러한 教訓的 名分도 있기는 하다. 그대의 誹謗을 招來하기 위해서이기도 하다. 그러나 人氣 때문만은 아니다. 어때, 그대의 機先을 制하지 않았는가. 이제 그대는 日本語는 못 쓸 것이다. 내 다음에 使用하는 셈이 되니까. 그러나 그대에게 多少의 機會를 남겨 주기 위해 일부러 나는 서투른 日本語를 쓰는 정도로 그쳐 두자. 하여튼 나는 解放後 二十年만에 비로소 飜譯의 手苦를 덜은 文章을 쓸 수 있었다. 讀者여, 나의 休息을 용서하라.[27]

「시작 노우트」를 쓴 1966년과 그 전 해인 1965년은, 이른바 '한·일국교정상화'파동으로 국내의 반일여론이 들끓고 있던 때였음을 떠올릴 필요가 있다. '排日은 完璧이다'는 일종의 반어법이다. 그는 한국 사회를 뒤덮고 있는 '가짜 금기'와 '허구로 이루어진 완벽 배일'에 경종을 울리기 위해 일부러 원고를 일본어로 작성했던 것이다. '교훈적 명분'이란, 그 '허구의 완벽' 혹은 '텅 빈 충만'이 거짓임을 깨닫도록 만들기 위한 고육

---

27 김수영, 「시작노우트」, 『한국문학』, 현암사, 1966, 여름, 134쪽. 원문대로 한자를 직접 노출했음을 밝힌다. 밑줄강조한 '일본어로 쓰는 것'은 여러 의미가 함축되어 있다. ①「시작노우트」를 일본어로 쓴 것, ②일기 및 다른 글들에 일본어를 쓴 것, ③일본어에 관한 김수영의 태도와 시각 등으로 해석할 수 있다.

책으로 선택된 것이다. 김수영은 미리 자신에게 쏟아질 비난들, 예컨대 '친일파'나 '저널리즘의 적'이라는 비방을 이미 각오하고 있을 뿐만 아니라, 그런 비난을 불러일으키기 위해 일부러 일본어로 썼음을 밝힌다. 그리고 20여 년만에 비로소 '번역의 수고를 덜은 문장을 쓸 수 있었다'고, 그것은 '휴식'이라고 고백한다. 다소의 과장이 섞여 있기는 하지만, 실제로 시 창작과정은 동시에 '번역의 과정'이기도 했음은, 전후세대의 여러 고백이 입증하고 있다. 전후세대 시인인 전봉건은 이 '번역'으로서의 시 쓰기를 이렇게 묘사한다.

> 앞에서도 얘기했습니다만, 처음에는 일본어로 글을 쓰기 시작했습니다. 그러다가 해방이 되자 나는 나의 모국어로 글을 쓰지 않으면 안 되었습니다. 그렇지만 나의 국어 실력은 겨우 '가갸거겨'를 간신히 판독할 정도여서, 예컨대 '나는 당신에게로 간다'는 글을 이해하자면 '나, 는, 당, 신, 에, 게, 로, 간, 다.' 이렇게 한 자 한 자씩 조심스럽게 띄어 읽고 나서야 겨우 그 전체의 의미를 종합적으로 판독할 수 있는 형편이었습니다. (중략) 다행히 나의 창작 의욕과 비례하여 국어 습득에 대한 열망이 불길처럼 일어난 덕택으로 어느 정도 국어에 대한 자신감을 얻을 수 있었습니다. 그러나 일본 책을 읽듯이 우리말을 유창하게 읽게는 되었으나 이번에는 뜻하지 않는 장벽이 또 앞을 가로막는 것이었습니다. 한 편의 시를 쓰기에 앞서 그것을 머릿속에서 구상할 때, 이렇게 쓰면 되겠다는 것은 알겠는데 이상하게 머릿속에서 이루어지는 구상은 일본어로 연락되고 조직되는 것입니다. 그것은 나의 모국어에 대한 실력이 그때까지만 해도 한 편의 시를 쓰기에는 역부족이었던 때문이죠. 때문에 **나는 한 편의 시를 쓰기 위해 일본어로 된 구문을 해체하고 그것을 다시 우리말로 재조직해야 하는 고통을 수없이 감내하지 않으면 안 되었습니다. 그것은 구문에 관계되는 것뿐만 아니라 언어가 갖는 의미의 해체와 재조직에 관한 문제도 마찬가지였습니다.** 이 시기는 우리말에 관한 일종의 자각과 훈련의 시기였는데 이러한 고통이나 비

극은 나와 동시대를 살았던 시인이나 소설가가 역사적으로 짊어졌던 공통적인 장벽이었으리라고 짐작됩니다.[28](밑줄강조-인용자)

김수영보다 7년이나 아래인 1928년생 전봉건이 이럴 정도이니, 그보다 훨씬 더 긴 시간 일본어에 노출되고 식민지 경험을 가졌던 김수영에게 있어서, 시작(詩作) 과정에 매개되는 '번역'으로 인한 번폐와 고통이 몇 배나 더 심했을 것이다. 그런데, 흥미로운 것은, 시쓰기 과정에 개입하는 이 '번역'의 절차에 관한 의미부여라고 할 수 있다. 전봉건, 또는 다른 전후세대 문인들과 김수영이 갈라지는 지점이 바로 이곳이다.

28　전봉건, 「나의 문학, 나의 시작법」, 『전봉건 대담시론』, 문학선, 2011, 252~253쪽. 대담의 원게재지는 『현대문학』(1983)이며, 대담자는 박정만이다. 밑줄친 인용문의 '번역으로서의 글쓰기'는 이중언어를 구사하는 '주체'의 형성과정과 그 결과를 '언어'를 매개로 검토할 때 매우 중요한 문제중의 하나이다. 기존의 포스트콜로니얼리즘에서도 이 '번역으로서의 글쓰기'에 바탕을 둔 연구가 없었던 것은 아니다. 그러나 대개의 경우, 그 연구의 최종심급은 '정치적 해방'의 여부에 결부지어졌다. '언어'는 기본적으로 감각과 지각의 표상으로부터 시작되는 것이어서, 그 인식과 수행의 과정 및 결과가 '정치적 지평'으로 수렴되지 않는 것은 아니지만, '정치적 지평'으로 모두 수렴되지 않는 '잉여'의 부분을 처리하기가 어려워진다. 다른 말로 하자면, 우리나라 전후세대의 경우, 작품을 구상할 때 머릿속에서 우선 '일본어'로 밑그림이 그려지는데(감각과 지각의 차원), 이것을 그대로 언어로 외화할 수 없기 때문에(정치적 제약), 재차 모어(한국어)의 문자체계로 바꾸는 작업을 거쳐야만 했다. 이 과정에서 정치적 지평의 당위(민족주의적 당위)와 감각 및 지각의 차원에서 일어나는 언어 수행작업은 서로 모순되고, 서로를 소외시킨다. 이럴 때, 우리의 결론은 항상 '정치적 지평'이 '감각/지각의 지평'보다 우선하는 것이었다. 그렇게 되면, 전후세대(또는 그 이전 세대의 이중언어 주체)들은 그들 자신의 언어적 상황 및 맥락을 은폐하거나 감추게 되고, '정치적 지평'안에서만 자신을 노출시킬 수밖에 없게 된다. 즉, 그 결과로 드러나는 '문학'의 본질(이중언어적 은폐나 부분적 노출이 진행된 사태의 핵심)이 감추어지고, 우리는 겉으로 드러난(즉 한글로 씌어졌다는) 최종적인 상태로만 확인하게 되므로, 전후문학의 본질이 언어와 어떤 관계를 맺는가를 정확하게 알 수 없게 된다. 그 과정을 면밀하게 고찰하지 않으면, 겉으로 드러난(한글로 씌어졌다는) 사실에 안주함으로써, 실제로 우리가 구가하고 누리는 '한글문학'의 본질이 어떤 과정과 맥락 하에서 구성된 것인가를 알 수 없게 된다.

전봉건에게 '일본어로 구상하기→구문과 단어의 해체(한국어로 번역하기)→한국어로 시쓰기'의 과정이 '서툰 모국어'와 '시쓰기의 장벽'으로 인과관계가 형성되고 있다면, 김수영은 그 과정을 모어의 자기동일성에 함몰되지 않는, 일종의 '외재성(outness)'[29]의 계기로 삼고 있다는 사실에 주목할 필요가 있다. 외재성(外在性)은 철학(존재론)의 중요한 범주의 하나다. 특히 동일자와 타자(他者)의 관계를 규명하는 레비나스(Levinas)에 의해 풍요로운 해석이 이루어졌다. 레비나스에게 '외재성'이란, 가장 소박한 차원에서 규정하자면, '나' 혹은 '주체'로 환원될 수 없고, '나' 혹은 '주체'가 개입할 수도 없는 절대적인 '외부'를 뜻한다. 그러나 김수영과 일본어의 관계를 의미화하기 위해서, 이 글에서는 존재론적 의미보다는 언어에 대한 '주체'의 '위치'나 '시선'의 외부성이란 의미로 이 개념을 쓰고자 한다.[30] 에드워드 사이드는 아랍어와 영어, 프랑스어를 원어민 수준으로 훌륭하게 구사할 수 있었지만, 평생토록 어떤 언어에서도 '모어'를 쓸 때의 편안함을 느낄 수가 없었다고 고백한다.

이 세 가지 언어는 열네 살 무렵부터 나에게 아주 민감한 문제가 되었다.(중략) 나는 그때부터 줄곧 언어의 순수한 매커니즘에 지나칠 만큼 매혹되었다. 무언가를 표현하고자 할 때 내 마음 속에는 세 가지 가능성이 떠오르고, 나는 그 세 가지 가능성 사이를 자동적으로 이동한다. 영어로 말하고

---

29 강영안, 『타인의 얼굴-레비나스의 철학』, 문학과지성사, 2005, 80~116쪽.

30 그런 이유로, 이 글에서의 '외재성'은 에드워드 사이드의 자서전 『Out of Place』로부터 환기받은 바가 크다. 이 책의 제목은, 팔레스타인에서 태어나 이스라엘의 건국을 전후한 열두 살 때 이집트의 카이로로 이주하고, 다시 10대 후반에 미국으로 건너가 그 곳에서 삶을 마감했던, 그 과정에서 평생을 어떤 '장소place'의 '내부in'에 자리 잡지 못하고 '바깥out'을 떠돌아야 했던, 그의 어정쩡한 정체성을 절묘하게 상징하고 있다. Edward W. Said, *Out of Place*, 김석희 옮김, 『에드워드 사이드 자서전』, 살림, 2001.

있을 때에도 내 귀에는 거기에 해당하는 아랍어나 프랑스어 문장이 들리고, 그것을 입 밖에 내는 경우도 많다. 아랍어로 말하고 있을 때에도 나는 거기에 해당하는 프랑스어와 영어를 찾아내어, 그것을 머리 위의 선반에 올려놓는 짐처럼 내 말 위에 비끄러맨다. 아랍어 위에 얹힌 영어나 프랑스어는 자력으로 행동할 수 없고 거치적거리는 장애물이다. 환갑이 넘은 이제야 나는 한 언어를 다른 언어로 번역하지 않고 이들 언어로 직접 말하거나 글을 쓸 수 있어서 마음이 편하지만, 그래도 결코 토박이만큼 유창하게 구사하지는 못한다. 교육과 추방 때문에 아랍어와 소원해졌던 나는 이제야 겨우 그 소외를 극복하고, 거기에서 즐거움을 얻을 수 있다.[31]

사이드는 우리의 전후세대와 마찬가지로, 다양한 언어 이민의 경험으로 인해, 한 언어를 말하는 순간, 다른 언어가 그 위에 겹쳐지는 '번역으로서의 말하기/글쓰기'의 경험을 가지고 있다. 그는 그러한 언어충돌을 '언어의 순수한 매커니즘'으로 받아들이고 매혹되었다고 고백한다. 그러나 '모어'인 아랍어를 중심에 놓고 보자면, 영어와 프랑스어는 '장애물'이었다고 회고한다. 결론적으로, 사이드에게 반복된 언어 이민의 경험으로 '모어-편안함'이 '상실'이나 '결여'로 각인되었다면, 김수영에게 있어서 그것은 '모어-자기동일성의 신화'에 함몰되지 않는 매우 적극적인 의미로 환치된다. 이 점이 '외재성', 즉 '모어로부터의 소외의 경험'에 기반해 자기언어를 인식한다는 점에서 공통성을 가짐에도 불구하고, 사이드와 김수영이 '외재성'에 부여하는 의미의 차이가 발생하는 지점이라고 볼 수 있다.

김수영이 일본어로 원고를 쓴 좀 더 곡진한 이유를 통해 이 사실을 확인해 보기로 하자.

---

31 Edward W. Said, 앞의 책, 327~328쪽.

그러나 생각이 난다. T.S. 엘리어트가 詩人은 二個 國語로 詩를 쓰지 말아야 한다고 말한 것을. 나는 지금 이 노우트를 쓰는 한편 李箱의 日本語로 된 詩〈哀夜〉를 飜譯하고 있다. 그는 二個 國語로 詩를 썼다. 엘리어트처럼 조금 쓴 것이 아니라 많이 썼다. 이것을 어떻게 생각해야 할 것인가. 내가 不滿스럽게 생각하는 것은 李箱이 日本的 抒情을 日本語로 쓰고 朝鮮的 抒情을 朝鮮語로 썼다는 것이다. 그는 그 反對로 해야 했을 것이다. 그는 그렇게 할 수 있었을 것이었다. 그러함으로써 더욱 徹底한 逆說을 履行할 수 있었을 것이었다. 내가 日本語를 使用하는 것은 다르다. 나는 日本語를 使用하고 있는 것이 아니라 妄靈을 使用하고 있는 것이다. 아무도 使用하지 않는 것에는 同情이 간다―그것도 있다. 純粹의 흉내―그것도 있다. 韓國語가 잠시 싫증 났다.―그것도 있다. 日本語로 쓰는 편이 便利하다―그것도 있다. 쓰면서 發見할 수 있는 새로운 現象의 즐거움, 이를테면 옛날 日英辭典을 뒤져야 한다―그것도 있다. 그러한 變貌의 發見을 通해서 詩的 레알리떼의 變貌를 自省하고 확인한다(쟈꼬메띠的發見)―그것도 있다. 그러나 가장 새로운 執念은 相異하게 되는 것이 아니라 同一하게 되는 것이다.[32]

김수영의 시론이나 시작노트는 때로 그의 시보다 더 난해할 때가 있다. 인용문을 이해하기 위해서는 한국어와 일본어 사이에 형성된 역사적, 문화정치적 콘텍스트를 이해해야만 한다. 김수영은 자신의 일본어관과 시작(詩作)을 설명하기 위해 이상의 일문시(日文詩) 쓰기를 대비시킨다. 이상의 일본어 시쓰기는 그가 『오감도』 연작을 독자의 항의 때문에 중단하면서 썼던 '중단의 변(辯)'에 함축되어 있다. 즉, 자신의 『오감도』를 비난하는 사람들을 향해, "왜 미쳤다고들 그러는지 대체 우리는 남보다 數十年씩 떨어져도 마음 놓고 지낼 作定이냐."[33]고 항의한다. 이상은, 조선의 시가 남들(일본 혹은 서구)에 비해 낙후되고 지체되어 있기 때문에,

---

32 김수영, 「시작노우트」, 앞의 책, 135~136쪽.
33 이상, 김주현 주해, 『이상문학전집 3 : 수필, 기타』, 소명출판, 2009, 219쪽.

'남과 같아지려는 욕망'의 표출로 『오감도』연작을 시도했던 것이다. 그리고 이 조선어로 된 시쓰기의 배후에는, 좀 더 근원적으로, '같아지고자 하는', '동일시의 욕망'으로서의 '일본어 시쓰기'가 드리워져 있다.

강계숙은, 이상의 일문시가 "일본어를 일본식으로 철저하게 사용하는 것, 즉 중심(제도)에서 중심(제도)를 실천하는 것, 그리고 그 싸움으로부터 조선어의 가능성을 확인하는"[34] 목적을 지니고 있었다고 본다. 그러한 싸움으로부터 확인되는 조선어의 가능성이란, 서정주가 시도했던 것과 같은 '제국어(일본어)의 주변어(한국어)의 주변어(전라도 방언)'로서의 특수성에 침착하는 방식과는 대조적인 것이다. 그것은, 겉으로 보기에는 사뭇 '다른 것'으로 보일는지 모르지만, '중심=제국=보편=현대'를 너무 철저히 의식한 나머지, '주변=방언(의 방언)=특수=전근대'의 방식으로 귀착됨으로써, 끝내 '제국/식민지'의 이분법을 극복할 수 없게 된다. 이상의 실험은, 서정주의 언어 실험과 대척점에 놓여 있는 것이라 할 수 있다. 그러나 김수영이 보기에, 이상의 그러한 시쓰기 실험 과정으로서의 '일문시'는, 국민언어가 표상하는 어떤 정서의 '실재'를 상정한다는 점, 즉 '일본어'는 '일본적인 것'으로 회귀하고, '조선어'는 '조선적인 것'을 각각 표상한다는 전제를 허물어뜨리지 않음으로써, '제국/식민지'의 이분법을 조금도 극복하지 못한다는 점에서는, 서정주의 경우와 다르지 않은 것이었다. 김수영의 불만은 바로 이 지점에서 비롯된다. '그 반대로 했어야 한다'는 건, 이상이 '조선어'와 '일본어'로 표상되는 어떤 서정의 실재에 함몰되는 방식이 아니라, 그것을 뒤섞고 혼란시킴으로써, 자국어로 회귀될 수 없으며, 타자의 언어로도 환원될 수 없는, 어떤 것을 지향했어야 한다는 뜻으로 해석할 수 있다.[35]

---

34 강계숙, 앞의 글, 100쪽.

요컨대, 김수영에게 '일본어'란 식민지 시기처럼 '제국어'인 동시에 '보편어'이고, '국가어'이며 '중심의 언어'로서, 식민지 주체에게 동경과 매혹의 대상이며, '동일시의 욕망'을 추동하는 '대타자'의 언어가 아니다. 머릿속에서 먼저 구상되는 일본어의 어휘와 구문들을, 다시 한국어로 옮기는 '번역'과정에서, 그는 일본어에 대응하는 한국어를 '애써 찾거나' 또는 '포기한다'. 어렵게 찾아낸 '대응어로서의 한국어'로 인해, 이번에는 애초에 구상된 일본어의 어휘가 해체되거나 변형된다. 그 과정에는 '일본어/한국어'뿐 아니라, '일본어/영어'도 개입한다. 시적 구상으로부터 최종 작품의 탄생 과정에는 '일본어/영어/한국어'가 각기 하나의 '국민언어'로 개입하지만, 그 과정의 습합과 상호침투로 인해, "변모의 발견을 통해서 시의 레알리떼의 변모를 자성하고 확인"하게 된다.

그러므로 김수영은 일본어를 '떳떳하게' 쓸 수 있었다. 다른 전후세대 작가들이, 김수영과 마찬가지로 '번역'과정을 매개로 창작을 하면서도, 최종적으로는 그 과정으로서의 '번역'을 말끔히 '삭제'해버림으로써, '모어로 시쓰기'를 훌륭하게 수행한 것처럼 위장하는 것과는 달리, 김수영은 그 '삭제된 망령'을 눈앞에 불러내 그 실체와 정면으로 맞닥뜨림으로써, '삭제된 망령'의 공포와 위압으로부터의 해방을 시도했던 것이다.

「시작노우트」에는, 명료하게 드러나 있지 않지만, 한국어로 시를 쓰

---

35 강계숙은, 김수영의 이러한 '일본어관'의 최종적인 결과로, '일본어'는 드디어 한국문학으로부터 '죽음을 선포'받았다고 표현했다. 김수영이 시작노트를 일본어로 쓴 이유는, 일본어에 대한 동경도 극복도 아닌 '일본어의 장례'를 치르기 위함이라는 것이다. '망령'이라는 단어를 염두에 둘 때, 다소 시적이고 비유적인 문제는 있지만, 매우 탁월한 해석이라고 생각한다. 그러나 나는 김수영의 글에 등장하는 '망령'의 의미를 '부존재의 존재' 혹은 '유령'이라는 의미(기의)로 읽는 것이 좀 더 김수영의 전유 방식에 가까운 해석이라고 생각한다. 즉, '망령으로써 (일본어를) 사용한다'는 말의 참뜻은, '망령으로서의 일본어와 싸운다'는 의미로 읽어야 한다는 것이다.

는 자신의 '한국어'가 더 이상 '순정(純正)한 모어'일 수 없듯이, 한국어의 대타항(對他項)인 '일본어' 또한 '순정한 모어'일 수 없다는 논리적 유추가 가능해진다. 한국어의 운명이 그러했듯이, 일본어는 한자와 한문, 그리고 영어와 그 밖의 다른 서구어들의 틈입으로 더 이상 순정한 '모어'일 수 없다. "가장 새로운 집념은 상이하게 되는 것이 아니라 동일하게 되는 것"이라는 선언은, 실제로 두 언어의 '차이'가 제거되고 '같아진다'는 뜻이 아니라, '순정한 모어의 불가능성을 확인한 지점'에서 언어의 혼종성과 경계성을 재인식하는, '태도'나 '인식'의 동일성, 혹은 각 언어의 그러한 상태의 '동일성'을 말하는 것이라고 해석할 수 있다. 이렇게 읽을 때, 비로소 김수영 시의 다음과 같은 역설적 표현이 의미하는 바를 제대로 이해할 수 있다.

> 日本말보다도 빨리 英語를 읽을 수 있게 된,
> 몇차례의 言語의 移民을 한 내가
> 우리말을 너무 잘해서 곤란하게 된 내가[36]

'우리말을 너무 잘해서 곤란하게 된'다는 것은, 단순히 시적 과장이나 역설이라기보다는, 한국어에 점차 익숙해지는 과정이, 시어로서의 자국어에 대해 유지해야 할 시인의 '시적 긴장'이 이완되는 현상에 대한 자가 진단이자 경고라고 볼 수 있다.

4. 금기의 환유체계, 혹은 반일(反日)과 반공(反共)의 허구성

그런데, 김수영에게 있어 '일본어'가 지니는 또 하나의 중요한 맥락을

---

36 김수영, 「거짓말의 여운 속에서」, 『전집 1』, 민음사, 1981, 274쪽.

주목할 필요가 있다. 지금까지의 논의가 주로 시 창작과 관련된 '시어'의 본질과 연관된 것이라면, 또 하나의 맥락은 좀 더 정치적이고 환유적인 성격을 띤다. 이것은 단지 언어로서의 '일본어'가 아니라, '일본어'가 이끌어내는 식민지의 경험과 역사, 그리고 그 연속성 위에 형성되는 전후의 경험과 역사에서의 '한국'과 '일본'의 겹침 또는 상관관계를 가리킨다.

김수영의 시 중에서 비평가나 연구자들이 거의 언급하지 않는 「永田絃次郎」[37](1960)을 통해 이 문제에 접근해 보기로 하자.[38]

> 모두 별안간에 가만히 있었다
> 씹었던 불고기를 문 채로 가만히 있었다
> 아니 그것은 불고기가 아니라 돌이었을지도 모른다
> 神은 곧잘 이런 장난을 잘한다
>
> (그리 흥겨운 밤의 일도 아니었는데)
> 사실은 일본에 가는 친구의 잔치에서
> 伊藤忠商社의 신문광고 이야기가 나오고
> 國境노 마찌 이야기가 나오다가
> 以北으로 갔다는 永田絃次郎 이야기가 나왔다

---

37 개정판 『전집』에는 이 시 제목을 아예 「나가타겐지로」로 바꾸어놓고, 김수영이 그렇게 읽었으리라 추정해서 바꾸기로 했다고 밝히고 있다. 그러나 일본어의 '한자표기'는 그리 단순한 문제가 아니다. 설령 시인 자신은 '永田絃次郎'라고 쓰고 '나가타겐지로'라고 읽었을 수 있지만, 그보다 더 많은 경우의 '일본식 한자어'는 한글독음으로 읽느냐 아니냐에 따라 매우 복잡한 문제를 야기하기 때문이다. 따라서 나는 전집의 편집자가 그 한자제목을 그대로 두는 것이 옳았다고 본다.

38 필자가 검토한 범위 안에서 이 시에 대해 언급한 선행 연구로는 장인수의 앞의 글(각주 4를 참조)에서 짧게 언급한 것이 거의 유일한 경우인 듯하다. 장인수는 이 시가 "자이니치 가수의 북송 사건을 다룬 시"라고 밝히고, "북한과 관련된 자기검열을 희화화하는 시"라고 소개했다.

아니 金永吉이가
以北으로 갔다는 金永吉이 이야기가
나왔다가 들어간 때이다

내가 長門이라는 女歌手도 같이 갔느냐고
농으로 물어보려는데
누가 벌써 재빨리 말꼬리를 돌렸다……
神은 곧잘 이런 꾸지람을 잘한다[39]

이 시는 일본과 관련된 기호들의 역사·문화적 콘텍스트를 이해하는 것이 해석의 첫 번째 관건이다. 우선, 첫 행의 '모두'는 최소한 '伊藤忠商社'와 '國境노 마찌',[40] '永田絃次郎'[41]와 '金永吉', 그리고 '長門' 등에 관

39 김수영, 「永田絃次郎」, 『전집 1』, 민음사, 1981, 161쪽. 이 시는 김수영 생전에 발표된 적이 없으며, 곧바로 전집에 수록되었다.

40 이 노래제목의 표기방식이 흥미롭다. 민음사에서 나온 『김수영육필시고전집』의 원고 상태를 확인해보아도 역시 똑같다. 출판과정의 실수가 아니라는 이야기다. 이영준 편, 『김수영육필시고전집』, 민음사, 2011, 261쪽. 한 가지 확인해 둘 것은, 육필시고전집의 저본텍스트가 된 원고는 김수영 시인의 필적이 아니라 부인 김현경 여사의 필적으로 남아있는 시라는 점이다. 따라서 이런 표기는 원본을 옮겨 정서한 부인의 실수일 가능성도 배제할 수는 없다. 그러나 부인의 정서를 다시 두 번 세 번 검토한 후 잡지사에 넘겼다는 부인의 회고를 존중할 때, 역시 이 표기의 주인은 김수영 시인으로 봐야 할 것이다. 시의 표기대로 읽자면 '國境'을 우리말 독음으로 읽어선 '국경노 마찌'가 되어 몹시 어색하다. 그러므로 만일 이 시를 낭독할 경우라면 '콧쿄노 마찌'와 같이 일본어로 발음해야 할 것이다. 시인은 아마도 '國境の町'로 쓰고 싶었으나 한글이 아닌 카나를 그대로 노출시킨다는 점에 부담을 느꼈을 것이다. 그 다음 생각할 수 있는 대안은 '國境노町'일 텐데 이것도 어색하기는 마찬가지다. 결국, 일본어를 그대로 노출시키기 어렵다면, 오히려 가장 어색한 형태의 표기로 쓰기로 한 것이 아닐까 짐작된다.

41 永田絃次郎(나가타 겐지로, 1909~1985). 한국이름은 김영길. 평양출신의 테너가수. 1933~1934년 사이에 일본의 각종 음악콩쿠르에 입상함으로써 성악가로서의 지위를 굳혔다. 1935년 永田絃次郎이라는 이름으로 음반을 발매하기 시작하여, 「日本行進曲」(1935), 「朝」(1937), 「愛国行進曲」(1938), 「愛馬進軍歌」(1939), 「出征兵士を送る歌」(1939) 등을 발표하여 잇달아 히트시켰다. 1960년 제6차 북송선을 타고, 북한으로 귀

해 지식과 경험, 기억을 공유하는 사람들, 즉 김수영과 동년배인 '전후세대'들일 것이다. '伊藤忠商社'는 '미츠비시상사(三菱商事)'와 함께 2대상사로 손꼽히는 일본의 대표적 재벌이다. '國境노 마찌'는 일본 가수 東海林太郞(쇼오지 타로오)[42]이 1934년에 발표한 노래로, 공전의 히트를 기록했던 전전(戰前)의 대표적인 대중가요다. '永田絃次郞(나가타 겐지로)'는 일본에서 활약한 조선출신 성악가 '김영길'의 일본 이름이다. '長門'은 '長門美保(나가토 미호)'로, 김영길과 함께 듀엣으로 전쟁기간에 여러 곡의 군가(軍歌) 및 국책가요를 불러 대히트를 기록한 바 있는 일본의 대표적인 여성성악가다. 이런 기호들이 불러일으키는 감각과 기억, 그리고 지식을 공유하는 사람들만이, 이 시에 공명할 수 있다. 그러나 이 시의 의미에 접근하는 또 다른 열쇠는 '침묵'을 강요하는 '사회적 금기'에 있다. 그의 1960년도 일기초에 이런 기록이 있다.

> 12월 9일
> 「永田絃次郞」을 쓰다.
>
> 12월 11일
> 「永田絃次郞」, ××신문에서 또 툇자를 맞다.

국했다. 김영길의 귀국은, '재일조선인 귀국운동'에 큰 영향을 끼쳤다. '이북으로 갔다는 永田絃次郞'이란 구절은, 그의 북한행을 두고 말한 것이다. 김영길은 전쟁기간에 여러 곡을 여가수 長門美保와 듀오로 취입하여, 김수영이 나가타 겐지로와 함께 나가토 미호를 자연스럽게 떠올린 것은 그런 연유 때문일 것이다. 김영길의 개괄적인 이력에 관해서는 리철우, 「최고의 테너 가수 김영길-일본 제일의 미성(美聲)에서 '동양의 카루소'로 일세를 풍미」, 『민족21』, 민족21, 2009, 12를 참조.

42 東海林太郞(쇼오지 타로오, 1898~1972). 일본의 유명한 대중가수. 와세다대학 상학부 출신으로, 한 때 일본의 대표적인 공산주의 경제학자 佐野學(사노 마사부)로부터 마르크스경제학을 공부했으며, 만철(滿鐵)의 엘리트사원으로 『滿州に於ける産業組合』(1927)이라는 저서를 간행하기도 했던, 특이한 경력의 소유자다. 1933년 가수로 데뷔해, 「國境の町」(1934)을 비롯한 수많은 히트곡을 남겼다.

　　12월 25일
　　「永田絃次郎」과 「○○○○○」를 함께 월간지에 발표할 작정이다. (중략)
　　암만해도 나의 작품과 나의 산문은 퍽 낡은 것같이밖에 생각이 안 든다.
　　내가 나쁘냐 우리나라가 나쁘냐?[43]

　　일기에는 시 「永田絃次郎」가 신문사에서 게재거부를 당한 것으로 되어있다. 유명한 재일동포 가수 김영길의 북한 귀국을 다루었기 때문일까. 전쟁 기간에 여러 곡의 군가와 국책가요를 부른 나가타 겐지로와 나가토 미호를 통해 일제말의 기억을 되살려 냈기 때문일까. 그렇지 않으면 왕년의 히트곡 「國境の町」와 그 노래를 부른 마르크스주의자 출신의 가수 쇼오지 타로오를 언급했기 때문일까. 혹은 그 모든 시 안의 기호들의 복합적인 의미작용 때문일까.

　　시 속에 등장하는 일본기업 '伊藤忠商社'는 전전(戰前)에는 일본 유수의 재벌이자 군수업체이기도 했지만, 이 시에 등장하는 맥락은 조금 다르면서도 훨씬 중의적이다. 한국전쟁이 끝난 후, 1950년대 중반부터 '伊藤忠商社'가 한국사회에 등장하는 맥락은 이른바 '용공상사(容共商社)'라는 기업 정체성과 관계된다. '용공상사'란 한국과 무역거래를 하면서 동시에 북한이나 중공, 소련 등 이른바 적성국가(敵性國家)들과도 교역하는 일본의 기업을 가리키는 당시 사회에서 통용되는 특수용어였다. 『동아일보』 1955년 6월의 어느 신문에는 '용공상사를 배제-강력한 대일무역정책 구상중'이라는 제목 아래 다음과 같은 기사가 실려 있다.

43　김수영, 『전집 2』, 민음사, 1981, 506쪽. 일기 속의 「○○○○○」는 같은 해 10월 6일, 18일, 19일, 29일에 등장하는 시 「잠꼬대」의 원제목이다. 끝내 발표되지 못한 이 시의 원제는 「金日成萬歲」이다.

姜商工部長官은 16일 記者와 會見하고 日本이 中共과 通商協定을 맺는 다든지 北韓과 漁撈協定을 締結하는 등 容共政策을 쓰고 있음에 비추어 政府로서는 이에 對備하는 强力한 對日 貿易政策의 樹立을 構想中에 있는데 同方案으로서는 日本商社 中 中共이나 北韓과 貿易行爲를 취하고 있는 企業體는 去來對象에서 除外하는 等 制限된 面에 있어서의 可能한 모든 施策을 一層 强化하고 이를 政治外交面에 結付시켜 美國의 對日政策이 强硬한 方向으로 나가는 것을 要望하는 等의 方法을 考慮하고 있다고 言明하였다.

同長官은 駐日僑胞의 生産物資를 導入하는 것은 例外措置로 取하여지고 있는 것이라고 말하였으나 同 例外措置에 對한 說明에 關하여서는 言及을 回避하였다(하략)[44]

'伊藤忠商社'는 한국정부가 예의주시하는 8대 '용공상사'의 하나였다. 1956년도의 『경향신문』에는 당시 상공부장관의 명의로 1957년도 민간 무역계획이 공표되고 이 항목 중에 "용공상사를 상대로 한 수출입거래는 허용하지 아니한다."[45]는 금지조항이 눈에 띈다. 1961년의 신문에 '伊藤 忠商社'는 '동경식품'과 함께 다시 '용공상사'로 도하 각 신문에 등장하게 되는데, 민간수출입 업자가 정부의 교역금지방침에도 불구하고, 이들 '용공상사'와 계속 무역거래를 시도하거나 실제 거래를 하고 있는 문제가 발생했기 때문이다.

시의 제재(題材)들은, 모두 하나같이 당시로서는 공표되어서는 안되는 금기대상들로 가득하다. 그것은 떠올리기 불편한 식민지의 기억과 도전해서는 안되는 냉전체제의 반공이데올로기가 낳은 타부들이다. 그런 까닭에, 신문사로부터 게재거부를 당하기 전, 이미 시에 등장하는 '모두'

---

44 동아일보, 「용공상사를 배제-강력한 대일무역 정책 구상중」, 1955. 6. 17.
45 경향신문, 「90년도 상반기 민간무역계획공표」, 1956. 12. 22. 제목의 '90년도'는 아마도 단기연호를 줄여 표시한 것일 것이다. 즉 1957년도를 가리킨다.

는, '김영길이 이북으로 갔다'는 이야기가 나오자마자, '별안간 가만히 있었'고, 누군가 '재빨리 말꼬리를 돌렸'다. 그들의 화제(話題)는 씹던 '불고기'를 '돌'처럼 느껴지게 만드는 거북한 것이었다. 시의 소재가 '사회적 금기'를 건드리고 있음을 시의 독자들보다 먼저, 시 속의 등장인물 '모두'가 감지하고 있었던 것이다.

「永田絃次郎」은, '일본'과 '이북'이 한국의 정치·문화·사회적 금기의 동일한 '계열체'임을 확인시켜 주는 시다. 따라서 '금기/위반'이라는 구조로 보자면, 끝내 발표지면을 얻지 못하고 유고로 남은 시 「김일성만세」는, 김수영이 「시작노우트」를 일본어로 써서 잡지사에 건네 준 행위와 동일한 의미를 띤다. 김수영은 해방 이후의 한국사회를 지배하는 '반일(反日)'의 허구성에 저항하기 위해, '일본어'와 '일본적인 것'을 전면에 노출시킴으로써, 식민지의 '망령'으로부터 진정한 '해방'의 길을 모색했다. 김수영에게는, '일본어'와 '일본적인 것'이 '금기'로 남아있는 동안은, 식민지적 무의식으로부터 벗어나는 일은 요원한 것으로 생각되었던 것이다. 김수영은 '일본'이 환기시키는 식민지적 무의식을, 냉전 체제의 '억압'으로 확장한다. 다만, 냉전의 '억압'은, 식민지의 '억압'과 달리 '망령'으로 존재하지 않는다는 점이 다르다.

> (중략)
> 지금같이 HIFI가 나오지 않았을 때
> 비참한 일들이 라디오소리보다도 더 發狂을 쳤을 때
> 그때는 인국방송이 들리지 않아서
> 그들의 달콤한 억양이 금덩어리같았다
> 그 금덩어리같던 소리를 지금은 안 듣는다
> 참 이상하다

이 이상한 일을 놓고 나는 저녁상을
물리고 나서 한참이나 생각해본다
지금은 너무나 또렷한 立體音을 통해서
들어오는 以北방송이 不穩방송이
아니 되는 날이 오면
그때는 지금 일본말 방송을 안 듣듯이
나도 모르는 사이에 아무 미련도 없이
회한도 없이 안 듣게 되는 날이 올 것이다……

그러나 이렇게 써도 내가 反共主義者가
아니되기 위해선 그날까지 이 엉성한
粗惡한 방송들이 어떻게 돼야 하고
어떻게 될 것이다
먼저 어떻게 돼야 하고 어떻게 될 것이다
이런 극도의 낙천주의를 저녁밥상을
물리고 나서 해본다
―아아 배가 부르다
배가 부른 탓이다

作後感―〈죽음〉으로 매듭을 지으며[46]

시의 화자가 불온방송인 줄 알면서도 조악한 이북방송을 듣는 이유는, 그 방송으로부터 얻는 유익한 정보나 재미 때문이 아니다. 청취 욕망을 자극하는 것은, 그것이 바로 금지된 방송이기 때문이다. 그래서 더 이상 '불온방송'이 아니게 되면, 한 때 간절히 청취하다가 지금은 '안 듣게 된' 일본방송처럼, 이북방송을 듣지 않게 될 것이라고 말한다.

대부분의 전후세대 문인들에게, '일본어'와 '일본적인 것'은 식민주의

<hr>

46 김수영, 「라디오界」, 『전집 1』, 민음사, 1981, 285~286쪽.

나 민족주의의 자장(磁場) 안에서 소진되는 것이었다. 그러나 김수영은 그것을 냉전과 반공이데올로기, 그리고 민주주의의 실종과 같은, 포스트식민 사회 대한민국의 억압과 금기를 폭로하는 기폭제로 재활용한다. 그럼으로써, 식민주의의 극복과 냉전체제의 와해가 서로 다른 것이 아님을 일깨우고자 애썼다. 전후세대 문인들 중에서, 이중언어자로서의 정체성을 이런 방식으로 재전유한 것은, 아마도 김수영이 유일한 경우가 아닐까 싶다.

5. 이중언어 상황과 구속/해방의 변증법

모어인 한국어 못지않게, 아니 어떤 경우에는 한국어보다도 더 일본어를 잘 읽고 쓰는 사람들이 있었다. 그들은 식민지에서 태어나 식민종주국이 만들어 놓은 교육제도와 문화적 환경에서 자랐기 때문에 이중언어자가 될 수밖에 없었다. 식민지 시기에 그들 앞에 놓여 있는 두 개의 언어, 즉 모어인 한국어와 제국의 언어인 일본어가 펼쳐내는 세계는 확연히 달랐다. 근대적 지식과 정보의 통로는 후자(일본어)의 몫이었다. 특히, 그들 중 대다수가 일본어로 된 구미문학의 번역물을 통해 '문학'에 입문하거나, 일본의 근대문학과 전통장르의 학습을 통해 '언어예술'의 세계에 입문한 경험을 지니고 있었다. 식민지 시기에만 그러했던 것이 아니라, 해방 이후에도 일본어 서적을 읽었고, 일본어를 통해 많은 지식과 정보를 얻었다. 그러나 해방 이후에는 '일본어'와 관련된 그런 이력(履歷)과 문화 경험을 공개적으로 인정하거나 정당화할 수 없는 새로운 상황에 직면하게 된다. 몸과 뇌리에 각인된 문화적 기억은, 반일(反日)과 민족주의라는 대타자의 위압에 짓눌려 수면 밑으로 가라앉은 것처럼 보였지만, 억압된 것은 사라지지 않고 저장되었다가 다시 수면 위로 고개를 내밀듯이, 억압된 그들의 문화적 기억은 사회·문화적 금기의 무거운 쇠뚜껑을 열고 다시 이야기를 시작한다.

'식민화된 주체'는 '말하는 주체'이며 언어를 매개로 형성되는 주체이다. '식민화된 주체'가 '말하는 주체'라는 것은, 언어를 통해 '상징계'로 진입함으로써 비로소 '주체'로 탄생하게 된다는 점에서 라캉의 '주체'이기도 하다.[47] 그러나 '식민화된 주체'는 피식민 경험을 통해 식민종주국

---

47 '식민화된 주체colonized subject'는 김수영을 포함한 '전후세대'의 특성을 문화사적으로 이해하기 위해 필자가 고안한 개념이다. 이에 대한 자세한 논의는 졸저『전후문학을 다시 읽는다 – 이중언어·관전사·식민화된 주체의 관점에서 본 전후세대 및 전후문학의 재해석』(소명출판, 2015)의 제1장 3절 '식민화된 주체로서의 전후세대'를 참조하기 바란다. 다만, 이 글의 독자를 위해 이에 대해 짧게 부연하고자 한다. 이 개념을 이해하기 위해서는 무엇보다 '전후세대'가 경험한 몇 차례의 '언어이민' 과정을 라깡의 '주체'형성 과정과 연결지어 살펴 볼 필요가 있다. 우선, 이를 위해 몇 가지 전제가 필요하다. 첫째는 '모어'와 '주체' 사이에 형성되어 있는 '상상적 동일시'의 신화로부터 벗어나는 일이다. 여기서 내가 말하는 '상상적 동일시'는, 식민지 상태로부터 벗어난 포스트식민 사회에서 흔히 발견할 수 있는 강력한 '모어로의 귀환 의지'와 밀접한 관련이 있다. 대부분의 식민지는, 식민종주국에 의해 정치·경제의 차원에서뿐만 아니라 '언어'와 연관된 제도와 교육, 문화적 강제 속에 놓이게 된다. 언어에 관한 강제와 구속이 직접적이든 아니든, 식민지인들은 식민종주국의 언어를 배워야만 했고, 동시에 '식민종주국의 언어'와 '모어' 사이의 명백한 위계를 경험하게 된다. 이런 식민지적 경험으로 인해, 포스트식민 사회에서는 '모어'로의 귀환이 다른 어떤 것보다 강력한 해방과 자유의 표상이 되며, 이 과정에서 인간이 그의 '모어'를 자유롭게 쓴다는 사실은, 이미 '모어(母語)'라는 번역어의 원인인 'mother tongue'에 함축되어 있듯이, 유아와 어머니의 유비관계처럼, 모어는 그립고 따뜻하고 평화롭고 자유로운 '(언어)공간'으로 돌아가게 된다는, 문화적 상상력을 투사하게 되는 것이다. 프로이트의 '오이디푸스콤 플렉스'가, 전통적인 모자(母子)관계나 가정(家庭) 혹은 가족의 유대와 친화력에 균열을 일으키고, 그것이 애초에 본능에 대한 '억압'과 '금지'로 구성된 차갑고 냉혹한 '문명적 질서'에 편입되는 소외와 분리에 뿌리를 둔 것으로 파악했듯이, '모어'와 '모어를 말하는 자'의 사이에 만들어진 상상적 동일시의 신화는, 근본적으로 인간이 '언어'와 조우하는 지점과 국면이 평화와 행복이 아니라, 언어적 질서(=상징적 동일시) 안으로 강제로 편입되는 것임을 은폐하고 있다는 사실에 대해 주목할 필요가 있다. 다시 말하면,

의 언어와 접속하게 되면서 '재(再)-주체화'의 과정을 겪게 된다. '재-주

'모어'가 '최초의 언어=first language'로서 주체와 맺는 관계는, '언어'와 '말하는 자로서의 인간'의 관계에서 형성되는 '상징적 동일시'로 발현된다는 점을 확인해야 한다는 것이다.

그런데, '모어'와 '주체'의 '상징적 동일시'가 '상상적 동일시'로 오인되는 이유는 바로 '식민종주국의 언어'가 개입되기 때문이다. 이 때 개입하는 '식민종주국의 언어', 즉 전후세대의 경우에 한해 말하자면 '일본어'는 오이디푸스콤플렉스의 '아버지'에 해당하는 일종의 '부성 은유'로 기능한다. 요약하자면, 전후세대를 포함한 이중언어자로서의 '식민화된 주체'는 언어에 관한 한 두 차례의 '억압'을 경험하며 동시에 두 차례의 '상징적 동일시'의 과정을 밟게 되는데, 그 첫 번째는 바로 '모어'를 통해 언어의 세계에 진입하는 것이고, 두 번째는 '식민종주국의 언어'를 통해 '다른 언어의 세계'로 진입하는 것이다. 그리고 두 번째 계기에 의해 첫 번째의 '상징적 동일시'는 '상상적 동일시'로 탈바꿈한다. 이 과정이 오이디푸스콤플렉스와 다른 것이 있다면, 오이디푸스콤플렉스는 '상상적 동일시'가 선재적(先在的)이며 이것으로부터의 '분리'를 거쳐 '상징적 동일시=상징계'로 이동하게 되는데 비해, '모어'에 관한 '상상적 동일시'는 선재적이 아니라 거꾸로 '식민종주국의 언어'의 개입에 의해 '사후적(事後的)'으로 구성된다는 점이다. 그런데 '식민화된 주체'에게 가장 곤혹스럽고 혼란스러운 '균열'이 발생하는 것은, 바로 세 번째의 국면으로서, 이번에는 포스트식민 사회에서 '모어'가 새로운 '부성 은유'의 기능을 띠고 '주체' 앞에 나타나기 때문이다. 이때의 '모어'는 주체에게 다시 '식민종주국의 언어'와 결별하고 '모어'의 세계로 귀환하기를 강력하게 요구하게 된다. 전후세대에게 있어서, 이 세 번째 국면에서의 '혼란'과 '균열'은, '일본어'가 '대타자'로 개입하면서 '모어'가 '상상적 동일시'의 대상으로 전환할 때의 그것과 비교할 수 없을 만큼 복잡하고 중층적으로 형성된다. 이번에는 '모어'가 '대타자'로 등장하는데, 이때 '식민종주국의 언어=일본어'는 이전 단계의 '모어'가 그러했듯이 다시 '상상적 동일시'의 대상으로 둔갑하게 된다. 그러나 이것 또한 첫 번째 단계에서 '모어'가 '상상적 동일시'로 전환한 것처럼 일종의 '오인'이자 '착시'다. 다만, 주체에게 그러한 형태로 '억압'에 대응하는 결과물로 무의식에 침전될 뿐이다. 주체는 포스트식민사회에서 '모어'의 세계로 가능한 한 빨리, 그리고 능숙하게 귀환해야 한다는 외부의 명령(대타자)에 다시 '자발적으로 종속'되어야 한다. 그러나 이 때 발현되는 '자발성'은, 두 번째 단계, 즉 '모어'와 분리되면서 '일본어'의 세계로 진입할 때의 '자발성'과는 성격이 다르다. 앞의 것이 '근대'와 접속하는 것이었다면, 뒤의 것은 '민족주의'나 '혈연공동체ethnic commu-nity'와 접속한다. 그리고 내가 '전후세대'를 규정할 때 사용하는 '식민화된 주체'는 바로 이 세 번째 국면에서 형성되는 '주체'를 가리킨다. 정확히 말하면, '식민화된 주체'는 세 번째 국면에서 탄생하는 것이 아니라, 앞의 두 단계를 전부 거쳐서 세 번째 단계에 이르러서야 비로소 탄생한다고 말하는 것이 옳을 것이다.

체화'과정에서의 언어는 언어 일반이 아니라 '모어'와 '식민종주국의 언어' 사이에 복잡한 위계를 구성하는 '언어(들)'로서, '재-주체화'과정은 그 위계의 층위만큼이나 '상상적 동일시'와 '상징적 동일시'의 과정이 여러 차례 번갈아 나타난다.

모어와 식민종주국 언어의 관계가 단순히 정치적 강제에 의한 '박탈'과 '(해방 후의)탈환'의 단선적 과정일 뿐이라면 언어들 사이에서 '재-주체화' 과정을 겪을 일도 없고, '식민화된 주체'라는 개념도 굳이 따로 만들 필요가 없을 것이다. 그러나 식민지 경험과 포스트식민 사회의 기억의 정치학이 그렇듯이, 모어와 식민종주국의 언어 사이에 형성된 박탈과 탈환의 과정, 혹은 내상(內傷)과 치유의 흔적, 모방과 동일시 그리고 억압과 배제를 통해 드러나는 욕망의 문제 역시 결코 간단하지 않다. 무엇보다도 전후세대의 여러 증언과 다양한 전후문학 텍스트들에 나타나는 기억과 재현의 균열과 중층성이 그 '간단하지 않음'의 확실한 증거라고 할 수 있다.

전후세대에 속하는 많은 문인들은, 이 '재-주체화'의 과정을 거치고 새로운 금기 체계에 성공적으로 안착한다. 그러나 사실은 안착한 것처럼 보일 뿐이며, 몸과 뇌리에 각인된 문화적 기억들, 혹은 이중언어자로서의 정체성을 지우거나 은폐하고 포스트식민 사회의 '의도적 망각'을 충실하게 연기(演技)하고 있는 것뿐이다. 이 책에서 다루었던 여러 명의 전후세대 문인들과 그들의 텍스트는, 최소한 그런 '연기', 혹은 그레고리 베이트슨의 '이중구속'[48]의 딜레마적 상황에 문제제기를 하고 있으며, '의도적 망각'에 따른 '재-주체화' 과정의 부작용에 대해 고통스러운 '증

---

48 이 개념에 대해서는, 그레고리 베이트슨, 『마음의 생태학』(박대식 옮김, 책세상, 2006)의 3부의 여러 논문들을 참조하기 바람.

세'를 호소하고 있는 것이다.

'식민화된 주체'라는 개념의 이론적 근거는 라캉의 정신분석학에 있다. 라캉에 기댄 가장 근본적인 이유는 정신분석학이 지닌 윤리학적·인간학적 계기 때문이다. 만약 정신병 또는 신경증 환자가 우리 주변에 있다면, 우리가 생각할 수 있는 가장 일차적인 대처는 그들을 '치료'하는 것일 터이다. 이때의 '치료'란, 비정상적인 그들의 정신세계를 고쳐서 다시 이 사회에 적응해 살아갈 수 있도록 '정상'으로 돌려놓는 것을 가리키는 것이다. 그러나 이런 접근 방식에서는 비정상으로 분류되는 환자를 만들어내는 '사회'의 비정상성을 진지하게 질문하기란 불가능하다. 환자의 '비정상성'과 사회의 '정상성'이란 구분이 정말로 정당한 것인가를 질문하기란 더욱 불가능하다. 라캉은 '행동, 적응, 집단 도덕, 사회적 금기체계'를 준거로 하여, 그에 적응하지 못하는 정신병과 신경증 환자를 '비정상'으로 분류하고, 그들을 '치료'함으로써 다시 정상상태로 만들어 사회에 복귀시키는 것을 제일의 목표로 삼고 있는 '자아심리학'을 준렬히 비판했다. 홍준기는 이런 접근법을 '직선적 인과론'이라고 부르고, 라캉 이전에 이미 프로이트에서부터 이러한 직선적 인과론의 한계를 넘어서는 새로운 인간 이해가 시작되었다고 했다.[49]

전후세대를 환자로 비유하는 것이 썩 적절한 것이라고는 생각되지 않지만, 이 글에서 사용하고 있는 '식민화된 주체'라는 개념의 방법론적 준칙은, 언어 이민과 포스트식민 사회의 '의도적 망각'을 겪고, '재-주체화'를 통해 '식민화된 주체'로 거듭 변태(變態)의 과정을 밟을 수밖에 없었던 전후세대의 '증세' 호소에 귀 기울일 필요가 있다는 것이다. '상상

---

49 홍준기, 「자끄 라깡, 프로이트로의 복귀」, 김상환·홍준기 편, 『라깡의 재탄생』, 창작과비평, 2002, 18쪽.

하는 모어'에 의한 '단일 언어'사회로의 재구축이라는 과제가 포스트식민 사회인 대한민국의 지상선(至上善)이 되는 한, 이중언어자들인 전후세대는 걸림돌이자 방해자들일 뿐이다. 이들이 선택할 수 있는 최선의 방법은 이중언어자로서의 자기정체성을 빨리 폐기하고, 몸과 뇌리에 각인된 그 모든 문화적 기억들을 깨끗이 세척하는 것밖에 없다. 식민종주국의 언어와 문화를 몸과 기억에 깊이 각인시켰다는 것 자체가 일종의 원죄(原罪)에 해당하는 것이며, 19세기 말 근대문학의 성립 과정부터 오랜 숙원이었던 민족어에 의한 국민문학의 창출이라는 문화사적 대업을 달성하는 데 이들의 존재와 그 텍스트는 영원한 '타자'일 뿐이다.

그러나 더 큰 맥락과 지평에서 보자면, 전후세대의 문학을 '타자'로 만드는 이 '국민문학'의 과제도, 근대 사회로의 진입이 늦어짐으로써 빚어진 식민지적 무의식의 '욕망'의 다른 모습이라고 할 수 있다. '순수한 한국어'라는 '상상의 모어'를 토대로 구축된 '국민문학'에의 욕망은, 유럽 제국(諸國)이 근대에 들어와 앞 다투어 구축하기 시작한 '국민문학'이라는 허상(虛像)의 대응물이자, 스스로 발견한 '결여'의 빈 공간이다. 이 빈 공간을 채우기 위해, 무수한 내부의 '타자'를 양산하는 모험을 무릅쓰고 '순수한 기표'들을 확보하려고 애쓰지만, 그것은 기의와 끝내 만나지 못하고 끊임없이 미끄러질 뿐이다.

이 무망한 시도에 대해, 그리고 그 시도의 과정에서 자신들의 의지와는 상관없이 '타자'가 되어버린 전후세대들이 웅숭그리고 중얼거리고, 가끔은 외친다. 손창섭이 음송증(吟誦症)의 형식으로 자신(들)의 증세를 호소하고 있다면, 김수영은 절규에 비유할 수 있을까. 그레고리 베이트슨은, '이중구속'의 딜레마에서 벗어나는 유일한 길은, "이걸 해서는 안 된다. 이걸 안 하면 안된다"는 금지명령 자체를 향해 질문하는 것이라고 했다. 김수영은, '상상하는 모어'에 기반을 둔 한국문학의 자기동일성,

그 자기애(自己愛)적 나르시시즘에 대해 신랄한 야유를 던짐으로써, "일본어를 해서는 안된다/일본어를 해야 한다(일본을 참조하지 않을 수 없다)"는 딜레마적 금기에 도전했다. 그리고 모든 위선(僞善)에 대해 그것보다 더 큰 강도의 위악(僞惡)으로 대응함으로써 위선의 허구를 고발하는 자신의 시적 방법론에 따라, '순수'라는 자기동일성의 미망(迷妄)에 대해, 혼종이 야기하는 변증법적 동화(同化), 즉 "가장 새로운 집념은 상이하게 되는 것이 아니라 동일하게 되는 것"이라는 결론에 도달하게 되었다.

'상이(相異)함'은 '타자'와 구별되는 변별적 자기동일성이 있어야 비로소 성립하게 된다. 시간적으로, 이 변별적 자기동일성은, '타자'의 '자기동일성'이 먼저 확보되어야만 한다. 그래야, '타자'의 자기동일성과 구별되는 '타자의 타자, 즉 주체'의 자기동일성이 확보될 수 있다. 김수영이 말한 "동일하게 되는 것"이 정확히 어떤 함의를 지닌 선언인가를 말하기는 어렵다. 그러나 최소한 그가 추구하는 문학의 궁극적인 지평이, 변별적 자기동일성에 기반을 둔 각자의 '국민문학'의 지평이 아니라는 점은 분명하다. 그러므로 "동일하게 되는 것"은 자기동일성의 복제나 반복이 아니라, 거꾸로 그것이 깨지고 균열을 일으킨 상태, 말(들)이 국민국가의 정치적 구획의 경계를 넘어서서 서로 뒤섞이고 변형되는 상태를 염두에 둔 것임은 분명하다.

김수영은 '식민화된 주체'가 주체의 형성과정을 스스로 성찰하고, 주체를 구성한 '금기'와 '억압'의 기제에 맞서고자 했던, 저항의 한 가능성이다. 한국문학사에서 김수영의 이름 앞에 붙는 '저항'이라는 계관(桂冠)이나 수식어는 더 이상 새롭지 않다. 오히려 식상하거나 지나치게 상투적인 느낌마저 든다. 그 점에서, 다시 '저항'의 가능성으로 그를 호명하는 것이 썩 내키는 일은 아니다. 그러나 한국문학사가 국민문학으로서의 자기동일성을 구축하기 위해 전후세대와 전후문학을 '타자'로 묶어두는 일에 맞서서, '식민화된 주체'가 왜 한국문학의 또 다른 가능성일 수밖에 없는가를 온몸으로 증명해 보이고자 애썼던, 그리고 포스트식민 사회의 식민주의의 극복이 '의도적 망각'을 통한 은폐가 아니라 '냉철한 기억'과 현상에의 '응시'에 있음을 거듭 강조했던 그의 외로운 싸움을 두고, '저항'이라는 단어 말고는 달리 더 적절한 표현을 찾기가 어렵다. 아마도 이런 맥락에서의 '저항'은, 기왕에 김수영을 '저항의 시인'으로 읽어왔던 기존의 해석 지평에서의 '저항'과 어느 지점에선가는 서로 겹치고, 또 어느 지점에선가는 엇갈릴 것이다.

김수영을 비롯한 전후세대의 '이중언어자로서의 정체성'이야말로, "한국 근대문학사에서 다른 세대나 다른 시대와는 질적으로 다른 '전후세대'만의 고유한 특질인 동시에, 지금까지 전후문학에 대한 우리의 연구와 비평이 충분히 채취하지 못한, 전후문학의 내밀한 풍요로움의 원천"이다. 김수영과 그의 세대, 그리고 그들의 텍스트를, 우리는 더 새롭고 더 섬세한 연구와 비평, 그리고 해석을 통해 다시 읽어야 할 것이다. 그리고 어쩌면 그 재독(再讀)의 과정을 통해 얻어진 새로운 성찰이 한국 근대문학을 전면적으로 다시 읽어야 할 계기가 되는지도 모른다. 그것이 이 글의 가장 중요한 문제의식이자 제안이기도 하다.

단일언어주의적 이중언어를 넘어서

김수영의 (이중)언어 수행과 그 치열한 정적에 관하여

홍성희
연세대학교

1. 단일언어주의에 대한 물음

> 完全獨立까지에는 이르지 못하였으나, 解放後 벌써 三年이란 歲月이
> 흐르지 않았는가. 十年 計畫으로 是正하자는 말인가. 百年 計畫으로 淸算
> 하자는 셈인가. 日語의 橫行이 解放 直後보다 甚하니 이것은 또 어찌한
> 까닭인가. 그러한 머리 속에는 有意識 無意識을 莫論하고 日本的 殘滓가
> 아조 가시지 못하였기 때문이 아닌가. 이 事實은 아마 千言萬語로써 辨明
> 하여 도 不可能하리라. 自己自身이 깨닫지 못할지언정 客觀的 事實이 그
> 러한데야 어찌하리오. 猛省一番으로 큰 自覺과 自責이 있기를 바라 마지
> 않는 바이다.[1]

'강제교육 된' 일본어의 흔적을 한시라도 빨리 일소(一掃)되어야 하는
'얼룩'으로 언도하고 '얼룩 이전'으로 상상되는 '백지(白紙)' 상태로 '조선
어'를 회귀시킬 것을 주장하는 글들은 해방 공간의 지면에서 쉽게 발견
된다. 인용문은 1946년 2월 『신천지』 창간호부터 「언어와 민족」, 「국어

---

[1] 이희승, 「일상용어에 있어서의 일본적 잔재」, 『신천지』 제16호, 서울신문사, 1947.6.
63쪽.

란 무엇인가」, 「국어의 본질」 등의 글을 쓰면서 꾸준히 '국어' 운동을 해온 이희승이 1947년 6월에 발표한, 「일상용어에 있어서 일본적 잔재」라는 글이다. 그는 이 글에서 일본말을 계속해서 사용하는 것이 부지불식 중에 일본 정신을 함양하게 만들며, 따라서 일본말의 잔재를 일상어 차원에서 말끔하게 일소하지 않으면 그것이 우리 민족문화의 정신생활을 좀먹어 들어갈 것이라고 주장한다. 이 글이 드러내는 것은 두 가지인데, 하나는 해방 공간의 조선어 단일언어주의가 '민족정신'의 함양이라는 기지 아래 일상어의 세목까지 규제하고자 했다는 점이고, 다른 하나는 해방 직후부터 '국어'와 '민족어' 운동이 그토록 꾸준히 전개되어왔음에도 불구하고 그것이 실상 대중들의 실제 언어생활과는 끊임없이 괴리되고 있었다는 점이다.

해방기 단일언어주의에 관한 그간의 논의에서 주목되었던 점은 전자, 즉 단일언어주의의 강압성과 그 폭력성이었다. 서석배[2]는 일본 제국주의 말기 조선어를 억압하고 일본어 사용을 강요함으로써 조선민을 일본 제국의 '국민'으로 통합시키고자 했던 기획과 해방 직후 일본어를 억압하고 조선어를 단일한 민족언어로 내세우면서 그것을 표준화된 '국어'로 정제(精製)함으로써 '민족'을 '국민'으로 통합하고자 한 기획이 문화적 지배성을 정당화하기 위한 '언어의 정치'였다는 점을 지적했다. 이 작업을 통해 연구자가 발견하고자 한 것은, 해방을 경계로 하여 두 차례 '일본'과 '조선'의 '국민'으로 통합되기를 순차적으로 강요당한 이들이 "공동체의 경계들과 조응하는 경계를 지닌 내적으로 동질화된 언어 단위라는 이데올로기"를 일종의 정신적 외상의 형식으로 경험한 흔적이었다. 한

---

2   서석배, 「단일 언어 사회를 향해」, 『한국학연구』 제29호, 동국대학교 한국문학연구소 2005년 하반기.

수영[3]은 "전후문학은 이미 한국문학의 자기동일성을 확보한 것으로 인식되었거나, 설사 일말의 정체성의 혼란이 있다고 하더라도 그것은 한시바삐 균질적인 '언어공동체'의 자기동일성 안으로 수렴되어야 할 문제이지, 그 문제를 중심으로 전후문학을 고민한다는 것은 용납되기 어려웠다"는 서술을 통해, 해방 이후 '한국'을 사유하는 우리의 사상 자체가 단일언어주의적 논리를 내면화하고 있는 것이었음을, 그리고 그것이 이미 폭력을 내재하고 있는 것이었음을 명징하게 보여주었다.

　이처럼 단일언어주의의 폭력성에 집중하는 작업은 해방 공간의 '상상'이 얼마나 강력하고 억압적인 것이었는가를 분명하게 지적하고 있다. 그러한 지적은 '민족'과 '조선어'를 결부시킨 '상상'이 해방 공간을 완전하게 '지배'하고 있었고, 그렇기 때문에 이중언어자들에게 당연하게도 '폭력'이 될 수 밖에 없었다고 전제하고 있다. 그러나 앞서 인용한 글에서 이희승의 어조는 해방 공간의 사상을 '지배'하는 지식인의 '강압'적 어조로 읽히지 않는다. 그것은 오히려 '순수한 조선어'라는 '당위'를 달성해야 한다는 외침이 그것을 당위로 여기지 않는 이들로 가득한 광장에서 외로이 울려 퍼지고 있는 듯 간곡하다. 이 간곡함은 해방 후 두 해가 지나서도 해방 직후와 같은 이야기를 반복하고 있어야 하는 상황 자체에서 이미 시작되고 있다. 실제 해방 공간 조선인들의 '언어'에 대한 태도는 단일언어주의 논리가 주창해온 바에 반드시 '지배' 당하고 있지는 않았다.

　그들은 일본어를 '청산'의 대상으로 규제하고 조선어를 '순수한 민족어'로 상정하는 단일언어주의적 관점에 동의하지 않았다. 다시 조선어를 사용할 수 있게 된 것은 기뻐할 일이었으나, 그것이 일본어 표현들을 조

3　한수영, 「전후세대의 문학과 언어적 정체성-전후세대의 이중언어적 상황을 중심으로」, 『대동문화연구』 제58호, 성균관대학교 출판부, 2007.6.

선어 표현으로 대체해야 한다는 것을 의미하지는 않았다. 그들에게 일본어와 조선어는 배타적 관계에 놓인 '언어들'이 아니라 자신이 일상 생활에서 자연스럽게 구사하는 언어의 '양태들'이었기 때문이다. 일본어와 조선어를 모두 구사할 수 있게 된다는 것은 언어세계의 확장이어야 하지, 축소 혹은 폐기와 대체이어야 할 것은 아니었다. 따라서 일상어 차원에서 일본어는 '청산'되기 보다는 오히려 더 자유롭게 '활용'되었다. 일본어와 조선어를 조합한 어휘와 표현, 문장들이 생산되고 그것은 해방 공간의 언어생활을 풍요롭게 만들었다. 유례없이 언어의 풍족함을 만끽하고 있는 해방 공간의 조선인들에게 '이름 뒤에 '상'을 붙이는 것은 일본어의 잔재이니 '상'이라는 어미를 써서는 안 된다.'는 일차원적 요구는 설득력을 가지기 어려운 것이었다. 이희승이 '자기자신이 깨닫는 것'과 '객관적 사실'이라고 지칭한 것들 사이의 이 어긋남 속에서 조선어 단일언어주의는 완벽한 '지배'라기보다는 끊임없는 괴리의 방식으로 해방 공간에서 작동하고 있었다. 그 '괴리'는 단일언어주의가 '민족'과 '언어'를 조탁시킨 논리가 애초에 조선인들이 사용하는 언어 일반에 대한 사유로부터 출발한 것이 아니라는 점에서 필연적인 것이었다.

"한種類의 共通한 言語를 使用하는 團體는 利害關係 以外에 感情的으로도 굳은 團結力이 생기어 偉大한 勢力의 덩어리가 됩니다. 다시 말하면 言語는 한個의 民族을 이룬 成員새의 거멀못이 됩니다"[4]는 이희승의 주장에서 드러나듯이, 해방 공간에서 '한 종류의 공통한 언어'를 사용하는 일은 해방된 조선을 단결시켜 '위대한 세력의 덩어리'가 되게 해주는 조건으로 생각되었다. 그러나 이 때 '공통한 언어'란 해방된 조선 사회에서 실제로 공통(共通)하고 있는 언어, 즉 순수하게 서로 동일한 방식의

---

4 이희승, 「國語講座·第一回 言語와 民族」, 『신천지』 제1호, 서울신문사, 1946.2. 134쪽.

언어를 사용한다는 사실을 기반으로 하는 일상 언어의 차원을 가리키는
것은 아니었다. 그것은 "民族을 內部로 團結시킬뿐 아니라 對外的으로
다른 民族과 區別되는 重要한 標識"[5]으로서의 "固有한 言語"를 가리키기
위한 말이었다. 다시 말해, '공통한 언어'의 경계는 '우리가 사용하는 말'
이라는 의미에서 안으로부터 뻗어나가 자연스럽게 형성되는 것(宜當事)
이 아니라, '다른 민족이 사용하는 말과 다른 말'이라는 의미에서 '바깥'
의 시선으로 '내부'를 만들어내려는 기획 속에서 의지적으로 그어지는
것(當爲)이었다. 그 의지적 행위 속에서만 '공통(共通)한'은 곧 '고유(固有)
한'과 동일시 될 수 있었다. 그리고 그런 의미에서의 '공통'으로서의 '위
대한 세력의 덩어리'는 조선 사람들로부터 애초에 괴리되어 있는 것으로
'민족'을 지시하고 있었다. 이 때의 '민족'이란 과연 무엇이었을까.

'다른 민족nation'이라는 외부로부터 조선을 구별되는 것으로 표시
(標)하여 알려줄(識)수 있는 것, 즉 일본, 미국, 소련 등의 근대 국가
nation들로부터 조선이 독립될 수 있다는 것을 증명하고 상징(象徵)해줄
수 있는 것으로 '공통한 언어'를 요청하는 심리의 기저에는, '민족'의 회
복과 '국가'의 건설을 동일한 것으로 상정하는 태도가 내포되어 있었다.
다시 말해 '공통한 언어'에 대한 주장은 그 자체로 '민족'이라는 이름으로
'국가'를 완수하고자 하는, 혹은 '민족=국가'라는 의미에서 'nation'이라
는 근대적 보편에 참여하고자 하는 내적 필요의 산물이었다는 것이다.[6]

---

5 이희승, 「國語講座·第一回 言語와 民族」, 『신천지』 제1호, 서울신문사, 1946.2. 134쪽.
6 서영채는 1920년대에 주창된 '민족문학론'에 대해 살피면서 다음과 같이 서술하고 있
   다. "문학이라는 보편적인 개념 앞에 민족이라는 한정어가 붙는 순간, 그것은 이미 단
   순히 서술적인 의미이건 아니면 가치 지향적인 것이건 간에, 자기 자신을 바라보는
   외부자의 시선의 개입을 피할 수 없다. 민족이라는 말 자체가 민족 외부에 대한 일종의
   대타의식 속에서 만들어지는 것이라는 점에서 그렇다. (중략) 민족 문학이 단지 분류
   적인 의미에서가 아니라 민족이라는 단어가 지니고 있는 역사적인 시각과 결합되어

  세계적 '보편'의 일부가 되기 위한 분투(奮鬪)에서 시선은 언제나 내부
가 아니라 외부를 향해 있었고, '내부'를 형성하려는 시선은 외부의 시선
을 경유하는 것으로만 작동하였다. 해방 공간의 조선어에서 일본어라는
'잔재'를 청산하는 문제는 따라서 억압의 흔적을 지우고 '내부'를 안으로
부터 회복한다는 의미에서라기보다는, 다른 '민족'으로부터 구별되는 것
으로서의 '민족'이라는 기표를 스스로에게 부여한다는 의미에서, 다시
말해 다른 '민족'들이 보편적으로 가지고 있는 것을 우리 '민족'에게서도
'발견'한다는 의미에서 중대한 것이었다. 순수한 조선어를 민족에게 걸
맞은 것으로 부여하는 데에는, 다른 민족에게 순수한 민족어가 있다는
것을 전제하는 시각이 깔려 있었다. 따라서 민족 '고유한 언어'는 단순히
상상적으로 상정된 것일 수 없었다. 그것은 보다 실체적으로 타자들에게
존재하는 것이었고, 내가 반드시 실체적으로 가지고 있어야 하는 것이었
다. '민족어'는 근대 '네이션'으로의 탄생을 전망하게 하는 실재하는 가
상(schein)⁷으로서 소환된 것이었다.

  하나의 규범적이고 당위적인 성격으로 규정되는 순간, 그것은 단순히 개별자의 위치에
  존재하는 것이 아니라 민족 외부의 세계에 대한 대타의식 속에서, 또한 민족들의 총체
  인 보편자에 대해 상대적인 개념으로 존재하는 하나의 특수자로 규정된다." 서영채,
  「한국 민족문학론의 개념과 역사적 소묘」, 『문학의 윤리』, 문학동네, 2005. 참고. 오
  창은은 서영채를 참고하여 'nation'에 대한 번역어로서 탄생한 '민족'과 '국가' 두 개념
  이 식민지 시기 내내 서로에게서 어긋난 채로 균열을 재생산하다가 해방 직후 좌익과
  우익 양 진영에서 '민족국가'라는 과제에 대한 열망 속에서 결합되게 된 양상을 살폈
  다. 오창은, 「민족문학」 개념의 역사적 이해」, 『미학·예술학연구』 제34호, 한국미학
  예술학회, 2011.12. 참고.
7 지젝은 다음과 같이 지적한다. "칸트 이전의 철학에서 가상은 사물들이 유한한 필멸
  의 우리에게 나타나는 가상적인(결함 있는) 방식으로 간주되었다. 우리의 과제는 (플
  라톤의 이데아부터 과학적인 '객관적 현실'에 이르기까지) 그러한 가상을 넘어 사물들
  의 진상에 가닿는 것이었다. 하지만 칸트와 함께 가상은 이러한 경멸적 성격을 잃어버
  렸다. 그것은 이제 우리가 현실로 지각하는 것 속에서 사물들이 우리에게 나타나는(우
  리에게 그렇게 존재하는) 방식을 가리키게 되었다. 그리고 우리의 과제는 그것을 '단순

　조선인들의 생활 언어와는 근본적으로 단절된 채 외부의 네이션과 대응하는 네이션으로의 자기 호명을 완수하기 위해 주창된 것이 조선어 단일언어주의였다면, 그것이 조선인 일반에게서 심정적 공감을 불러일으키기 위해서는 '네이션'에 대한 감각을 공유하는 일이 선행되어야 했다. '민족'과 '국가'에 대한 전망이 공유되지 않는다면, '민족'의 상징이고 '국가' 건설의 기반으로서 주창되는 '순수한 조선어'는 아무런 설득력을 가질 수 없을 것이었기 때문이다. 해방 공간에서 '독립', '해방', '자주', '국가', 그리고 '조선'이라는 기표가 적극적으로 생산되고 또 소비된 것은 바로 이러한 필요에서였다. '조선 독립', '민족 해방'과 같은 기표는 '조선'이 다른 민족들로부터 독립된 '민족'임을 현재완료태로 지시하고 있었고, '자주 국가 건설', '새조선'과 같은 기표는 '조선'이 다른 국가들로부터 독립된 '국가'임을 미래완료태(미래에 분명하게 도래한다는 점에서 이미 완료태가 되는)로 가리키고 있었다. 이 확정적 완료태들은 해방 이후 조선이 명백하게 네이션의 전망을 가지게 되었음을 기표 그 자체로 강력

한 환영적 가상'으로 비난하고 그것을 넘어서 초월적 현실에 가닿는 것이 아니라 그와는 전혀 다른 것, 즉 사물들의 이러한 나타남을 가능케 하는 조건들, 사물들의 초월론적 발생의 가능성의 조건들을 식별해내는 일이 되었다. 즉 그러한 나타남은 무엇을 전제하는가? 사물들이 우리에게 그와 같이 나타나려면 무엇이 항상-이미 일어났어야 하는가?"(슬라보예 지젝, 『헤겔 레스토랑 : 헤겔과 변증법적 유물론의 그늘』, 새물결, 2013. 38~39쪽.)

　"플라톤의 무언의 교훈은 모든 것이 가상이며, 가상과 현실 사이에 명확한 분리선을 긋는 것이 가능하지 않다(가능하다면 그것은 궤변의 승리를 의미할 것이다)는 것이 아니라 본질은 '가상으로서의 가상'이며, 본질은 가상 내부에서 가상과는 반대로 나타나며, 가상과 본질 사이의 구분은 가상 자체 속에 기입되어야 한다는 것이다. (중략) 가상은 그 자체로서는 아무것도 아니다. 그것은 단지 가공의 존재이지만 이 가공에 불과한 존재가 본질의 유일한 존재이며, 따라서 본질의 반성적 운동은 '(필자의 헤겔 인용 부분-인용자)무에서 무로 가는 운동이며, 따라서 이것은 자기 자신에게로 복귀하는 운동이기도 하다.'"(지젝, 같은 책, 85쪽.)

하게 주장하는 것이었다.

그러나 불행히도 그러한 전망은 조선인들이 실제적으로 감각하는 해방 조선의 현실과는 괴리된 것이었으므로 공허한 것이었다. 미국과 소련의 영향력 하에 진정한 의미의 '자주'가 지연되고 있었다는 점에서 그러했고, 유엔이라는 외부에 존재하는 '진짜 네이션들'의 집단이 조선을 '독립 국가'로 '승인'하는 데에 적극적이지 않았다는 점에서 그러했다. 조선이라는 네이션은 이미 탄생한 것도 미래에 반드시 탄생할 것도 아닐 수도 있다는 불안이, 혹은 불신이, 조선을 네이션으로 약속하는 모든 기표들 속에 이미 내재되어 있었다. 조선어 단일언어주의는 그래서 완벽하게 억압적일 수 없었다. '단일'로서의 네이션은 외부에는 있을지 몰라도 조선에는 (아직) 없는 것이었고, 그것에 대한 전망은 조선이 아니라 이미-네이션인 '민족/국가'들의 손에 맡겨져 있는 것이었으므로, '단일'한 네이션의 '단일언어'란 애초에 현실적 설득력도 심정적 공감도 불러일으키기 어려운 것이었다.

2. 단일언어주의와 김수영

단일언어주의의 폭력성을 중심으로 '이중언어세대'의 문제를 다룬 기존의 연구들이 간과하고 있는 부분은 바로 이 지점에 있을 것이다. 해방 공간의 단일언어주의는 분명 억압적이고 폭력적인 이데올로기였지만 그것이 반드시 '지배적'으로 작용하지는 않은 언어 수행 역시 존재 가능했다는 것이다. 선행연구들의 소중한 성과와 같이 당시 이중언어자들이 조선어 단일언어주의 논리 속에서 자신의 이중언어를 억압한 흔적을 살피는 것은 매우 중요하지만, 그러한 예를 해방 공간의 이중언어 문제를 바라보는 일반론적인 틀로 설정하는 것은 오히려 해방 공간에서 '언어'가 수행된 다양한 방식을 일관된 논리로 축소시켜 바라볼 위험성을 가지고 있다. 이중언어자들을 '단일언어주의의 피해자'라는 공통 논리를 축으로 하여 '이중언어세대'라는 하나의 묶음으로 치환시켜 사유할 경우, 단일언어주의 논리가 가지는 억압성에 구애되지 않는 방식으로 언어를 수행한 면모를 오히려 간과할 수 있다는 것이다. 본고가 목적으로 하는 바는 그간의 연구들에서 '이중언어세대'의 대표적인 인물로 중요하게 다루어졌던 김수영이 바로 그러한 경우, 즉 단일언어주의를 굳이 '억압'으로 내면화하지 않았던 경우를 적극적으로 드러내준다는 것을 보이는 일이다.

앞서 살펴본 서석배와 한수영의 연구를 적극 참고하여 해방 공간에서 이중언어자들이 경험한 언어적 고통의 흔적을 발견한 일련의 연구들[8]은 '이중언어세대'를 단일언어주의의 '피해자'로 발견하는 것에 동의하였

---

8 발표 순서대로 김용희, 「이중어 글쓰기 세대의 한국어 시쓰기 문제-1950, 60년대 김종삼의 경우」, 『한국시학연구』 제18호, 한국시학회, 2007.4., 한수영, 「전후소설에서의 식민화된 주체와 언어적 타자-손창섭 소설에 나타난 이중언어자의 자의식」, 『인문연구』 제52호, 영남대학교 출판부, 2007.6., 조윤정, 「전후세대 작가들의 언어적 상황과 정체성 혼란의 문제」, 『현대소설연구』 제37호, 한국현대소설학회, 2008.4., 장인수, 「전후 모더니스트들의 언어적 정체성-박인환, 조향, 김수영의 경우」, 『국제어문학회 학술대회 자료집』, 국제어문학회, 2011.5., 조윤정, 「언어의 위계와 어법의 균열-해방기~1960년대, 한국의 언어적 혼종상태와 문학자의 자의식」, 『현대문학의연구』 제46호, 한국문학연구학회, 2012.2., 여태천, 「1950년대 언어적 현실과 한 시인의 실험적 시쓰기-김종삼의 초기시를 중심으로」, 『한국문학이론과비평』 제59호, 한국문학이론과비평학회, 2013.6., 강계숙, 「김수영 문학에서 '이중언어'의 문제와 '자코메티적 발견'의 중요성」, 『한국근대문학연구』 제27호, 한국근대문학회, 2013.4., 조영미, 「1950년대 모더니즘 시의 이중언어 사용과 내면화 과정」, 『한민족문화연구』 제42호, 한민족문화학회, 2013.2., 임세화, 「김수영의 시와 시론에 나타난 시어로서의 '국어'와 '번역'의 의미」, 『인문학논총』 제36호, 경성대학교 인문과학연구소, 2014.10. 한수영, 「'상상하는 모어'와 그 타자들-'김수영과 일본어'의 문제를 통해 본 전후세대의 언어인식과 언어해방의 불/가능성」, 『상허학보』 제42호, 상허학회, 2014.10. 등이 있다.

다. 김수영 역시 '이중언어세대'의 한 명으로서, '조선어보다 익숙한 일
본어'를 억압당한 상황에서 해방 문단에 등장한 작가로 주목받았다. '이
중언어세대' 가운데 김수영이 특히 주목받았던 이유는, 그가 60년대에
세 편의 글(1960년 9월 9일 일기, 1961년 2월 10일 일기, 1966년 2월 20일 시작노
트)을 일본어로 썼고, 해방 후 십오 년에서 이십 년이 지난 시점에 쓴
이 글들에서 "일본말 속에서 살고 있는 건지도 모른다",[9] "나는 일본어를
사용하고 있는 것이 아니라 망령을 사용하고 있는 것이다",[10] "하여튼 나
는 해방 후 20년 만에 비로소 번역의 수고를 던 문장을 쓸 수 있었다.
독자여, 나의 휴식을 용서하라"[11]와 같은 언술을 통해, 자신의 내면에 계
속해서 작동하고 있는 일본어의 존재를 부각시켰기 때문이다. 이 진술들
을 기반으로 하여 앞서 언급한 글들에서, 한수영은 김수영이 "자신을 지
배하고 있는 언어적 혼종을 있는 그대로 인정하고 싶어"했다는 점에서,
서석배는 일본어로 사유하고 조선어로 쓰는 "번역을 통한 시 쓰기"를 경
유하여 그가 "모국어와 국어 사이의 차이를 드러낸", '저항자' 역할을 수
행했다는 점에서, 김수영이 '이중언어세대' 문제에서 중요한 위치를 차
지한다고 지적했다.

　이후 많은 연구들은 김수영의 일본어 글쓰기의 '저항성'에 주목하여,
그의 저항적 이중언어 실천과 시적 저항성을 연결 지어 새롭게 고찰하고
자 하였다. 대표적으로 강계숙은, 김수영이 일본어와 조선어의 '사이'에
서 '번역'을 수행하는 가운데 식민주의적 의식을 여전히 담지하고 있는
것으로서의 '조선어'와 '일본어' 양자를 모두 추방하고자 했으며,[12] 후기

9　김수영, 「일기 초 2 2월 10일(1961.2.10.)」, 『김수영 전집 2 산문』, 민음사, 2013.
　　509쪽.
10　김수영, 「시작 노트 6(1966.2.20.)」, 『김수영 전집 2 산문』, 민음사, 2013. 451~452쪽.
11　김수영, 「시작 노트 6(1966.2.20.)」, 『김수영 전집 2 산문』, 민음사, 2013. 451쪽.

'자꼬메티적 발견'을 경유하면서 번역의 수행에서 마주하게 된 '언어의 타자성'에 대한 의식을 '자기배반의 연속'으로서의 '시쓰기'의 실천으로 연결시켰다고 설명했다.[13] 조연정[14]은 김수영의 언어관과 시론이 애초에 "한 언어체계로부터 다른 언어체계로의 불완전한 이동이라는 번역 행위"에 기초하고 있다는 관점에서 출발하여, 김수영의 "침묵 한걸음 앞의 시"는 "말할 수 없는 것을 말해야 하는" 번역과 시쓰기 양자의 본질과 관련되어 있다고 지적했다. 가장 최근 연구인 임세화[15]의 논문은 김수영이 수행한 '번역'은 기존 연구들이 상정한 바처럼 '일본어-조선어'라는 '언어통일체'들 사이의 작업이 아니라, '번역'의 순간 두 언어가 일시적인 통일체로 정립되고 곧 다시 파괴되는 '순간성'의 작업으로 읽혀야 한다고 주장했다. 그는 언어 일반이 이미 언제나 '타자의 언어'라는 것을 자각한 것이 바로 김수영의 '침묵'이라고 읽어냈다.

해방 공간의 단일언어주의에 의해 자유로운 언어 사용이 억압된 '이중언어세대'의 한 명으로서 김수영을 발견하고 다른 이중언어자들에게서는 찾아보기 어려운 단일언어주의에 대한 '저항성'을 그에게서 적극 찾아내는 두 겹의 작업을 진행하고 있는 이들 연구들은 김수영의 후기 시론과 언어관을 새롭게 읽을 수 있는 여지를 그의 이중언어성에서 발견했다는 점에서 소중하다. 그러나 이들은 앞서 지적한 것처럼 이희승의 우

12 강계숙, 「김수영은 왜 시작노트를 일본어로 썼을까?」, 월간 『현대시』, 2005 여름호, 한국문연, 2005.

13 강계숙, 「김수영 문학에서 '이중언어'의 문제와 '자코메티적 발견'의 중요성」, 『한국근대문학연구』 제27호, 한국근대문학회, 2013.4.

14 조연정, 「'번역체험'이 김수영 시론에 미친 영향 : '침묵'을 번역하는 시작 태도와 관련하여」, 『한국학연구』, 제38호, 고려대학교 한국학연구소, 2011.5.

15 임세화, 「김수영의 시와 시론에 나타난 시어로서의 '국어'와 '번역'의 의미」, 『인문학논총』 제36호, 경성대학교 인문과학연구소, 2014.10.

려에서 드러나는 바 해방 공간의 조선어 단일언어주의가 단지 일방적이고 온전하게 강압적인 방식으로 '성취'된 것은 아니라는 점을 고려하고 있지 않다는 점에서 공통적으로 한계를 가진다.

서석배[16]가 '사유는 일본어로하고 글은 조선어로 써야 했다'는 전봉건의 회고를 사유언어−표현언어 간 '번역'으로 언도하고 김수영의 이중언어 수행 역시 '번역' 작업으로 진단한 이래, 이중언어를 '번역'의 문제로 진단하는 것 자체가 가질 수 있는 문제점은 지적되지 않은 채 여러 연구들에서 재생산되었다. 이때 '번역'은 단일언어주의의 억압 하에 불가피한 선택으로 그려지고, 따라서 단일언어주의의 폭력성은 피할 수 없었던 것, '성공한 지배논리'로 규정되게 되었다. 이러한 규정에 의해 김수영의 이중언어 수행에 대한 연구들 역시, 폭력적 논리에 전혀 동의하지 않으면서 확장된 언어를 있는 그대로 향유한 것으로 이중언어를 읽을 수 있는 여지에 대하여서는 철저히 맹아가 되었다.

'번역'이라는 틀로 김수영의 이중언어를 바라 볼 때, 당연하게 주목하게 되는 것은 그의 60년대의 일본어 글쓰기와 그와 관련된 60년대의 시, 60년대의 진술이었다. 연구자들은 60년대 진술을 근거로 하여 김수영의 해방기 이중언어 수행을 '번역'의 방식으로 이루어진 모종의 '저항'으로 소급적으로 규정했고, 그로부터 60년대까지의 연속성을 보장하는 방식으로 바로 그 '번역'의 논리를 재귀적으로 강화했다. 1961년에 일본어로 쓴 글에서 김수영이 "일본말 속에서 살고 있는 건지도 모른다"고 진술한 것은 즉각 해방 직후부터 61년까지 그가 일본어−사유언어를 조선어−표현언어로 '번역'하는 삶을 살아왔다는 것으로 해석되었다. 이러한 해석

---

16   서석배, 「단일언어사회를 향해」, 『한국학연구』 제9호, 동국대학교한국문학연구소, 2005년 하반기.

은 다양한 근거들로 보충되었지만, 그럼에도 불구하고 15년이라는 시간
을 일관된 언어 수행 방식으로 관통하려는 작업 자체가 얼마나 적합할
수 있는가는 재고해 보아야 할 문제이다.

특히 김수영이 1960년 4·19혁명을 경험하면서 누구보다 치열하게 진
정한 '혁명'적 방식에 대해 고민하고 그것을 자신의 문학적 동력으로 삼
았다는 점에서, 60년대의 언어 수행 방식과 진술 내용을 기반으로 그
이전을 규정하는 작업은 설득력을 얻기 어렵다. 김수영이 60년대에 일
본어에 대해 진술하고 일본어로 글을 쓸 때 그가 자신의 언어에 대해
가지고 있던 태도는 분명 혁명의 경험 위에 세워진 것이었을 것이며, 따
라서 해방 직후의 언어 수행을 들여다보는 데에 혁명 이후의 사고 내용
을 적용하는 것에는 무리가 따른다는 것이다. 이 점을 중요하게 여기지
않고 혁명 이후의 언어 수행이 드러내는 성격을 혁명 이전의 '이중언어
성' 수행을 읽는 데에 소급적으로 적용시키는 작업은, 그간 김수영의 후
기 시에서 발견해온 혁명성의 '맹아(萌芽)'를 발견하려는 내적 필요를 이
미 가지고 수행될 위험을 가지고 있다.[17] 현재까지 발견된 김수영의 텍스
트 가운데 한국전쟁 이전의 자료가 절대적으로 부족하다는 현실적인 한

---

17 탈식민주의 연구에서 참조되는 리 마커스의 다음과 같은 서술은 우리들이 어떤 대상
을 연구할 때 가지게 되는 태도 자체를 반성적으로 자각하는 작업을 멈추지 않아야
하는 이유를 잘 드러내 준다. "우리는 신대륙의 탐험가들처럼 우리 앞에 놓은 주제를
마치 측량해야 할 들판으로, 개척해야 할 땅으로, 또는 반대 학파와 싸워서 차지해야
할 영토로 우리 마음 속에 그린다. 침략과 정복의 수사법을 통해 우리의 비평 행위는
신대륙 발견의 어렴풋한 환영을 좇아, 새로운 풍요로움과 복잡함을 좇아, 그리고 광활
한 새 영역을 우리의 지적 지배 아래 넣으려는 애타는 희망을 좇아 그 궤도를 조정해간
다." Marcus, Leah S., "Renaissance/Early Modern Studies," in Stephen Green-
blatt and Giles Gunn (eds.), *Redrawing the Boundaries: The Transformation
of English and American Literary Studies*, New York: The Modern Language
Association of America, 1992, pp.61~62. 이경원, 『검은 역사 하얀 이론』, 한길사,
2011, 478~479쪽에서 재인용.

계를 감안하더라도 그 위험성은 여전히 유효하다.

우리가 이미-혁명적이었음을 발굴하려는 욕망을 경계해야 하는 이유
는, 그것이 소급적인 규정이기 때문만이 아니라, 그러한 소급의 욕망이
비판의 대상으로 삼고 있는 '단일언어주의'의 논리를 스스로 구성적으로
답습하는 것이기 때문이다. 60년대의 진술과 일본어 글쓰기를 근거로
하여 김수영의 이중언어를 '번역'의 문제로 치환하는 기존 연구들의 작
업이 말하는 '단일언어주의'는, 하나의 언어만을 '민족어', '모국어' 등의
논리로 강요하고 이 '단일언어'를 '백지'의 순수한 상태로 구사하기를 요
구하는 구체적인 이데올로기를 지시한다. 이와 같은 민족주의적 이데올
로기로서 단일언어주의를 사유할 때, 단일언어주의는 곧바로 강력한 폭
력으로 단정되고, 그러한 사회 속에서 '이중언어'를 수행한다는 것은 단
일언어주의가 억압하는 언어들을 고집스럽게 구사한다는 의미로 축소된
다. 그리고 고집은 '강압'에 대한 '저항'의 의미로 요청될 수밖에 없게 된
다. 연구자들이 일본어를 '가장 편한 언어', '사유 언어', '세계를 이해하
고 표현하는 제1언어'로 가지고 있었다는 점을 부각시킴으로써 김수영에
게서 조선어 단일언어주의에 '저항'한 면모를 발견하려고 했던 것은, 바
로 그들이 '단일언어주의'의 문제를 민족주의적 이데올로기의 차원에서
접근했기 때문이다.

이러한 접근은 '일본어'를 '원본어'로 요청함으로써 김수영에게 있어 일
본어의 위상이 얼마나 큰 것이었는지를 강조하게 만든다. 문제는 그러한
방식으로 일본어가 강조될 때, 그 '일본어'가 바로 일본 제국주의 말기에
'단일언어주의'적으로 내면화된 언어를 가리키게 된다는 것이다. 실제로
일본어 단일언어주의 환경에서 일본어를 '제1언어'로 내면화했을 필연성
이 없음에도 불구하고, '일본어로 사유하고 조선어로 번역'하는 작업을
60년대까지 계속하고 있었다고 김수영을 읽는 작업은 그에게 일본어 단

일언어주의가 무척이나 성공적으로 내면화되었음을 반증하게 된다. 곧 김수영의 일본어 역시 해방 공간에서 '원본어'가 되기를 강요당했던 조선어와 같은 방식으로 '원본어'로 자리잡은, '단일언어주의'의 산물이라고 지적하게 된다는 것이다. 이 단일언어주의적 일본어를 조선어 단일언어주의에 저항하는 도구나 매체로 적극 소환할 때, 그러한 작업은 결국 조선어 단일언어주의에 저항하기 위해 일본어 단일언어주의를 고수(固守)한 것으로 김수영의 언어를 오해할 여지를 남기게 된다.

단일언어주의라는 억압에 대한 저항의 논리가 단일언어주의적 사고방식을 반복하는 모순에서 벗어나기 위해서는, '억압'과 '저항'이라는 이항대립적 구도를 넘어서야 한다. 해방기의 이중언어 상황이 단일언어주의의 억압과 그에 대한 순종 혹은 저항으로 단순화되지 않을 수 있다는 점에 주목해야 한다는 것이다. 이를테면, 일본어를 고집스럽게 사용하고 조선어를 여전히 '과학어'와 '문화어'의 지위로 올려주기를 거부하는 태도는 충분히 해방 공간 언어 수행의 한 면을 구성하고 있었을 수 있다.[18] 혹은 조선어를 '민족어'나 '국어'로 받아들이기 어려워, 적어도 비공식적으로는 보다 익숙한 언어인 일본어를 유지했을 가능성 역시 있다. 해방기라는 특수한 현실을 고려했을 때 그러한 태도를 조선어 단일언어주의에 대한 '저항'의 일종으로 볼 필연성은 없다. 단일언어주의의 '억압'과 이중언어 수행이라는 '저항'의 구도가 아닌 지점에 있는 이러한 언어 수행들은, 김수영의 해방기 이중언어 수행을 새로 볼 수 있게 한다. 그

---

18 이희승은 학생집회에서 일본어로 애국 연설을 하는 학생들의 모습을 통탄한다. 그는 이 모습이 한국민족주체성의 결여를 보여준다며 애석해하지만, 이는 다시 말하면 젊은 세대에게 '애국'이라는 것이 조선어와 연결되지 않았을 뿐만 아니라 애국과 같은 중대한 연설을 위한 언어로 여전히 일본어가 선택되었다는 것을 보여준다. 이희승, 「國語敎育의 當面課題」, 『朝鮮敎育』 제1호, 조선교육연구회, 1947.4. 참고.

핵심은 현재까지 발굴된 자료에 한해서 김수영이 해방 직후에 일본어를 '단일언어'로 바라보는 태도를 보이지 않았을 뿐더러, 조선어 단일언어주의에 명백하게 '저항'하는 면모 역시 발견하기 어렵다는 것이다. '저항'이 아니라면 해방 공간에서 김수영의 이중언어는 어떤 것으로 볼 수 있을까. 해방 공간에서의 김수영의 언어 수행이 단일언어주의에 대한 소극적 수용도 적극적 저항도 아닌 것일 때, 그것이 과연 어떤 성격을 가지고 있는 것인지를 살펴보기 위해서는 '단일언어주의' 자체에 대해서 생각해 볼 필요가 있다.

기실 단일언어주의가 문제적인 것은 그 이데올로기가 주체들에게 내면화되어 내부로부터 '단일언어'를 요구하게 하기 때문이다. 글을 쓰기 위해서 조선어를 습득해야 했던 고통에 대한 회고들에서 드러나는 단일언어주의의 문제는, 그것이 그들에게 강압적으로 부과되었다는 사실만이 아니라, 그들이 그것을 어찌되었든 적극 내면화하여 자기자신을 '일소할 수 없었던(즉, 일소해야 했지만 그러지 못했던-인용자) 일본 식민주의의 유산(최기일)'[19]을 가진 자, '언어의 수인(囚人)(이어령)'[20], '근본적으로 이미 잘못 오염되어 있'는 자(이호철)[21]로 폄하하게 되었다는 점이다. 이들에게 단일언어주의는 이미 내부로부터 솟아나는 것으로 자리 잡은 것이었고, 그것은 자기 자신을 자신의 언어로부터 소외시키는 내적 논리를 스스로 반복하게 하는 것이었다.

데리다는 프랑스의 식민지인 알제리에서 태어나 프랑스어를 '단일언

---

19 최기일, 『자존심을 지킨 한 조선인의 회상』, 생각의나무, 2002, 195쪽. 한수영, 「전후세대의 문학과 언어적 정체성-전후세대의 이중언어적 상황을 중심으로」, 『대동문화연구』 제8호, 성균관대학교출판부, 2007.6. 참고.
20 이어령, 「서문」. 『축소지향의 일본인』, 문학사상사, 2008. 한수영, 위의 글 참고.
21 이호철, 「우리 세대」, 『긴가수첩』, 진문출판사, 1977. 12쪽. 한수영, 위의 글 참고.

어'로 구사하게 된 자신의 경험에 비추어 "우리는 하나의 언어만을 말한
다*We only ever speak one language*"와 "우리는 단 하나의 언어만을
말하지 않는다*We never speak only one language*"라는 이율배반적인
문장을 병렬관계로 제시하고, 이 병렬관계 속에 "단일언어'가 이미 단일
언어주의'라는 진실이 담겨있다고 말한 바 있다.[22] 그에 따르면, 하나의
언어를 사용하는 사회적 환경 속에 놓인 개인은 그 사회의 '단일언어'를
자신의 유일한 언어로 가지게 됨으로써 단일언어화자가 되는 것으로 흔
히 생각되지만, 실상 특정한 언어를 다른 언어들과 '구별'되고 '분리'되
는 것으로 인식하고 그것을 자신의 '단일언어'로 규정하는 것은 스스로
를 '단일언어화자'라고 인식하는 자기 자신이다. 단일언어주의란 외부에
서 부여되는 것이기도 하지만 그것이 실제적으로 발동되는 때는 단일언
어주의의 논리를 화자가 받아들이고 그 논리에 따라 자신의 언어를 규정
할 때라는 것이다. 자신의 언어적 삶 속에서 특정 언어를 다른 언어들과
(질적으로) 차별되는 것으로 인식하고 의미를 부여하는 개인의 그 태도가
바로 그 언어를 다른 언어들과 질적으로 다른 '단일언어'로 만들고, 화자
자신을 '단일언어화자'로 만든다.[23] 특정한 하나의 언어가 '나의 언어'라

---

22 "I am monolingual. My **monolingualism** dwells, and I call it my dwelling; it
    feels like one to me, and I remain in it and inhabit it. It inhabits me. The
    monolingualism in which I draw my very breath is, for me, my element. Not
    a natural element, not the transparency of the other, but an absolute habitat.
    (중략) It would always have preceded me. It is me. **For me, this mono-**
    lingualism is me."(강조는 인용자) Derrida, Jacques, *Monolingualism of the*
    Other: or, The Prosthesis of Origin, translated by Patrick Mensah, Stanford
    University Press: Stanford, 1998. p.1~2.

23 데리다는 다음과 같이 서술한다. "in this body fascinated by its own "division",
    before any other memory, writing destines itself, as if acting on its own, to
    anamnesia." 이러한 '분리'와 '쓰기'는 "*a disorder of identity [trouble d'identité]*"
    에서 출발한다는 것이 그의 진단이다. Derrida, Jacques, *Monolingualism of the*

는 감각을 중요한 것으로 사유하는 이들에게 언어적 정체성이란 바로 그 하나의 언어가 '단일언어'로 존재할 때에만 가능한 것으로 사유된다. 이들은 언어의 '단일언어임'이 흔들릴 때에 자신의 정체성의 위기를 맞는다.

데리다의 논의를 빌려 해방 공간의 '단일언어주의'를 자기 수행적인 차원에서 바라보면, 단일언어주의라는 이데올로기는 '네이션으로서의 조선 건설'을 목적으로 하는 지식인들의 논리에 의해 사회적으로 발동된 것이지만, 그것이 개인의 언어생활에 실제로 폭력적으로 작용하게 되는 것은 바로 그 개인이 그 이데올로기의 부름에 응답했기 때문이다. 고통스럽게라도 조선어 단일언어주의의 장으로 들어가야 했던 이중언어자들이 동의한 것은 '단일언어'라는 관념 자체였다. 그것은 반드시 '조선어라는 단일언어'일 필요는 없었다. 언어를 통해 자기동일성을 보장하려고 하는 욕구는 일본어가 자신의 언어 세계를, 그로써 자신의 언어적 정체성을 구성한다는 의식 속에 이미 담겨져 있는 것이었다. 그들은 '단일언어'라는 감각에 익숙했고, 그것을 상실하게 될 위기에 놓였을 때, 또다른 '단일언어'의 부름에 응답할 수밖에 없었다는 것이다.

'단일언어(주의)'를 가지고 있는 상태를 유지해야 한다는 강박은 그들에게 단지 이데올로기를 따르는 것이기보다는 자신의 '정체성'을 유지하는 실체적이고 실제적인 문제였다. 유념해야 할 것은 단일언어주의에 대한 '저항' 역시 단일언어주의적 자기동일성에 대한 욕망을 기반으로 작동한다는 것이다. 특정한 단일언어주의에 '저항'해야 한다는 태도는 단일언어주의적 요구를 나의 '단일언어'를 억압하고 다른 언어를 '단일언

Other; or, The Prosthesis of Origin, translated by Patrick Mensah, Stanford University Press: Stanford, 1998. p.8, p.14. 참고.

어'로 수행하라는 요구로 받아들일 때 발동되기 때문이다.[24] '저항'과 '수용'은 단일언어주의의 '억압성'에 대한 상반된 반응으로 보이지만, 특정한 언어를 '단일언어'로 받아들인다는 점에서 공통적으로 단일언어주의적 논리의 반복이다. 단일언어주의 논리에 대한 태도는 그것이 소극적인 수용이든 적극적인 저항의 태도이든 '단일언어'라는 감각 자체를 놓지 못하고 있는 것이라는 점에서 이미 단일언어주의적인 것이다.

그렇다면 일본 제국주의에서 해방 직후로 연속된 이 '단일언어주의'적 언어논리 속에서 단일언어주의적으로 요구된 일본어와 조선어를 이중언어로 가지고 있던 이들은 모두 단일언어주의적 언어관을 재생산할 수밖에 없었을까. 선행연구들이 밝힌 바 많은 이중언어자들이 그러할 수밖에 없었겠으나, 본고는 이제 김수영만은 해방 공간에서 자신의 이중언어라는 상황을 다른 방식으로 수행했다는 점을 보이고자 한다. 이를 위해서는 그간 김수영의 이중언어를 읽는 데에 중요하게 개입되어 왔으나 단일언어주의적 관념을 전제하지 않을 수 없는 '번역'이라는 개념으로부터 거리를 취할 필요가 있다. 선행연구들이 논의한 바 김수영에게 텍스트 번역 작업이 중대한 영향을 미쳤고 그의 이중언어가 일부 사유언어−표현언어 간 '번역'의 방식으로 수행되었다고 볼 근거가 있다고 하더라도, 우리는 60년대에 그가 사용한 '번역'이라는 어휘의 강력한 자장으로부터 벗어나서, 그의 초기 시부터 차근차근 살펴가야 한다. '번역'이라는 소급적 규정이 이루어지기 전에 그의 이중언어는 어떠한 방식으로 수행되고 있었는가.

---

24 일본 제국주의 말기 조선어를 억압하고 일본어를 강요하는 세태에 대항하여 '민족어'로서의 '조선어'라는 관념이 형성된 것은 '저항'이라는 포즈가 단일언어주의적 언어관을 재생산하는 것이 된다는 점을 보여준다.

3. '신화화'되지 않는 언어

김수영이 다른 이중언어자들과 다른 점이 있다면 그의 초기 시편들이 해방 공간에서 '일본어'나 '조선어'가 자신의 '단일언어(주의)'여야 한다는, 다시 말해 '단일언어'가 자신의 내적 동일성을 보장한다는 강박을 내면화하지 않았던 면모를 보인다는 데에 있다.[25] 우선 그의 등단작으로 잘 알려져 있는 「묘정의 노래」는 해방 직후 그 역시 맞닥뜨릴 수밖에 없었던 언어적 혼란을 드러내준다.

> (一) 南廟문고리 구든 쇠문고리/기옇코 바람이 열고/열사흘 달빛은/이미 寡婦의青裳이여라//나려가든 朱雀星/깃드린 矢箭/붉은 柱礎에 꼿처있는/半절이 過하도다//아一어인 일이냐/너 朱雀의 星火/서리앉은 胡弓에/피여 사위도 스럽구나//寒鴉가 와서/그날을 울드라/밤을 반이나 울드라/사람은 영영 잠귀를 이럿드라

---

25 강계숙은 김수영이 일본어라는 '망령'을 불러내어 그것에 죽음을 선포하는 '제의'를 수행함으로써 한국어 단일언어주의 뿐만 아니라 피식민자의 피해의식을 담지하고 있는 일본어에도 균열을 가했다는 점을 지적한 바 있다. 이 지적은 김수영에게 남아있던 '일본어'에게서 '단일언어'의 위상을 소거시키는 것이었지만, 그럼에도 불구하고 그 논리가 끝내 '번역'의 차원에 머물렀고 "자국어의 경계가 고정적일 수 없음을 각인시키는", "외국어성"의 발견이 "민족어의 용법을 확장하고 모국어의 역량을 끌어올렸다(이는 황현산의 논의에 동조한 부분이다)"는 다소 모순적인 논의로 귀결되었다는 점에서 단일언어주의적 사고를 완전하게 넘어서지 못한 것으로 보인다.(강계숙, 「김수영 문학에서 '이중언어'의 문제와 '자코메티적 발견'의 중요성」, 『한국근대문학연구』, 제27호, 한국근대문학회, 2013.4, 참고.) 단일언어주의적 관념을 경유하지 않은 이중/다중언어성을 사유하는 연구는 서석배와 강계숙에 의해 '번역'이라는 구체적인 논의가 시작되기 이전에 김용희에 의해 이루어졌다. 잡종성, 혼종성은 이미 구성되어 있는 것으로 가정되는 순수·순혈에 흠집을 내는 것이 아니라 오히려 자기구성을 이루기 위해서 불가피하게 경험하게 되는 '정황'이라는 김용희의 지적이 필자는 앞으로 우리가 김수영의 이중언어성을 탐구하기 위해 돌아가야 할 논의의 지점이라고 생각한다. 김용희, 「김수영 시의 혼성성과 다중언어의 자의식」, 『현대문학의 연구』 제24호, 한국문학연구학회, 2004. 참고.

(二) 百花의 意匠/萬華의 거동의/지금 고오히 잠드는 얼을 흔들며/關公의 色帶로 감도는/香爐의 餘烟이 神秘한대//어드메에 담기랴고/漆黑의 壁板 위로/香烟을 찍어/白蓮을 문의놋는/이밤 畵工의 소매자락 무거히 적셔/오늘도 우는/아아 김생이냐 사람이냐[26]

이 시는 명절마다 참묘를 갔던 '어린 시절의 성지'인 동묘(東廟)의 이미지를 따온 것이라고 회고된다.[27] 그러나 그 이미지를 형상화하는 언어는 '과부의 청상', '나려가든 주작성 깃드린 시전', '붉은 주초', '주작의 성화', '서리앉은 호궁', '백화의 의장', '만화의 거동', '관공의 색대', '향로의 여연', '칠흑의 벽판 위로 향연을 찍어 무늬 놓은 백련' 등, 어린 시절의 이미지에 관한 것이라고 보기에는 지나치게 어려울 뿐만 아니라 소위 '전통적'이라고 말할 수 있는 이미지들을 지시하는 한자어 조합으로 드러나고 있다. 그와 보조를 맞추어 이 언어가 주조해내는 이미지는 '어린 시절의 이미지'와는 거리가 멀게 느껴져서, 이 이미지들이 과연 시인 자신이 내면에 가지고 있는 자신의 이미지가 맞는지 의심스러울 정도의 거리감을 만들어낸다. 그런데 특이한 점은 이렇게 어딘가 괴리감이 느껴지는 한자어 이미지들을 연결하는 서술적 언어가 이미지에 대한 거리감을 완화시켜주는 역할을 하고 있다는 점이다. '아―어인 일이냐', '사위도 스럽구나', '잠귀를 이럿드라', '어드메에 담기랴고' 등은 일상어에서 흔히 들을 수 있는 구어적 표현들이다. 이 표현들은, 앞서 지적한 이미지들이 어딘가에서 차용한 듯한 느낌을 주는 것과 대조적으로, 이 시의 진정성을 높이는 효과를 내고 있다. 이미지를 표현하는 언

---

26 金洙暎, 「廟廷의 노래(1945)」, 『藝術部落』第二輯, 1946.3. 13쪽.

27 김수영, 「연극 하다가 시로 전향―나의 처녀작(1965.9)」, 『김수영 전집 2 산문』, 민음사, 2013, 333쪽.

어와 그 이미지들을 연결하는 언어 사이의 이 간극을 어떻게 이해해야 할까.

"어느 서구 시인이 시어는 15세까지 배운 말이 시어가 될 것이라고 한 말을 기억하고 있는데, 나의 시어는 어머니한테서 배운 말과 신문에서 배운 시사어의 범위 안에 제한되고 있다"[28]라거나, "우리 아버지는 상인이라 나는 어려서 서울의 아래대의 장사꾼의 말들을 자연히 많이 배웠다"[29]는 김수영의 진술은 그가 적어도 어린 시절에는 분명하게 구어적인 조선어 환경에 적극적으로 노출되었고, 그 가운데 자연스럽게 구어적 조선어 표현을 습득했다는 것을 드러낸다. 「묘정의 노래」에 간간히 드러나는 구어적 서술어 표현들은 바로 그가 어린 시절에 습득한 것들이 자연스럽게 사용된 것일 테다. 그러나 이 언어는 동묘라는 공간의 이미지를 주형(鑄型)해내기에는 부족했을 것이다. 구어적 표현을 간직하고 있었고 실제로 구사도 하면서 그것을 쓸 줄도 알았다고 하더라도, 이미지를 주조하는 비-구어적 작업은 다른 차원의 문제이기 때문이다. 이미지를 만들어내는 데에는 오히려 일본어 표현이 먼저 떠올랐을 것인데, 그 표현을 일본어 그대로도, 자신이 원래 자기고 있는 구어적 조선어로도 표현해낼 수 없었다는 데에 그의 곤란함이 있다. 그가 선택할 수 있는 것은 그 자신이 익숙한 것은 아니지만 '동묘'라는 공간을 묘사하는 데에 적합할 조선어, 즉 조선의 풍속을 설명하는 책자에 나올법한 '전통'적 이미지들을 표상하고 있는 '전통'적 언어인 조선어였다.[30] 그가 실제로 어딘가

---

28 김수영, 「시작 노트 1(1961.6.14)」, 『김수영 전집 2 산문』, 민음사, 2013, 432쪽.
29 김수영, 「가장 아름다운 우리말 열 개(1966)」, 『김수영 전집 2 산문』, 민음사, 2013. 377쪽.
30 김수영은 이 시가 발표된 ≪예술부락≫이 "해방 후에 최초로 나온 문학동인지였"고 "내가 붙잡을 수 있었던 최초의 발표의 기회였다"고 회고한다.(김수영, 「연극 하다가 시로 전향-나의 처녀작(1965.9.)」, 『김수영 전집 2 산문』, 민음사, 2013, 332쪽.) 이

에서 이런 이미지들과 그것을 표현하는 말들을 차용해왔는지를 확인할
수는 없지만, 중요한 것은 이 시를 이루고 있는 언어의 성격이 두 가지로
나누어진다는 것이며, 그 두 언어가 결합함으로써 이 시의 내용과 긴밀
하게 연관되고 있다는 것이다.

시의 초반, "날아가던 주작성 깃들인 시전"이 "붉은 주초"에 반절 꽂혀
있거나 "주작의 성화"가 "서리 앉은 호궁에 피어"있는 이미지가 강렬하게
제시된다. 그러나 실상 이 이미지들은 "여연(餘烟)"으로 귀결된다는 점에
서 명백하고 선명한 이미지의 효과보다는 시차(時差) 속에서 사라져가는
것으로만 감각되는 '흔적'의 비극성을 드러낸다. 그런데 이 시차(時差)에
의한 '흔적'이 그리움이 아니라 '과함'과 '사위스러움'으로 연결된다는 것
이 바로 이 시의 핵심을 이룬다. 그것은 화자가 '시차'를 극복할 수 있고
회복할 수 있는 것으로 그리지 않고 있다는 점에 기인한다. 이미 사라진
주작성의 불꽃을 시전과 호궁에 새겨진 것으로 발견함으로써 주작이 사
라진 자리를 메우려고 하는 욕망, 칠흑의 벽판 위에 백련을 그려 넣으려
는 화공의 욕망은 이 시에서 '초과된 것', 그래서 '불길한 것'이다. 그래서
그것은 항상 울음을 동반한다. 시차와, 시차를 거스르려 하는 욕망과,
그 욕망이 단지 '초과'일 뿐이라는 감각, 이 삼중(三重) 비극성 속에서 까
마귀의 울음은 오늘도 반복된다.

이와 같은 '시차'의 감각이 이 시의 전반을 지배한다고 볼 때, '시차'를
드러내고 강화하는 한자어 이미지들은 어떤 명백한 '전통'의 이미지를,

진술은 그에게 '최초의 시 발표'가 상당히 절실한 것이었고 《예술부락》이 그런 그에
게 반드시 붙잡고 싶었던 '기회'였다는 점을 보여준다. 《예술부락》은 우파계열인 조
연현이 주도하는 것이었고 일제 말기 조선어가 억압되자 작품 발표를 중단했던 조지
훈, 박목월 등의 시가 실리는 지면이었다. 이 지면에 시를 발표하고자 하는 절실함이
컸다면, 김수영에게 '우파계열'의 성향을 드러내야 한다는 모종의 심리적 압박감이 작
동하고 있었을 것으로 추측해볼 수 있다.

'전통'을 담지한 언어로서의 한자어를 지시하지 않는다. 오히려 그것은 소위 '전통'으로 생각될 만한 '날아가던'주작성 깃들인 시전이 붉은 주초에 반쯤 박혀 있는', 또는 '주작의 성화가 서리 앉은 호궁에 핀', '관공의 색대에 향로의 여연이 감도는' 이미지들에 역으로 시차를 기입함으로써, 한때 선명했었던 것만 같은 이 이미지들이 이제는 향로의 여연처럼 밖에 남아 있지 않음을 드러낸다. 이 이미지들을 소환하는 오래된 한자어들의 조합 역시 '여연'이 되어 감돌 뿐, 이 언어들은 (더이상) '전통'의 언어도, '민족'의 언어도, 그렇다고 '생활'의 언어도 아니다. 이 언어는 다만 사라져가면서도 사라지지 않으려 하는 이미지의 욕망을 사물적으로 드러내 줄 뿐이다. 그래서 이 시에서 이미지를 형상화하는 언어들은 자꾸만 힘을 잃는다. 오히려 강한 효과를 주는 것은 일상적인 구어의 형식을 취하고 있는 화자의 탄식('아—어인 일이냐', '아아—김생이냐 사람이냐'), 익숙한 어미의 반복('한아가 와서 그날을 울드라 밤을 반이나 울드라 사람은 영영 잠귀를 이럿드라') 등이 환기하는 익숙한 감정이며, 그것이 공유되는 느낌이다. 이 시를 구성하고 있는 조선어는 결국 '전통'적 감각을 소거당한 채 그 시차를 감각하는 방식으로만 남아있는 오랜 한자어와 일상적 구어 세계에서의 감정적 울림을 여전히 발산하고 있는 살아있는 구어적 언어의 기묘한 동거인 것이다.

자신에게 익숙하지 않은 방식의 '전통'적 언어를 시 속에서 이미지를 구성하는 데에 차용할 수밖에 없었던 것은, 그가 자신이 이미 가지고 있던 조선어로는 그 일을 수행하는 데에 한계를 느꼈기 때문일 것이다. 그러나 그는 이 '전통'적 언어와 이미지들을 가져오면서도 그것들에 함몰되거나 손쉽게 동조되지 않았으며, 그랬기 때문에 그 '전통'적 언어가 주조해낸 '향로의 여연'의 이미지 속으로 그 언어 자체의 '전통'성이 함몰되게 만들었다. '전통'성을 담지하는 것으로 보이기 쉬운 언어에서 '전통'

의 흔적이 소거되는 효과가 만들어진 것이다. 중요한 것은 이처럼 단일언어주의의 '의미화'에 동조할 수 없기 때문에 자연스럽게 언어 자체를 '비-의미화', '사물화' 하게 되는 작업이 전통성이나 민족성과 결탁되어 있는 언어를 탈-신화화 하려는 적극적인 목적의식을 가지고 행해진 것은 아니라는 점이다. 해방기 김수영의 언어는 다만 자신이 그러한 '전통'과 '민족'의 내용을 내면화할 수 없었기 때문에, 즉 자신의 언어가 애초에 신화화 된 적이 없기 때문에 '신화화'도 '탈-신화화'도 아닌 '비-신화'의 방식으로 수행된 것이다.

어쩐지 편안해보이지 않는 이미지들이 일상적이지 않은 한자어들의 조합으로 제시되고 그것들을 구어체의 서술어들이 힘겹게 연결하고 있었던 「묘정의 노래」를 발표한 이후, 김수영은 「묘정의 노래」에서 힘겹게 끌어왔던 이미지나 언어들에는 더 이상 의지할 수 없음을 깨달은 것으로 보인다. 현재까지 알려진 그의 초기 시 작품은 그 수가 굉장히 적지만, 등단작인 「묘정의 노래」 이후의 시편들은 전혀 다른 방식의 언어들로 구성되어 있다. 「묘정의 노래」와 같이 1945년에 쓰인 것으로 생각되는 「공자의 생활난」부터가 그렇다.

> 꽃이 열매의 상부에 피었을 때/너는 줄넘기 장난을 한다//나는 발산한 형상을 구하였으나/그것은 작전 같은 것이기에 어려웁다//국수―이태리어로는 마카로니라고/먹기 쉬운 것은 나의 叛亂性일까//동무여 이제 나는 바로 보마/사물과 사물의 생리와/사물의 수량과 한도와/사물의 우매와 사물의 명석성을//그리고 나는 죽을 것이다
>
> ―「공자의 생활난」(1945) 전문

김수영이 어린 시절 습득했다고 말한 「묘정의 노래」 속 구어적 표현에서 볼 수 있듯이, 그는 일제 하 학교에서 일본어를 습득하기 이전에 이미

'조선어'라는 것을 나름의 방식으로 가지고 있었다. 그러다 해방이 되고 그에게 역시 '조선어'가 '민족어'의 의미를 가진 것이 되도록 강요되었다. 조선어가 아직 제대로 구축되지 않았더라면 그는 오히려 새로 '학습'하는 방식으로, 선행 연구들이 말하듯 '외국어'를 습득하는 방식으로 '민족어인 조선어'를 구축해감으로써 단일언어주의 논리를 내면화 할 수 있었을 것이다. 그러나 그에게는 이미 '민족'이라는 개념과 결탁하여 사유된 적 없고 단일언어주의적 논리와 결부되어 '내면화'된 적 없는 조선어가 자리잡고 있었다. 따라서 그는 이 후천적으로 부여되는 논리에 무조건적으로 동조할 수가 없었다. 그에게 이미 가지고 있던 비-단일언어적 조선어를 '민족어'와 '모국어'인 조선어로 호명하라는 요구는 마치 열매가 진 자리에 꽃이 피는 것을 뒤집어 "꽃이 열매의 상부에 피"는 상황을 가정하고 그 상상적 가정 속에서 '네가 하는' "줄넘기 장난" 같은 것일 따름이었다. 그는 그 장난을 완전히 무시해버리지 않고 오히려 그 안에서 "발산한 형상을 구"해보지만, "그것은 작전 같은 것"이므로 헛손질일 뿐이었다.

그래서 김수영에게 중요하게 다가온 것은 이 모든 '작전'들이 개입하기 이전에 있는 것, "국수—이태리어로는 마카로니라고"하는 '이름'의 '분리'가 이루어지기 전 '먹을 것이므로 먹기 쉽다'는 단순한 "생리"이다. "사물과 사물의 생리와 사물의 수량과 한도와 사물의 우매와 사물의 명석성"을 보는 행위는 사물에 부여된 이름, 사물이 결탁하고 있는 '작전'들까지도 '사물화'하여 볼 수 있게 만든다. 이 '사물화'의 '바라봄'은 '너의 줄넘기 장난'을 비난하거나 그것에 저항하기 위한 것이 아니다. 그것은 다만 시인 자신에게는 그런 '작전 같은 것'이 너무 '어렵'기 때문이고, 어렵기 때문에 그 '작전'들에 참여하지 못하는 것이 '반란성'이라면 반란성일 자신의 '생리'이기 때문이다. 그는 다만 자신의 '생리'대로 모든 것을 '사물화'하여 바라볼 것이고, 그렇게 자신의 '생리'대로 '죽을 것이다'라고 말한다.

　물론 이 '장난' 같은 것의 유혹은 강렬해서, 무언가 '의미'이기를 주장하는 사물을 다만 사물로 바라보는 것은 괴로운 작업이다. 1947년에 쓰인 시 「가까이 할 수 없는 서적」[31]은 그러한 괴로움을 잘 보여준다. 김수영은 "그저 멀리 보고 있는 것이 타당한 것이므로/나는 괴롭다/오ー 그와 같이 이 서적은 있다/그 책장은 번쩍이고/연해 나는 괴로움으로 어찌할 수 없이/이를 깨물고 있네!"라고 말한다. 내 눈 앞에 있는 이 사물, 또는 이 언어인 '이 책'은 언제나 '멀리 볼' 대상으로 있어야 하는데, "그 책장은 번쩍이고 연해 나는 괴로움으로 어찌할 수 없이 이를 깨물" 수밖에 없다. 그럴 때 시인은 여기 내 눈 앞에 혹은 내 손 위에 있는 '이 책'을 내려다보듯 보면서 "가까이 할 수 없는 서적이여 가까이 할 수 없는 서적이여"라고 언술하는 방식으로, 그것을 "멀리 보고 있는" 대상으로 '만드는' 작업을 수행한다. 즉 시인의 '바라봄'은 최대한의 거리를 상정한 뒤에 행해지는 행위가 아니라, 오히려 내 눈 앞에 모든 것을 사물화하려 가까이 목도하는 와중에 그것들을 가까이 하고 있다는 마음의 '장난'에 취하지 않으려고 '가까이 할 수 없는 서적이여'라는 자기 주문 혹은 자기 반성적 언술을 계속해서 실천하는 수행성 자체이다. '바로 보겠다'는 언어적 진술을 통해 '바로 봄'을 수행함으로써, 김수영은 자신의 언어가 '바로 보는' 수행을 매개하고 또 그것을 가능하게 하는 근본적 수행성이 되기를 요청한다. 언어 자체가 '의미화'로부터 가장 자유로워야 하고, 그런 의미에서 가장 '사물화'되어야 하는 것이다.[32] 언어를 가장 가까이 하

31　김수영, 「가까이 할 수 없는 서적(1947)」, 『김수영 전집 1 시』, 민음사, 2013, 20~21쪽.
32　'언어의 사물화'는 어떠한 이데올로기로부터 자유로운 순수 언어를 가정하는 것이 아니다. 그것은 "사물의 우매와 사물의 명석성"을 보는 것처럼 언어에 결탁한 이데올로기성과 그럼에도 이데올로기의 도구로 완전하게 환원되지 않는 언어성을 동시에 보는

면서도 그것이 하나의 '의미'로 고정되지 않도록 끊임없이 그것을 가장 멀리서 보려고 하는 이율배반적 작업의 동시적 이행(履行), 그 총체적 '수행성' 자체가 김수영의 '언어'의 속성이었다.[33]

해방 공간에서 그의 '조선어'가 바로 그러한 '수행성'으로 이행(履行)되었다고 볼 수 있지 않을까. 언어를 통해 사물을 '바로 보'고자 하는 김수영, 그렇기 때문에 언어를 가장 '바로 보'아야 하는 김수영에게 민족주의적 단일언어주의의 논리는 애초에 내면화할 수 없는 것이기도 했거니와 '바로 보기'를 가능하게 하지 않는 것이었다. 「묘정의 노래」 이후 그가 어떠한 계기에서인지 자신의 시의 방향을 '바로 봄'의 수행으로 설정하고, 따라서 언어 역시 '바로 봄'의 대상이 되기를 꿈꾸게 된 이상, 「묘정의 노래」의 '전통'이라는 관념을 환기시키는 이미지와 그러한 언어는 더 이상 취할 수 없는 것이자 취하지 않아야 하는 것이었다. 더불어 그것은 그에게 적극적으로 '반대'하고 '저항'해야 하는 대상도 아니었다. 그러한 '저항' 역시 '목적의식'에 언어를 종속시키는 것이었기 때문이다.[34] 그에

것을 의미한다. 즉, 이데올로기의 '바깥'을 꿈꾸는 언어의 탈-이데올로기화가 아니라 이데올로기와 언어가 결탁하는 방식을 있는 그대로 목도하는 방식으로 이데올로기적 언어에 거리를 취하는, 언어의 비-이데올로기화라고 말할 수 있겠다.

33 "오늘 또 활자를 본다/한없이 긴 활자의 연속을 보고/와사의 정치가들을 응시한다"는 「아메리카 타임 지」의 부분은, 지면 위에서 '의미'로 '읽히기'를 기다리고 있는 언어들을 '활자'로 '보는' 화자의 모습을 보여준다. 지면 위의 언어의 '활자'라는 형식을 가까이 들여다보면서도 그것이 '의미'임을 주장하는 내용으로부터 가장 멀리 거리를 취하여 다만 '한없이 긴 활자의 연속'을 보는 화자의 행위는 위에서 분석한 「가까이 할 수 없는 서적」의 화자와 유사한 방식으로 읽을 수 있을 것이다. 김수영, 「아메리카 타임 지(1947)」, 『김수영 전집 1 시』, 민음사, 2013, 22쪽.

34 본고에서 말하고자 하는 비-단일언어주의적 수행은 기존의 연구들에서 논의되었던 반-단일언어주의적 수행과는 다르다. 반-단일언어주의적 수행이라는 것은 그 자체가 단일언어주의를 내면화한 뒤 그것에 '반대' 혹은 '저항'하는 수행이라는 점에서 '사물화'의 수행성이기보다는 이미 '의미화'된 실천에 가깝다.

게 언어는 '동조'도 '저항'도 아닌, 다만 모든 대상의 '사물화'를 가능하게 하는 가장 근본적인 '사물화'의 '수행'이었고, 그런 수행성 속에서 해방기 조선 사회의 '단일언어주의'는 그의 언어 문제의 바깥에 있는 '너의 줄넘기 장난' 같은 것일 뿐이었다. '민족어'나 '모국어'라는 '의미'로 환원되지 않는 방식으로 다만 매순간 끊임없이 '사물화'되(어야 하)는, 비-단일언어주의적 수행성으로 김수영의 언어는 이행(履行)되었다는 것이다.

4. 가장 아름다운 우리말이 될 자유

단일언어주의적이지 않은 방식으로 언어를 수행한다는 것은 단지 해방 공간의 '민족어' 논리에 동조하느냐 아니냐의 문제는 아니었다. 그것은 보다 실천적인 차원에서 언어적 확신의 문제였다. 단일언어주의자, 즉 데리다식 의미에서 '나를 가장 잘 표현하는 단 하나의 언어'를 자신이 확고하게 '가지고 있다'는 의식 속에서 바로 그 언어를 '단일언어'로 구사하는 사람은, 언어와 자신이 밀착되어 있다는 확신을 가지고 있다. 따라서 그의 언어는 자신만만하다. 그들이 '자유'를 말하면 그것은 자기 확신에서 나오는 '자유'에 대한 적극적인 요구이며, '자유'를 말하는 행위 자체로 그들은 '자유의 수호자', '자유를 위한 투쟁자'가 된다. 이에 비해 특정 언어를 '나의 언어'로 전유하지 않으며 언어를 가장 가까이 하되 동시에 언어로부터 거리감을 유지하고자 한 김수영에게, 언어는 어떠한 '확신'도 보장하지 않(아야 하)는 것이었고 오히려 끊임없이 자기 자신의 언술을 반성하게 하는 것이었다. 그래서 매순간 '바로 봄'을 수행하기 위해 가장 치열하게 '사물화' 되어야 하는 비-단일언어주의적 언어는 확신과 '의미'로 충만한 단일언어주의적 언술들 앞에서 한없이 불안한 것으로 있을 수밖에 없었다. 김수영의 50년대 후반의 시들은 그 불안을 마주해야 했던 김수영의 내적 긴장을 보여준다.

비-단일언어주의적으로 언어를 수행하는 김수영에게 '확신'에 찬 단일언어주의는 끊임없이 유혹의 손짓을 하는 것이 아닐 수 없었다. "……활자는 반짝거리면서 하늘 아래에서/간간이 자유를 말하는데/나의 영은 죽어 있는 것이 아니냐".[35] 혁명 직전, 무언가 해야 한다는 확신에 찬 언술이 여기저기에서 행해질 때 그 앞에서 자신의 불안한 언술이 마치 '죽어 있는 것'만 같이 느껴지면, 그는 "언어는 나의 가슴에 있다/나는 모리배들한테서 언어의 단련을 받는다"[36]고 말하며 스스로 자기 자신의 '비-단일언어주의적'이어서 불안한 언어를 다독일 수밖에 없었다. 그의 언어의 수행은 '외부'의 대상에 대한 자기 확신에 찬 '저항성'이 아니라, 오히려 그러한 외부지향적 저항성이 소거된 자기반성적 '수행성'이었다. 따라서 그의 언어는 저항적 언어들에 비하면 표면적으로는 약하고 불안해 보이는 것이었다. 그런 그가 맞서야 했던 것이 있다면 그것은 이제 외부에서 부과되어온 단일언어주의가 아니라, 발화자로 하여금 자기동일성에 근거하여 확정적 언술을 할 수 있게 해주는 단일언어주의 논리를 택함으로써 손쉽게 '저항의 언술'에 동참하고자 하는, 자기 자신의 안주 의식이었다.

처음에는 단일언어주의의 논리에 공감할 수가 없어서, 나중에는 추구하는 언어의 방향이 단일언어주의와는 다르기 때문에 비-단일언어주의적으로 언어를 수행하는 고독한 자기 싸움을 지속해온 그에게, 1960년 4·19혁명의 경험은 중대한 전환점이 되었다. 혁명 직후 그 어느 때보다

---

35   김수영, 「사령(死靈)(1959)」, 『김수영 전집 1 시』, 민음사, 2013, 158~159쪽.
36   김수영, 「모리배(1959)」, 『김수영 전집 1 시』, 민음사, 2013, 154쪽.

확신에 가득찬 어조로 '우선 그놈의 사진을 떼어서 밑씻개로 하자"[37]"며 자유를 '서술'하던 시인은, 혁명의 실질적 좌절을 경험하면서 "혁명의 육법전서는 〈혁명〉밖에는 없"[38]음을, 다시 말해 '형식'부터가 혁명과 자유에 알맞은 것으로 이행(履行)되어야 한다는 것을 깨닫게 된다. 자유는 말의 내용으로 외쳐지는 것이 아니라 이미 자유의 형식인 언어를 통해 수행되어야 한다는 것이다. 혁명의 경험이 그에게 준 이러한 실제적 깨달음은, 시인 자신의 내부로만 향하던 '언어의 수행성'의 방향을 외부로 전환시키는 계기가 되어주었다.

이제까지는 사물을 '바로 보는' 시를 위해 언어의 사물화, 즉 언어를 반성하는 작업을 경유하여 '비-단일언어주의적'이고 그런 의미에서 '자유로운' 언어를 수행해왔다면, 이제 언어는 이미 자유로운 것, 이미 그 자체로 자유인 것으로 상정되었다. 더불어 시인은 '자유의 형식인 언어'의 '자유임'을 최상으로 발동시켜 그 수행성을 일깨우는 역할을 부여받았다. 이는 다시 말하면, 단일언어주의적, 비-자유적인 외부의 언어세계와 비-단일언어주의적이라는 의미에서 자유로운 김수영 내부의 언어세계가 다만 분절되어 있던 것이, 절대적으로 자유로운 언어 보편의 세계가 상정되고 그것을 자유롭지 못하게 하는 단일언어주의적 언어의 세계가 '대립'하고 있는 관계 문제로 전환된 것이다. 혁명을 통해 깨달은 바 '자유인 언어', 혁명의 형식인 언어를 수행하는 시인의 '과업'이 김수영에게 이행(履行)해야 할 것으로 내면화되었고, 따라서 '단일언어주의적 언어 수행'과 대비되는 '비-단일언어주의적 언어 수행'은 이제 구체적인 실천들로 드러나야 했다. 김수영의 60년대 일본어 글쓰기는 바로

---

37 김수영, 「우선 그놈의 사진을 떼어서 밑씻개로 하자(1960.4.26.)」, 『김수영 전집 1 시』, 민음사, 2013, 179쪽.

38 김수영, 「육법전서와 혁명(1960.5.25.)」, 『김수영 전집 1 시』, 민음사, 2013, 189쪽.

'비-단일언어주의적 언어 수행성'을 구체적 실천을 통해 보이고자 하는 의식 속에서 수행되었다.

1960년 9월 9일, 시인은 일기첩에 일본어로 쓴 문장들을 기반으로 한국어로 시를 쓴다.[39] 일본어 쓰기와 조선어 쓰기를 동시에 수행하고 있는 이 '쓰기' 작업 가운데, 김수영은 일본어로 쓴 구절을 한국어로 다시 쓰는 과정에서 지운 일본어 구절을 '-라는 말은 지워져 있다', '-라는 한 줄도 **빼어놓기로 한다**'는 언술을 통해 한국어 쓰기 과정에 복원시키는 일을 반복한다. 이 시를 구축하고 있는 한국어 자체를 일기의 일본어를 초과하면서도 일본어 쓰기의 흔적을 그대로 가진 것으로 남겨두고 있는 것이다. 중요한 것은 이 실천이 일본어와 한국어, 기존의 단일언어와 현재의 단일언어를 대립시키는 구도가 아니라, 두 단일언어의 경계를 허물어뜨리는 작업으로서 이루어지고 있다는 점이다. 특히 한국어로 쓴 시의 일부를 재구성하여 한 편의 시로 발표하고 그 시의 구절에 "일기의 원문은 일본어로 씌어져 있다"[40]는 문장을 남겨놓은 점은 주목할 만하다. 그것은 실제로 일본어로 쓰인 일기 뒷부분에 한국어로 쓰인 이 시가 이어지고 있었다는 것을 알 턱 없는 시 독자들에게 뻔히 한국어로 쓰인 시를 굳이 '일본어로 쓴 일기첩에서 찾았다'고 고백하는 것이었다. 이는 '한국어 쓰기'와 '일본어 쓰기'라는 것이 명백하게 구분되지 않는 혼종적인 '쓰기'의 형식을 독자들로 하여금 목도하게 하고, 시인 자신의 '쓰기'가 바로 그러한 혼종성의 방식으로 수행되는 것임을 드러낸 것으로 볼 수 있다. 이러한 수행은 해방 공간에서 '모국어 조선어' 논리를 내면화 하지도, 그것에 '단일언어 일본어'로 '저항'하지도 않았던 비-단일언어주의

---

39 김수영, 「일기초 2 9월 9일(1960.9.9.)」, 『김수영 전집 2 산문』, 민음사, 2013, 499~501쪽.

40 김수영, 「중용에 대하여(1960.9.9.)」, 『김수영 전집 1 시』, 민음사, 2013, 201쪽.

적 언어 수행성의 보존이 '혁명'이라는 경험을 통해 구체적인 실천으로 발현된 것이라고 볼 수 있다.[41]

'단일언어주의'와 대비되되 그것에 '저항'하는 방식을 취하지는 않는 김수영의 (의식적/비-의식적/무의식적) 비-단일언어주의적 면모는 1964년에 시 「거대한 뿌리」를 통해, 그리고 이 시를 다시 읽으며 쓴 1966년의 「가장 아름다운 우리말 열 개」를 통해 구체적인 이미지가 된다. 이자벨 버드 비숍 여사라는 외부인의 눈을 통해 "썩어빠진 대한민국"을 살펴보는 과정에서, 화자는 "전통은 아무리 더러운 전통이라도 좋다"는 진술로 나아간다. 이 때의 '좋다'는 어떤 전통이라도 나의 뿌리이므로 받아들인다는 의미가 아니라, '아무래도 상관없다'는 의미의 '좋다'이다.

> 버드 · 비숖女史를 안 뒤부터는 썩어빠진 대한민국이/괴롭지 않다 오히려 황송하다 歷史는 아무리/더러운 歷史라도 좋다/진창은 아무리 더러운 진창이라도 좋다/나에게 놋주발보다도 더 쨍쨍 울리는 追憶이/있는 한 人間은 영원하고 사랑도 그렇다
>
> (중략)
>
> 이 땅에 발을 부치기 위해서는/―第三人道橋의 물 속에 박은 鐵筋 기둥도 내가 내 땅에/**박는** 거대한 뿌리에 비하면 좀벌레의 솜틸/내가 내 땅에 **박는** 거대한 뿌리에 비하면[42]

'전통'이며 '역사'이며 하는 것들은 무어라고 말해져도 화자 자신과는

---

41 「중용에 대하여」 시에 집중하여 김수영의 이중언어성을 분석하는 작업은 강계숙에 의해 이미 실천된 바 있는데, 이는 여전히 일본어-조선어 라는 대립 구도를 설정한 가운데 이루어지고 있다. 강계숙, 「김수영 문학에서 '이중언어'의 문제와 '자코메티적 발견'의 중요성」, 『한국근대문학연구』 제27호, 한국근대문학회 2013.4.

42 김수영, 「巨大한 뿌리(1964.2.3.)」, 『김수영 육필원고 전집』, 민음사, 2009, 360~364쪽.

무관하다. 화자에게 중요한 것은 화자 자신이 생활하고 '바라본' 것, 자신이 생활하고 있는 것, 그리고 지금 현재 여기의 사람들의 생활이다. 바로 그것들을 통해서만 화자는 비로소 '이 땅'을 '내 땅'으로 받아들이며, 바로 그 땅에만 화자는 마침내 '발을 붙이'고 거대한 뿌리를 '박는'다. 다시 말하면, '땅'이 먼저 있어 내가 그 땅에 뿌리 내리는 것이 아니라, 내가 뿌리 내리는 순간 땅이 생기고 그것이 나의 뿌리가 자라는 내 스스로의 땅이 되는 것이다. '뿌리'와 '땅'은 그렇게 동시에 생기며, 따라서 그 거대한 뿌리는 철근 기둥처럼 이미 있는 땅에 한 번에 '박은' 것이 아니라, 화자가 계속해서 "내가 내 땅에 박는" 것, 그렇게 '내 땅'을 만드는 것, 즉 '나'를 끊임없이 수행하는 것이다. 집단적 '역사'가 아닌 방식으로 지금의 이 땅을 '내 땅'으로 매 순간 살아내는 것, 그렇게 언제나 '내 땅'으로서의 이 땅을 발견하는 일을 수행하는 것이 김수영에게는 "인간"이고 "사랑"이다.

내 뿌리를 스스로 박는 수행성을 통해 내 땅이 되는 것으로서의 이 '땅'은 곧 '일본어'이기도, '조선어/한국어'이기도 하다. 「거대한 뿌리」를 쓰고 2년 뒤, 김수영은 하릴없이 초고들을 뒤지다 이 시를 다시 읽고는 '가장 아름다운 우리말'이 무엇인지에 대해 글을 쓴다. 「가장 아름다운 우리말 열 개」[43]라는 제목의 이 글은 '우리말'이라는 익숙한 어휘가 그에게는 어린 시절이라는 '기억' 속에 갇혀있는 것도, 그 아련한 역사성에 아름다움의 기원을 두고 있는 것도 아님을 보여준다. 말의 아름다움은 오히려 지금 이 순간 자신의 상상력을 발동시킬 수 있는 모든 말에 잠재되어 있다. 따라서 내가 나의 언어 세계 속에서 한 낯선 언어가 가지는

---

43   김수영, 「가장 아름다운 우리말 열 개(1966)」, 『김수영 전집 2 산문』, 민음사, 2013, 373~378쪽.

상상력을 마주하고 그것에 동참할 때, 그 낯선 언어는 내게도 '최고의 상상인 언어'가 되고, 순간적으로 '나의 언어'가 되며, 나의 세계를 담을 수 있는 그릇이 된다. 그렇게 '나의 언어'는 내가 매 순간 나의 언어로 만들어 가는 언어이다. 나의 생활 속에서, 우리의 생활 속에서 지금 여기 이 순간 자신의 상상력을 발동하는 모든 언어는 '가장 아름다운 우리말 열 개' 가운데 하나가 된다. 김수영의 우리말이란 단일언어주의적으로 '전통'과 '역사', '민족'을 위해 호명된 '우리말'이 아니라 오늘의 우리가 우리의 언어로 수행하고 있는 우리말, 어디까지나 '비-단일언어(주의)적 인 수행성'으로서의 '우리말'인 것이다. 그것이 '일본어'이든 '조선어/한 국어'이든 무관한 것은 물론이다.

 '단일언어'인 조선어를 내면화하는 것이 아니라 '단일언어'이지 않은 조선어를 수행하는 방식으로 시를 쓰기 시작한 김수영은, 단일언어주의 논리에 따라, 혹은 그 논리에 '반대'하고 '저항'하는 논리에 따라 조선어 를 바라보지 않을 수 있는 자유를 품고 있었다. 이 자유는 1960년 4·19 혁명을 계기로 하여 '언어'에 대한 김수영 특유의 의식적인 행보를 만들 어내었고, 앞서 살펴보았듯 그 행보는 때로는 한국어 글쓰기의 방식으 로, 때로는 일본어 글쓰기의 방식으로 이루어졌다. 그 방식이 어떠했든 간에 그의 언어 수행은 '조선어'와 '일본어'라는 두 '단일언어'의 대립각 속에서가 아니라, '단일언어'인 적 없는 조선어/한국어와 '단일언어'일 수 없게 된 일본어가 '비-단일언어주의적으로' "혼용되어도 좋다"[44]는 '자유' 속에서 발동되는 것이었다. 그에게 '진정한 아름다운 우리말의 낱 말들'은 '반드시 순수한 우리의 고유한 낱말만이 아닌 것은 물론', '구태 여 말하자면 진공(眞空)의 언어'의 상태에서 '이런 진공의 언어 속에 어떤

---

44 김수영, 「시작노트 6(1966)」, 『김수영 전집 2 산문』, 민음사, 2013, 450~451쪽

순수한 현대성을 찾아볼 수 없을까?'하는 질문과 의욕의 대상이 될 수 있는 모든 언어였다.[45] 언어를 '현대성'을 구(求)할 수 있는 '새로움'의 공간으로 사유하고 매 순간 언어 안에 이미 가능성으로 내재되어 있는 '상상력'을 발동시켜 그 '새로움'을 구하는 것이 김수영의 언어가 수행된 방식이었다. 외부로부터 주어진 의미에 저항하여 자유를 성취해가는 것이 아니라, 이미 자유의 방식으로, 자유로서 작동하고 있는 언어를 상상할 수 있는 것, 그것은 그가 '단일언어주의'적 관념 자체에 어떤 방식으로도 얽매이지 않을 수 있었던 자로서 누릴 수 있는 자유였을 것이다.

5. 언어, 그 치열한 정적에 관하여

단일언어주의에 동조하지도 저항하지도 않는 언어, 사물의 우매함과 명석성을 바로 보려는 언어, 그 자체로 자유와 혁명의 형식으로 생동하기를 꿈꾸는 언어, 그렇게 어떠한 상상력이든 자신의 안에서 자유롭게 발현될 수 있도록 '진공'의 상태로 존재하는 언어, 이러한 언어가 수행되는 방식이 바로 김수영이 자신의 "진정한 비밀"이라고 말한 '침묵'이 가리키는 것은 아니었을까. 일본어로 쓴 「시작노트」에서 "나의 진정한 비밀은 나의 생명밖에는 없다. 그리고 내가 참말로 꾀하고 있는 것은 침묵이다."[46]라고 서술한 이후 김수영은 여러 산문을 통해 '침묵'에 대해 언급

---

45 김수영, 「가장 아름다운 우리말 열 개(1966)」, 『김수영 전집 2 산문』, 민음사, 2013, 373~378쪽.

46 김수영, 「시작노트 6(1966)」, 『김수영 전집 2 산문』, 민음사, 2013, 450~451쪽. 일본어로 쓰인 이 문장에 착안하여 김수영의 이중언어에 대한 논의 속에서 '침묵'의 의미를 발견하고자 한 여러 연구자들은 '사유언어-표현언어 간 번역'이라는 구도 속에서 번역불가능한 것을 번역하려는 이중언어자의 고충과 재현불가능한 것을 재현하려는

한다. 그러나 그 '침묵'이 무엇을 의미하는지, 그것이 김수영의 '진정한 비밀'을 발견하는 데에 어떤 열쇠가 되어줄 수 있는지는 분명하게 제시되지 않는다. 다만 그가 계속해서 부각시키고 있는 '침묵'의 속성은 그것이 그 자체로 하나의 '이행(履行, enforcement)'이라는 점이다.

> 그들은―그들이란, 출판업자나 잡지 편집자나 신문기자들―우리들이 얼마큼 시를 싫어하는지를 모른다. 공연히 겸손해서 하는 말로 생각하고 있다. 현대의 작가들은 자기들의 문학을 불신한다는 카뮈의 선언은, 시는 절대적으로 현대적이어야 한다는 랭보의 말만큼 중요하다. 이것이 오늘의 척도다. 그러나 이런 건 말로 하면 싱겁다. 그냥 혼자 알고 있으면 된다. 이런 고독을 고독대로 두지 않기 때문에 〈문학〉이 싫다는 것이다. 침묵은 이행 enforcement이다. 이 이행을 용서하지 않는다. 이오네스코는 이것을 〈미친 문명〉이라고 규탄하고 있다. 좀 비약이 많은 것을 용서해 준다면, 나에게 있어서 소음은 훈장이다.[47]

인용문에서 김수영이 '싫다'고 말하는 것은, '현대의 작가들은 자기들의 문학을 불신한다'거나 '시는 절대적으로 현대적이어야 한다'와 같은 것을 작가들의 고독한 자기 수행으로 두지 않고 '선언'을 하게 만드는 요즘의 '문학'이다. '불신한다'고 '선언'함으로써 '자기 문학에 대한 불신'

시인의 고충이 맞물리는 이중언어자 시인 김수영에게 '침묵'이란 '번역'과 '시쓰기' 과정에서 그가 끊임없이 목도하고 부딪쳐 싸워야 하는 '언어의 타자성' 혹은 '타자의 언어'였다고 분석했다. 언어의 타자적 속성으로서의 '침묵'이 '번역'되어 '시쓰기'로 구현되는 것이 김수영 언어의, 그리고 그의 문학의 핵심이라는 이들 연구의 해석은 '번역'과 '시쓰기'라는 언어의 두 가지 차원을 연결지어 김수영의 언어 전반을 하나의 논리로 설명해주고자 했다는 의의를 가지지만, 사고로 세상을 떠나기 전까지 그가 '일본어로 사유하고 조선어로 번역하여 시를 써야 했다'고 전제하고 있다는 점에서 여전히 '번역' 논리의 단일언어주의적 한계를 가지고 있다.

47 김수영, 「시작노트 7(1966)」, 『김수영 전집 2 산문』, 민음사, 2013, 453~461쪽.

은 '선언'으로서의 수행이 된다. 즉 '불신한다'는 선언에 의해 '불신하는' 수행이 비로소 이루어지거나 완성된다고 여겨지게 되는 것이다. 이러한 '선언'으로서의 문학은 김수영의 초기 시에서 많이 등장하는 것이었다. 앞서 다루었듯 "동무여 이제 나는 바로 보마/사물과 사물의 생리와/사물의 수량과 한도와/사물의 우매와 사물의 명석성을"(「공자의 생활난(1945)」)이라는 선언이 그 자체로 그의 '문학'의 방향이었고, "영원히 나 자신을 고쳐가야 할 운명과 사명에 놓여 있는 이 밤에/나는 한사코 방심조차 하여서는 아니 될 터인데"(「달나라의 장난(1953)」) 또는 "하나의 가냘픈 물체에 도저히 고정될 수 없는/나의 눈이며 나의 정신이며"(「방안에서 익어가는 설움(1954)」)와 같은 진술을 통해 재귀적으로 진술의 내용을 수행하는 것이 그의 시가 추동되는 힘이었다.

그러나 시인은 이제 자기 확신적 '선언'으로 수행되지 않는 문학, 탄생하는 순간 불신의 대상이 된다는 점에서 언제나 '소음'인 문학을 '훈장'처럼 수행한다. 이때의 '불신'은 그 자체로 끊임없는 수행성이다. "요설은 소음에 대한 변명이고, 요설에 대한 변명이 〈문학〉이 된다". 끊임없이 '소음'이 되는 자기 문학과 싸우는 과정으로 '문학'은 계속되고, '자기의 문학을 불신한다'는 중요한 '척도'는 그 불신의 대상이 되는 소음으로서의 문학 한가운데에서 '선언'적이지 않은 '수행'의 방식으로 조용히, 그러나 가장 치열하게 수행된다. "나의 운산(運算)은 침묵을 위한 운산이 되기를 원하고 그래야지만 빛이 난다". 이처럼 문학이 자기 불신을 통해 자기 자신을 이행(履行)하는 방식, 그것이 바로 '침묵'이며, 그런 의미에서 "침묵은 이행(enforcement)이다"라는 그의 말은 '선언'의 방식으로, 그러나 여전히 '침묵을 위한 운산'으로 성립한다.

해방 공간의 강력한 이데올로기적 단일언어주의 속에서 '바로 봄'을 위한 매개이자 대상이자 가능성 자체로 '단일언어주의적이지 않음', 또

는 '단일언어주의적일 수 없음'을 수행한 것이 김수영의 언어였다. 이데
올로기적 '의미'와 결탁하지 않는 이 수행성은 혁명을 거쳐 그 자체로
자유인 언어, 모든 상상력이 발동될 수 있는 '진공의 언어', 따라서 언제
나 '새로움'일 수 있는 언어에 대한 사유로 발전해갔다. 이런 사유 속에
서 그에게 언어의 적은 언제나 언어 그 자신이었고, 적이 되는 언어를
위해 변명해주는 것도 언어 자신이었으며, 자신의 '이미-자유임', '이미
-최고의 상상력임'을 반성적으로 발동시키는 것도 언어 자신의 몫이었
다. 언어는 '자유'이기 위해, '진공'이고 '새로움'이기 위해 끊임없이 자기
자신과 싸웠고, '자유인 언어', '진공의 언어', '새로운 언어'는 바로 이
자기 자신과의 싸움이라는 가장 치열한 수행성 속에서 비로소 탄생하는
것이었다. 언어의 힘이 잉태되기 위한 언어 자신의 수행성, 그것은 언어
가 자기 자신을 탄생시키는 '침묵'의 수행성이었고, 가장 치열한 정적이
었다. 1966년 「시작노트」에서 갑자기 등장하여 1968년 시인이 세상을
떠나기 전까지 반복적으로 등장한 이 '침묵'의 의미는 바로 언어가 스스
로를 '자유'이고 '최고의 상상'인 것으로 만드는, 그 스스로 '진공'으로
존재하기 위해 고군분투하는 데에서 '언어의 아름다움'을 찾고자 하는
시인 김수영의 수행성이 아니었을까.

아름다운 낱말들, 오오 침묵이여, 침묵이여.[48]

---

48 김수영, 「가장 아름다운 우리말 열 개(1966)」, 『김수영 전집 2 산문』, 민음사, 2013,
378쪽.

제2부

김수영 말년의 회심

: 자코메티의 발견

김수영과 프랑스 문학, 그리고 자코메티적 변모

정과리
연세대학교

1. 현대의 명령

김수영이 서양문명 및 문화를 배우며 극복해야 할 가장 강력한 준거틀로서 이해했던 건 의심할 바 없는 사실이다. "방향은 현대"[1]라는 간명한 표명으로 그가 '현대'를 자신의 삶의 목표로 설정하였을 때, 그 현대의 방향에 서양이 앞서 달려가고 있었다. 어쩌면 그 서양은 현대의 최대의 경계에 도달해 있는 것이라고 생각했을 수도 있었다. 그는 "영국에서 돌아온", "T"라는 친구를 두고 "세계의 끝까지 갔다 온 친구"[2]라고 말한 바 있으며, 문명의 책을 암시하는 "가까이 할 수 없는 서적"에 대해 "캘리포니아라는 곳에서 온 것만은 확실"[3]하다고 말했었다. 그가 한국시의 '현황'을 문제삼을 때에도 '현대의 방향' 쪽으로 한국시를 당기는 것이 문제

---

1 「네이팜 탄」(1955), 『김수영 전집, 1. 시』, 민음사, 개정판 7쇄, 2008년(이하, 『전집 1』로 표기), 103쪽; 시와 글의 쓰어진 년도가 의미있다고 생각되면 표기한다.

2 「밑물」(1961), 『김수영 전집 2. 산문』, 민음사, 개정판 5쇄, 2007(이하, 『전집 2』로 표기), 42쪽.

3 「가까이 할 수 없는 서적」, 『전집 1』, 20쪽.

였고, 따라서 '현대라는 방향' 쪽으로 앞서 나간 서구의 시는 집중해서 들여다 봐야 할 모범이었다. 그래서 그는 박태진의 시를 두고 "오늘날 모든 한국시의 카메라의 셔터는 작열하는 선진국을 보기 위해 구멍을 훨씬 오므려야 하지만 그[=박태진]의 셔터만은 어두운 한국의 시를 1965년으로 끌어올리기 위해 구멍을 좀 더 크게 크게 열어야 할 것이다"[4]라고 말했던 것이다. 또한 그가 김재원의 「입춘에 묶여 온 개나리」를 읽고 충격을 받았을 때, 그 충격을 뚫고서 그로 하여금 "그[=김재원]를 비평할 수 있는 차원을 획득"하게끔 해준 시는 「엔카운터 지」였다.[5] 그런데 잡지 『엔카운터』는 그가 때마다 뒤지며 참조한 영국의 문학잡지였다(1953년 스티븐 스펜더(Stephen Spender)가 창간하였다. 스펜더는 1967년까지 즉 김수영이 타계하기 1년 전까지 그 잡지의 주간이었다. 1990년에 종간하였다.) 물론 제목에 그 잡지명을 썼다는 이유만으로 그가 서양을 준거틀로 삼았다고 말할 수는 없을 것이다. 시 「엔카운터 지」[6]는 잡지 『엔카운터』에 대해 두 개의 판단을 제시하고 있는데, 첫 번째 판단은 그 잡지가 시의 화자에게 "나의 모든 프라이드", "전재산"의 의미를 지니고 있다는 것이다. 시의 출발은 이로부터이다. 그러나 두 번째 판단은 "시간"이 그 "책보다 더 중요하다"는 것이다. 그 첫 번째 항목에서 잡지 『엔카운터』는 시적 화자의 절대적 기준인 것처럼 나타난다. 그리고 그 잡지는 곧바로 서양문학(이론)의 은유로 읽힌다.

그렇다고 해서 그가 서양 문학, 문명의 숭배자는 아니었다. 시 「엔카운터 지」에서의 『엔카운터』에 대한 두 번째 판단은 바로 그 점과 관련되어 있다. 그는 '현대'를 명분으로 "배미사상의 눈동자"를 굴리는 사람들

---

4 「진정한 현대성의 지향」[1965], 『전집 2』, 320쪽.
5 「제 정신을 갖고 사는 사람은 없는가」(1966), 『전집 2』, 186~87쪽.
6 「엔카운터 지」(1966), 『전집 1』, 326~28쪽.

을 "거룩한 속물"[7]이라고 불렀고, "'현대가 제출하는 역사적 과제를 해결'
하려는 열의가 부족"한 데서 오는 "한국의 현실"에 대한 "시대착오"를
"'현대성'에의 도피"[8]라고 질타했으며, "우리의 현실 위에 선 절대시", "대
지에 발을 디딘 초월시"[9]를 꿈꾸었다. 그러나 이러한 김수영의 '요구'는
소박하게 파악되어서는 안 된다. 그는 서양을 숭배하지 않았으나 그렇다
고 "우리의 현실 위에 서"야 한다고 해서 소위 '한국적인 것' 혹은 '동양
적인 것'을 전범으로 삼으려는 일은 더욱 안 했다. 오히려 그는 서양으로
부터 배우려고 했는데, 다만 그 서양은 현대라는 방향을 향해 '움직이는
것'으로서 이해되었다. 즉 '현대의 방향'이라는 기준에서 서양문학 자신
도 끊임없이 스스로를 배반하는 방식으로 변화시켜 나가야만 했다. 그러
한 관점을 그는 거의 비슷한 용어로 몇 차례에 걸쳐 발언하였다.

"우리는 우리들 자신의 문학(문학이라고 해둡시다)을 신용하지 않소. 이
것이 현대의 명령이오. 카뮈가 이런 말을 했지. 그 이전에 랭보가 무어라고
했소. 시는 절대적으로 새로워야 한다고 했을 거요. 그러니까 우리들은 우
리들의 시를 절대적으로 경멸해야 하오."[10]

"현대의 작가들은 자기들의 문학을 불신한다는 카뮈의 선언은, 시는 절
대적으로 현대적이어야 한다는 랭보의 말만큼 중요하다. 이것이 오늘의 척
도다."[11]

"시인은 영원한 배반자다. 촌초(寸秒)의 배반자다. 그 자신을 배반하고,

7 「이 거룩한 속물들」(1967), 『전집 2』, 121쪽.
8 「'현대성'에의 도피」(1964), 『전집 2』, 530~31쪽.
9 「새로운 포멀리스트들」(1967), 『전집 2』, 592쪽.
10 「글씨의 나열이오」(1967), 『전집 2』, 115쪽.
11 「시작노트」(1966), 『전집 2』, 459쪽.

그 자신을 배반한 그 자신을 배반하고, 그 자신을 배반한 그 자신을 배반한
그 자신을 배반하고…… 이렇게 무한히 배반하는 배반자. 배반을 배반하는
배반자…… 이렇게 무한히 배반하는 배반자다"[12]

스스로를 불신하는 것, 그것이 현대의 명령이었다. 서양문학이 참조
틀이 된다면, 바로 그것이 '자신에 대한 배반'이라는 현대의 명령을 가장
알차게 보여주었기 때문일 것이다. 그가 비판한 "배미사상의 눈동자"는
바로 그 스스로를 배반하는 서양문학의 운동을 이해하지 못하고, 그것을
하나의 확정된 실체로 고정시키면서 그대로 복제하려 하지만 그러나 서
양과 한국의 엄격한 문화적 차이 때문에 그 실체를 통째로 베끼지도 못
하고, 그저 포즈만을 취하는 눈동자들이었다. 그가 전봉건을 두고 "퇴색
한 앙드레 부르통을 새것이라고 생각"하는 "무리"[13]를 범하고 있다고 빈
정거린 것이나 한국인으로서의 자신의 "골상"과 "생리"를 모르고서 서양
배우의 표정을 그대로 흉내내는 한국의 배우들을 흉보았던 것이나,[14] 박
인환을 두고 "전위시인으로 꾸며"졌으며, "시를 얻지 않고 코스춤만 얻
었다"[15]고 비난한 것은 그가 '현대'에 입각했기 때문이지 '한국'이나 '민
족'에 입각했기 때문이 아니었다. 「엔카운터 지」에서 시간이 책보다 중
요하고, "시간의 인식만이 빛난다"고 쓴 것은 바로 그 사실을 지시한다
고 할 수 있다.

여하튼 현대라는 방향을 위해 그는 끊임없이 서양의 문학적 동향을
찾아 다녔다. "은행 뒷담이나 은행 길모퉁이에 벌려놓은 노점 서적상을
배회하여 다니며" 그것을 찾았다. 물론 일차적인 이유는 거기에서 번역

---

12 「시인의 정신은 미지」(1964), 『전집 2』, 255쪽.
13 「문맥을 모르는 시인들」(1965), 『전집 2』, 331쪽.
14 「'문예영화' 붐에 대해서」(1967), 『전집 2』, 211쪽.
15 「마리서사」(1966), 『전집 2』, 106~107쪽.

하거나 소개할만한 글, 즉 "돈이 될 만한 재료"를 찾기 위해서였다. 그것
은 "고달픈 일이 아닐 수 없"었는데, "그래도 구하려던 책이 나왔을 때는
계 탄 것보다도 더 반갑다"[16]고 그는 적었다.

2. 프랑스 문학·예술에 대한 미묘한 양가감정

그런데 그가 찾아다닌 책들을 대부분 영어로 씌어졌거나 혹은 일어로
씌어진 책이었던 것으로 보인다. 그가 분석을 겸해 인용한 시인이며 비평
가들은 대부분 영미권의 시인, 비평가들이었다. 프랑스의 문학인들 역시
자주 인용되었지만 작품이 직접 분석된 예는 조금 후에 언급할 한 시인의
경우를 제외하고는 없다. 무엇보다도 그는 프랑스어로 된 문학작품은 아
예 읽을 기회를 갖지 못했던 것 같다. "불어도 배우자. 불란서 잡지를
주문해서 참고로 하자. 오늘 뿐만 아니라 내일의 참고로도 하자"[17]고 다짐
을 한 적이 있으나, 그가 불어를 배운 흔적은 찾을 수가 없다. 그가 불어를
못했다는 가장 분명한 증거는 프랑스 시에 대한 번역이 들쭉날쭉하다는
사실이다. 가령, 그는 프랑스 시에 대해서 시 본문을 인용한 적이 딱 한
번 있는데, 그것은 쉬페르비엘(Jules Supervielle)의 세 편의 시에 대해서이
다.[18] 그는 이 세 편을 자신이 '번역'한 것으로 제시하고 있는데, 번역의
수준이 편마다 고르지 않다. 세 번째로 인용된 「나는 혼자 바다 위에서(Je
suis seul sur l'océan)」[19]는 비교적 잘 된 번역이며, 첫 번째로 인용된 「침묵

16 1954년 12월 30일의 일기, 『전집 2』, 486쪽.
17 1960년 9월 13일의 일기, 『전집 2』, 502쪽.
18 「새로움의 모색」(1961), 『전집 2』, 229~232쪽.
19 참조를 위해 시 원문을 적는다: "Je suis seul sur l'océan / Et je monte à une
     échelle / Toute droite sur les flots, / Me passant parfois les mains / Sur

의 전우들(Compagnons de silence)」[20]은 군데군데 오역이 있는 채로 그리고 약간 억지스럽기도 한 채로 뜻은 웬만큼 살린 번역이다. 그러나 두 번째로 인용된 「대양의 이 부분(Ce peu d'océan)」[21]은 제목에서부터 시작해(「이 한 줌도 안 되는 대양」이라고 붙이는 게 차라리 낫다) 대부분의 시구가 오역이다. 이러한 들쭉날쭉한 번역의 수준으로 미루어보면 그가 프랑스어 시를 직접 번역한 게 아니라 둘 이상의 지면에서 영역된 시들을 다시 한국어로 번역한 것으로 보는 게 타당하다. 게다가 그가 초기시라고 생각한 「나는 혼자

---

l'inquiète figure / Pour m'assurer que c'est moi / Qui monte, c'est toujours moi. / Des échelons tout nouveaux / Me mettant plus près du ciel, / Autant que faire se peut / S'il ne s'agit que d'un homme. / Ah! je commence à sentir / Une très grande fatigue, / Moi qui ne peux pas renaître / Sur l'échelle renaissante. / Tomberai-je avec ces mains / Qui me servent à comprendre / Encore plus qu'à saisir? / Je tombe ah! je suis tombé / Je deviens de l'eau qui bouge, Ne cherchez plus le poète / Ni même le naufragé." -- Jules Supervielle, *OEuvres poétiques complètes*, Édition publié sous la direction de Michel Collot, Paris: Pléiade/Gallimard, 1996, pp.379~80.

20 "Compagnons de silence, il est temps de partir, / De grands loups familiers attendent à la porte, / La nuit lèche le seuil, la neige est avec nous, / On n'entend point les pas de cette blanche escorte. / Tant pis si nous allons toujours dans le désert, / Si notre corps épouse une terre funèbre, / Le soleil n'a plus rien à nous dire de clair, / Il nous faut arracher sa lumière aux ténèbres. / Nous serons entourés de profondeurs austères / Qui connaissent nos coeurs pour les avoir portés, / Et nous nous compterons dans l'ombre militaire / Qui nous distribuera ses aciers étoilés." -- *ibid.*, p.441.

21 "Ce peu d'océan, arrivant de loin, / Mais c'est moi, c'est moi qui suis de ce monde, / Ce navire errant, rempli de marins, / Mais c'est moi, glissant sur la mappemonde, / Ce bleu oubliés, cette ardeur connue, / Et ce chuchotis au bord de la nue, / Mais c'est moi, c'est moi qui commence ici, / Ce coeur de silence étouffant ses cris, / Ces ailes d'oiseaux près d'oiseaux sans ailes / Volant, malgré tout, comme à tire d'ailes, / Mais c'est moi, c'est moi dans l'humain souci. / Courage partout, il faut vivre encore / Sous un ciel qui n'a plus mémoire de l'aurore!" -- *ibid.*, p.440.

바다 위에서」는 1938년 간 『세계의 우화(*La Fable du monde*)』(Gallimard)에 실려 있는 것이고, 후기시라고 생각한 먼저 인용된 두 편의 시는 『세계의 우화』 다음에 상자된 시집, 『1939-1945』(Gallimard, 1946)에 수록된 시들 이다. 이 시집 이후 쉬페르비엘은 1960년 타계할 때까지 네 권의 시집을 더 낸다. 『세계의 우화』 이전에 출판된 시집은 여덟권이다.[22] 『세계의 우 화』에 바로 앞서는 시집, 『미지의 친구들(*Les Amis inconnus*)』은 1934년 상자되었다. 따라서 이 세 편의 시에 대해서 초기/후기를 가르는 것은 무리인 것으로 보이는데, 이 역시 쉬페르비엘에 대한 부정확한 영미쪽 정보를 그가 참조했기 때문일 것이다.

그러나 그럼에도 불구하고 그는 영어나 일어를 통해 프랑스 문학을 자주 살폈으며, 그 살핌의 과정은 또한 프랑스 문학에 대한 미묘한 양가 감정이 법석을 떠는 과정이기도 했던 것으로 보인다. 그 양가감정의 한 극에서 프랑스의 문학은 '현대의 명령'과 거의 동의어이다. 앞에서 살핀 '현대의 명령'을 가르쳐 준 이들은 모두 프랑스 사람들이다. 까뮈와 랭보 말고도, 프랑스 국적의 또 다른 소설가에서도 그는 똑같은 '자기 배반'의 문학을 보았다: "프랑스의 뷔토르[=Michel Butor] 같은 작가에 의하면 소 설은 본질적으로 리얼리티에 기여하는 것이고, 새로운 소설가의 임무는 구세대의 소설가들이 과(果)한 낡은 리얼리티의 서술을 교정하는 일이며 따라서 모든 훌륭한 소설은 안티노벨이라고 말할 수 있을 것이다."[23] 그 렇다면 개념적 차원에서 프랑스 문학은 절대적인 모범이 될 것이다. 그 러나 실상 김수영은 프랑스 문학을 무조건적으로 긍정하지 않았다. 방금

---

22 그는 1884년에 태어났고 첫 시집 『과거의 안개들*Brumes du passé*』을 1901년에 냈 는데 정확한 출판지와 시기는 불명이다. 그 다음 시집, 『범선들처럼*Comme des voiliers*』은 Editions de La poétique에서 1910년 출판되었다.

23 「새로운 윤리 기질」(1966), 『전집 2』, 380쪽.

인용된 뷔토르가 언급된 자리에서 그는 영국의 소설가들과 프랑스의 소
설가들의 차이를 논하던 참이었다. 거기에서 김수영은 뷔토르를 "난삽한
인식론적인 것을 파고드는 프랑스의 전위작가들"의 한 사람으로 보았다.
반면, 영국의 소설가들은 그런 "난삽한 인식론적인 것을 파고드"는 대신,
"감지자로서의 자기자신에게 충실하고 교양 있는 상식의 눈으로써 감지
된 사물에 충실하고자" 한다고 그는 설명한다. '난삽'과 '상식'이 포인트
를 이루는 이러한 대비는 개념적 차원에서 긍정된 전자에 대한 거부감을
암시한다. 그 거부감은 다음과 같은 대목에서도 보인다.

> "요즘 시론으로는 조르주 바타유의 『문학의 악』과 모리스 블랑쇼의 『불
> 꽃의 문학』을 일본 번역책으로 읽었는데, 너무 마음에 들어서 읽고 나자마
> 자 즉시 팔아버렸다. 너무 좋은 책은 집에 두고 싶지 않다. [……] 노상 느
> 끼고 있는 일이지만 배우도 그렇고, 불란서놈들은 멋있는 놈들이다. 영국
> 사람들은 거기에 비하면 촌뜨기다. 바타유를 보고 새삼스럽게 그것을 느낀
> 다. 그러나 당분간은 영미의 시론을 좀 더 연구해보기로 한다."[24]

좋은 것을 빨리 버리고 멋을 흉내내기를 일부러 지연시키는 이러한
태도에는, 욕망의 고의적 차단 같은 것이 있다. 르네 지라르가 그 '삼각
형'적 기본 구조를 제시[25]한 현대인의 욕망은 주변 사람들의 욕망을 앞서
나가려는 욕망으로 풀이될 수 있으며, 추월선으로 접어드는 승용차에 비

---

24 「시작 노트 4」(1965), 『전집 2』, 441쪽.; "『문학의 악』"이 "『문학과 악La littéra-
   ture et le mal』"의 "오식"이며, "『불꽃의 문학』" 역시 "『불꽃의 몫La part du feu』"
   을 잘못 표기한 것임은 김현에 의해 이미 지적되었다.(김현, 「김수영을 찾아서」, 『시
   인을 찾아서』, 김현문학전집 제3권, 『상상력과 인간/시인을 찾아서』, 문학과지성사,
   1991, 393쪽.)

25 René Girard, *Mensonge romantique et vérité romanesque*, Paris : Grasset,
   1961.

유될 수 있다. 다른 사람의 자동차가 **빨리** 달리니 내가 더 **빨리** 달려야 마음이 놓이는 것이다. 그런데 김수영은 고집스럽게 일반 차선을 유지하고 가는 자동차의 태도이다. 이런 고의적인 태도에는 상대방에 대한 부러움과 더불어 비판적 판단이 동시에 개입되어 있는데, 그 비판적 판단이 순전히 선망에서 비롯된 것이라면 더 이상의 논의는 불필요할 것이다. 그러나 김수영에게는 부러움과 비판적 판단이 분화된 상태였던 것으로 보인다. 물론 분화되었다고 해서 전혀 무관한 것이라 할 수는 없지만. 결론을 미리 당겨 말하자면, 김수영은 프랑스 문학에 대한 부러움을 비판으로 선회시킨 것이 아니라 부러움을 극복하는 자리에서 비판이 아니라 다른 대안을 찾았다고 할 수 있다. 물론 그 결론에 도달하기 위해서는 여러 가지 해명해야 할 문제의 단계들이 놓여 있다.

부러움과 비판적 판단이 분화되어 있었다는 것은 김수영에게 그 양쪽이 개념적 차원과 제시적 차원으로 갈라져 있다는 것을 뜻한다. 전자의 차원에 있어서 그는 분명 프랑스 문인들의 언명에서 근본적인 원칙을 배운다. 그러나 그 언명의 제시적 차원에서 그는 프랑스 문학에 반감을 표시한다. 가령 그는 "'나는 모든 사물을 소설 속에 담아보고 싶다'는 지드 식의 거만한 태도"[26]를 비판한다. '거만'에 대한 비판은 그 옆에 멋부리기에 대한 비판을 두고 있다: "불란서에 다녀온, 불란서 소설 번역을 하는 B.K.는 손가락에 커다란 금반지를 끼고 담배는 '진달래'를 피우고 있다. 이런 하이브로우한 멋도 피곤하다."[27] 거만 역시 '거드름 피우기'와 동의어로 볼 수 있으니까, 둘 다 멋부리기의 범주에 속한다 할 수 있다. 그렇다면 김수영은 멋있음을 부러워하면서 멋부리는 행위에는 거부감을

---

26 「새로운 윤리기질」(1966), 『전집 2』, 379쪽.
27 「멋」(1968), 『전집 2』, 136쪽.

가졌다고 할 수 있다. 이런 구절도 비슷하게 이해될 수 있다.

> "「십년 연정」[=김광섭]의 재주는 눈에 띄지 않는 재주이지만 「묘지송」
> [=고은]의 재주는 눈에 띄는 재주다. 전자를 영국적이라면 후자는 불란서
> 적(시의 소재면을 말하는 게 아니다)이라고도 할 수 있다. 호남 출신의 시
> 인들에게 이런 젊은 재주가 흔히 보이는 것도 재미있는 일이다. 그런데
> 후자의 재주는 우리나라의 전례를 볼 것 같으면 그 호흡이 길지 못하다.
> 고은의 재주에도 그런 위험성이 다분히 내포되어 있다."[28]

그는 '눈에 띄는 재주'를 한편으로 재주있음으로 받아들이면서 동시에
그것을 재주부림으로 파악하는 것이 아닐까? 김수영은 본래 김광섭의
시를 "관념의 서술이 너무 많은 게 싫어서 그리 좋아하지 않는 편"[29]이었
다. 그런데 그가 김광섭에 대해 두 번 언급할 때는 그리 좋아하지 않는
시인에게서 문득 섬광을 발견할 때이다. 그리고 이 순간 김광섭의 '재주
없음'이라는 통념은 '숨은 재주'로 바뀐다. 그런데 '숨은 재주'가 등장함
과 더불어, 같은 찰나에, '드러난 재주'도 지위를 슬그머니 바꾼다. "호흡
이 길지 못하다"는 위험성이 그 재주에 추가되는 것이다. 그리고 호흡이
길지 못하다는 것은 상식적인 차원에서 능력의 불필요한 낭비에서 기인
한다. 재주의 불필요한 낭비란 재주의 무분별한 과시, 즉 재주부림이라
는 용어로 대신할 수 있는 태도이다.

멋과 멋부림의 이러한 대립은 다른 데에서도 자주 찾아볼 수 있다. 가령
그는 마르셀 카르네(Marcel Carné)의 『인생유전(*Les enfants du paradis*)』
(1945)에 대해 세간의 평가와 정반대로 혐오감을 드러내는데, 그 이유는
"예술영화"인 체 하면서 "내용도 구태의연"[30]하기 때문이다. ("제목부터가

---

28 「재주」(1966), 『전집 2』, 86쪽.
29 「생활현실과 시」(1964), 『전집 2』, 267쪽.

고색창연하다"고 했는데, 번역된 제목을 두고 그렇게 말한 거라면 그것은 번역자를 흉볼 일이지 영화에게 성낼 일은 아닐 것이다. 불어 원제목을 두고 그 말을 했을 것 같지는 않은데, 왜냐하면 그가 원제목을 알았다면 그것과 번역제목의 엄청난 차이를 언급하지 않았을 리 없기 때문이다. 이것은 프랑스적인 것에 대한 그의 조건 반사적인 과도한 반발을 은근히 비춘다. 그런데 이 글은 1955년에 씌어졌다. 아마도 이때의 그의 정신세계는 부러움과 비판적 판단 사이의 분화가 아직 이루어지지 않았는지도 모른다.) "불란서적 영화 협잡"이라는 판단의 정당성 여부를 떠나서 이것도 멋부림에 대한 그의 비판적 판단을 보여주는 예로 볼 수 있다.

그렇다면 멋은 어떻게 드러나야 하는가? 앞서의 진술로 보자면 멋은 숨겨진 방식으로 표현되어야 할 것 같다("숨은 재주") 이러한 주장은 얼핏 형용모순처럼 들린다. 멋은 드러날 때만 멋'있을' 수 있기 때문이다. 아니면 동양적인 은근함을 가리키는 것일까? 그러나 김수영은 동양적인 은근함과는 전혀 무관한 방식으로 그 멋의 숨겨짐이라는 문제를 다룬다. 그것을 비교적 쉽게 이해할 수 있게 해주는 대목이 프랑스의 영화 감독 뒤비비에(Julien Duvivier)가 만든 영화[31]에 대한 언급이다.

그는 그 영화에서 한 작곡가가 소음 한 복판에서도 작곡에 열중하는 장면을 상기하면서 그것을 "멋있는 장면"으로 기억하고, 자신도 소음에 시달릴 때는 그 장면을 떠올리면서 "약으로 삼고 있다"고 고백한다. 그런데 그 다음 이어지는 진술이 엉뚱하다:

> "그러나 내가 정말 멋있을 때는 이런 소음의 모델의 장면도 생각이 나지 않고 일에 열중하고 있을 때일 것이다. 정신이 집중될 때가 가장 멋있는 순간이다."[32]

---

30 1955년 1월 11일의 일기, 『전집 2』, 489쪽.
31 『맨하탄 이야기 Tales of Manhattan』(1942)을 가리킨다.

이 말의 엉뚱함은 평범한 진술에서는 저 장면의 떠올림에서 일에의
몰입으로 이어지는 과정이 자연스럽기 때문이다. 그러나 김수영에게는
그것이 자연스럽지 않다. 내가 멋있을 때, 즉 내가 일에 몰입하는 때는
다음 네 가지 절차를 통해서 나타난다.

> (1) 뒤비비에 영화의 작곡가가 소음 속에서 작곡에 몰입하는 건 멋있다.
> (2) 내가 소음에 시달릴 때, 그 영화의 장면을 떠올리면서 용기를 얻는다.
> (3) 그러나, 내가 그 장면을 떠올리는 동안, 나는 내 일에 몰입하고 있지
>   않다.
> (4) 내가 그 장면을 의식 속에서는 잊고 몸으로 그것을 체현한다면, 나는
>   일에 몰입하고 있을 것이다.

여기까지 오면 김수영에게 있어서 '멋'은 머리 속에 그려지는 게 아니
라 실행되는 것이다. 멋은 관조되면 멋이 아니다. 저 '멋'을 현대적인 예
술, 현대적인 문학으로 치환해보자. 프랑스 문학을 통해 그가 배운 현대
의 예술·문학은 부단한 자기 배반의 예술·문학이다. 그런데 그 자기
배반은 실행되는 것이지 의식되는 것이 아니다. 자기 배반을 의식하고
있는 한 그는 아직 새로운 문학의 창조에 가 닿지 못하고 있다. 자기 배
반이 실천되려면 현대 예술·문학은 자신의 흔적을 하나도 남겨서는 안
된다. 그가 보기에 헨델의 음악, 피카소의 그림, 그리고 릴케의 시가 그
렇다: "헨델은 베토벤처럼 인상에 남는 선율을 하나도 남겨주지 않는다.
그의 음은 음이 음을 잡아먹는 음이다. [……] 나는 그의 평화로운 「메시
아」를 들으면서 얼마 전에 뉴스에서 본, 마약을 먹고 적진에 쳐들어 와
몰살을 당하는 베트콩의 게릴라의 처절한 모습이 자꾸 머리에 떠오르고

---

32 「멋」, 『전집 2』, 139쪽.

는 했다. [……] 보들레르는 자기의 시체는 남겨놓는데 릴케는 자기의 시체마저 미리 잡아먹는다."[33] 또한 그는 『들어라 양키들아』를 쓴 C. 라이트 밀즈(Wright Mills)를 두고서 "우리들의 오늘날의 과제로서의 혁명이 어째서 평범하고 상식적인가를 [……] 입으로서가 아니라 창자로서 보여"[34]주고 있다고 쓴다.

줄여 말하면 이렇다. 현대의 예술·문학, 즉 자기 배반의 예술·문학은 자기 배반의 "강행(enforcement)"이라는 점에서 자기 배반의 현시가될 수 없다는 것이다. 배반이 현시가 되면 배반 그 자체의 광경에 사로잡히고, 따라서 배반은 이행되지 않는다. 따라서 배반의 이행은 말없이 치러지는 강행, 즉 "침묵[의] 이행"[35]이다.

이런 언급들은 아마도 1961년부터 나타난 것으로 보이는데, 그 후 서서히 빈도수가 많아지면서 그가 타계한 1968년 무렵에 가면 모든 이야기들이 항상 이 명제로 회귀한다. 궁극적으로 그것은 시의 예술성을 '무의식적', '행동'으로서 정의하는 명제로 나타난다. 그 무의식성은 "시인은 자기가 시인이라는 것을 모른다. 자기가 시의 기교에 정통하고 있다는 것을 모른다. 그리고 그것은 시의 기교라는 것이 그것을 의식할 때는 진정한 기교가 못 되기 때문에 그렇게 되는 것이다"[36]에 진술된 바 그대로이며, 그것의 행동 역시, "진정한 참여시에 있어서는 초현실주의 시에서 의식이 무의식의 증인이 될 수 없듯이, 참여의식이 정치 이념의 증인이 될 수 없는 것이 원칙이다. 그것은 행동주의자들의 시인 것이다"[37]에

33　「와선」[1968], 『전집 2』, 151쪽.

34　「들어라 양키들아」(1961)], 『전집 2』, 167쪽.

35　「시작노트 7」(1966), 『전집 2』, 459쪽.

36　「시여 침을 뱉어라」(1968), 『전집 2』, 399쪽.

37　「참여시의 정리」(1967), 『전집 2』, 389쪽.

서 주장된 바 그대로이다.

3. 언어와 행동 : 연극성의 문제

김수영이 생각한 현대문학의 방법적 기제가 '자기 배반의 감행'이라면
이 감행은 우선 말을 전면적으로 행동으로 대체하는 양태를 가리킨다.
이것은 일단 문학에 대한 통념을 시인이 근본적인 차원에서 뒤집고 있다
는 것을 보여준다. 왜냐하면 통상적으로 문학은 대상을 말로 대체하는
것이고 "행동의 좌절"이 "말의 구원"(장 뒤비뇨(Jean Duvignaud))으로 바뀌
는 사태이기 때문이다. 이 "말의 구원"을 김수영은 다시 뒤집어 말 에너
지의 행동으로의 부단한 전화(轉化)라는 사태를 연출케 한다.

어찌됐든 그러나 행동으로 대체한다고 해서, 시가 그 자체로서 행동
이 될 수는 없다. 시가 감각적 차원에서 말의 폐기와 행동의 충만화로
나타날 수 있다 하더라도, 표현적 차원에서 시는 언어일 수밖에 없는 것
이다. 발신자의 지점에서는 어쨌든 '언어'인 것이고, 김수영의 시적 실천
이 제대로 이행되었다면, 수신자의 지점에서 그것은 '행동'으로 돌변해
있어야 할 것이다. 그리고 이 돌변을 위해, 발신지점과 수신지점 사이에
는 어떤 화학작용이 개입하지 않을 수 없을 것이다. 따라서 저 화학작용
에 대한 생각이 어떻게 다른가에 따라 썩 다양한 시의 양상들이 나타날
수도 있다.

김수영의 산문을 꼼꼼히 훑어 보면, 이런 자기 배반이라는 현대예술
적 명제는 이미 1961년 이전에도 김수영의 무의식적 항상 주제였음을
알 수 있다. 왜냐하면 1961년에 쓴 글에서 그 이전에 있었던 중요한 한가
지 방법론을 소개하고 있기 때문이다. 그 방법론은 '연극성'인데 그것과

함께 거론된 시인이 쉬페르비엘이다. 우리는 여기에서 프랑스 문학이 어떻게 김수영에게 작용하고 또한 작용함으로써 어떻게 탈락했는가를 이해하는 기본적인 구조를 만난다.

앞에서 보았듯, 현대문학의 근본 명제는 김수영에게 프랑스 문학(까뮈와 랭보)으로부터 왔다. 그런데 그 명제의 실행적 차원에서 그는 프랑스 문학을 말라르메적인 것과 쉬페르비엘적인 것으로 나눈다. 말라르메적인 것은 "보이지 않는 것(invisibility)"이자 "추상적인 술어의 나열"[38]로서 이해되고 그것은 김수영의 시에서 배제된다.(그러나 명제로서는 여전히 말라르메적인 것은 남는다. 그는 1966년에 "말라르메를 논하자"는 주창을 지나가듯이 던진다.) 반면 그런 추상적인 술어의 나열이 "일절 자취를 감추고 있는" 것으로 판단된 쉬페르비엘의 시에는 매료당하게 되는게, 그 매료의 핵심을 그는 연극성으로 이해한다. 이때 연극성이란 무엇인가? 이 연극성은 우선은 구상성이며, 그 다음은 "스토리 자체가 하나의 풍자"인 것이다. 즉 진술이 하나의 생생한 구상성을 띠어서 풍자의 힘을 띠는 것을 가리키는 것으로 볼 수 있을 것이다. 그런데 김수영은 여기에 덧붙여 쉬페르비엘의 연극성에 "속취(俗臭)와 아기(雅氣)"가 풍기고 있다는 점에 주목한다. 그리고 이 속취(혹은 아기까지 포함해서)에 프랑스적이라는 라벨을 붙인다. 그런데 실제로 김수영이 그 속취에 끌리는 이유는, 쉬페르비엘의 속취가 속취에 대한 의식을 동반하여 비애감을 유발하기 때문이다. 가령, 「나는 혼자 바다 위에서」의 마지막 네 행, "나는 움직이는 물이 된다 / 벌써 움직여버린 물이 된다 / 이미 시인인 나를 찾지 말아라 / 난파인조차도 찾지 말아라"[39]가 보여주는 숙명과 비애 같은 것 말이

---

38 「새로움의 모색」, 『전집 2』, 229쪽.

39 마지막에서 두 번째 행은 "이제 시인을 찾지 말아요 Ne cherchez plus le poète"로 번역하는 게 타당하다. 오역이 어디에서 비롯하는 것인지는 확실치 않다.

다. 혹은 김수영이 「태양의 이 부분」에서 찾아냈다고 생각한(이 시가 오역 투성이라는 건 앞에서 지적했다) "속과 아가 한데 뭉쳐버렸으니 이것은 속도 아니고 아도 아닌 것이 되고 말았다는 데서 느끼는 비명"[40]이다. 반면 이 속취가 의식되지 않고 자기 도취에 빠질 때 그것은 연극에서 "쇼"[41]로 돌변하고 더 나아가 "마술을 취재로 한 통속극[의] 연출"로 바뀌고 시인 자신이 그 "극중극에 몸소 출연까지"[42]하게 된다. 이런 경우가 비어렉(Peter Viereck)의 시이다.

이 야릇한 이야기는 이렇게 정리하는 것이 타당한 듯하다.

> (1) 김수영은 연극성에 매료되었다. (아마도 말의 행동으로의 전화라는 명제에 부합하기 때문에)
> (2) 그런데 연극성은 쇼나 통속극으로 빠질 수 있다(비어렉의 경우)
> (3) 연극성이 그런 함정에 빠지지 않으려면 불가피하게 자신의 연극을 관조하는 의식이 필요하다. (이때 행동으로의 전화는 온전히 이루어지지 않으며 불가피하게 숙명적인 비애를 낳는다. 이것이 쉬페르비엘의 시다.)

그런데 이렇게 되면 애초의 명제, 즉 언어의 행동으로의 전화는 불가능한 것이 된다. 바로 이것이 김수영으로 하여금 연극성을 "미워하기 시작"[43]하게끔 한 요인일 것이다. 바로 이 순간, 그는 연극성을 버리고 다른 방법적 기제를 찾게 된다. 그러나 그 방법적 기제는 사실상 미지의 상태로 남아 있었다. 그것을 김수영은 매우 솔직하게 이렇게 고백하고 있다.

---

40 앞의 글, 231쪽.
41 같은 글, 234쪽.
42 같은 글, 237쪽.
43 같은 글, 237쪽.

그러나 시는 영원히 낡은 것이라는 의미에서 쉬페르비엘의 시는 낡은 것이고, 이러한 인식이 싹틀 무렵에 나는 쉬페르비엘과 이별하였다. 나에게는 이미 새로움의 모색이 필요없었기 때문이다. 그러나 사실에 있어서는 나는 '쉬페르비엘의 연극성'만을 면역하고 만 것이 된 것이다. (232쪽)

그리고 다섯 페이지 지나서,

나는 다시 추상을 도입시킨 작품을 실험해 보았지만 몇 개의 실패작만을 내놓고 말았다. 그리고 보면 아직도 drama를 포기할 단계는 못 된 것 같으나 되도록이면 자연스럽게 되고 싶다는 것이 요즈음의 나의 심정이다. 현대의 의식의 위기를 극복하는 길은 어디까지나 common sense와 normality이기 때문이다. (237쪽)

그러니까 그는 새로운 시의 모습은 미지인 채로, 연극성을 포기함으로써 몇 개의 중요한 지침을 획득한 것으로 이해할 수 있다. 그 지침들은:

(1) 시는 영원히 낡은 것이 아니라 영원히 새로운 것이 되어야 한다.
(2) 그러려면, 시는 관조가 아니라 실천이 되어야 한다(연극성에 집중하면 관조를 통해서만 시적 품격을 유지할 수 있다. 역설적이게도 연극성을 버림으로써 시가 마침내 행동이 될 가능성이 열리는 것이다.)
(3) 이 행동 속에서 현대의 순교가 탄생하는데, 현대의 순교는 죽어가는 자기를 바라볼 수 있는 자기가 아니라, 죽어가는 자기-그 죽음의 실천이다(왜 현대의 순교로 비약하는 것일까? 당연히 현대의 예술·문학은 자기배반을 감행하기 때문이다.)
(4) 새로운 시는 연극성에서가 아니라 '상식common sense'과 '평범성 normality'에서 나온다.

4. 자코메티적 변모

프랑스 문학과의 연관을 보자면, 제 (4)의 지침에 와서 김수영은 프랑스 문학을 떠나는 듯하다. 왜냐하면 상식과 평범성의 문학은 바로 영국의 그것이기 때문이다. 그러나 이 글이 씌어진 지 5년 후 1966년 「시작노트 6」[44]에서 프랑스 문학이 김수영에게로 다시 회귀하고 있다는 사실을 발견한다는 것은 매우 흥미로운 일이다. 그 사정은 이렇다.

김수영은 '연극성 비판'과 동질의 얘기를 보봐르(Simone de Beauvoir)를 통해 하는데, 『타인의 피』의 '마르셀'이 "참된 창조"를 위해 "생활을 위한, 타인의 눈을 즐겁게 해주는 그런 그림을 그리는 일을 중지해 버린" 사건에 먼저 감격한 다음, 저 연극성을 실감케 해주는 "처와 출판업자"를 흉보는 것으로 시작해, 곧 "말라르메, 간조" 그리고 "자코메티"를 떠올리고 마지막에 앨런 테이트(Allen Tate)의 '텐션(Tension)의 시론'[45]이 "수동적"임을 밝힌 후, 보들레르의 「고양이」가 "텐션의 시론의 두레박으로 퍼낼 수 있지만 [……] 팔이 아프도록 퍼내지 않으면 바닥이 보이지 않는다"고 주장한다.

이 「시작노트」는 그 복잡성[46] 정도만큼이나 주의 깊게 살펴봐야 할 가

---

44 『전집 2』, 446~53쪽.

45 개정판 『전집 2』에는 이 부분이 "Tennyson의 시론"이라고 되어 있는데, 이는 오인의 결과로 보인다. 박수연, 「김수영 전집 텍스트 확정을 위한 사례 보고」(『김수영, 그후 40년』, 김수영 40주기 추모 학술제, 2008.6.13, 프레스센터)에서 이 문제가 처음 제기되었다.

46 이 글은 아주 복잡한 글이다. 말라르메와 보들레르의 귀환뿐만 아니라, 손탁의 스타일론에 대한 거부감과 마커스의 소설론, '이상과 자신의 일본어로 글쓰기 문제(더 나아가 이 글을 일본어로 쓰고 있다는 것)', '자코메티적 변모' 등이 혼용되어 있다. '일본어 쓰기'의 문제는 오늘의 논의에서 배제했는데, 이에 대해서는 강계숙의 「김수영은 왜 시작 노트를 일본어로 썼을까?」(『현대시』 2005년 8월호)를 참조할 수 있다.

치가 있는 것으로 보인다. 특히 지금의 논의에서 주목해야 할 것은, 1961년 이후 본격적으로 탐구되기 시작한 새로운 시에 대한 모색의 결과가 이 시작 노트에 배어 있지 않은가 하는 것이다.

우선, 말미에 제시하고 있는 앨런 테이트의 시론에 대해서 김수영이 "수동적"이라고 판단한다는 것은 그 시론이 해설을 위한 시론임을 가리킨다. 그것은 "검사를 위한 시론"으로서 "진위를 밝히는 도구로서는 우선 편리하지만 위대성의 여부를 자극하는 발동기의 역할은 못한다." 다시 말해, 테이트의 시론은 창조자를 위한 시론이 되지 못한다는 것이다. 또한 그렇기 때문에 검사도 충분치 않을 수 있다. 보들레르의 「고양이」를 그 시론의 두레박으로 "퍼낼 수[는] 있지만", "팔이 아프도록 퍼내"는 노역을 요구한다. 그 시론은 심히 소모적이다. 그렇다면 시의 창조에 "발동기의 역할"을 할 적절한 시론은 없는가?

한데, 테이트의 "텐션의 시론"을 언급하기 직전, 그는 사실 그런 새로운 창조의 경험을 고백하고 있다. 다만, 그 내용이 심히 모호하게 제시되어 독자가 언뜻 그에 당장 착목하더라도 요해의 난관에 부닥쳐 그냥 스쳐 지나가기 십상이게끔 되어 있었던 것이다. 바로 "자코메티적 변모"가 그것이다.

이 변모가 그의 새로운 시적 체험인 것은 분명하게 나타나 있다. 그는 "'폐허에 눈이 내린다'의 여덟 글자로 충분"한 「눈」이 "쓰고 있는 중에 자코메티적 변모를 이루어 6행으로 되었다"고 말한 후, 그 사실에 환호한다: "만세! 만세! 나는 언어에 밀착했다. 언어와 나 사이에는 한 치의 틈서리도 없다."

그렇다면 이 '자코메티적 변모'가 분명 시의 변모에 관련된 것은 분명하다. 다만 「시작노트 6」의 내용은 그 변모의 의미를 해독하기에 불충분하다. 우리가 이 노트에서 암시받을 수 있는 건 다음 세 가지이다.

(1) 자코메티의 말을 수정해서 해석하기
    (A) hideous를 '보이지 않음'으로 해석하고, "look away from"을
        빼버리자는 제안:
    (B) 이 제안에 따라 수정하면 다음과 같다.
    자코메티의 말: "실재에 대한 나의 비젼을 표현할 수 있다는 희망
         이 없다. 게다가, 내가 표현하긴 한다면, 그것은 고개
         를 돌려버릴 만큼 끔찍한 무엇이리라"[47]
    수정된 말: "실재에 대한 나의 비젼을 표현할 수 있다는 희망이 없
         다. 게다가, 내가 표현하긴 한다면, 그것은 보이지 않
         는 것이 되리라.
(2) '보이지 않음'을 제안할 수 있는 한 가지 가짜 이유: "나는 말하긴
    했으나 보이지 않을 것이다. 보이지 않으니까 나는 진짜야"[48]
(3) 자코메티로의 회귀: ① "나는 또 자코메티로 돌아와 버렸다"[49];
    ② 자코메티적 변모를 이루어 탄생한 「눈」은 "낡은 형(型)의 시다.
    그러나 낡은 것이라도 좋다. 혼용되어 좋다는 용기를 얻었다."[50]

  (1)의 제안은 두 가지다. 단어 하나를 바꾸고 숙어 하나를 없애는 것.
이 두 가지를 함께 고려한다면, 이것은 단어의 해석을 바꾸자는 제안으
로 읽기보다는 문장 전체를 의미가 다른 문장으로 바꾸자는 제안으로
읽는 것이 타당하다. 즉 자코메티의 생각은 "비젼을 표현할 수 있다면,
그것은 끔찍한 것이 되리라"인데, 김수영 자신의 생각은 "비젼을 표현할

---

47 『전집 2』, 449쪽; "There is no hope of expressing my vision of reality. Besides,
    if I did, it would be hideous something to look away from" – 민음사판 재판본
    『전집 2』에는 이 문장이 마치 시처럼 행갈이가 되어 있는데, 자코메티가 쓴 시가 아니
    라 한 말인 한, 행갈이를 없애는 것이 타당하다고 생각한다.
48 같은 글, 같은 쪽.
49 『전집 2』, 450쪽.
50 『전집 2』, 452쪽.

수 있다면, 그것은 보이지 않는 것이 되리라"라는 것이다. 즉, 시인은 조각가로부터 아이디어를 빌려 오되, 그 실질을 다른 것으로 바꾸려고 하는 것이다. 충격적인 것에서 은닉된 것으로. 왜 그렇게 하려 하는가? (2)는 그에 대한 이유가 될 수 있는 것 하나를 제시한 다음, 그건 가짜 이유라고 말한다. 즉, 보이지 않는 건 보이는 것(충격적인 것)과 달리 진짜 라는 생각이 "말도 되지 않는" 생각이라는 것은 "신문사의 신춘문예 응모 작품이라는 엉터리 시를 오백 편쯤 꼼꼼히 읽은 다음에 그대의 시를 읽 었을 때와, 헤세나 릴케 혹은 뢰트거의 명시를 읽은 다음에 그대의 시를 읽었을 때"의 두 경우 각각에 대해서 "그대의 작품에 대한 인상·감명"을 생각해 보면 알 수 있는 일이라는 것이다. 풀이하자면, 조악한 감정을 남발하는 엉터리 시 오백편과 대비해 '보이지 않는[드러냄이 없는]' 나의 시는 분명 "[더] 진짜"이겠지만, 표현할 수 없는 것을 표현한 헤세, 릴케, 뢰트거의 작품에 비하자면, '실재가 보이지 않는[드러낼 수 없는]' 나의 시 는 그냥 표현할 수 없는 것을 표현할 수 없게 둔 초라하기 짝이 없는 작품일 수밖에 없기 때문이다. (3)그래서 그는 자코메티로 돌아가는데 그러나 귀환의 장소가 썩 미묘하다. (1)과 (2)에 비추어 보면, (3)의 귀환 은 '보이지 않음'으로부터 '끔찍함'으로 돌아가는 것이어야 했을 것이다. 그러나 (3)-①의 문장에 이어지는 문장은, "말라르메를 논하자. 독자를 무시하는 시. 말라르메도 독자를 무시하지 않았다"이다. 이 말라르메는 불현 듯 1961년 「새로움의 모색」에서 그가 말라르메에 대해 규정한 것을 생각키운다. 바로 "invisibility", 즉 "보이지 않음"이었다. 이 개념은 지 금 가장 치열한 문제가 되고 있는 두 어사 중의 하나인 것이다. 그렇다 면, 그는 자코메티로 돌아왔되, '보이지 않음' 쪽으로 돌아온 것이 아닐 까? 그리고 만일 이것이 자코메티로 돌아간 것이 맞다면, 자코메티의 '가정법'으로 돌아간 것이 아니라 '직설법'으로 돌아간 것으로 보는 것이 타당할 것이다. 즉, 표현되었더라면 끔찍했을 것을 표현하지 않았던(/못했던) 사태 자체로 돌아간 것이다. 그러한 추정은 (3)-②를 통하면 좀더 확실해진다. 두 쪽 건너의 그 대목에서 시인은 '자코메티적 변모'라는 이름으로 「눈」을 소개하고 있는데, 그에 대한 설명은 바로 "낡은 것", 그리고 "혼용"이다. "혼용"이 낡은 것과 새로운 것의 혼용임을 직관적으로 알아챌 수 있다면, '자코메티적 변모'는 낡은 것으로 드러내되 새로운 것을 감추고 있는 것을 가리킨다고 할 수 있다. 그리고 '낡은 것'에 '보이지 않는 것'을 대입하고 '새로운 것'에 '끔찍한 것'을 대입해보자. 혹은 '낡은 것'에 '상식과 평범함'을, '새로운 것'에 '멋'을 대입할 수도 있을 것이다. 이와 같은 대입은 '자코메티적 변모'가 바로 '낡음'-'보이지 않음'-'상식과 평범'의 외양을 통해 '새로움'-'끔찍함'-'멋'의 실재를 은닉하는 상태의 달성을 가리킨다는 것을 강력히 암시한다.[51]

결국 '자코메티적 변모'가 '연극성'으로부터의 탈피 이후에 김수영이 새롭게 획득한 시작의 원리라면, 일단 그것은 '상식과 평범의 외양 속에 멋진 실재를 담는 방식이자 그 결과'라고 말할 수 있을 것이다. 그런데 이러한 잠정적인 정의는 근본적인 질문 두 가지를 해결해주지 못한다. 즉, 도대체 어떻게 해서 시인은 이러한 시작 원리에 '자코메티'라는 조각가의 이름을 끌어오게 되었을까? 그리고 다음 저 상식과 멋 사이의 외양과 은닉의 구체적인 알고리즘은 어떤 것일 수 있는가?

한데, 이 「시작 노트 6」이 씌어지던 즈음에 김수영은 자코메티에 관한

---

51 이 자리에서 자세히 분석하진 않겠지만, (3)-①과 (3)-② 사이에 놓인 여러 개의 에피소드들은 바로 '자코메티적 변모'라는 혼용의 예비적 양태들을 보여주는 것으로 분석될 수 있다. 손탁, 즉 '스타일=영혼'에 대한 거부감; "나는 침묵을 꾀한다"는 언명, 또한, "내가 일본어로 글을 쓰는 것은 '망령'을 사용하는 것이다('영혼'이 아니라)"는 언명. "프티 부르주아는 독창적인 것을 좋아하고, 노동자는 독창성을 문제삼지 않는다" 등등의 언표들은 그 사실을 너무도 분명하게 환기시킨다.

글 하나를 번역한다. 칼톤 레이크의 '자코메티 방문기'인 「자꼬메띠의 지혜」[52]가 바로 그것인데, 그 글을 읽으면, 지금까지의 우리의 유추를 확신으로 갖게 되는 한편으로, 그 확신의 배경에 놓인 놀라운 사실을 발견할수 있다. 바로 다음의 두 언술을 비교해 보자.

(1) 나는 사람 머리를 만들 수가 없어서, 1925년에 인물 조각은 포기했어요. 10년 동안을 추상적인 작품만 했어요. 그러다가 1935년에 다시 인물조각으로 돌아 갔어요. 그랬더니 여지껏 머리를 한 번도 만들어 본 일이 없는 것 같은 기분이 듭니다. 나는 완전한 초상을 만들어 보려는 생각조차도 할 수 없었어요. 그것은 너무 힘에 겨운 일이었어요. 그리고 그 일은 조금도 쉬어지지가 않아요.[53]

(2) 연극……구상……이런 것을 미워하기 시작하면서부터 나는 다시 추상을 도입시킨 작품을 실험해 보았지만 몇 개의 실패작만을 내놓고 말았다. 그리고 보면 아직도 drama를 포기할 단계는 못 된 것 같으나 되도록 자연스럽게 되고 싶다는 것이 요즈음의 나의 심정이다. 현대의 의식의 위기를 극복하는 길은 어디까지나 common sense와 normality이기 때문이다.[54]

(1)은 1965년 칼톤 레이크(Carlton Lake)와의 인터뷰에서 자코메티가한 말이다.[55] (2)는 1961년 김수영이 「새로움의 모색」에서 쓴 글이다. 밑줄 친 부분들을 중심으로 두 발화를 살펴보면, 이 둘 사이에는, 동기는다르겠지만, 놀라운 정황상의 일치가 존재함을 보여준다. 둘 다, (a) 특

---

52 『세대』, 1966년 4월; 이 글을 문학평론가 조강석씨가 구해주었다. 이 자리를 빌어 고마움을 표한다.
53 「자꼬메띠의 지혜」, 293쪽.
54 「새로움의 모색」(1961), 『전집 2』, 237쪽.
55 문헌을 검색한 결과, 이 인터뷰("The Wisdom of Giacometti")는 『어틀랜틱*The Atlantic*』지 1965년 9월호에 발표된 것이다(아쉽게도 원문을 구하지는 못했다.)

정한 이유에 의해서 애초의 작업 방식을 포기하였다; (b) 한 동안 '추상'
적인 작업을 시도했다; (c) 추상 작업에서 만족을 느끼지 못했다, 는 전
개를 보여주고 있다. 정황상의 일치는 여기에만 있는 것이 아니다. 「자
꼬메띠의 지혜」에 의하면, 자코메티는 초현실주의 시대를 거쳐 전통적
인 회화로 돌아왔다. 그런데 김수영의 초기 역시, 초현실주의와 무관하
달 수 없다.[56] 그리고 지금 그는 "상식과 평범성"으로 돌아가야 할 필요
성을 절실히 느끼고 있다.

　이러한 정황상의 일치에 비추어 보면, 자코메티와 김수영은 거의 동
일한 예술적 체험, 동일한 예술적 한계와 시도, 그리고 좌절을 경험하였
음을 알 수 있다. 아니, 적어도 시인에게는 그렇게 느껴졌을 가능성이
크다. 그가 자코메티에 급격히 빠져든 이유가 여기에 있지 않았을까?[57]
여하튼 이러한 일치와 더불어서 차이도 존재한다. 김수영은 추상 작업에
매달리다 실패한 후, "상식과 평범성"으로 가야한다고 생각하고 있었지
만 그 방법은 모른 채로 있다. 반면, 자코메티는 '인물 조각'으로 돌아가

[56]　이에 대해서, 김수영은 "내가 시에 있어서 영향을 받은 것은 불란서의 쉬르라고 남들
은 말하고 있는데 내가 동경하고 있는 시인들은 이미지스트의 일군이다"(「무제」, 『전
집 2』, 30쪽.)라고 적은 바 있다. 이 진술은 초현실주의의 영향을 받았는가 여부를
부인도 긍정도 하고 있지 않다. 그런데 이와 관련하여 그는 여러 장소에서 '초현실주
의'의 주창자인 앙드레 부르통의 문학을 "낡은 것"이라고 규정하는 가운데, 그가 그에
게 깊이 경사되었다가 후에 빠져나왔음을 암시한다(「요즈음 느끼는 일」, 『전집 2』, 48
쪽; 「마리서사」, 『전집 2』, 106~107쪽; 「문맥을 모르는 시인들」, 『전집 2』, 331쪽.)
그는 또한 "구라파의 아방가르드의 새 문학에 면역이 되기까지도 […] 긴 세월이 필요
했던 것을 생각하면"(「벽」[1966], 『전집 2』, 114쪽)이라고 말한 적이 있는데, 여기에서
의 '아방가르드'를 바로 '초현실주의'와 동일시할 수는 없다 하더라도, 후자가 전자의
부분집합일 가능성은 다분하다.
[57]　사실 '자코메티'에 대한 언급은 그 이전에 거의 보이지 않았다. 그러니까 1966년의
「시작노트 6」에서 '자코메티적 변모'라는 용어까지 만들어가며 그를 집중적으로 거론
한 것은 매우 돌발적인 것이다. 김수영의 사유에 있어서 자코메티의 돌발적 출현은
「자꼬메띠의 지혜」가 단박에 그리고 단김에 유발한 것으로 보는 게 타당하다.

서 힘겹지만 그 작업을 진행하고 있다. 아마도 그 작업의 방법론은 김수영의 '자코메티적 변모'에 결정적인 힌트를 제공하게 될 것이다. 실로 1935년 인물로 돌아온 후의 그의 작업은 매우 이채롭다. 그 핵심을 간단히 요약하면 다음과 같다.

(1) 초현실주의 시대 작품들에는 폭력과 파괴의 감정이 들어 있으나, 지금 하는 건 정반대다;

(2) 화폭 위에 혼자 있는 사람만 그리기 때문에 사람들은 내 작업의 주제가 고독이라고 생각한다;

(3) 그러나 나는 '저 머리를 그리는' 일에서 "우정에 뿌리를 박은 인간관계를 구축"하는 것이다;

(4) 한 사람을 그리고 있을 때, 아주 먼 거리의 풍경 속에서 그들[을] 아주 조그맣게 보이[게 하지] 않는 이상, 동시에 두 사람을 그릴 수는 없다 – 두 사람을 밀착시켜도 마찬가지다. 그렇게 하면 누구도 그릴 수 없다;

(5) (나는 한 사람을 그림으로써 우정에 뿌리 박은 인간관계를 구축한다); 테이블 위의 단 한 개의 유리잔만을 그릴 때, 내가 그리는 것은 그것이 "주위의 공간과 함께 [있음을]" 그리는 것이다. "그것이 사물이 존재하는 모습"이다. 여기에서 테이블까지의 공간은, 여기에서 파리의 맞은편 끝까지의 공간이나 여기에서 달까지의 공간만큼 광대한 것이다.

이 핵심을 다시 압축하면, 자코메티는 한 사람을 그림으로써 광대한 인간관계를 그린다는 것이다. 그가 그렇게 할 수밖에 없는 것은 (4)에 암시되어 있다. 그는 '실물', 다시 말해 '실재', 즉 리얼리티를 그리고자 하는 것이다. 실물을 그리고자 한다면, 화폭에 한 사람 이상을 그릴 수는 없는 것이다. 그러나 그는 한 사람만을 그리는 것이 아니다. 그는 한 사람을 그림으로써 그가 관계를 맺고 있는 외부들 전체와 그 관계의 양상들 전체를 그린다는 것이다. 그것이 (5)에 풀이되어 있다.

그러니까 그는 한 사람을 그려서 다양한 인간 관계를 형성하는 것이고, 고독을 그려서 우정을 구축하는 것이다. 그게 정확한 의미에서의 자코메티의 '실재'이다. 우리는 여기에 와서, 김수영의 「시작노트 6」의 '낡음'–'보이지 않음'–'상식과 평범' 대 '새로움'–'끔찍함'–'멋'의 대비가 여기서 촉발되었음을 깨달을 수 있다. 자코메티는 김수영에게 결정적인 깨달음을 제공한 것이다.

우리는 이러한 '자코메티적 변모'를 다음과 같이 정리할 수 있다.

    (1) 낡은 '형(型)'을(으로) 표현한다;
    (2) 그것은 불가피하다; 왜냐하면 생은 낡은 것이니까;
    (3) 또한 동시에 낡은 것과 새로운 것을 그리는 것은 불가능하니까;
    (4) 그러나 낡음을 표현하는 것은 낡음만을 그리는 게 아니라, 낡음이 새로움과 맺는 모든 관계의 가능성을 그리는 것이다;
    (5) 그것이 표현된 낡음의 실재이다.

이렇게 해서, 김수영은 1961년에 착안하였던 "상식(common sense)과 평범성(normality)"이 "현대의 의식의 위기를 극복하는 길"이 될 수 있는 '길'을 찾았던 것이다. 상식을 발화함으로써 혁신을 환기하는 방법을 찾았던 것이다. 그는 이 '자코메티적 변모'를 1968년 타계할 때까지 하나의 예술적 사실로 정착시키기 위해 전력투구했을 것이다. 그러나 그 작업이 자코메티도 이미 고백했듯이 매우 "힘든"일이라면, 그의 작업은 자주 그를 실패의 피로에 사로잡히게 했을 것이며 동시에 그가 버리고자 했던 '연극성'의 끈질긴 지속을 견딜 수밖에 없었을 것이다. 그가 1961년에 "아직도 drama를 포기할 단계는 못 된 것 같"다고 고백한 것처럼.

5. 두 경향의 공존

연극성과 자코메티적 변모, 우리는 이 두 경향의 공존 혹은 투쟁이 김수영 후반기 2년을 지배하고 있다고 볼 수 있을 것 같기도 하다.

우선 연극성의 존속: 그는 그것에 대해 "면역이 생겼다"고 하지만, 그 후의 시와 글에도 연극적인 요소는 자주 출현한다. 가령 산문 「반시론」(1968)과 시 「사랑의 변주곡」, 「전화이야기」, 「엔카운터 지」 등등은 김수영 식 글쓰기의 전형을 보여준다. 그런데 이 산문, 시편들의 특징은 글이 서술적이지 않으며 줄글의 경계를 따르고 있지도 않다는 것이다. 「반시론」에서 두드러진 것은 이 글 전체를 채우고 있는 여러 개의 삽화들이다. '원고를 수정당한 사건', '창녀를 샀을 때의 정화감', '새벽거리에서 마주친 청소부대', '노모를 모시고 돼지를 기르고 있는 동생들이 있는 농장 가는 일', '몇 개의 시편들에 대한 잡념', '시 「미인」을 둘러싼 세부 에피소드들 : 창문, 담배, 연기, 여사……', '하이데거의 「릴케론」', '우주 탐험과 남북통일'. 이렇게 중첩된 자질구레한 삽화들은 저마다 인상적인 미장센(mise en scène)을 구축하면서 모두(冒頭)에서 암시된 '죽음의 곡예'에 꿰어져 서로에게 반향한다. 사소한 사건들의 중첩이 현대의 거리를 쓸고 지나가는 일방주의의 폭력과 이 폭력 자체를 재생의 계기로 변모시키는 사건들 사이의 죽음과 신생의 교번 혹은 싸움을 '점입가경적으로' 비추고 있다. 이 글은 삽화들의 사소성에 비추어보면 '상식'과 '평범'의 원칙을 따르고 있는 듯이 보이지만, 구성 자체로 보자면 다분히 연극적이다.

이 대표적인 산문만이 그런 게 아니다. 김수영이 자코메티적 변모를 완성했다고 환호한 「눈」이 씌어진 건 1966년 1월이다. 그런데 그 후에 씌어진 「풀의 영상」, 「엔카운터 지」, 「Vogue야」 등 이어지는 일련의 시

편들은 「반시론」의 구성과 마찬가지로 사건들의 중첩으로 이루어져 있
다. 그의 말년의 절창 중의 하나로 알려진 「사랑의 변주곡」 역시 마찬가
지다. 어떤 '상식'과 어떤 '평범'이 "욕망이여 입을 열어라 그 속에서 /
사랑을 발견하겠다"라고 외치면서 시작할 수 있는가? 그리고 그 시의 아
름다움은 저 외침의 집중적 형상화가 아니라, 저 외침과 맞부딪치는 다
른 소음들의 한없는 교차에서 나온다.

그러나 다른 한편으로, 비연극적이면서 새로운 시, 즉 상식과 평범을
통해 시의 '실재'가 배어나오는 시 역시 씌어진 듯하다. 지금까지 살펴
본 대로 그런 방식의 시작(詩作)을 '자코메티적 변모'라고 말할 수 있다
면, 우선 시인이 직접 그런 변모의 실례로서 제시한 「눈」(1966)이 있다.
다만 독자는 이 시를 통해서 시인의 주장을 충분히 이해할 수 있을 것
같지는 않다. 「눈」은 시적 자원의 부족으로 충분히 분석되지 않는 시다.
하지만 이 시만 있는 것이 아니다. 우리는 문득 그의 시적 생애의 결산처
럼 이해되고 있는 시가 전혀 연극적이지 않다는 사실을 깨닫고 놀란다.
바로 그의 마지막 시가 되고 만 「풀」(1968)이 그것이다. 한국의 교과서와
김수영 시의 성가대는 거의 이구동성으로 「풀」이 김수영 시 세계의 절정
인 것처럼 격찬해 왔다. 그러나 이러한 칭송은 이 시가 형식면에서 그
전의 시와 판이하게 다르다는 사실을 슬그머니 은폐한다. 「풀」은 온전한
묘사시라는 사실 말이다. 여기에는 김수영 시의 특장을 이루는 화자의
쨍쨍한 목청이 완벽히 배제되어 있다. 따라서 표면적 형식으로 보자면
이 시는 분명 "낡은 시"다. 그러나 이 낡은 형식 안에 경쾌하고도 격정적
인 투쟁의 운동이 만화경적으로 들끓고 있다. 이 시의 놀라운 특징은 시
의 화자가 행위자로 변모해 시의 현장 속에 깊숙이 참여하고 있다는 것
이다.[58] 이 참여가 표면의 단정한 형식을 유희와 투쟁으로 교묘히 뒤섞인
감각적 착란들의 항아리, 아니 그 착란들을 비추는 고요한 수면이 되게

끔 하고 있다. 그렇다면 이 시는 낡은 것과 새로운 것이 혼융된 시, 보이지 않는―연극적인 것이 서술적인 것 안에 투영되어 환기되는 그런 시라 할 수 있을 것이다. 이것은 우리가 지금까지 살핀 '자코메티적 변모'의 일정한 성취일 가능성이 크다. 이 시에 와서 김수영의 시는 스스로 돌연변이하여 진화하였는데, 그 진화는 표면적으로는 종래의 평범한 시형식의 수락을 담보로 이루어진 것이다. 그리고 이제는 충분히 이해하겠으므로, 덧붙일 필요도 없겠지만, 그 평범성의 심층 구조는 비범의 극치들로 짜인 것이다. 많은 사람들이 이 시에서 어떤 '완성'을 본 것은 분명 자의적인 것이 아니다. 다만 감각과는 달리, 논리적 해명이 낡았을 뿐이다.

　여하튼 스위스 사람인 자코메티가 초현실주의로부터 전통 예술로 복귀한 사연과 뗄 수 없는 연관을 가진 이 변모에 대해, 프랑스적인 명제에서 출발하여 프랑스적인 것으로부터 탈출해 김수영이 만난 신천지가 여기라고 말해야 할 지, 아니면 프랑스적인 것으로부터 탈출해 프랑스적인 것으로 귀환한 김수영호 우주선의 착륙지점이 여기라고 해야 할 지 아직은 분명히 알 수가 없다. 왜냐하면 1961년의 명제는 분명 '상식과 평범성'(영국적인 것)이었으나 1966년의 실제는, 자코메티와 더불어 말라르메의 '불가시성', 그리고 보들레르의 「고양이」와 더불어 표현되는 세계이기 때문이다. 그것도 아니면 영국적인 것, 프랑스적인 것이 문제가 아니라, 말라르메, 릴케, 보들레르, 하이데거, 예이츠, 파스테르나크 등이 문제였는지도 모른다.

---

58 이에 대해서는 졸고, 「"발목까지/발밑까지"의 의미」, 『네안데르탈인의 귀향』, 문학과 지성사, 2008을 참조.

김수영의 시의식 변모 과정 연구

'시적 연극성'과 '자코메티적 전환'을 중심으로

조강석
인하대학교

1. 들어가며

김수영은 「연극하다가 시로 전향」이라는 산문에서, 『예술부락』에 「묘정의 노래」를 발표하며 문단에 등장하게 되는 정황과 관련하여 "그때 나는 연극을 집어치우고 혼자 시를 쓰기 시작하고 있었"[1]다고 말한 바 있다. 공식적인 지면에 시를 발표함으로써 개시되는 본격적 시작(詩作)활동을 연극 활동의 종결에 대한 언표와 더불어 밝힌다는 것은 시작 활동 이전에 있었던 연극과 관련된 관심과 사유와 예술 활동 등이 김수영에게 무시하지 못할 정도의 의미를 지닌다는 것을 의미한다고 볼 수 있다.

최하림의 『김수영 평전』에 실린 급우의 증언에 의하면 김수영은 선린 상업학교에 다닐 때부터 연극대사를 외는 것을 즐겨했다고 한다.[2] 그런가 하면, 널리 알려진 것처럼 김수영은 일본 유학 시절, 동경성북예비학교를 그만두고 미즈시나 하루키(水品春樹) 연극연구소에 나가면서 연극

---

1 「연극하다가 시로 전향」(1965), 『김수영 전집 2 산문』 민음사, 개정판 1쇄, 2003, 332쪽(이하 『전집 2』).
2 최하림, 『김수영 평전』, 실천문학사, 2001, 43쪽.

을 배웠다. 이 시절 김수영의 연극 활동에 대한 자세한 사항은 아직 채
밝혀지지 않았지만 연극 체험이 김수영의 시세계에 일정한 영향을 미쳤
을 것이라고 짐작할 수 있다. 최하림은 이에 대해 다음과 같이 언급하고
있다.

> 김수영은 미즈시나 연극연구소에서 드라마를 배웠다. 드라마란 우리
> 문화의 속성에는 부재한 것으로, 그것은 갈등과 대립을 통해 화해와 정화
> 라는 새로운 가치를 만들어낸다. 김수영은 그런 드라마를 그의 시에 도입
> 하여 새로운 시를 창조해냈다. 그것은 커다란 수확이라 아니할 수 없는
> 것이었다.[3]

최하림은 김수영의 연극 체험이 그의 시에 미친 영향을 상당히 적극적
으로 평가하여, 김수영이 "드라마"의 특징인 갈등과 대립을 통한 화해와
정화라는 가치를 우리 시에 도입하여 "새로운 시"를 창조하였다고까지
말하고 있다. 그의 언급처럼 젊은 시절 많은 관심을 기울였던 연극의 특
징이 김수영의 초기 시세계에 어떤 방식으로든 영향을 미쳤으리라는 것
은 그다지 짐작하기 어려운 것이 아니다. 더군다나 김수영의 연극 활동
은 일본 유학 시절에 국한된 것이 아니다. 연극에 대한 김수영의 관심은
본격적인 시작활동을 개시하기 전까지 지속적으로 이어진다. 김수영은
유학생활을 접고 서울에 돌아와서도 연극 활동을 계속하였으며 가족과
함께 길림에 머물 때에도 〈길림 극예술연구회〉의 정기공연에 참가하기
도 했다. 또한, 해방 후 귀국해서도 그는 연극인들과 자주 어울리며 연극
에 대해 지속적인 관심을 기울이다가, 이후 그의 표현대로 '시로 전향'하
게 된다. 그러니까, 개인사적 이력을 놓고 보았을 때 김수영이 「묘정의

노래」를 발표하면서 본격적으로 시인의 길을 걷기 이전에 연극에 기울
였던 관심은 그저 일시적인 것이 아니라고 생각할 수 있다. 앞서 인용한
최하림의 언급이 아니더라도 김수영이 젊은 시절에 상당한 관심을 기울
였던 드라마의 특징이 그의 시에 어느 정도 반영되었으리라는 짐작은
충분히 가능한 것이되, 아직 그 문제가 본격적으로 논의된 적은 많지 않
다. 몇몇 연구자들만이 김수영의 시와 연극성의 관계에 대한 관심을 보
였을 뿐이다. 아마도, 그 중에서 우선적으로 언급되어야 할 것은 강웅식
의 논의일 것이다. 강웅식은 『시, 위대한 거절』에서 1960년대의 김수영
의 시를 설명하면서 '연극성'과 '구상성'이 '대결의식'과 더불어 1960년
대에 씌어진 김수영 시의 두 가지 기본축을 이룬다고 지적하고 있다.[4]
이는 1960년대의 김수영의 시세계를 설명하는데 있어 상당히 유효하고
적실한 통찰이 아닐 수 없다. 이 논의에서 그의 작품 분석이 보여주듯,
김수영의 후기 시세계의 기저에 형성되는 '긴장'과 '힘'의 논리는 연극성
에 대한 참조와 그것의 와해 과정이라는 맥락에서 요령있게 파악될 여지
가 많기 때문이다.

　김수영의 시와 연극성의 관계에 대한 또 다른 연구로 강호정의 논의를
꼽을 수 있다. 강호정은 「김수영 시에 나타난 연극성」에서 김수영 시에
나타난 연극적 상상력과 구성 방식에 대해 검토하고 있다.[5] 그러나, 본론
에서 살펴보겠지만 김수영에게 연극성은 시세계에 강하게 영향을 미친
작용자로도 기능하지만 동시에 또 다른 세계로의 전환을 위해 넘어서야
할 장벽으로 간주되기도 한다. 바로 그런 맥락에서 보았을 때 후자의 측
면에 대한 설명이 빠져 있다는 것은 아쉽다. 아마도 바로 이런 맥락에서

4　강웅식, 『시, 위대한 거절』, 청동거울, 1998, 130쪽.
5　강호정, 「김수영 시에 나나난 연극성」, 『한성어문학』, 제23집, 2004.

김수영의 시세계 전반에 걸쳐 작용과 반작용의 형성자로 기능하는 연극
성의 양상을 살펴보고 있는 것이 정과리의 논문이라고 할 수 있겠다.[6]

정과리는 「김수영과 프랑스 문학의 관련양상」에서, 김수영이 1961년
이후 그 이전에 자신을 매료시키던 연극성으로부터 탈피하기 위해 어떤
노력을 기울였는가를 추적하면서 김수영의 후기 시세계의 변모 양상에
대해 설명하고 있다. 이 논문은 주로 1961년 즉, 김수영의 시세계를 연
극성과의 관련 속에서 검토할 때 주요한 참조가 되는 「새로움의 모색」이
라는 산문 이후의 김수영 시세계의 변모 과정을 통사적 안목에서 분석했
다는 의의를 지닌다고 할 수 있다. 나아가 정과리의 논의는 김수영의 연
극성에 대한 관심과 반발 양상을 1966년의 '자코메티적 발견'과의 연속
선상에서 파악함으로써 연극성이 김수영의 시세계에 미친 지속적인 영
향을 설명해내었다는 점에서도 의의를 지닌다. 다만, 자코메티적 발견
이 김수영의 시세계 변모에 미치는 영향관계를 프랑스 문학과의 영향관
계 속에서 분석하는 글이기 때문에 해당 국면에 대한 조금 더 세밀한
논의가 생략된 점이 아쉽다.

본고는 김수영의 시세계와 연극성의 관계 양상에 대해 김수영의 시에
대한 태도를 드러내는 산문들을 통해 검토하고 김수영의 시의식 전반에
걸쳐, 작용자와 반작용 인자로서 행사된 연극성의 영향력이 단지 한 개
인의 미적 기획과만 관련된 것이 아니라 우리 현대시를 일신하는 데도
중요한 지점이 되고 있음을 설명하는 것을 주요 과제로 삼고 있다. 따라
서, 작품 세계에 대한 설명은 다른 기회로 미루고 여기서는 주요하게 그
의 시론과 시정신을 잘 보여주는 산문들을 검토하면서 김수영의 시의식
의 변모과정에 대해 살펴보고자 한다.

---

6 정과리, 「김수영과 프랑스 문학의 관련양상」, 『한국시학연구』 제22호, 2008.

2. 긴장의 시학과 시적 연극성

김수영이 미국의 시인이자 신비평 계열의 평론가인 앨런 테잇(Allen Tate)으로부터 많은 영향을 받았음은 이미 여러 논자들에 의해 설명된 바 있다.[7] 그런데, 단지 영향 관계를 살펴보는 차원을 넘어서 앨런 테잇의 시론이 김수영이 관심을 기울이던 연극의 특성과 밀접한 관계가 있는 것이라는 차원에서, 다시 말해 김수영이 앨런 테잇의 시론을 적극적으로 수용하게 된 것은 앨런 테잇의 시론에 내포되어 있는 시적 연극성에 대한 통찰 때문임을 밝히는 차원에서 이 문제를 다시 살펴볼 필요가 있다. 왜냐하면 앨런 테잇의 시론이 김수영에게 큰 영향을 준 것은 사실이지만, 그것은 앨런 테잇의 '긴장'과 '힘'의 시학이 애초 연극성에 관심을 기울였던 김수영의 시적 취향과 근본적으로 상응하고 부합하는 측면이 있었기 때문이라는 점을 충분히 고려해야 하기 때문이다.

물론, 김수영은 직접 앨런 테잇의 시론으로부터 받은 영향이 컸음을 언급한 바 있다. 그는 앨런 테잇의 책을 『현대 문학의 영역』(중앙문화사, 1962)이라는 제목으로 공역하여 출간한 바 있을 뿐만 아니라 「시작노트 6」에서는 자신의 작품 「눈」을 예로 들면서 "이 시에서도, 그 밖의 시에서도 나는 앨런 테잇의 시론을 충실히 지키고 있다. tension의 시론이다"[8] 라고 언급하기도 했다. 그렇다면 김수영이 직접 실천하고 있다고 밝힌 앨런 테잇의 '긴장의 시론'이란 무엇인가?

---

7 김수영의 시학을 "긴장의 시론과 힘의 시학"으로 파악하는 강웅식의 논의를 그 대표적 예로 꼽을 수 있을 것이다. 이에 대해서는 강웅식, 앞의 책, 24~34쪽 참조.

8 『전집 2』, 453쪽. 전집에는 "Tennyson의 시론"으로 되어 있지만 여기서 "Tennyson의 시론"은 김수영의 다른 글들을 참조하여 볼 때 'tension의 시론'의 오식으로 보는 것이 타당할 듯하다. 실제로 김수영은 앨런 테잇의 책을 번역하면서 '텐슌'이라는 표현을 핵심 개념으로 사용하고 있다.

나는 그러한 업적을 표현하는 것으로써 〈텐슌〉이란 말을 제시했다. 내가 이 말을 사용하는 것은 일반적인 은유로서가 아니라 논리학의 용어인 외연(extension) 내포(intension)에서 접두사를 잘라버리고 얻은 특별한 은유로써 사용한다. 내가 말하는 것은, 물론 시의 의미란 그 〈텐슌〉(tension) 즉, 시에서 발견되는 모든 〈외연〉과 〈내포〉를 완전히 조직한 총체(full organized body)라는 것이다. 우리들이 유출할 수 있는 가장 먼 비유적 의의도 자의(字義)대로의 기술의 외연을 무효화하지 않는다. 또 우리는 자의대로의 기술에서 출발해서 한 단계 한 단계씩 은유의 복잡성을 전개할 수도 있다.[9]

김수영이 번역한 앨런 테잇의 책에서 직접 인용해보았다. 앨런 테잇은 좋은 시는 시의 〈외연〉과 〈내포〉가 '완전히 충만된 하나의 몸'(full organized body)에 '긴장'(tension)을 형성하는 과정을 통해 만들어진다고 말하고 있다. 그는, 좋은 시에는 언제나 〈긴장〉이 있기 마련인데, 그런 긴장이 없는 약한 시의 예로 낭만시 또는 대중적 유행시를 언급하며 비판하고 반대로 〈긴장〉이 있는 좋은 시의 전범으로 17세기 형이상학파 시인 존 던(John Donne)의 시와 에밀리 딕킨슨의 시를 꼽고 있다.[10] 그런데, 영문학자 이상섭에 의하면 이때, 〈긴장(텐슌)〉이란 서로 방향이 다른 힘들이 마주치는 현상을 뜻하며 동시에 "지성과 감성의 부러운 일치 관계"를 의미한다.[11] 그러니까, 이때 〈긴장〉의 시론이란 시의 평면성을 극복하기 위한 시론이라고 할 수 있으며 바로 그 점에서 극적 긴장을 요구하는 것이라고 할 수 있다. 앨런 테잇이 존 던이나 에밀리 딕킨슨의 시를 높이 평가하는 이유는 이들의 시가 '극적 긴장'을 유지하기 때문이다. 「존 던

9 앨런 테잇 저, 김수영·이상옥 공역, 「시에 있어서의 텐슌」, 『현대문학의 영역』, 중앙문화사, 1962, 100쪽.
10 이상섭, 같은 책, 103~104쪽 참조.
11 이상섭, 『영미비평사 3 뉴크리티시즘: 복합성의 시학』, 민음사, 1999, 96쪽.

에 대한 주석」에서 앨런 테잇은 존 던의 시가 심각한 주제를 자신의 개성
에 맞게 극적 재료로 사용할 수 있었기 때문에 좋은 시인이라고 평가하고
있다.[12] 이와 같은 점을 살펴볼 때 앨런 테잇의 '긴장의 시학'은 애초 연극
성을 그 계기로 보유하고 있는 시론이라고 할 수 있을 것이다. 즉, 앨런
테잇은 '긴장의 시학'을 통해 '시적 연극성'을 낭만풍의 시나 감상적 시의
평면성을 넘어서는 중요한 특징으로 내세우고 있는 것이다. 앨런 테잇의
다음과 같은 언급은 바로 그런 의미에서 볼 때 주목을 요한다. 조금 길지
만 김수영의 연극 체험을 바탕으로 한 시학이 앨런 테잇의 시론과 어떻게
접속되는지 그 현장을 확인하기 위해 길게 인용해 본다.

> 시에서는 상이한 요소들이 논리 안에서와는 다르게 결합되는 까닭에 모
> 든 것이 가능하다. 논리는 일정한 범주들과 모순들의 법칙 아래에서만 사
> 물들을 연결시킬 수 있다. 반면, 시에서는 사물들이 경험으로서 연결된다.
> 경험은 논리를 무시하기로 결정했다. 아니 어쩌면, 경험은 논리를 또다른
> 경험의 장으로 간주했을 수도 있다. 경험은 갈등을 의미한다. 우리의 본성
> 자체가 꼭 그렇게 되어 있다. 그리고 갈등은 연극을 뜻한다. 극적 경험은
> 논리적이지 않다. 그것은 우리가 비평에서 형식이라고 부를 때 지시하는
> 통일성(일관성)으로 정리될 수는 있다. 실제로, 경험으로서의 이 갈등은 언
> 제나 논리적으로는 모순이며 철학적으로는 이율배반이다. 심각한 시는 논
> 리적으로는 해결할 수 없는 근본적 갈등을 다룬다. 우리는 갈등을 합리적
> 으로 진술할 수는 있지만, 이성은 우리에게서 갈등을 해소시켜 주지는 못
> 한다. 갈등의 유일한 궁극적 통일은 예술의 형식적 재창조(formal re-
> creation)일 뿐이다.[13]

---

12 이에 대한 자세한 설명은 이상섭, 같은 책, 98쪽 참조. 이상섭은 여기서 앨런 테잇이
존 던을 높이 사고 있는 것이 한편으로는 현대 시인들에 대한 매서운 비판이라고 설명
하며 "던의 현상은 현대 시인에 대한 무서운 무언의 질책이다. 던 이후 시인은 심각한
사상을 가지고 극적으로 놀 줄을 모른다"고 말하고 있다.

'긴장의 시론'과 연극성이 만나 '시적 연극성' 개념이 도출되는 지점이 바로 여기이다. 앨런 테잇과 마찬가지로 김수영이 초기부터 지향했던 시는 자연에 대한 예찬이나 평이한 정치적 언술을 늘어놓는 시가 아니다. 그것은 평면적인 시도 또, 산문의 논리로 수습되는 시도 아니다. 그렇다면 어떤 시인가? 인용문에서 앨런 테잇은 좋은 시는 우리의 경험에서 비롯되는 잡다한 요소들을 뒤섞어 갈등과 긴장을 조성하는 시라고 답하고 있다. "심각한 시는 논리적으로 해결할 수 없는 근본적 갈등"을 다루며 그렇기 때문에 극적 갈등과 관계된다는 것이 앨런 테잇의 설명이다. 바로 이런 의미에서의 '시적 연극성'은 김수영이 본격적으로 시작 활동을 개시하면서 당대의 시단을 일신하기 위해 궁구하는 시적 혁신의 동력이 되기에 안성맞춤이라고 할 수 있다. 김수영은 「새로운 도시와 시민들의 합창」이라는 사화집을 낸 〈신시론〉 동인들과 초기에 행보를 같이 하면서 당대의 주류를 형성한 전통 서정시 계열의 시나 정치시와는 변별적 방식으로 자신의 시세계를 정향시켰다. 그러면서도 김수영은 이후 모더니즘 계열의 시를 쓴 〈신시론〉 동인들과 〈후반기〉 동인들과도 행보를 달리 하며 자신만의 시학을 모색해 나갔다.[14] 1950년대의 김수영의 시가 "감정과 긴장이 실린 극적 언어로 표출된 것"[15]이라는 특징을 지닌다고 할 때 그것이 김수영이 파악한 바로서의 전통 서정시에서처럼 감정을 평면적으로 나열하거나 서투른 참여시에서처럼 논리적 획일성과 단순성을 답습하지 않고 시적인 혁신을 이루어내려는 의지의 소산이라면, 긴장

---

13 Allen Tate, *The Man of Letters in the Modern World*(New York:Meridian Books, 1955), pp.335~336.

14 이에 대해서는 졸고, 「비화해적 가상으로서의 김수영과 김춘수의 시학 연구」, 연세대학교 박사학위 논문, 2008 참조.

15 강웅식, 『김수영 신화의 이면-주체의 자기형성과 윤리의 미학화』, 웅동, 2004, 46쪽.

과 갈등에 기초하는 연극 고유의 '문법'이 시 속에 개진된 '시적 연극성'의 형태로 발현된 결과라고 할 수 있겠다.[16] 1950년대의 김수영이 연극성에 매료되었다고 말할 수 있는 것은 우선적으로는 바로 이런 의미에서이다. 그리고 그가 1950년대에 '시적 연극성'에 매료되었다는 설명은 그의 산문 「새로움의 모색」에 대한 검토를 통해 다른 방식으로 뒷받침될 수 있다.

3. 풍자와 구상성의 문제

나는 오랫동안 영시(英詩)에서는 피터 비어렉(Peter Viereck)하고, 불란서 시에서는 쥘 쉬페르비엘(Jules Supervielle)을 좋아한 일이 있었다. 두 시인이 다 얼마간의 연극성을 지니고 있는 것이 나를 매료한 원인이 되었을지도 모른다. 이 연극성이란 무엇인가? 읽으면 우선 재미가 있다. 좋은 시로 읽어서 재미없는 시가 어디 있겠는가마는 그들의 작품에는 판도라의 상자를 열어보는 것 같은 속된 호기심을 선동하는 데가 있단 말이다. 이것이 작시법상의 하나의 풍자로 되어 있는지는 몰라도 하여간 나는 이 요염한 연극성이 좋았다. 또 하나는 그들의 구상성이다. 말하자면-말라르메의 invisibility나 추상적인 술어의 나열 같은 것이 일절 자취를 감추고 있는 것이 마음에 들었다.[17]

김수영의 시의식 변화 과정에서 '시적 연극성'이 어떤 역할을 수행하

---

16 당연히 이런 관점에서, 1950년대의 작품에 대한 자세한 분석이 필요할 것이나, 본고는 김수영의 시의식의 변모 과정에서 '시적 연극성'이 어떤 작용과 반작용을 낳았는가를 시론의 차원에서 검토하고자 하는 것을 주된 목적으로 삼으므로 작품에 대한 분석은 다음 작업으로 미루고자 한다.
17 「새로움의 모색」, 『전집 2』, 229쪽.

는지를 확인하기 위해서 「새로움의 모색」이라는 산문을 자세히 읽어볼 필요가 있다. 김수영은 여기서 이 글이 씌어진 1961년까지 자신이 오랜 동안 연극성에 매료되었다는 사실과 이유를 밝히고 있으며 쉬페르비엘 과 비어렉의 시를 번역하고 소개하면서 시에서 연극성이 효과적으로 수행된 경우와, 그렇지 못하고 폐해를 남기는 경우에 대해 설명한다. 또한, '시적 연극성'이 잘못 개진된 경우의 폐해에 대해 지적하면서 시의 '현대적 소명'을 달성하기 위해서는 이제 시가 '연극성'마저 넘어서야 할 단계에 진입했음을 주장하며 스스로의 시적 태도를 점검하고 있다. 따라서 이 글은 김수영의 시의식의 변모과정을 내적으로 살펴보는 데 있어 중요한 주제를 몇 가지 던져주는 글이다.

인용된 부분을 보자. 여기서 김수영은 "오랫동안" 피터 비어렉과 쥘 쉬페르비엘의 연극성에 매료되었음을 고백하고 있다. 이 글이 1961년에 씌어진 것이란 걸 감안할 때, 1950년대 김수영의 시세계가 갈등과 긴장을 통해 평면성을 극복하게 해주는 시적 연극성과의 관계 속에서 파악될 수 있음이 그 스스로의 진술에 의해 명료해지는 셈이다. 앞서, 본고에서는 그것이 우선적으로는, 자아와 타자의 동일성의 세계에 기초한 기성의 시학을 극복하기 위해 이질적인 것들이 갈등하고 대립하는 극적 현장을 시로 구현하는 것과 관계 깊다는 것을 언급한 바 있다. 그리고 앨런 테잇의 시론이 잘 보여주듯이 그것은 시가 논리적으로 명료하게 해결하기 힘든 갈등과 모순을 시적 언어를 통해 극화할 수 있다는 믿음에 기초한 것이라고 할 수 있다. 즉, 김수영에게 있어 시적 연극성의 첫 번째 국면으로 간주될 수 있는 것은 화해와 동일성의 세계나 논리적 정합성의 세계와는 거리가 먼 극적인 대립의 현장을 구현하는 것과 관계 깊다고 할 수 있다. 물론, 이것은 김수영이 홀로 궁구한 시학의 원리라기보다는 독서와 번역을 통해 주요하게 참조한 '긴장의 시론'으로부터 유추적으로

도출된 것이라고 할 수 있다. 그런데, 이제 인용(1)에서 한 동안 그에게
참조의 틀이었던 시적 연극성에 대해 직접 언급하고 있다. 여기서 김수
영은 피터 비어렉과 쥘 쉬페르비엘의 시가 지닌 연극성에, 오래 매료되
었음을 자인하며 그 시적 연극성의 요체를 풍자와 구상성으로 정리하고
있다. 이때, 풍자는 "판도라의 상자를 열어보는 것 같은 속된 호기심을
선동하는", "요염한" 것으로 설명되는데 이에 대해 김수영은 쉬페르비엘
의 시를 직접 번역하여 보여주면서 이렇게 부연하고 있다.

> 역시 〈스토리〉다. 하나의 〈스토리〉다. …(중략)… 〈스토리〉란 독자나 관
> 중을 쓰다듬고 달래주는 것이고, 〈스토리〉 자체가 벌써 하나의 풍자인 것
> 이다. 즉, 그의 작품은 그 내용이 풍자적이라기보다도 이 〈스토리〉성이 곧
> 풍자가 된다.[18]

다시 말하자면, 풍자는 대상에 대한 야유와 조소라는 내용적 측면의
것이라기보다는 '스토리성' 자체에 내재된, 대상을 다루는 태도와 관계
된 것이라고 할 수 있다. 즉, 어떤 심각한 주제라 하더라도 일단 〈스토
리〉화되는 순간 독자나 관중에게 보다 친숙한 형태로 일정한 '속화'를
겪을 수밖에 없게 된다는 사실에 김수영은 보다 주목하고 있는 것이다.
김수영이 인용된 부분 바로 다음 대목에서 "내가 쉬페르비엘한테서 특히
좋아하는 것은 점잖은 주제를 취급하면서도 어딘지 모르게 풍기는 그의
속취(俗臭)와 아기(雅氣)이다…불란서 사람은 비장한 모습을 할 때에도 이
런 속취가 빠지지 않아 오히려 그것이 퍽 귀여울 때가 많다"고 언급하는
것 역시 바로 그런 맥락에서 이해할 수 있다. 즉, 풍자의 핵심은 그 스토
리성에 의해 고아한 대상이나 심각한 주제를 반대되는 것들과 한 몸(full

---

18 같은 글, 230쪽.

organized body)에 살게 한다는 것에 있다는 것이다. 김수영이 이 글에서 제시한 시적 연극성의 두 측면 중에서 한 근간인 풍자의 매력은 바로 이처럼 '속'과 '아'라는 이질적이니고 대립적인 것들을 한 몸에 살게 하는 '스토리성' 자체의 특질과 관계 깊다. 다시 말하지만 이것은 풍자의 내용보다는 결과적으로 풍자를 낳게 되는 '스토리' 자체의 스타일상의 생래적 특징과 결부된 것이라고 할 수 있다. 같은 글에서 김수영이 비어렉의 시들을 번역하여 소개한 후, 여기에도 연극은 있지만 쥘 쉬페르비엘에게서와 같은 "순탄한 〈스토리성〉"을 지닌 것이 아니라 "현대문명에 정면으로 도전하는", "험난한 록키 산록(山麓)의 〈쇼〉"와 같은 것이거나 혹은 연출된 "통속극"에 그치고 있다고 비판하는 것을 볼 때, '풍자-스토리성-속아의 공존-이질적인 것들의 대립, 갈등과 화해'라는 '드라마'의 맥락에서 '시적 연극성'의 한 근간을 '풍자'로 해석하는 것의 의미론적 계기들을 정리해볼 수 있을 것이다.

　김수영이 파악한 '시적 연극성'의 두 번째 요체는 구상성이다. 그는 이에 대해 "추상적인 술어의 나열 같은 것이 일절 자취를 감추고 있는 것"이라고 설명한다. 그리고는 이 구상성의 반대항에 다시 "원만미"를 배치하고 있다.

> 　쉬페르비엘도 변했다. 후기에 속하는 「대양(大洋)의 이 부분」이나 「침묵의 전우들」에는 젊었을 때의 작품에서와 같은 모 진 구상성은 없어지고 어디인지 원만미가 감돌고 있다. 그 대신 저변에 흐르는 관심의 폭이 개인적인 것으로부터 사회적인 것으로 훨씬 넓어진 것도 사실이다.[19]

　구상성이 추상적 술어의 나열과 반대되는 것이라는 사실은 새삼스러

19　같은 글, 229쪽.

울 것이 없다. 그런데, 여기서 흥미로운 것은 김수영이 쉬페르비엘의 시의 변화를 설명하면서 구상성대신 원만미가 감돌면서 시적 연극성이 약화되어 아쉬움이 생기지만 그 대신 이런 변화는 시인의 관심의 폭을 개인적인 것으로부터 사회적인 것으로 확대시키는 작용을 하고 있다고 설명하고 있는 대목이다. 그러니까, 시적 연극성의 또 다른 근간인 구상성은 한편으로는 시에 추상적이고 관념적인 진술들이 나타나는 것을 차단하는 방편이 되지만 시적 대상에 대한 관심을 예각화함으로써 시인의 관심이 사회적인 것에까지 확장되는 데 일정한 방해가 되기도 한다는 것이 김수영의 판단이다. 그렇기 때문에 김수영은 한 동안 매료되었던 이 연극적 구상성에 대해 아쉬움을 느끼며 새삼 다시 검토할 필요를 느끼게 된다.

> 현대시는 이제 그 〈새로움의 모색〉에 있어서 역사적인 경간(徑間)을 고려에 넣지 않으면 아니 될 필연적 단계에 이르렀다. 연극성의 와해를 떠받치고 나가야 할 역사적 지주는 이제 개인의 신명이 아니라 인류의 신념을, 관조가 아니라 실천하는 단계를 밟아 올라가고 있다. 그리고 이러한 실천은 윤리적인 것 이상의, 작품의 image에까지 강력한 영향을 끼치는 보다 더 근원적인 것으로 되어 있다. 현대의 순교가 여기서 탄생한다. 죽어가는 자기를 바라볼 수 있는 자기가 아니다, 죽어가는 자기-그 죽음의 실천-이것이 현대의 순교다. 여기에서는 image는 바라볼 것이 아니라, 자기가 바로 image이다. 이러한 의미에서 그것은 image의 순교이기도 하다. 비어렉은 이 벼랑의 일보 직전에서 산보하고 있는 셈이다.[20]

다시 눈여겨보자. 김수영은 "연극성의 와해를 떠받치고 나가야 할 역사적 지주는 이제 개인의 신념이 아니라 인류의 신념을, 관조가 아니라

---

20 같은 글, 234~235쪽.

실천하는 단계를 밟아 올라가고 있다"고 말하고 있다. 맥락을 생략하고 보자면, 사실 이 발언은 대단히 생경한 것이 아닐 수 없다. 개인의 신념 대신 인류의 신념을 담지하고 관조 대신 실천의 단계로 진입해야 할 새로운 시의 '역사적 책무' 앞에 '연극성의 와해'가 전제되어야 할 이유가 무엇이란 말인가? 대체 연극성이 인류의 신념과 실천의 전사(前史)의 위치에 놓인다는 것, 즉 인류의 신념과 실천을 위해 우선적으로 와해되어야 하는 것으로 전제되는 이 생경한 배열을 어떻게 이해해야 하는가?

풍자는 스토리를 통해 이질적인 것들을 시의 내부에, 시 자체의 논리에 따라 그러모아 세우지만 비어렉의 경우에 보듯, 자칫 그것은 눈요기거리에 그치는 '쇼'나 감성에만 호소하는 '통속'으로 전락할 위험이 있다. 또한, 시적 구상성은 추상적 진술을 통해 시가 인생의 지혜나 정치적 구호를 전달하는 수단이 되는 것을 차단하는 효과적인 방편이지만 작가나 개인의 관심사를 주관적으로 예각화할 수도 있다는 우려를 낳는다. 풍자나 구상성은 현대시를 평면적 자기동일성의 세계나 정치적 구호시로부터 '구제'하는 데 상당한 역할을 수행하며 역사적 기능을 담당했지만 이제 그것은 새로운 "역사적인 경간"의 지평 위에 놓여 있다. 김수영은 이제 한 번 더 '역사'를 진행시킬 것을 생각한다. 풍자와 구상성으로서의 연극성은 제 역할을 다하고 힘을 소진해간다. 김수영은 다음 단계의 '역사'를 생각하며 두 가지 키워드를 제시한다. 실천과 이미지가 그것이다. 그리고 이때의 실천은 단지 윤리적인 차원이 아니다. 눈여겨보자. 김수영은 이때의 실천이 "윤리적인 것 이상의, 작품의 image에까지 강력한 영향을 끼치는 보다 더 근원적인 것"이라고 표현하고 있다. 여기서는 "이상"이라는 말이 절대적으로 중요하다. 이때의 실천은 단지 내용이나 사상과 관계된 윤리적인 차원의 것이 아니라 그 "이상"의 것인데 그는 이를 다시 "작품의 image에까지 강력한 영향을 끼치는"이라고 풀고 있다. 즉,

'윤리적인 차원 이상=작품의 image에까지 강력한 영향을 끼치는'이라고 김수영은 명료하게 이야기하고 있다. 이런 의미의 시적 이미지는, 김수영의 표현을 사용하자면 "그 자신을 배반하고, 그 자신을 배반한 그 자신을 배반하고, 그 자신을 배반한 그 자신을 배반한 그 자신을 배반하는 (중략) 무한히 배반하는 배반자"[21]로서 기성의 관념적 인식과 진부한 이미지의 '죽음'을 '실천'하는 것의 지위, 곧 죽음을 통해 새로운 삶을 거듭 낳는 것의 지위에 이르게 된다. 이제 사태는 스토리와 쇼, 구상과 추상, 개인과 인류, 관조와 신념의 이항대립과는 다른 방식의 가늠자를 마련하게 된다. 최상의 지위로 격상된 '이미지'의 문제가 그것이 아닐 수 없다. 그러니 이제 문제는 이미지와 리얼리티의 차원으로 넘어간다.

4. 자코메티적 변모와 레알리떼의 문제

연극적 풍자와 구상성의 시를 쓰던 시기를 넘어 다시 연극성의 와해마저 지양하고 이제는 '역사적 경간'을 고려하며 작품의 이미지에 강력한 영향을 끼치는 시적 실천을 보여주는 시를 쓰겠다고 김수영은 1961년에 「새로움의 모색」에서 선언했지만 1961년 이후의 그의 시를 보았을 때, 연극성의 포기는 일거에 이루어진 것으로 보이지 않는다.[22] 김수영 스스로도 이 글에서 "연극……구상(具象)…… 이런 것을 미워하기 시작하면서부터 나는 다시 추상을 도입시킨 작품을 실험해 보았지만 몇 개의 실패작

---

21 「시인의 정신은 미지(未知)」, 『전집 2』, 253~255쪽.
22 강웅식, 정과리 등의 논자들은 앞서 언급한 논문들에서 공히, 1961년 「새로움의 모색」 이후로도 1960년대 중반에 이르기까지 김수영이 연극적 구상성을 완전히 버린 것이 아니라고 지적하고 있다.

만을 내놓고 말았다. 그러고 보면 아직도 drama를 포기할 단계는 못 된 것 같으나 되도록이면 자연스럽게 되고 싶다는 것이 요즈음의 나의 심정이다"[23]라고 언급하고 있다. 다시 말해, 그 역시도 스토리성이나 구상성을 특징으로 하는 시적 연극성이 우리 시사에서나 그 개인의 시적 이력에서 일정한 역할을 거의 완수하고 새로운 시적 기획이 필요한 시점이 되었다는 것을 인지하고 있었지만 1961년에도 그리고 그 이후에도 그의 시에서 시적 연극성이 완전히 계기적으로, 그리고 시적 이력의 전개에 있어 변모 이후 완전히 돌이킬 수 없는 비가역적인 방식으로 진행된 것은 아니었다는 것을 의미한다. 이러한 사태는 1966년에 중대한 전기를 맞게 된다. 김수영이 스스로 "발견"과 "변모"라는 말을 사용하여 또 다시 시의식 전환의 계기와 필요성을 의식적으로 천명하는 글인 「시작노트 6」(1966. 2.20)은 이런 점에서 관심을 요한다. 그러나 김수영의 시작노트를 보기 전에 우선 김수영이 한 잡지에, 칼톤 레이크가 말년의 자코메티를 방문해 인터뷰한 내용을 담은 「자꼬메띠의 지혜」를 번역해 실었다는 사실을 먼저 주목해보자. 김수영의 「시작노트6」이 1966년 2월에 작성되었고 그가 칼톤 레이크와 자코메티의 인터뷰를 번역해 실은 「자꼬메띠의 지혜」는 같은 해에 『세대』지 4월호에 실렸다. 시기적으로 「시작노트6」이 번역문보다 앞서지만 번역에 걸리는 시간, 그리고 번역문을 기고하고 그것이 편집되어 실제로 잡지가 발행되기까지의 시간 등을 고려해보면 사실상 「시작노트6」에서 김수영이 자코메티에 대해 언급한다고 했을 때, 거의 같은 시기에 관심을 기울이던 「자꼬메띠의 지혜」에 피력된 자코메티의 예술관과과 무관한 것이라고는 생각하기 어렵다. 나아가 두 글의 맥락을 잘 비교해보면, 이 사실은 좀 더 적극적으로 해석되어야 할 여지가 있음

---

23 「새로움의 모색」, 『전집 2』, 237쪽.

을 알 수 있다. 우선 「자꼬메띠의 지혜」를 먼저 살펴보자.

(1)
나는 사람 머리를 만들 수가 없어서, 1925년에 인물 조각은 포기했어요. 10년동안을 추상적인 작품만 했어요. 그러다가 1935년에 다시 인물 조각으로 돌아 갔어요. 그랬더니 여지껏 머리를 한 번도 만들어 본 일이 없는 것 같은 기분이 듭니다.[24]

(2)
아마 옛날에 초현실주의 시대의 작품에는 그런 것이 있었을 거에요. 그러나 그 후 30년 가까운 동안에 내가 하고 있는 일에는 그런 것은 없어요. 나는 전통적인 회화의 길을 따르고 있고, 다만 내가 보는 것을 이해하려 하고 있어요.[25]

우선, 자코메티의 예술적 이력부터 눈여겨보자. 인용(1)에서 스스로 언급하고 있듯이 자코메티는 그의 예술적 이력에서 몇 번의 중요한 전환을 보여준다. 작품활동 초기에 구상 작업에 몰두하던 자코메티는 1925년 이후 초현실주의와의 영향관계 속에서 한 동안 추상에 전념한다. 그러나 1935년에 이르러서는 추상을 접고 다시 구상으로 방향 전환을 하게 된다.[26] 문제는 한 동안 초현실주의 작가들과의 영향관계 속에서 추상적 작업을 진행하던 자코메티가 다시 방향을 전환하면서 다시 시작한 구상적 작업은 애초의 그것과는 완연히 다른 것이라는 사실이다. 인용 (2)에는 다시 발견한 구상적 비전이 무엇인가에 대한 단초가 제공되어

---

24 칼톤 레이크 저, 김수영 번역, 「자꼬메띠의 지혜」, 『세대』, 1966, 4월호, 293쪽.
25 같은 글, 300쪽.
26 알베르토 자코메티의 구상-추상-다시 구상으로의 방향전환과 관련해서는 할 포스터 외 지음, 배수회 외 옮김, 『1900년대 이후의 미술사』, 세미콜론, 2007, 421~424쪽 참조.

있다. 표면적으로 보아 그의 구상으로의 회귀는 그 자신의 언급대로 "전통적인 회화의 길"로의 복귀로 보인다. 그러나, 자코메티는 여기에 중요한 단서조항을 달고 있다. 전통적인 회화의 길을 따르되, "다만 내가 보는 것을 이해하려"하고 있다고 그는 말한다. 그러니까, 그의 구상으로의 복귀는 표면에서는 전통적 방식으로의 복귀 즉, 오래된 스타일로의 복귀이지만 그 이면에서는 온전히 한 개인의 독창적 비전(vision)— 여기서의 비전은 계획이나 포부와 관계된 것이라기보다는 말 그대로 한 사태를 바라보는 방식과 오히려 더 관계 깊다—에 의존하는 새로운 의미의 구상의 창조가 이루어진다고 할 수 있다. 그것이 무엇인지에 대해서는 자코메티의 다음 발언들을 통해 해명된다.

(1)
모델을 놓고 그릴 때에도, 그(=피카소, 인용자주), 그는 그의 그림을 미리 마음에 그리고 있어요. 그러니까 그가 모델을 놓고 그리든 모델 없이 그리든 방법은 언제나 마찬가지이죠. 그는 즉시로 추상을 만들고, 그가 원하는 것을 따고 있어요. 그러나 나는 안 그래요. 그것은 나에게 있어서는 선택의 문제가 아녜요.[27]

(2)
그 거리에서는, 그 공간에서는 머리는 아주 조그맣게 보여요. (중략) 대전(大戰) 때까지는 떨어진 거리에 있는 사람들을 등신대(等身大)로 보인다고 생각하고는 했지요. 그러다가 그들이 훨씬 작게 보인다는 것을—그리고 멀리 떨어져 있지 않고, 가까이 있을 때에도—차차 인식하게 되었어요. (중략) 등신대는 존재하지 않아요. (중략) 그것은 개념에요.[28]

---

27 같은 글, 300쪽.
28 같은 글, 312쪽.

(3)

또한 효과를 만들기보다도 눈에 보이는 대로 충실하게 표현하려고 노력하는 것이 훨씬 재미있는 일이지요. 나의 경우에는 큰 작품은 끝났어요.[29]

자코메티의 이런 발언들을 통해 확인할 수 있는 것은 그의 구상으로의 복귀가 앞서, 단서로 달았던 조항 즉, "다만 내가 보는 것을 이해하는 것"과 관계 깊다는 것이다. 즉, 자코메티의 구상으로의 복귀는 그 자신의 비전('내가 보는 것')을 통해 리얼리티를 가늠하려는 의지로부터 비롯된 것이라고 할 수 있다.

구상으로의 복귀 후 자코메티의 작업에서 모델이 되어 주었던 제임스 로드는 18일 간 자코메티의 모델이 되었던 일을 회상한 책에서 자코메티의 작업을 "아무리 들여다보아도 가끔씩밖에는 모습을 드러내지 않는 리얼리티를 시각적으로 표현해내기 위해 지치지도 않고 벌이는 끝없는 분투"[30]라고 말한 바 있다. 그러므로 이 차원의 구상 작업은 비전과 리얼리티와 관계된 작업이라고 할 수 있을 것이다. 따라서, 인용(2)에서 자코메티가 말하고 있는 것은 대단히 의미심장한 것인데, 왜냐하면 자코메티가 새롭게 매진하고 있는 구상 작업의 핵심이 드러나 있기 때문이다. 그것은 관념이 아니라 자신의 비전에 의해 포착된 리얼리티의 면모를 보여주는 것이다. 즉, 어떤 경우에도 포괄적 면모를 보여주는 관념적 세계가 아니라 대상을 바라보는 이의 비전에 따라 그때 그때 부분적으로만 그 양상을 드러내는 리얼리티를 표현하는 것이 자코메티의 구상으로의 복귀의 핵심이다.

자코메티는 실례를 들고 있다. 인용(2)에서 보듯, 등신대는 우리 관념

29 같은 글, 315쪽.
30 제임스 로드 지음, 오귀섭 옮김, 『작업실의 자코메티』, 을유문화사, 2008, 149쪽.

속에서만 존재하는 것이지 실제로 우리의 눈은 대상을 그렇게 보지 않는
다는 것이다. 이 인터뷰에서도 그렇고 다른 글에서도 그렇고 자코메티는
특유의 작고 가느다란 인물상을 두고 우리가 관념에 의존하지 않고 대상
을 눈에 보이는 그대로 표현하고자 한다면, 거리를 두고 바라본 사람들
의 모습은 등신대가 아니라 그의 조각상들에서처럼 보일 수밖에 없다고
말한다. 그렇기 때문에 그의 구상-추상-구상으로의 전환 과정은 리얼
리티를 두고 관념과 비전이 벌이는 일종의 주도권 다툼의 과정이었으며
그 과정을 통해 자코메티가 재발견한 구상성은 언뜻 보아 기괴한 것이
될 수도 있으나 관념이 아니라 "효과를 만들기보다도 눈에 보이는 대로
충실하게 표현하려고 노력하는" 스스로의 비전에 입각할 때 발견되는 리
얼리티의 독창성과 관계 깊다고 할 수 있다.

> 지극히 사실주의적인 작품이 되는 경우에는 독창성이 없는 따분한 〈범
> 작〉이라는 레텔이 붙을 것이라고 생각하고 있어요. 사실은 그렇게 하면 정
> 반대의 것이 나올 텐데. 우리들이 참되게 보는 것에 밀접하게 달라 붙으면
> 달라 붙을수록, 더욱 더 우리들의 작품은 놀라운 것이 될 거에요. 레알리떼
> 는 비독창적인 것이 아녜요. 그것은 다만 알려지지 않고 있을 뿐예요. 무엇
> 이든 보는 대로 충실하게 그릴 수만 있으면, 그것은 과거의 걸작들만큼 아
> 름다운 것이 될꺼에요.[31]

자코메티는 "레알리떼는 비독창적인 것이 아니"라고 분명한 어조로
말하고 있다. 사실에 충실한 것이 낡아 보이는 이유는 그것이 비전이 아
니라 비전 이전의 관념에 의존하기 때문이라는 것이다. 그러나, 선험적
인 관념이 아니라 현장에서의 비전에만 의지하여 대상을 "무엇이든 보는
대로 충실하게 그릴 수만 있으면" 독창적인 리얼리티를 표현해낼 수 있

---

31 같은 글, 316쪽.

으리라는 것이 그의 기대이다. 사실에 충실할수록 오히려 작품이 더 놀라운 것이 되리라는 이 발견과 기대가 김수영에게 자극이 되지 않을 수 없었을 것이다. 연극적 구상성에 매료되었다가 다시 연극의 와해를 열망하면서 추상 작업을 진행하고 여전히 "드라마"를 포기하지 못하던 김수영이 결국 「눈」이라는 자신의 작품에 대해 "낡은 형(型)의 시다. 그러나 낡은 것이라도 좋다. 혼용되어도 좋다는 용기를 얻었다"[32]라고 톤을 높이게 되기까지는 자코메티적 발견이 결정적 역할을 한 것이 아닐 수 없다. 김수영의 글을 보자.

> There is no hope of expressing my
> vision of reality. Besides, if I did,
> it would be hideous something to
> look away from

내 머리는 자꼬메티의 이 말을 다이어먼드같이 둘러싸고 있다. 여기서 hideous의 뜻은 몸서리나도록 싫다는 뜻이지만, 이것을 가령 〈보이지 않는다〉라는 뜻으로 해석하여 to look away from을 빼버리고 생각해도 재미있다. 나를 비롯하여 범백(凡百)의 사이비 시인들이 기뻐할 것이다. 나를 비롯하여 그들은 말할 것이다. 나는 말하긴 했지만 보이지 않을 것이다. 보이지 않으니까 나는 진짜야, 라고.[33]

인용된 자코메티의 말을 직역하자면, "리얼리티에 대한 나의 비전을 표현할 길이 없다. 설령, 표현한다고 해도 그것은 바라보기에 끔찍한 무엇이었으리라" 정도가 될 것이다. 그런데, 이때 비전이라는 말은 앞서 살펴본 「자꼬메띠의 지혜」의 맥락에서 파악해야 한다. 즉, 이 비전이라

---

32 김수영, 「시작노트 6」, 『전집 2』, 452쪽.
33 같은 글, 449쪽.

는 말은 관점이나 가치관, 그리고 사태 해석의 틀 등과 관계된 관념적 맥락이 아니라 "눈에 보이는 대로"라는 자코메티의 언급과 관련된 맥락에서 조망되어야 한다. 앞서 보았듯, 자코메티는 소재를 관념적으로 파악하는 것이 아니라 자신의 시각에 충실하게 입각해서 파악할 때 "레알리떼"가 독창성을 지닐 수 있다고 믿었다. 그리고 이때 그가 "눈에 보이는 대로" 파악한 "레알리떼"는 관념에 의존해 대상을 항상적이고 이상적 형상으로 제시하는 방식―예컨대, 등신대의 경우―에서와 달리 오히려 생경하게 보일 수도 있다. 자코메티의 인물 형상들은 자코메티에게는 "눈에 보이는" 그대로를 표현한 것이며 "레알리떼"에 충실한 것이지만, 어느 각도와 거리에서 대상을 보았는가와 관계없이 항상 인물을 그럴듯하게 만들어보이던 관행에 익숙한 감상자에게는 오히려 낯설고 기괴한 것처럼 보일 수 있다. 김수영이 인용한 자코메티의 언급은 바로 이런 맥락에서 이해가능한 것이다.

그런데, 김수영은 여기에 흥미로운 해석을 덧붙이고 있다. "to look away from"을 빼고 "hideous"를 "보이지 않는다"로 해석하면 범백의 사이비 시인들이 기뻐할 이야기가 나온다는 것이다. 김수영이 제안한 대로 해석하면 "리얼리티에 대한 비전을 제시해도 그것은 보이지 않을 것이다"가 된다. 이것이 범백의 시인들의 일종의 '알리바이'가 되는 것은 이들이 자신은 나름대로 리얼리티에 대한 표현을 하고 있지만 아마 그것은 쉽게 파악되지 않을 것이라는, 젠체하는 의장(擬裝)이 되어주기 때문이다. 그러나 자코메티가 말한 바는 이것과 정확히 반대되는 의미를 지닌 것이었다. 즉, 범백의 시인들은 대단한 무언가를 표현한 것처럼 말하되 모호함이나 서투름에 대한 핑계를 찾을 때 이런 방식의 말을 하지만 자코메티는, 비록 보기에는 이상하고 기괴한 것처럼 보인다 하더라도 그것은 오로지 그의 비전에만 의존해서 실재를 파악하고자 하는 열망의 가장 정직한 반영이라고 말하고 있다는 것이다. 이처럼 "눈에 보이는 대로" 부분적으로만 정직하게 리얼리티를 표현하는 방식에서 김수영은 중요한 시사점을 얻고 있다. 리얼리티에 대한 구상적 표현은, 실은 관념에 의해 선험적으로 구성된 사실관계들을 나열해 보이는 것이 아니라 결과적으로 기괴해 보일지언정 집요한 관찰에 의해서만 부분적으로 파악되는 파악되는 리얼리티를 자신의 비전에 의지해 제시하는 것이며 그렇기 때문에 비독창적인 것이 아니라는 것이다. 김수영이 이 글에서 "나는 또 자코메티에게로 돌아와 버렸다"[34]고 토로하면서 자코메티적 발견에 대해 "시의 레알리떼의 변모를 자성(自省)하고 확인한다"고 풀고 있는 것은 바로 그런 맥락에서 이해되어야 한다. 그리고 이런 귀결이 그의 시에 어떤 변모를 가져오게 되는지는 김수영이 직접 자코메티적 변모를 겪으며 쓰게 되었다고 언급한 「눈」을 검토하면서 헤아려 볼 일이다.

> 눈이 온 뒤에도 또 내린다
>
> 생각하고 난 뒤에도 또 내린다
>
> 응아 하고 운 뒤에도 또 내릴까
>
> 한꺼번에 생각하고 또 내린다
>
> 한줄 건너 두줄 건너 또 내릴까
>
> 廢墟에 廢墟에 눈이 내릴까
>
> ─「눈」전문

김수영은 이 시의 시작 과정에 대해 이렇게 쓰고 있다.

---

34 같은 글, 450쪽.

이 시(김수영의 「눈」-인용자주)는 〈폐허에 눈이 내린다〉의 여덟 글자로 충분하다. 그것이, 쓰고 있는 중에 자코메티적 변모를 이루어 6행으로 되었다. 만세! 만세! 나는 언어에 밀착했다. 언어와 나 사이에는 한 치의 틈서리도 없다. 〈폐허에 폐허에 눈이 내릴까〉로 충분히 〈폐허에 눈이 내린다〉의 숙망(宿望)을 달했다. 낡은 형(型)의 시이다. 그러나 낡은 것이라도 좋다. 혼용되어도 좋다는 용기를 얻었다.[35]

김수영의 이 설명은 네 가지 틀로 다시 정리된다.

첫째, 시 「눈」은 애초 "폐허에 눈이 내린다"로 충분한 것이었는데 쓰는 과정에서 "자코메티적 변모를 이루어" 위에 인용한 대로 6행이 되었다.

둘째, 이를 통해 언어와의 밀착을 이루었다.

셋째, 이 시는 "낡은 형"의 시이지만 낡은 형 자체로도 충분히 새로운 의미를 획득할 수 있다.

넷째, 이 과정을 통해 혼용되어도 좋다는 용기를 얻었다.

그런데, 넷째의 혼용은 무엇과 무엇의 혼용을 지시하는 것이기에 그 스스로 이 전환이 옳은 방향이라는 "용기를 얻었다"는 것일까? 이에 답하면서 네 가지 사항들을 검토해보자.

우선, 「눈」이 자코메티적 변모를 이루었다는 것은 무엇일까? 주지하듯, "폐허에 눈이 내린다"는 평이한 진술이다. 그리고 다시 자코메티적 방법에 비유하자면 이것은 사실에 대한 진술이되, 비독창적 진술이다. 그리고 이것은 비전에 앞서 관념에 의해 사물을 덧씌우는 해석이다. 즉, 이것은 등신대와 같다. 사태는 바로 여기서 비롯된다. 관념과 추상에 의해 사태를 선험적으로 파악하고 진술하는 습관을 버리고 오로지 자신의 비전에 의존해서 사태를 거듭 들여다보고자 하는 의지, 그리고 그렇게

---

35 같은 글, 452쪽.

바라보는 눈에 그때그때의 실감에 의해 부분적으로만 다면적 진실을 드
러내는 리얼리티의 양상을 포착하고 표현하는 것, 그것이 자코메티적 방
법이다. 시를 보라. 폐허에 눈이 내리는 '선험의' 사태는 이제 김수영의
눈이 고쳐 보기를 거듭할 때마다 그 시선의 시계(視界)에 의해 구체적인
양상으로 부분적으로만, 그리고 계기적으로만 '레알리테'를 현상한다.
그렇기에 이 6행은 눈이 내리는 폐허의 주변적 정황 전체를 포괄하는
그림이 아니라 눈 내리는 사태에 대한 6번의 응시와 독해에 의해 매번
재포착된 실재에 대한 거듭되는 재진술이라고 할 수 있다. 우선, 무엇보
다도 시의 리듬과 외형 자체가 눈발이 날리는 리듬을 따르고 있다.[36] '또
내린다/ 또 내린다/ 또 내릴까/또 내린다/또 내릴까/눈이 내릴까'는 시
행의 리듬은 느슨했다가 급박해지고 급박해졌다가 느슨해짐을 반복함으
로써 그 자체로 눈이 쏟아졌다가 잦아졌다가 다시 쏟아지는 양상의 리듬
을 고스란히 따르고 있다. 그리고 김수영은 이런 리듬을 따르면서 그때
그때 자신이 관찰한 양상을 기록하고 있다. 그러니까, 이 6행에 제시된
각각의 묘사들은 쏟아졌다가 잦아지기를 반복하며 폐허에 눈이 내리는
사태를 6번의 관찰에 의해 6번 기록한 것이라고 할 수 있다.[37] 그 결과
'폐허에 눈이 내린다'는 비독창적 진술은 「눈」의 6행에서와 같이 독창적
인 표현들로, 그리고 바로 앞의 어사들의 의미망의 '죽음'을 낳는 '실천
적 이미지'들로 변모할 수 있었다. 이것이 언어와의 밀착인 이유는 이
사태를 묘사하는 언어가 선험적 관념에 의해 사태를 포괄하기보다는 오
로지 "눈에 보이는 대로" 표현하는 독창적 방식으로 통해 "레알리테"의

---

36 이에 대해서는 오규원이 이미 지적한 바 있다. 그는 이 시가 "흩날리며 내리는 눈의
〈리듬〉"을 지니고 있다고 보았다. 오규원, 『가슴이 붉은 딱새』, 문학동네, 1996, 55쪽.
37 이 시에 대한 자세한 해석은 졸고, 「비화해적 가상으로서의 김수영과 김춘수 시학
연구」, 연세대학교 박사학위 논문, 2008, 135~137쪽 참조.

면모를 드러내기 때문이다. 언어는 이제 관념과 조우하는 것이 아니라 사태가 품고 있는 "레알리떼"와 직접 관계한다. 아마도, 김수영의 자신감은 바로 이로부터 비롯된 것이 아닐까 한다. 문제는 낡은 틀이나 새로운 틀 자체가 아니라 리얼리티를 바라보는 방식과 그것을 표현하는 방식이다. 문제는, 구상적 형태이냐 추상적 형태이냐 자체가 아니다. 구상에서 추상을 거쳐 다시 구상으로 복귀하면서 자코메티가 리얼리티를 독창적으로 표현하는 방법을 얻었듯이, 김수영 역시 1961년 이전의 연극적 구상성으로 회귀하지 않으면서도 구체적인 방법으로 리얼리티를 표현하는 방법을 얻었다. 구상과 추상의 혼용, 낡은 틀과 새로운 관찰의 혼용이 그에게 용기를 북돋운 것은 이 방법이 회귀가 아니라 자신이 "숙망"하던, 언어를 통한 리얼리티의 포착과 표현의 길을 열어주기 때문이다.

1961년에 활로를 모색하던 단계에서 김수영은 스토리와 쇼, 구상과 추상, 개인과 인류, 관조와 신념의 이항대립과는 다른 방식의 길을 모색했다. 그리고 그때 김수영은 윤리조차 시 내부의 이미지 안에 통합되는 방식에 대해 고민했다. 그리고 1966년에 이르러 김수영은 자코메티적 발견을 통해 실재와 밀착한 언어를 구사하는 방법을 마련해낸다. 구상과 추상, 작품외적 윤리와 작품내적 이미지, 낡은 형의 시와 새로운 인지 내용 등에 대한 고민의 귀결이 다시 발견한 구상성이 되는 이유는 자신만의 비전에 의해 포착된 리얼리티가 비독창적인 것이 아니라 오히려, 심지어는 기괴할 만큼 독창적인 것이며 그것이 기괴하기만 한 것이 아니라 언어를 직접 실재에 접근시키는 방법이라는 확신이 섰기 때문이다. 이례적으로 높은 톤으로 씌어진 「시작노트6」은 그러므로 김수영의 시의식 상에 있어 한 세계의 귀결이자 새로운 세계의 개시였다.

5. 나오며

연극하다가 시로 전향한 김수영의 시에 연극의 영향이 남아있다는 것은 자연스러운 일이다. 김수영이 공감을 표명한 앨런 테잇의 시론의 핵심이 무엇인가를 다시 정리해보면, 그 영향이 단순히 연극적 요소를 시에 끌어들이는 표면적인 방식으로 나타난다기보다는 이질적인 것들이 갈등과 긴장을 조성하고 그 갈등과 긴장이 시 내부의 논리에 의해 구현되도록 하는 방식과 관계 깊다는 것을 알 수 있다. 바로 그런 의미에서 '긴장의 시학'이란 시적 연극성의 시학과 크게 다르지 않다고 할 수 있으며 김수영이 시에 연극 체험을 수용하는 과정은 시라는 장르 자체의 내적 논리를 통한 것임을 알 수 있다. 1961년에 이르러 김수영은 자신이 지금껏 연극성에 매료되어 있었다는 것을 고백하고 그것이 풍자와 구상성 때문임을 설명하지만 우리는 그의 진술에 덧붙여 김수영 자신의 연극 체험과 앨런 테잇의 시적 연극성에 기반한 시론과의 영향관계도 고려에 넣지 않을 수 없다. 1961년 이후 김수영은 시 안에서의 연극의 와해를 꾀하며 또 다른 진로를 모색하지만 그후로도 한 동안 시에 있어서 구상과 추상에 대한 고민을 계속했었던 것으로 보인다. 그리고 1966년에 이르러서야 비로소 김수영은 시의 낡은 틀과 새로운 틀, 구상과 추상 등이 상호배제적인 것이 아님을 자코메티적 발견에 의해 깨닫게 된다. 자코메티가 구상에로의 복귀를 통해 오히려 독창적인 방법을 발견했듯이, 김수영 역시 구상을 배제하는 것이 아니라 구상을 포괄하면서 독창적 방식으로 사태를 '바로 보고' 이를 예각적으로 표현하는 것이 리얼리티에 이르는 길임을 발견한다. 4·19를 위시한 여러 사회적 정황과의 관계 속에서 김수영 시세계의 변모 양상을 살펴보는 방식과 달리 김수영 자신의 내적 논리를 추적하는 방식에 의해 그의 시세계 변모 양상을 들여다 볼 때,

1961년과 1966년의 발견은 그의 시세계 전환에 있어 중요한 의미를 지닌다고 할 수 있다. 이 두 번의 변곡점이 사회적 정황과의 관계 속에서 김수영의 시의식이 변모하게 되는 지점과 부합하는지 아닌지, 또 이 변화들이 구체적으로 작품 속에 어떻게 반영되는지에 대한 연구가 별도의 지면을 필요로 할 것이다.

김수영 문학에서 '이중언어'의 문제와 '자코메티적 발견'의 중요성

최근 연구 동향과 관련하여

강계숙
명지대학교

1. 이중언어세대와 김수영

1945년 〈조선어학회사건 일제 최종 판결문〉에 기록된 변호사의 진술은 식민 조선과 일본 제국 간에 배치된 이중언어(bilingual)의 위계 상황을 억압받는 약자로서의 불가피성을 강조하는 감정에의 호소보다 조선어가 현실적으로 무능한 언어일뿐더러 사회적 영향력이 미미한 실정이라는 점을 지적함으로써 드러낸다. 이로써 사건의 상징성을 감하려는 의도가 은연중 배어 있다. "조선어문은 모든 문화, 즉 정치, 경제 사회, 종교, 과학 등의 전 문화면에서 거의 완전히 쫓겨나", "아무리 이 여러 문화면을 뒤따라 가려해도 도저히 불가능"할 만큼 "조선어문을 가지고 정치를 말하며 경제를 논하며 과학을 연구하며 사회를 말하는 것은 불가능하다. (중략) 그들(조선인들-인용자 주)이 의논의 요점을 반드시 국어(日本語)로 표현하는 까닭은 다름 아니라 진보된 문화를 말할 때 적절한 조선어가 없는 까닭이다."[1] 이 진술은 조선어를 일본어의 열등한 타자로 간주하는 언어적 제국주의의 이데올로기적 침윤을 반영하면서 '민족 말살 정책'이라는 추상적 수사가 대변하는 것보다 더 뚜렷한 사실적 정황을 품고 있다. 조선어가 근대 문명과 문화 발전에 보조를 맞출 수 있을 만큼 제도화되지 못한 상태에 있었다는 점이 그것이다. 이러한 사실은 일본 잔재의 척결을 한글 전용 운동을 통해 실천해야 한다고 주장하는 해방 후의 언어 담론보다 일본어를 국어로서 철저하게 교육 받고 자란 세대의 곤란함이 직접 토로된 사후 회고에서 더 분명히 드러난다.

> 가장 큰 약점은 우리말의 서투름이었다. 일제하에서 초등학교 4학년까지 '조선어'를 배웠을 뿐, 일본인이 대다수인 중학교에서 일본말로 공부하다 해방을 맞아, 나는 학교교육에서 정확한 우리말을 익힐 기회가 별로 없었다. (중략) 나는 견습 기간 중 한 달을 기간으로 설정하고 초등학교와 중고등학교 국어교과서를 가지고 우리말 공부를 완전히 새롭게 시작했다. 동료들이 보지 않는 곳과 집에 돌아와서의 시간을, 마치 중학교에 입학했을 때 일본어와 영어에 쏟았던 것과 같은 열성으로 몰두했다. (중략) 사실대로 말해서 기자생활을 시작하던 그 당시로서는 나는 일본어와 영어가 우리말(글)보다 수월했다. 일본어는 철저한 식민지교육을 국민학교서부터 받고 일본인이 대부분인 중학교를 다녔으니까 그럴 수밖에 없었다.[2]

1921년생인 김수영은 「히프레스 문학론」(1964)에서 "우리나라 문학의 연령을 편의상 35세를 경계로 해서 이분"하는데, 비록 작가는 아니지만 "1945년에 15세" 안팎이었던 리영희(1929년생)는 "일본어를 우리말보다 더 잘 아는 비교적 젊은 사람"[3]에 속한다. '일본어를 우리말보다 더 잘

---

1 이현희, 「어문 연구와 문자 보급 운동」, 『한민족독립운동사9–3·1운동 이후의 민족 운동』, 국사편찬위원회, 시사문화사, 1991, 11쪽에서 재인용.

2 리영희, 『역정–나의 청년시대』, 창비, 2012년(개정판), 341~343쪽.

3 김수영, 「히프레스 문학론」, 『김수영전집 2–산문』(이하 『전집 2』), 민음사, 2003, 278쪽.

안다'는 사실이 초래한 곤경이나 한국어가 오히려 '낯선 언어'였다는 리
영희의 고백은 그만의 예외적 사정이 아니었다. 김수영이 "일본어를 우
리말보다 더 잘 아는 비교적 젊은 사람"을 지칭했을 때, 그것이 자기 세
대를 가리킨다는 점은 분명하다. 1922년생인 김춘수의 회고가 뒷받침하
듯,[4] 필수과목이던 조선어를 수의과목으로 바꾼 제3차 교육령이 발표된
1938년을 전후로 10대 시절을 보낸 세대, 특히 이 시기를 기점으로 국민
학교에 입학해 '국어(日本語) 교육'을 철저하게 받기 시작한 세대를 김수
영은 탈식민화 이후에서야 비로소 자각된 언어적 특이체로 지목한 것이
다. 통칭 '전후세대'로 불린 이들이 그들이다.

　해방 후 민족의 분단과 한국전쟁의 체험을 세대적 경험의 특수성으로
부각하려는 의도에서 명명된 '전후세대'라는 명칭은 이들의 정신적 외상
의 연원을 한국전쟁에 둔다. 그런데 이러한 세대 명칭에는 해방 전후의
역사를 단절적으로 바라보는 관점이 숨어 있다. 가령 민족 해방을 가장
중요한 역사적 변동으로 파악하는 민족주의 사관은 동족상잔과 민족분단
의 결과를 초래한 한국전쟁이야말로 한국인의 (무)의식 전반에 심대한
영향을 미친 사건으로 의미화한다. 하지만 해방 후 국민국가 성립의 과정
을 제국의 모방과 동일시, 그로부터의 탈주가 혼재된 탈식민화의 양상으
로 파악하는 최근의 연구에 힘입어 '해방'이 역사적 단절의 기점일 수
없음을 입증하는 성과들이 축적되고 있다. 그만큼 해방 전후를 둘러싼
한국인의 (무)의식의 구조와 심성은 단순화될 수 없는 성질의 것이다. 탈

4　"중학 3학년까지 조선어 시간이 있었다. 주 한 시간 정도가 아니었던가 한다. 4학년
　이 되자 그 한 시간마저 없애고 일제는 국어(日本語) 상용을 강요했다. 학교에서는 절
　대로 조선어를 못 쓰게 했고, 국어로 일기를 써서 매주일 담임의 검열을 받아야했다.
　쓸 것도 없는데 매일 일기를 쓴다는 것이 귀찮고 짜증스럽기는 했으나 국어로 써야하
　는 사실에 대해서는 별로 저항을 느끼지 못했다. 아닌 말로 왜놈이 다된 셈이다. 또한
　창피스럽다" 김춘수, 「시인이 된다는 것」, 『처용단장』, 미학사, 1991, 155쪽.

식민화 이후에도 식민주의적 이데올로기와 식민지적 무의식은 현실적 영
향력을 발휘하며 여전히 상존하고 있었다. 그런 점에서 전후세대라는 명
칭에 내재된 단절의 감각은 이들의 역사적 및 세대적 특수성을 이해하는
데 걸림돌로 작용할 수 있다. 따라서 언어적 조건의 변화가 제국의 지배
와 그로부터의 해방, 식민화와 탈식민화 과정이 맞물린 상황을 집약적으
로 보여준다는 측면에서 전후세대보다 '이중언어세대'라는 명칭이 이들
을 이해하는 데 더 적합하다는 문제의식이 싹트는 것도 무리는 아니다.[5]

　식민지기의 한국문학을 언어적 정체성의 측면에서 검토하면서 사노
마사토는 경성제대 영문과 출신인 이효석(1907년생), 최재서(1908년생),
조용만(1909년생) 등을 가리켜 '이중언어세대의 등장'으로 표현한다. 그
의 말을 빌린다면, 이중언어세대는 '등장'으로 표현될 수 있는 1세대와
그 이후 세대로 구분될 수 있다. 이중언어세대의 1세대라 할 수 있는 이
들에게 "일본어는 선택의 문제나 저항의 문제라기보다는 벌써 거기에 있
는 소여(所与)의 조건이었"으며,[6] 이들의 등장이 의미하는 바는 "일본어
창작을 거의 자연스럽게 할 수 있는 세대의 등장"으로, 일본어 창작은
의식적인 선택의 문제이기보다는 '취미'나 '교양'의 문제에 속하는 것이

5　전후 세대를 이중언어자로 파악할 때, 1950~60년대 문학을 새롭게 조망할 수 있는
　여지가 생길 수 있음을 살핀 주요 연구 성과로 다음의 예가 있다. 한수영, 「전후세대의
　문학과 언어적 정체성 - 전후세대의 이중언어적 상황을 중심으로」, 『대동문화연구』
　58집, 성균관대학교 대동문화연구원, 2007; 한수영, 「전후소설에서의 식민화된 주체
　와 언어적 타자 - 손창섭 소설에 나타난 이중언어자의 자의식」, 『인문연구』 52집, 영
　남대인문과학연구소, 2007; 조윤정, 「전후세대 작가들의 언어적 상황과 정체성 혼란
　의 문제」, 『현대소설연구』 37집, 한국현대소설학회, 2008; 장인수, 「전후 모더니스트
　들의 언어적 정체성」, 국제어문학회 학술대회 자료집, 2011, 5월.
6　사노 마사토, 「경성제대 영문과 네트워크에 대하여-식민지 시기 한국문학에 있어서
　'영문학'과 이중언어 창작」, 『한국현대문학연구』 26집, 한국현대문학회, 2008, 327~
　328쪽.

었고, '자랑'이나 '부끄럼'이라는 가치판단으로부터 거리를 둔 것이었다."[7] 1910년 전후로 태어나 식민지하의 엘리트 계층으로 자라난 최재서 세대가 본격적 의미에서의 '이중언어세대의 등장'을 의미한다면, 1920년대 생이 주축인 전후세대는 이전 세대의 특징을 공유하면서 '일본인에 못지않은 일본어 실력'을 가진, 모어인 조선어가 낯선 이들로서 '이중언어세대의 편재(遍在)'를 사회적으로 증명하는 세대라 할 수 있다. 그렇다면 이들에게 모어가 '타자의 언어((m)other tongue)'로 인식된다는 것이 의미하는 바는 무엇일까?

서석배에 의해 이미 논증되었듯, "한국이 일본으로부터 해방되었던 1945년에 10대 중반이나 20대 초반이었던 한국의 젊은이들에게 일본어는 추상적 사고와 예술적 창작과 과학적 연구를 위한 언어였"고, "이 세대의 많은 한국의 작가들과 시인들은 1950년대 이후까지도 그들의 문학적 창작물들을 일본어로 썼으며, 그 일본어로 된 작품들을 이후에 한국어로 번역했"고 "일본어로 생각한 것을 한국어로 번역하는 작업을 계속해야만 했다."[8] 앞서 서술한 〈조선어학회사건〉에 대한 변호사의 진술은 해방 후에도 지속된 '한국어의 빈곤'이라는 이러한 현실을 당시의 시각에서 가감 없이 드러낼뿐더러, 이중언어 체계 내에서 이루어지는 번역의 사정이 시대적 필연일 수밖에 없음을 앞당겨 지시한다. 따라서 김수영이 말한바 "일본어를 우리말보다 더 잘 아는 비교적 젊은 사람"에 의해 창작이 이루어진다는 말은 이들 세대로부터 출현한 1950-60년대 한국문학이 일본어를 한국어로 번역하는 과정에서 나왔다고 말할 수 있는 정황이 충분하다는 사실을 암시한다. 그리고 보다 더 문제적인 것은 제국의 '국

---

7 사노 마사토, 위의 글, 328~329쪽.

8 서석배, 「단일 언어 사회를 향해」, 『한국문학연구』 29집, 동국대학교 한국문학연구소, 2005, 210쪽.

어(日本語) 교육' 속에서 성장한 지식인 계층이 처한 곤경, 즉 "남한에서
(북한에서도 마찬가지만) 이중언어의 한 축이었던 일본어가 사라졌다는 것
은 김수영 세대의 일본어/한국어의 이중언어 사용을 억압함으로써 가능
하게 된 것"[9]임을 시사한다는 사실이다. 달리 말해, 이들 세대에게는 전
쟁 체험 이전에 이미 실존적 조건의 차원에서, 아니 현실 그 자체라 할
수 있는 상징적 질서의 차원에서 억압이 이루어졌으며, 언어적 위계상
중심을 차지하는 권력(어)의 상실이 강제되는 상황은 이들에게 정신적
외상(trauma)으로 내면화되었으리라는 점을 추측케 한다. 가령 김수영의
경우 이러한 억압의 흔적이 '말하지 않음'의 형식으로 드러난다.

> 나는 아직도 나의 신변 얘기나 문학경력 같은 지난날의 일을 써낼만한
> 자신이 없다. 그러한 내력 얘기를 거침없이 쓰기에는, 나의 수치심도 수치
> 심이려니와 세상은 나에게 있어서 아직도 암흑이다. 나의 처녀작 얘기를
> 쓰려면 해방 후의 혼란기로 소급해야 하는데 그 시대는 더욱이나 나에게
> 있어선 텐더 포인트(취약점-인용자 주)다. 당시의 나의 자세는 좌익도 우
> 익도 아닌 그야말로 완전한 중립이었지만, 우정관계가 주로 작용해서, 그
> 리고 그보다도 줏대가 약한 탓으로 본의 아닌 우경 좌경을 하게 되었다고
> 생각된다. 돌이켜 생각해보면 지금도 그렇지만, 그때는 더 한층 지독한 치
> 욕의 시대였던 것 같다.[10]

위 문단을 시작으로 김수영은 처음 시가 실린 사연, 〈마리서사〉에 얽
힌 추억과 신시론 동인 활동, 처녀작이라고 생각하는 시의 기억 등 해방
후의 문학적 이력에 대해 기술하고 있다. 여기서 주목할 것은 해방 후
'우경 좌경'했던 것까지 이야기하는 데 반해, 언급하지 않는 내용이 있다

9 서석배, 위의 글, 188쪽.
10 「연극하다 시로 전향」, 『전집 2』, 332쪽.

는 점이다. 위의 산문뿐만 아니라 그의 어떤 글에서도 일체 함구된 부분
이기도 하다. 다름 아니라 자신의 학창시절, 동경유학 시절, 동경에서
만주로 이어진 연극 활동 등에 대한 것이다. "신변 얘기나 문학경력 같은
지난날의 일"을 말하지 않는 것은 "수치심" 때문이라고 밝히고 있지만,
이보다 더 의미심장한 구절은 "세상은 나에게 있어서 아직도 암흑이다"
라는 표현이다. '암흑'이 뜻하는 상징적 의미는 여러 가지겠지만, 그것은
말하고 싶어도 말을 해서는 안 되는 곳, 즉 표현/언론의 자유가 보장되
지 않는 곳에서의 자기 고백적 이야기는 큰 불행으로 돌변할 수 있는
탓에 "세상"은 침묵을 강제하는 부자유의 공간일 수밖에 없음을 암암리
에 지시한다. 그러니 사상의 불온성이 의심받을 이야기는 함구의 대상이
될 수밖에 없다. 하지만 그는 여러 시편과 산문을 통해 '불순분자'의 혐
의를 받을 수 있는 내용을 미발표로 남겨두더라도 말하기를 스스로에게
금하지는 않았다. 반면, '제국의 신민'으로 살았던 때의 이야기는 침묵
속에 두었다. 왜 그랬을까? 좌익에 경도되었던 체험과 심정적 동조를 미
발표 소설, 편지, 일기 등을 통해 '말하였던' 데 반해, 왜 일제 치하에서
의 개인적 이력은 '말하지 않았던' 것일까? 이 철저한 함구야말로 억압의
반증이며, 억압의 정도를 시사한다.

　김수영에게 자기 내력을 말할 수 있는 시기의 기준점은 분명하다. '창
씨개명－동경유학－연극/성씨회복－귀국－시'로 나뉘는 이 대립항은 사실
상 '일본어 사용/한국어 사용'이라는 이분법의 현실적 변주다. 김수영은
자신이 '일본어 사용자'로 살았던 때의 개인사는 말하지 않았던 것이다.
그를 평생 괴롭힌 레드 콤플렉스보다 '일본어 금지'라는 억압이 더 강했
다는 사실은 놀랍다. 이는 '일본어'로 표상되는 상징적 질서에의 심정적
경도가 훨씬 더 강하며, 그것의 향유(jouissance)가 공동체 내에서 도덕적
금기가 되었음을, 또한 그러한 향유가 초래할 불안을 억제하기 위해 사

회적 초자아가 요구하는 억압 기제를 무의식적으로 내면화하였음을 방증한다. 그만큼 '일본어 사용'으로 계열화되는 항과 그것의 내용과 실체는 '의도적 망각'의 대상이 될 수밖에 없다.[11] 하지만 억압을 뚫고 향유의 실재(real)가 종종 의식의 부면에 떠오를 때가 있다. 일본어로 쓰인 김수영의 1961년 2월 10일 일기는 그것의 비밀스런 기록에 해당한다. 이런 맥락에서 볼 때, 그가 이 일기를 가리켜 "유언장을 쓰는 기분으로 지금 이걸 쓰고 있"[12]다고 표현한 것은 부자연스럽지 않다. '일본어 사용자'의 자리에 자신을 두는 일은 향유의 추구라는 점에서 삶-충동보다는 죽음 충동에 근거하기 때문이다.

김수영 세대가 직면한 이러한 억압의 양상과 그에 따른 의식-무의식 간의 충돌은 '억압된 것은 귀환한다'는 정신분석학적 명제를 증명하듯 고백의 형태로 여러 차례 반복해서 서술된다. 다소 긴 인용일 수 있지만, '일본어→한국어'의 번역 과정이 1950년대 한국문학을 특징짓는 언어적 조건일 수 있음을 확인하는 차원에서 다음의 예들을 강조할 필요가 있다.

> 해방이 되어 이 땅의 小說로 읽은 것이 「흙」, 「사랑」 등 二三卷이 있었지만 그래도 그것은 줄거리는 대강 알 수 있었는데 이것(「금삼의 피」-인용자 주)은 첫머리부터 무슨 말을 썼는지 알아낼 수 없었다. 그때의 나의 落膽傷心 …… 나는 다시 힘을 내어 二百圓인가 주고 조그만 朝鮮語辭典을 사가지고 집에 돌아왔다. 그로부터 친척집 二층에서 無爲徒食하면서 낱말공부를 시작했다. 中學生이 英語單語 외우듯이 책장을 뜯어가면서 낱말공부를 하였다. '간신히'라는 말을 모르는 형편이었고 보니 作品을 통해서 말을 배

---

11 한수영은 이 과정을 "포스트식민성 특유의 역사적 기억 상실"이라 지칭하며, 이러한 "'의도적 망각'의 중심에 전후세대들의 언어적 정체성이 놓여 있다"고 설명한다. 한수영, 「전후세대 문학의 언어적 정체성」, 『대동문화연구』 58집, 성균관대학교 대동문화연구원, 260쪽.

12 「일기초2」, 『전집 2』, 509쪽.

우는 그런 長長夏日의 心境은 도저히 가질 수 없었다. 나에게 意識的으로 한 作家修業을 말하라 하면 이 낱말 외우기를 댈 수밖에 없다. 지루하고 축이 나지 않는 苦行이었다. 고향을 떠날 때는 半年을 잡았다. 六個月이면 자기나라 말이니까 마스터할 줄 알았다. 그런데 해보니까 길은 점점 멀어만 지는 것이었다. (중략) 그래서 한마디 한마디 辭典을 뒤지며 거의 二個月 걸려 쓴 것이 「肉囚」였다.[13]

국민학교, 중학교 이렇게 초등 중등 학교에서의 모든 지식을 일본책으로 얻게 된 나는 시, 소설에 관한 지식도 일본어로써 흡수케 되었던 것이다. 그러니까 나의 시문학의 출발은 일본어에서부터 시작되었다. 따라서 나의 첫 작품은 일본어로 씌어졌던 것이다. (중략) 해방이 되자 나는 나의 모국어로 시를 써야 하게 되었다. 그렇지만 나의 국어 실력은 겨우 「가갸거겨」를 간신히 판독할 수 있을 정도에 불과하여 「나는 당신에게로 간다」는 글이면 「나 는 당 신 에 게 로 간 다」고 이렇게 한자 한자씩 띄어 읽고 나서야 그 전체의 의미를 종합 이해하는 형편이었다. 그러니까 四六판 한 페이지의 국어문장을 다 읽고 이해하려면 적어도 십 오 분 이상은 소비해야 했다. (중략) 또 하나의 장벽이 있었다. 한 편의 시를 쓰기 앞서 그것을 머리 속에서 구상할 때 머리 속에서 이루어지는 구상은 일본어로 연락되고 조직되는 것이다. 왜냐하면 아직도 나의 모국어 실력은 내가 나의 한 편의 시를 쓰는 데 충분한 힘이 못되었던 것이다. 이러한 고통과 비극은 지금 나와 같은 三十 대의 시인이나 소설가가 역사적으로 짊어졌던 공통적인 장벽이었으리라고 짐작된다.[14]

장용학(1921년생)과 전봉건(1928년생)의 한국어 습득은 "낙담"과 "상심"이 교차하는 가운데 겪는 "고행"과 "비극"이었고, 그들의 말처럼 그들 세

---

13 장용학, 「나의 작가수업」, 『현대문학』, 1956년 1월호, 현대문학, 154~155쪽.
14 전봉건, 「시작 노우트-고쳐쓰기 되풀이」, 『한국전후문제시집』, 신구문화사, 1961, 403쪽.

대 전체가 공통적으로 마주친 "역사적 장벽"이었다. 문학을 하고자 하는 이들에게 '일본어−억압/한국어−강제'가 더 큰 난관이었다는 점은 행간에서 충분히 드러난다. 이들과 동세대인 김수영도 예외는 아니었다. "나는 한국말이 서투른 탓도 있고 신경질이 심해서 원고 한 장을 쓰려면 한글 사전을 최소한 두서너 번은 들추어 보는데, 그 동안에 생각을 가다듬는 이득도 있지만 생각이 새어가는 손실도 많다. 그러나 시인은 이득보다 손실을 사랑한다. 이것은 역설이 아니라 발악이다."[15]라고 적은 그의 말은 결코 과장이 아니다. 이 구절을 통해 1960년대 중반까지도 그가 이중언어 체계 내에 있었음을 짐작할 수 있다. "지금 나는 내 방에 있으면서, 어딘가 먼 곳을 여행하고 있는 듯한 기분이 들고, 향수인지 죽음인지 분별되지 않는 것 속에서 살고 있다. 혹은 일본말 속에서 살고 있는 건지도 모른다"는 일기의 한 대목이 일본어로 쓰였다[16]는 것만큼 이를 더 분명하게 뒷받침하는 예도 없다. 그러므로 김수영뿐만 아니라 그와 동세대에 속하는 전후세대에 대한 연구는 이들의 정체성을 이중언어 체계의 관점에서 재고찰함으로써 지금까지와는 다른 해석 및 평가를 필요로 한다. 한수영의 비판처럼, "'한국문학'이라는 안정적이고 균질적인 '실체'에 대한 환상"이 이 시기 문학 연구와 관련하여 "맹목"의 오류[17]를

---

15 「시작노트4」, 『전집 2』, 441쪽.

16 서석배는 김수영의 일본어 일기가 전후 일본에서는 쓰이지 않는 전쟁 전의 맞춤법에 따라 가타카나로 씌었음을 강조한다. '국어 교육'의 영향력이 1960년대까지도 김수영에게 지속되었음을 보여주는 예이다. 서석배, 위의 글, 187쪽.

17 한수영은 전후세대에 대한 편견과 그간의 문학사적 인식 및 문학연구의 문제점을 다음과 같이 비판한다. "전후세대의 언어적 정체성을 심각하게 문제 삼지 않았던 그동안의 우리의 맹목은, 실상 전후문학이 식민지로부터 해방되어 자유로이 한글로 쓰고 읽게 된 이후의 문학이라는 '오해'가 작용한 탓이며, 그 '오해'가 '한국문학'이라는 안정적이고 균질적인 '실체'에 대한 환상으로 이어지고, 더불어 창작과 그 소통을 둘러싼 각기 다른 '주체'들의 이질성과 균열에 대해 고민할 기회를 봉쇄했기 때문에 나타난 현상

피할 수 없게 만들었다면, 이제는 그 오류에서 벗어날 필요가 있다.

2. 이상의 일문시(日文詩) 번역과 일본어 글쓰기

김수영 문학에서 번역의 중요성을 강조하며 자주 인용되는 "나는 번역에 지나치게 열중해 있다. 내 시의 비밀은 내 번역을 보면 안다"[18]는 문장이 일본어로 쓰여 '공공연하게' 발표되었다는 사실이 많은 연구자들에 의해 간과되었던 것도 '일본어-한국어'의 이중언어 체계 내에서 그의 문학을 고찰할 필요가 있음을 충분히 고려치 못했기 때문이다. 김수영과 번역을 연관시킬 때, 그가 영문 잡지의 글을 번역하며 생계를 유지했다는 점에 주목하여 주로 영문 번역과 그의 시론간의 영향관계를 살펴보는 작업이 2000년대 이후 김수영 문학을 이해하는 연구 방법으로 떠올랐다.[19] 하지만 김수영이 이상(李箱)의 일문시(日文詩)를 번역했다는 사실은 거의 언급되지 않고 있다. 게다가 이상의 일문시 번역이 김수영에게 자신의 언어적 곤란함이자 그 토대이도 했던 이중언어의 문제에 대해 비상한 자각과 통찰을 갖게 했고, 이것이 후기시의 스타일 변모와 깊이 연관되어 있다는 점도 주목되지 않고 있다.[20]

이다." 한수영, 위의 글, 268쪽.

18 「시작노트 6」, 『전집 2』, 450쪽.

19 주요 연구 성과로 다음의 예가 있다. 권오만, 「김수영의 고백시적 경향」, 『전농어문연구』 11집, 서울시립대학교 국어국문학과, 1999; 박지영, 「김수영의 '반시론'에서 '반시'의 의미」, 『상허학보』 9집, 상허학회, 2002; 이승규, 「김수영의 영미시 영향과 시창작 관련 양상」, 『한국현대문학연구』 20집, 한국현대문학회, 2006; 이미순, 「김수영의 시론에 미친 프랑스 문학이론의 영향-조르주 바타이유를 중심으로」, 『비교문학』 42집, 한국비교문학회, 2007; 박지영, 「김수영 문학과 '번역'」, 『민족문학사연구』 39집, 민족문학사학회, 2009.

　그런데 김수영이 자기 세대를 일본어로 사고하고 한국어로 번역하는 과정을 거치며 한국어를 습득한 세대라고 했을 때도, 그가 이를 콤플렉스로 받아들였다는 흔적은 찾아볼 수 없다. 오히려 그는 일본어를 모르는 한계가 후배들의 지적 미숙함의 한 요인이라고 말한다. 예컨대 "**일본말을 모르고 원서도 못 읽는**(강조-인용자) 〈신춘문예〉 출신이나 문학지의 추천을 통과한 병아리 시학도들이 읽을 책이 없는 오늘날의 쇄국주의적 문화실정에서 (중략) 빈사상태에 놓인 시인 자신의 영양이 문제다"[21]라는 말은 피식민자의 식민지적 무의식을 드러낸 예로 오해되어선 안 된다. 김수영은 '일본어 세대'로서의 자기 정체성에 대해 지적 우월함을 지니지도 않았지만, 그에 대해 열등감이나 피해의식을 지니지도 않았다. 그가 때때로 자신의 일본어 사용을 공적으로 표면화하려 했다는 점은 "언어의 이민"(「거짓말의 여운 속에서」)에 내포된 한국의 문화적·역사적 특수성을 당대적 맥락에서 전경화하는 방식으로 활용하려 했으며, 한국어로 대표되는 상징체계를 일본어로 대표되는 상징체계에 비추어 성찰하기 위해 '한국어-사용' 자체를 타자화된 시선에 비추어 응시하려 했음을·시사한다. "일본 말보다도 더 빨리 영어를 읽을 수 있게 된,/ 몇 차례의 언어의 이민을 한 내가/ 우리말을 너무 잘해서 곤란한 내가"(「거짓말의 여운 속에서」)라는 시구가 다만 반어적 어사가 아님은 이와 관련이 깊다. '우리말을 너무 잘하는 곤란'은 '한국(어)-시인'으로서의 주체화 과정이 타자의 시선을 부재케 하는 절대적 자아화의 과정이 될지 모른다는 염려

20　필자는 이 문제와 관련하여「김수영은 왜 시작노트를 일본어로 썼을까?」(『현대시』 2005년 8월호)라는 글을 쓴 바 있다. 이 글이 발표된 이후 김수영에 대한 연구논문 중 '번역'과 '탈식민성'을 주제로 한 글들에서 이에 대한 관심이 매우 적다는 사실을 알고, 김수영에 대한 최근의 연구 성과를 검토하는 것이 목적인 본고를 통해 '번역'-'탈식민성'-'후기시의 스타일'이 결코 따로 있지 않음을 강조할 필요가 있다고 여겼다.
21　「지성이 필요한 때」, 『전집 2』, 606쪽.

를 내포하고 있기 때문이다.

김수영이 자신의 이중언어 체계를 어떻게 인식했는가를 더 의미심장하게 보여주는 예는 이상의 일문시를 번역하면서 그가 쓴 시작메모다. 이에 대해 주목한 것은 곽명숙의 연구가 처음이다. 「중용에 대하여」의 일부를 인용한 뒤, 곽명숙은 일본어를 썼다 지우는 검열의 과정을 "실언의 구조"라고 일컫는다. 연이어 이런 무의식적 "실언의 구조"에서 일본어가 사용된다는 점에 주의를 기울일 필요가 있다고 논하면서, 김수영이 일본어를 쓰면서 "현실감각이 없는 광기와 고독에 몰입된 모습을 보이기도 하였다"고 말한 뒤, 그의 일본어 일기를 그 실례로 든다. 또한 이상에 대한 김수영의 직접 언급을 지목하면서 김수영은 이상과 달리 역설을 행할 수 없었다고 설명한다. "김수영은 일본어를 사용함으로써 공적 언어를 벗어나는 자유, 무의식의 해방을 느끼고, 문화적 주변성과 종속성을 극복한 등가성을 얻고자 했던 것이다." 곽명숙의 이러한 설명은 「시작노트6」이 일본어로 쓰였다는 것에만 초점을 맞추어 이 노트의 행간에 담긴 김수영의 복잡한 의식의 흐름과 실제 번역문과의 연관성을 포착하지 못하였기 때문에, 논지가 비약될 수밖에 없는 한계를 지닌다.[22]

김수영 문학의 이중언어 체계에 주목한 지금까지의 탈식민주의적 연구는 대체로 '그가 살았던 역사적 배경이 그를 일본어에 더 익숙한 세대로 키웠고, 그의 시는 그 영향에서 벗어나려는 탈식민성의 흔적을 보이며, 일본어에서 한국어로의 문자적 수정을 통해 전통에 대한 인식뿐만 아니라 당대의 현대성의 경험을 혼종적 시각에서 바라볼 수 있게 하였다'라는 결론을 내리는 데 머물러 있다. 김수영 문학을 그의 번역문과의

---

22 곽명숙, 「김수영의 시와 현대성의 탈식민적 경험」, 『한국현대문학연구』 9집, 한국현대문학회, 2001, 106~108쪽 참조.

관련 속에 해명하려는 실증적 작업이 '일본어–한국어'간의 이중언어 문제를 상대적으로 등한시하였다면, 탈식민성에 초점을 맞추어 김수영의 이중언어를 이해하려는 편에서는 이를 '번역의 과정 및 체험'으로 바라봐야할 시각을 결여하고 있는 셈이다. 김수영의 시 의식과 내적 변모를 보다 면밀히 추적하기 위해서는 '일문번역↔김수영 시(론)'의 또 다른 축이 번역론의 관점에서든 탈식민주의 관점에서든 상호 보충되어야 할 필요가 있다. 이러한 상호 보충적 연구를 위해 주목되어야 할 중요한 자료가 일본어로 써서 발표한 「시작노트 6」이다.

김수영이 일본어로 쓴 이상(李箱)의 미발표 유고(遺稿)를 처음 번역한 것은 1960년 11월의 일이다. 이후 1960년 12월과 1961년 1월 두 차례에 걸쳐 『현대문학』에는 이상의 유고가 연이어 실리게 된다.[23][24] 이상의 유고는 66년 7월에 『현대문학』에 재차 게재되는데, 이때에도 번역자로 김수영이 참여한다. 그가 번역한 작품은 「애야(哀夜)」이다. 그런데 「애야」를 번역하던 중, 김수영은 근작 시에 대한 후기를 일본어로 써서 발표하게 된다. 1966년 『한국문학』 여름호에 「이 한국문학사」, 「H」, 「눈」과 함께 실린 이 후기에는 편집자 주가 글의 말미에 붙어 있다. "이 시작 노우트의 원문은 영자와 고딕(한국어로 되었음) 부분을 제외하고는 일본어로 씌어진 것인데 독자의 편의를 생각하여 우리말로 옮겨 싣기로 했다."[25]

---

23 이후 내용 중 일부는 졸고, 「김수영은 왜 시작노트를 일본어로 썼을까」를 부분적으로 재정리한 것이다. 이중언어 체계와 번역 과정으로서의 시 쓰기를 통합적인 관점에서 살펴볼 필요가 있고, 이러한 문제의식이 김수영 문학과 관련한 최근 연구에 직접 반영되어 있음을 순차적으로 정리하기 위해서는 필자의 이전 글을 본고에서 다시금 요약·소개할 필요가 있었다.

24 이상의 일문시 번역의 경위에 대한 더 자세한 설명은 졸고, 위의 글 참조.

25 『한국문학』, 현암사, 1966년 여름호, 136쪽. 「시작노트 6」과 관련해서 민음사 간(刊) 『김수영전집 2』에는 한 가지 오류가 있다. 본래 원고에는 김수영이 번역했던 「자코메티의 지혜」(칼톤 레이크, 『세대』, 1966년 4월호)의 영문 원문 중 일부가 맨 앞에 자리

우리말로 번역해서 실었던 이 '시작 노우트'가 바로 『김수영 전집 2-산문』(민음사 71)에서 「시작 노트 6」라는 제명이 붙은 글이다. 김수영은 이 글의 중간 부분에서 "나는 지금 이 노트를 쓰는 한편, 이상의 일본어로 된 시 「애야」를 번역하고 있다"고 적고 있다. 이상의 일문시를 처음 번역했을 때에는 별다른 언급이 없다가 두 번째로 한 이상의 일문시 번역을 특별히 언급한 데는 이유가 있다. 이 노트로 이상이 하지 못한 '역설'을 자신이 행하고자 했기 때문이다. 그것은 무엇일까? 답은 이상의 일문시에 대한 김수영의 직접적인 논평에 담겨 있다.

> 나는 지금 이 노우트를 쓰는 한편, 이상의 일본어로 된 시 「애야」를 번역하고 있다. 그는 이개(二個) 국어로 시를 썼다. 엘리어트처럼 조금 쓴 것이 아니라 많이 썼다. 이것을 어떻게 생각해야 할 것인가. **내가 불만스럽게 생각하는 것은 이상이 일본적 서정을 일본어로 쓰고 조선적 서정을 조선어로 썼다는 것이다. 그는 그 반대로 해야 했을 것이다. 그는 그렇게 할 수 있었을 것이다. 그러함으로써 더욱 철저한 역설을 이행할 수 있었을 것이다.** 내가 일본어를 사용하는 것은 다르다. 나는 일본어를 사용하고 있는 것이 아니라 망령을 사용하고 있는 것이다.[26] (강조-인용자)

이상이 하지 못했던 것, "일본적 서정을 일본어로 쓰고 조선적 서정을 조선어로 썼"을 뿐 그것을 반대로 하지 못했던 것, 즉 '일본적 서정을 조선어로 쓰고 조선적 서정을 일본어'로 쓰는 "역설"을 김수영은 시작노트에서 그 자신이 수행하고자 한다. 일본어가 한국어로 번역되어 잡지에 실릴 것을 번연히 알면서도 군이 일본어 작후감(作後感)을 포기하지 않은

하고 있다. 그런데 『전집 2』에서 이 영문이 김수영의 시 「눈」 뒤에 잘못 배치되어 있다. 이 영문 원문을 강조하기 위해 김수영이 글의 맨 앞에 수록했던 것을 『전집 2』를 편집하면서 맥락을 간과한 탓에 시편 뒤에 붙인 오류가 생긴 것이다.

26 「시작노트 6」, 『전집 2』, 451~452쪽.

이유에는 이상의 이중어 체계를 염두에 둔 모종의 언어적 실험이 중요한 계기로 가로 놓여 있다. 이에 비추어 볼 때, 김수영의 '일본어 글쓰기'를 가리켜 "죽은 시간을 사는 것이며 무의식적인 정신의 백색 지대를 방황하는 것"[27]이라고 풀이하는 것은 그의 일본어 사용을 외상의 회귀에 따른 히스테리적 증상으로 보는 것과 같다. 이러한 일면적 해석은 종종 '제국의 지배'라는 역사적 외상에서 자유롭지 못한 피식민자로서의 무의식이 4·19혁명을 기점으로 하여 현실의식의 심화를 통해 점차 탈피되어간다는 자아성장의 서사로 논의가 귀결된다. 그러나 이러한 결론과 달리, 김수영은 자신의 일본어 사용을 예민하게 의식하고 있었고, 그것을 의도적으로 시도하기도 했으며, 무엇보다 자신의 글쓰기를 번역과정으로 파악하고 있었다.[28]

그런 점에서 4·19혁명 직후에 쓴 「중용에 대하여」는 특히 주목된다. 이 시에서 김수영은 자신의 이(二)언어적 정체성이 어떻게 의식의 변전을 촉발하는가를 일본어를 한국어로 번역하는 과정으로 극화함으로써 자신이 처한 정치적 불우와 역사적 후진성을 동시에 드러내고 있다.[29] 한편 「연극하다 시로 전향」에서 기술된 바 있듯, 김수영이 초기에 일문으로 시를 썼다는 것도 사실이다. 『새로운 도시와 시민들의 합창』을 준비하기 이전에 써 두었던 「아메리카 타임지」라는 일문시가 있었는데, 친구인 김병욱이 이 시를 칭찬하며 우리말로 번역해서 주라는 말에 반발심이 들어 제목만 그대로 두고 "황당무계한 내용" - 본래 시와 다른 한국

---

27 곽명숙, 위의 글, 106~107쪽.
28 그런 점에서 『김수영 전집 1-시』(민음사, 2003)에서 일본식 한자어 표기가 부자연스럽다는 이유로 모두 우리말 표현의 한자어로 고친 것은 원전 훼손에 해당하는 명백한 오류다. '일본식 한자어'라는 기표에 내포된 텍스트 내적·외적 함의를 전혀 고려하지 않은 수정이라 할 수 있다.
29 이에 대해서는 졸고, 위의 글 참조.

어 본문 – 을 붙여 주었다는 에피소드가 소개되어 있다.[30] 김수영의 미발
표 원고가 발굴된 경위를 밝힌 김명인의 설명[31]을 보더라도, 일문으로
된 번역시인지 김수영 본인의 일문시인지 알 수 없는 메모와 글이 여럿
이라는 사실은 그의 문학을 이중언어 체계로 볼 수 없다는 회의를 오히
려 궁색하게 만든다. 아래 시에서

> 더러운 일기는 찢어버려도
> 짜장 재주를 부릴 줄 아는 나이와 詩
> 배짱도 생겨가는 나이와 詩
> 정말 무서운 나이와 詩는
> 동그랗게 되어가는 나이와 詩
> 사전을 보면 쓰는 나이와 詩
> 사전이 詩 같은 나이의 詩
> 사전이 앞을 가는 변화의 詩
> 감기가 가도 감기가 가도
> 줄곧 앞을 가는 사전의 詩
> 詩
>
> －「詩」 중

김수영이 '시'를 가리켜 "사전의 시"라고 비유한 것은 그가 자신의 시
쓰기 과정을 이미 번역과정으로, 그것의 소산으로 인식했음을 예시한다.
그런데 이 구절은 단순히 '한국어가 서툴러 사전을 보며 시를 쓴다'는
고백의 또 다른 버전이 아니다. 그는 지금 '시=사전의 시'라고, 번역을
시 장르의 본질로 확장·등치시키고 있다.
　'시=사전의 시'에 담긴 의미를 이해하기 위해서는「시작노트 6」의 일

30　「연극하다 시로 전향」,『전집 2』, 334쪽.
31　『창작과비평』, 2006 여름호 참조.

본어 글쓰기가 이상이 하지 못한 '역설'을 이행하는 방법이었다는 점을 먼저 검토할 필요가 있다. 김수영은 이 노트에서 자신의 일본어 사용이 이상의 경우와는 다름을 분명히 한다. 그는 "망령"을 사용하고 있다고 말한다. 일본어가 가리키는 바는 이상의 일문시 번역을 밝히기 직전에 쓴 내용에서 드러난다. 일본의 저명 문학가가 방한을 해도 일언반구 없는 한국사회의 무반응이야말로 '근시안' 사회가 침묵의 형식으로 상대를 제압하려는 술책이라고 비판하면서, 김수영은 이러한 고의적 침묵이 피식민의 경험에서 벗어나지 못하고 있음을 반증하는 피해의식의 소산이 아니겠느냐고 꼬집는다. 이런 맥락에서 볼 때, 그의 일본어 시작노트는 탈식민화 이후에도 존속하는 식민지적 무의식의 양태를 '표나게' 반영함으로써 역설적으로 이를 극복하고자 한 의식적 실험이라 할 수 있다. 일본어를 금하는 공동체의 금기를 거스름으로써 그러한 금기의 무의식적 동기를 비판하고, 역으로 이를 자신이 직접 어김으로써 집단적 무의식으로 자리 잡은 피식민자로서의 콤플렉스와 타자(제국)에 대한 모방적 동일시를 깨뜨리고자 한 것이다. 더불어 '억압된 것'으로서의 일본어를 귀환시켜 억압의 정체를 드러내 더 이상 그것에 구속받지 않는 자유를, 그것의 이행을 스스로 행함으로써 선취한 것이기도 하다. 그의 일본어 글쓰기는 "망령"을 되살려 내면서 동시에 추방하는 일종의 의식(儀式)인 셈이다. 또한 상이한 것이 되려는 집념이 사실은 "서로 닮는 방식"임을 깨닫고 '나'와 '타자'의 동일화를 두려워하지 않고 그것을 과감히 시도함으로써, 즉 한국어/일본어, 한국적인 것/일본적인 것의 이분법적 경계를 허물어 "혼용되어도 좋다는 용기"[32]를 발휘하려 한 것이 일본적인 것을 조선어로, 조선적인 것을 일본어로 뒤집어서 짝지은 숨은 의도이기도 하

---

32 「시작노트 6」, 『전집 2』, 452쪽.

다. 이러한 혼종성과 그것의 실행에 내재된 수행적 의미를 간파하고 있
었기에 김수영은 일본어를 "망령"으로 사용할 수 있었다. "망령"의 부활
이 "망령"의 추방이 되는 이러한 언어적 제의(祭儀)로서의 일본어 글쓰기
를 실천한 뒤, 김수영은 비로소 「라디오 계(界)」(1967년 作)를 쓴다.

> 이 몇 개의 판테온의 기둥 사이에
> 뒹굴고 있는 폐허의 돌조각들보다도
> 더 값없게 발길에 차이는 인국(隣國)의 음성
> – 물론 낭랑한 일본 말들이다
> 이것을 요즘은 안 듣는다
> 시시한 라디오 소리라 더 시시한 것이
> 여기서는 판을 치니까 그렇게 됐는지도 모른다
> 더 시시한 우리네 방송으로 만족하는 것이다
>
> 지금같이 HIFI가 나오지 않았을 때
> 비참한 일들이 라디오 소리보다도 더 발광을 쳤을 때
> 그때는 인국 방송이 들리지 않아서
> 그들의 달콤한 억양이 금덩어리 같았다
> 그 금덩어리 같던 소리를 지금은 안 듣는다
> 참 이상하다
>
> 이 이상한 일을 놓고 나는 저녁상을
> 물리고 나서 한참이나 생각해 본다
> 지금은 너무나 또렷한 입체음을 통해서
> 들어오는 이북 방송이 불온 방송이
> 아니 되는 날이 오면
> 그때는 지금 일본 말 방송을 안 듣듯
> 나도 모르는 사이에 안 듣게 되는 날이 올 것이다
>
> ─「라디오 계」 중

김수영은 이 시를 가리켜 "도저히 이곳에서는 발표할 수 없는 내용의 작품"이라고 쓴 바 있다.[33] 이북 방송 청취가 간첩 활동으로 신고 되던 때에 그것을 자인하는 것은 범죄 행위의 시인일뿐더러, 라디오에서 들리는 일본말이 "금덩어리 같았다"고 고백하는 것은 반민족적인 친일인사의 언행으로 치부되었을 터이다. 하지만 이 시가 의미하는 바는 간단치 않다. 이 시의 '일본 말' 방송은 한때 상징적 동일시의 위치를 점하던 대타자의 표상이며, 그와의 동일시가 금지되는 순간 오히려 도착적 향유의 대상으로 주체의 내밀한 외상이 된 '원초적 말'이다. 그러한 말은 들리지 않을수록 더욱 간절하다. 유혹적이고 원초적일수록, 그러한 말은 현실의 언어(한국어)-체계를 결핍으로, 부정으로 규정짓게 한다. 그것은 마치 현실을 초라하게 비추는 찬란하고 화려한 거울과 같다. 현실의 '아버지의 비참'(「아버지의 사진」)과 비교되는 위엄에 찬 상징적 아버지의 자리가 일본어가 놓인 위치인 셈이다. 하지만 이러한 자리의 접근이 금지될 때, 그것에 다다가려는 욕망은 커지고, 욕망이 커질수록 그것은 점점 더 억압되어야 할 죄악이 된다. 그 사이에서 주체가 느낄 혼동과 혼란은 신경증자의 그것일 수밖에 없다. 김수영의 대부분의 초기 시에서, 그리고 동세대의 많은 시인들에게서 두드러지는 우울과 비애감은 탈식민화 이후 이들 세대가 공통적으로 맞닥뜨린 신경증적 징후의 감정적 표징일 수 있다. 그런데 지금 김수영은 '달콤한 금덩어리' 같던 말이 '라디오 계'의 수평적 눈금으로 전락하였음을, 말하자면 '한국어-일본어'간의 오랜 위계가 사라져버렸음을 말하고 있다. 그것은 "이 몇 개의 판테온의 기둥 사이에/ 뒹굴고 있는 폐허의 돌조각들보다도/ 더 값없게 발길에 차이"고 "우리네 방송"보다 덜 시시할지 모르지만 아무튼 이제 "시시"해졌다. 그

---

33 「삼동(三冬) 유감」, 『전집 2』, 131쪽.

것을 김수영 자신도 "참 이상하다"고 말한다.

    그러나 이 '이상하다'는 술어는 무지를 가장하고 있다. 그는 "낭랑한
일본 말"의 상징적 전락을 유추 삼아 '이북 말'이라는 타자의 현재적 위
상이 마찬가지 운명을 겪을 것임을 알아챈다. '이북 방송'이 더 이상 '불
온 방송'으로 금지되지 않는 때가 오면, '우리 방송'이 '이북 방송' 쯤은
시시한 것으로 만들만큼 자신만만한 자유의 때가 오면, 그것은 자연스럽
게 향유의 대상이 갖는 환상의 지위를 잃을 것이기 때문이다. 그는 이것
을 간파한다. 그러니 이 시에서 '시시하다'라는 말의 함의는 이중적이다.
'일본어-제국'이 시시하다 싶을 만큼 '우리'가 시시해진 것 – 이 때 '시시
하다'는 현대적 발전을 뜻한다는 점에서 긍정적이다 – 은 그와의 위계적
격차가 사라졌다는 것을 뜻하며, 이는 역으로 '우리'가 시시한 만큼이나
"인국"도 시시한 존재임을 깨닫게 되었다는 것 – 이 때 '시시하다'는 결
여의 뜻을 포함한다는 점에서 부정적이다 – 을 의미한다. 그토록 닮고자
했던 대타자도 결여의 존재임이 자각된 것이다. 그러한 자각은 한국사회
의 역사적 변동이 사회 내부의 힘에 의해 추동된다는 점을 경험적으로
확인한 데서 비롯한다고 할 수 있다. 김수영은 정말 그도 모르는 사이에
"아무 미련도 없이/ 회한도 없이", '일본 말 방송' 안 듣게 된 것이다.
일본어 사용이 "망령의 사용"이라고 했던 그의 표현은 현실에서도 참이
된 셈이다. 식민지적 무의식의 극복을 김수영에게서 말할 수 있다면,
「라디오 계」가 그 증거일 수 있다. 그는 이러한 극복까지도 실은 주체의
의식이 무뎌진 데서 비롯한 착각일지 모른다는 회의를 시의 말미에 남긴
다. "배가 부른 탓"(「라디오 계」)에 주체와 타자간의 수직적 위계를 바로
보지 못하고, 그것을 수평적 병렬로 뒤바꾸는 낙천주의적 오인(誤認)이
발생하는지도 모른다고 의심한다. 이 의심이야말로 식민지적 무의식을
추문으로 만드는 주체 '내'부의 타자적 시선이다.

무덤 속의 "망령"을 불러낸 이유를 궁극적으로 그것을 무덤 속으로 되돌려 보내기 위한 과정으로 읽는 이러한 독법은 김수영의 일본어 글쓰기를 탈식민성의 견지에서 파악한 데 따른다. 하지만 이 같은 관점으로는 '시=사전의 시'라는 김수영의 메타적 시 의식을 충분히 설명할 수 없고, 「시작노트 6」이 이를 해명할 수 있는 자료라는 것도 제대로 드러나지 않는다. 「시작노트 6」의 일본어 글쓰기는 이상뿐만 아니라 한 사람을 더 겨냥해서 쓰인 글이다. 그는 바로 자코메티이다. 이 노트가 자코메티에 대한 언급으로 시작해서 "자코메티적 발견", "자코메티적 변모"를 표명함으로써 마감된다는 점에 주목하면, 일본어 시작노트의 의미는 지금까지 논의와는 다른 복잡한 함의를 지니게 된다.

3. '번역'의 소산 – '자코메티적 발견'의 중요성

'사전의 시'라는 메타포가 '번역'을 전제하고 있음은 새삼 강조할 필요가 없다. 이 메타포는 세 가지 의미층위를 모두 아우른다. 첫째 사전을 보며 쓴 시라는 것, 둘째 사전이 이미 시라는 것, 셋째 앞의 역명제로서 시는 그 자체로 사전이라는 것. 번역은 대체로 첫 번째 경우를 의미하지만, 한 언어를 다른 언어로 대치한다는 협의의 차원을 넘어 이질적 타자를 언어 내부에 내재화하는, 요컨대 타자를 해석하고 맥락화하여 자기 육체 내에 기입하고 각인하는 의미생산의 과정이기도 하다. 주지하다시피, 이 과정에서 번역가능성과 불가능성은 동시에 발생한다. 해석, 맥락화, 기입, 각인 등의 과정에는 번역 가능한 부분과 불가능한 부분이 매번 생겨나며, 이 나머지의 격차를 최소화하기 위한 노력이 번역가에게는 요구된다. 이질성의 간극을 무화하려는 동일화와 그러한 동일화를 내파하

고 무력화시키는 분열이 번역과정에는 언제나 한꺼번에 일어난다. 김수
영에게 시란 '자기배반의 연속', '무한한 자기부정'[34]을 뜻했음을 상기한
다면, 동일화 및 그것의 내파가 동시발생적인 번역은 '자기배반의 연속'
이라는 점에서 시의 다른 이름이기도 하다. 번역행위는 시의 실행인 것
이다. 그렇다면 낱말풀이에 기초한 사전은 하나의 기표를 다른 기표들을
빌어 번역하는 과정이자 그것의 연쇄인 한 이미 시다. 한편 시는 '불가
능'의 실현이자 사랑이며[35] '미지(未知)의 정확성'[36]이고 '〈의미〉를 껴안
고 들어가 그 〈의미〉를 구제함으로써 무의미에 도달하는 길'[37]이라 할
때, 불가능, 미지, 무의미 등은 언어화가 불가능한 것, 형용불가의 타자
(성)이라는 점에서 시쓰기는 본질적으로 번역을 기반으로 한 사전의 메
커니즘을 내재적으로 공유한다. 그렇기에 시는 번역되길 기다리는 타자
적 언어의 사전이기도 하다. 이런 점을 고려하면, 「시작노트 6」에서 자
신의 일본어 글쓰기를 가리켜 "상이하게 되고자 하는 작업과 심로에 싫
증이 났을 때, 동일하게 되고자 하는 정신의 용기가 솟아난다"고 적은
수수께끼 같은 말의 의미가 좀 더 뚜렷해진다.

　일본어 글쓰기를 위해 옛날 일영사전을 뒤지면서 발견하는 변모란 언
어의 이동이 '미끄러짐'의 연쇄, 즉 기표의 연쇄과정으로서 번역가능성
과 불가능성이 끊임없이 교차되는 것임을 깨닫는 일이다. 김수영은 이러
한 불가능성의 간극을 줄이기 위해 '미끄러짐'의 연쇄를 쫓는 일을 동일
하게 되려는 "새로운 집념"의 솟아남이라고 표현한다. 이것이 왜 '집념'
일까? 하나의 기표를 다른 기표로 옮기려 할 때, 그 둘을 동일하게 만드

34　「시인의 정신은 미지(未知)」, 『전집 2』, 255쪽.

35　「시의 〈뉴 프런티어〉」, 『전집 2』, 239쪽.

36　「시작노트 2」, 『전집 2』, 430쪽.

37　「변한 것과 변하지 않은 것」, 『전집 2』, 367쪽.

는 일은 가능하지 않은 탓에 이러한 작업에는 집념이 요구된다. 그런데 이 집념은 아이러니한 집념이다. 애초엔 동일화를 위한 것이지만, 그것이 도달하게 되는 결과는 궁극적으로 상이하게 되는 것인 까닭이다. 여기에는 번역의 본질과 숙명에 대한 정확한 이해가 숨어 있다. 벤야민은 번역이 원문과의 유사성을 추구하면 할수록 어떠한 번역도 가능하지 않음을 역으로 증명한다고 말한 바 있다.[38] 원문에 가까워지려는 집념을 보일수록, 번역은 원문과의 동일화가 불가능함을 오히려 입증한다. 그렇다는 것은 결국 "상이하게 되고자 하는" 일은 상이하게 되려는 집념이 발휘될 때 성취되는 것이 아니라 거꾸로 "동일하게 되고자 하는" 집념을 발휘할 때 가능한 것이 된다. "동일하게 되고자 하는 것"은 최종적으로 '동일해지지 않는 것', 즉 '상이하게 되는 것'에 이르는 역설적 과정이기 때문이다. 일본어 글쓰기는 번역을 통해 이러한 역설을 체험하고 확인하는 길이라 할 수 있다. 그가 자신의 일본어 시작노트를 가리켜 "시의 레알리떼의 변모를 자성하고 확인"한다고 했을 때, 이 말에는 이처럼 시의 본질과 번역의 메커니즘을 동일시하는 김수영의 메타적 의식이 가로놓여 있다. '시=사전의 시'라는 은유적 명제의 의미는 이로써 한층 분명해진다.

　더불어 시 쓰기를 이렇듯 번역과 등치시키는 시 의식은 김수영으로 하여금 언어의 타자성에 대한 인식을 더욱더 예민하게 만들었으리라 여겨진다. 시인이란 모국어를 가장 아름답게 구사하는 존재라는 공동체의 믿음이 번역의 이질성을 괄호 치는 배타적 이데올로기임을 상기한다면, 번역과정으로서의 시란 언어에 내재하는 타자성의 노출을 근원적인 본질이자 기본적 양태로 용인할 때에만 가능한 사태라는 점에서 그러한

---

38 발터 벤야민, 「번역자의 과제」, 『발터 벤야민 선집 6』, 최성만 옮김, 길, 2008, 127쪽.

단일 언어주의의 이데올로기를 부정하는 데로 나아간다. 그것은 자연스럽게 벤야민이 말한바 자신의 언어를 외국어를 통해 강력하게 영향 받도록 하여 자기 언어의 경계와 낡은 장벽을 무너뜨리는 일[39]을, 자기 언어의 외국어성을 확장하는 작업을 동반한다. 즉 외국어화의 적극적 이행이 일어난다. 김수영이 자신의 "언어의 이민"을 시인의 결격 사유로 의식하지 않았던 데서 암시되듯, 그의 시는 "때로 민족어의 결을 훼손하는 것처럼 여겨지고 자주 번역 어투를 느끼게 하는" 방식으로 "민족어의 용법을 확장"하고 "모국어의 역량을 끌어올렸다."[40] 이렇듯 번역과정에 확인되는 언어의 타자성은 자국어의 흠 없는 균질성에 대한 믿음이 환상이며, 따라서 자국어의 경계가 고정적일 수 없음을 김수영에게 각인시키는 계기로 작용하였으리라는 점을 미루어 짐작할 수 있다. 그런데 왜 그는 이러한 "시의 레알리떼의 변모"를 "자코메티적 발견"이라 칭한 것일까?

「시작노트 6」을 쓰던 당시 김수영은 이상의 「애야(哀夜)」, 칼톤 레이크의 「자꼬메티의 지혜」, 스티븐 마커스의 「현대영미소설론」(『한국문학』, 1966, 6월), 수잔 손탁의 「On style」(Partisan Review, 1965)을 번역 중이었다. 이 중 「자코메티의 지혜」는 말년의 자코메티가 본다는 것과 그것을 사실로 표현한다는 것이 무엇을 의미하는 지를 이야기한 글이다.

> 우리들이 참되게 보는 것에 밀접하게 달라 붙으면 달라 붙을수록, 더욱더 우리들의 작품은 놀라운 것이 될 거예요. 레알리떼는 非獨創的인 것이 아녜요. 그것은 다만 알려지지 않고 있을 뿐이예요. 무엇이고 보는 대로 충실하게 그릴 수만 있으면, 그것은 과거의 걸작들만큼 아름다운 것이 될 꺼예요.[41]

---

39 발터 벤야민, 위의 책, 139쪽.
40 황현산, 「모국어와 시간의 깊이」, 『말과 시간의 깊이』, 문학과지성사, 2002, 436쪽.

자코메티에 따르면, 리얼리티는 비독창적인 것이 아니라 독창적인 것이다. 김수영이 주의 깊게 본 대목은 이 부분인 듯한데, 참되게 봄으로써 대상의 리얼리티와 동일하게 된다는 것, 그리고 그것이 독창적인 스타일을 낳는 방법이라는 것을 그는 자코메티의 말에서 발견한다. 그런데 참되게 본다는 것은 눈에 보이는 것을 그대로 믿는다는 것과는 다르다. "우리들이 있는 곳에서 저기 있는 테이블까지의 공간은 여기에서 파리의 맞은편 끝까지의 공간이나 여기에서 달까지의 공간만큼 광대"하며, 그 거리에는 "차이가 없다"[42]는 자코메티의 말에 따른다면, 이 '차이 없음'을 보는 것이 참되게 보는 것이다. 그것이 사물과 대상의 진짜 리얼리티이다. 김수영은 자코메티의 이 말을 재차 번역하여, 대상의 리얼리티는 본 대로 말해서는 보이지 않고, 보이지 않게 말함으로써 보이게 된다는 역설을 유추한다. 「시작노트 6」의 서두에서 인용한 영문인 "There is no hope of expressing my vision of reality. Besides, if I did, it would be hideous something to look away from"에서, 김수영은 'to look away from'을 빼고 '끔찍한'의 뜻인 'hideous'를 '보이지 않는'으로 해석하여 문장을 창조적으로 오독한다. 이 문구를 그가 바꾼 데로 해석하면, 그 의미는 "내가 본 사실을 표현한다면, 그것은 보이지 않을 것이다"가 된다. 이렇게 읽으면, '본다는 것─표현한다는 것'의 관계는 본 것을 표현하면 보이지 않고, 보이지 않도록 표현하면 보이는 역설의 관계가 된다.[43]

　「시작노트 6」을 쓰면서 김수영은 번역이 동일화가 불가능한 기표들의 연쇄임을 깨달으면서, 보이는 형상이 보이지 않는 형상을 은폐하고, 역

41　칼톤 레이크, 김수영 옮김, 「자코메티의 지혜」, 『세대』, 세대사, 1966년 4월, 316쪽.
42　칼톤 레이크, 위의 글, 311쪽.
43　이에 대한 더 자세한 설명은 졸고, 「김수영은 시작노트를 왜 일본어로 썼을까?」(『현대시』, 한국문연, 2005년 8월호) 참조.

으로 보이지 않는 형상이 '다른' 형상을 보이게 하는 '언어 작용'[44]의 시적 변이를 경험한다. 그는 일본어 글쓰기의 의식적 수행이 자코메티가 말하는 리얼리티의 참뜻과 상통하는 경험임을 가리켜 "새로운 현상의 즐거움"이며, "그러한 변모의 발견을 통해" 얻게 된 뜻밖의 자각을 "자코메티적 발견"(「시작노트 6」)이라 부른 것이다. 이로써 그가 시작노트를 일본어로 쓴 의도의 또 다른 층위가 드러난다. 김수영은 번역 과정에서 나타나는 언어의 미끄러짐, 즉 표현 형상의 표층과 심층을 동시에 드러내면서 감추는 '언어 작용'의 효과를 자신의 시작 노트를 통해 보여주려 한다. 그리고 "낡은 형"(일본어)의 스타일일지라도 그것이 진술 내용을 창조적으로 탈바꿈시키는 도구적 언어의 "희생"('망령'으로서의 일본어)를 바탕으로 한다면, 그것은 예상치 못한 긴장을 낳을 수 있음을 보여준다. 시는 이처럼 '사전의 시'가 될 때, 그리고 사전이 곧 시임을 입증하는 언어가 될 때, "자코메티적 변모"를 성취한다. 김수영은 '시=사전의 시'인 까닭을 이 무렵 경험적으로도 확연히 깨닫고 있었다.

김수영의 후기시의 변모, 특히 스타일상의 변화를 해명할 때, '시=사전의 시'라는 명제가 "자코메티적 발견"에 이르러 어떤 내포적 의미를 확보하게 되었는가를 밝히는 작업은 매우 중요하다. 「시작노트 6」을 쓴 무렵부터 그의 시 형태가 크게 달라지기 때문이다. 「풀의 影像」, 「엔카

---

44 김수영은 '언어서술'과 '언어작용'을 구분지어 이해한다. 그는 이 둘 간의 긴장과 결합에서 시의 새로움과 힘의 조성이 가능함을 운산하며, 이것은 이후 '의미를 이루려는 충동'과 '의미를 이루지 않으려는 충동'간의 충돌로서 변증법으로 통합되어야만 "힘 있는 작품"이 나온다는 수사로 계열화된다. 이에 대해서는 「생활현실과 시」, 「변한 것과 변하지 않은 것」, 『전집 2』 참조; 강웅식, 「김수영의 시 의식 연구 : '긴장'의 시론과 '힘'의 시학을 중심으로」, 고려대 박사학위 논문, 1998 참조 ; 졸고, 「1960년대 한국시에 나타난 윤리적 주체의 형상과 시적 이념 – 김수영, 김춘수, 신동엽의 시를 중심으로」, 연세대 박사학위 논문, 2008 참조.

운터誌」, 「電話 이야기」, 「꽃잎」 1·2·3, 「먼지」, 「元曉大師」, 그리고 「풀」까지. 김수영 문학에서 번역의 중요성에 대한 실증적 검토가 그의 탈식민적 사유와 만나는 접점에서 맞닥뜨린 '자코메티적 발견과 변모'라는 화두가 그의 후기시를 이해하는데 중요한 키워드라는 사실은 최근 이것을 주제로 한 논문이 속속 발표되고 있다는 점에서도 확인 가능하다. 김유중은 「시작노트 6」에 인용된 자코메티의 영어 원문에서 김수영이 중요한 의미를 발견하였다는 점을 간파하고, "'자코메티적 발견'으로서의 리얼리티 관념에 대한 이해"가 번역을 통해 얻게 된 김수영의 긍정적 체험임을 눈여겨보면서 김수영에게 '리얼리티'란 "일체의 외부적인 선입관이 배제된 상태에서, 오염되지 않은 순수한 눈으로 사물이나 현상을 대했을 때에 얻게 되는 어떤 결과"[45]라고 풀이한다.

김수영의 문학에서 "자코메티적 발견"의 중요성을 본격적으로 분석한 연구는 정명교의 「김수영과 프랑스 문학의 관련 양상」[46]이다. 정명교는 프랑스 문학에 대한 김수영의 양가감정이 그의 초기 글에서부터 어떻게 드러나는가를 추적하면서, 예술의 현대성이 그에게는 "자기 배반의 실행"으로, 현대적 예술의 '멋'이 자기 배반의 "강행"과 "침묵의 이행"[47]으로 수렴된다고 설명한다. 침묵(언어)과 이행(행동)이라는 모순되는 항목을 통합시키기 위해 김수영이 되풀이 참조한 전범(典範)이 말라르메와 쉬페르비엘임을 정명교는 이들에 대한 김수영의 언급과 번역을 프랑스 원문과 대조하면서 상세히 밝힌다. 이를 통해 시의 '연극성'에 대한 경도를 성찰

---

45 김유중, 「김수영 문학을 어떻게 이해할 것인가」, 『한국문학이론과 비평』 9집, 한국문학이론과 비평학회, 2005, 455~456쪽 참조.
46 정명교, 「김수영과 프랑스 문학의 관련 양상」, 『한국시학연구』 22호, 한국시학회, 2008.
47 정명교, 위의 글, 354쪽.

하면서 '말라르메적인 것'으로 회귀하던 김수영의 '새로운 시'에 대한 고민이 "자코메티적 변모"에서 의미심장한 답을 찾았다고 말한다. 「시작노트 6」에서 김수영이 「눈」의 작후감으로 "혼용되어도 좋다는 용기를 얻었다"[48]라고 썼을 때, 정명교의 설명에 의하면 "혼용"은 "낡은 것과 새로운 것의 혼용"으로, "자코메티적 변모"란 "낡은 것으로 드러내되 새로운 것을 감추고 있는 것"에 해당한다. 즉 "'낡음-보이지 않음-상식과 평범'의 외양을 통해 '새로움-끔찍함-멋'의 실재를 은닉한 상태의 달성"이 "자코메티적 변모"[49]의 의미라는 것이다. '리얼리티'에의 천착이 "낡음을 표현하는 것은 낡음만을 그리는 게 아니라 낡음이 새로움과 맺는 모든 관계의 가능성을 그리는 것"이며, "그것이 표현된 낡음의 실재(리얼리티)이다"[50]라는 것이 정명교가 해명한 "자코메티적 변모"의 핵심 내용이다. 이러한 깨달음 이후 김수영의 후기 시는 두 가지 경향이 공존하게 되는데, '상식과 평범'의 원칙을 따르면서 구성 자체는 연극적인 시, 그리고 비연극적이면서 '상식'과 '평범'을 통해 시의 '실재(리얼리티)'가 배어나는 시가 동시에 쓰였다는 것이 그의 판단이다. 이러한 논의에 의거하여 김수영의 「풀」은 "낡은 것과 새로운 것이 혼용된 시, 보이지 않는-연극적인 것이 서술적인 것 안에 투영되어 환기되는 그런 시"로서 "'자코메티적 변모의 일정한 성취일 가능성이 크'며, "그 평범성의 심층구조는 비범의 극치들로 짜인 것"[51]이라고 재평가한다.

이러한 선행 연구를 바탕으로 조강석과 조연정은 김수영 문학에서 "자코메티적 발견"이 갖는 의의를 더욱 심도 깊게 다룬다. 조강석은 김수영

---

48 「시작노트 6」, 『전집』, 452쪽.
49 정명교, 위의 글, 362쪽.
50 정명교, 위의 글, 366쪽.
51 정명교, 위의 글, 368쪽.

이 초기의 연극적 구상성으로 회귀하지 않으면서 리얼리티를 표현하는 방법을 자코메티에게서 발견하였는바, 그것은 선험적 관념에 의해 사태를 포괄하기보다 '눈에 보이는 대로' 표현하는 방식을 통해, 달리 말해 관념에 의해 선험적으로 구성된 사실관계들을 나열하는 것이 아니라 집요한 관찰에 의해서 부분적으로 파악되는 리얼리티를 자신의 비전에 의해 제시하는 것임을 터득하였다고 해명한다.[52] 조연정은 번역의 과정에서 언어에 밀착되는 체험과 시 쓰기 과정에서 언어에 몰입하는 체험의 유사성이 김수영의 시작(詩作)에서 발견됨을 주목하면서, 번역체험이 '진실한 재현이란 무엇인가'라는 물음과 만나는 지점에서 자코메티가 재발견되었고, 번역의 불가능성을 돌파하는 과정과 재현가능성을 독창적 스타일로 돌파하는 사생의 과정이 동일한 메커니즘을 공유하는 것인 한, 말할 수 없는 것을 말해야 하는 '시인-번역자'의 과제는 침묵을 '번역하는' 시의 창안으로 김수영에게 인식되었다고 설명한다.[53]

번역과정을 통해 자각된 언어의 본질과 시의 '리얼리티'의 문제, 시의 스타일의 변모와 관련한 시인 자신의 물음과 해답은 일본어 글쓰기와 결부되어 이처럼 복잡한 사유의 층을 형성하고 있다. 그런 점에서 "자코메티적 발견"이 김수영 문학에서 갖는 의의를 가리켜 "한 세계의 귀결이자 새로운 세계의 개시"[54]라고 평한 것은 결코 과장된 수사가 아니다. 그만큼 "자코메티적 변모"는 김수영 문학에서 매우 중요한 분기점으로서, 최근의 연구들은 이 점이 김수영의 시의식의 변화를 구체적으로 입

---

52 조강석, 「김수영의 시 의식 변모 과정 연구 : '시적 연극성'과 '자코메티적 전환'을 중심으로」, 『한국시학연구』 28집, 한국시학회, 2010.

53 조연정, 「'번역체험'이 김수영 시론에 미친 영향 : '침묵'을 번역하는 시작태도와 관련하여」, 『한국학연구』 38집, 고려대학교 한국학연구소. 2011.

54 조강석, 앞의 글, 384쪽.

증할 수 있는 전환점임을 밝히고 있다. 다만 이를 후기 시의 변모와 관련시켜 해명하는 데는 아직 이르지 못하고 있다. 따라서 김수영의 시 세계에 대한 연구는 이 문제와 관련하여 또 다른 모색을 시도할 필요가 있다. 「시작노트 6」이 쓰인 1966년을 기점으로 하여 시와 언어, 번역에 대한 김수영 자신의 사유가 구체적으로 어떻게 작품 속에 반영되고 있는지, 그것이 시의 스타일상의 변모를 어떻게 추동하는지, 그에 따라 이전의 시와 어떤 점에서 미학적으로 변별되는지를 세밀하게 검토하는 것이 김수영 후기시의 특징과 관련하여 새롭게 규명되어야할 과제들이다.

4. 향후 연구 방향과 그 과제

김수영 문학에 대한 그간의 연구가 일면적 부분을 하나의 관점으로 해명하는데 초점이 맞추어져 있었다면, 이후의 연구는 이러한 단편적 시각의 극복을 위해서 연구의 초석이 되는 방법론들을 적극적으로 상호 통합시켜 교섭할 필요가 있다. 이를 통해 맹목과 고정관념에서 벗어나 당연하게 인식되었던 것들을 '다른' 지평에서 검토하는 작업이 필요하다. 본고에서는 그 한 예로 이중언어 체계로 파악한 김수영의 세대적 특징과 일본어 글쓰기의 의미, 이상의 일문시 번역과 김수영의 일본어 시작노트의 관계, 일련의 번역 과정에서 대두된 "자코메티적 발견"의 의의 등에 대해 짚어 보았다. 이와 관련하여 아직 해명하지 못한 문제들은 추후의 과제로 지속적으로 연구될 필요가 있다. 특히 일본어로 사고하고 한국어로 번역되는 과정이 구체적으로 김수영의 시작(詩作)에 어떤 영향을 미쳤고, 어떠한 흔적을 시 내부에 남기고 있는지에 대한 실증적 해명이 거의 전무하다고 할 수 있다. 장인수의 연구는 그런 점에서 시사하는

바가 큰데, 가령「아메리카 타임지」의 '와사(瓦斯)의 정치가'가 '瓦斯を着る政治家'를 우리말로 그대로 옮긴 것으로, 이 때 '瓦斯'는 '瓦斯絲'의 준말로, 풀이하면 '瓦斯絲로 된 고급양복을 입은 정치가'의 뜻임을 밝힌 것이라든가 김수영의 시구인 '세상에 배를 댄다'는 표현이 일본어 '腹合せ'를 옮겨 쓴 것이라는 등의 설명[55]은 일본어가 한국어로 번역되는 과정이 김수영의 시에 남긴 흔적을 객관적으로 규명한 예라 할 수 있다. 마찬가지 측면에서 "아버지 같은 잘못된 시간의/ 그릇된 명상"(「사랑의 변주곡」)이라는 특이한 표현이 니체의『반시대적 고찰』의 캠브리지 대학 출판부 영역본 'Untimely Meditations', 즉 '잘못된 시간의 명상'의 역어에 뿌리를 두고 있다[56]는 점은 김수영 시의 많은 세목들이 번역 과정에서 빚어졌을 것임을 짐작케 한다. 따라서 김수영 시의 시작(詩作) 과정이 번역어의 삼투와 이입이라는 층위에서 실증적으로 고찰될 필요가 있다. 김수영에게 '번역'은 '시'의 또 다른 번역어였음을 다시금 상기시키는 대목이다.

---

55 장인수, 위의 글, 53~54쪽.
56 정한아, 「온몸」, 김수영 시의 현대성」, 연세대 석사학위 논문, 2003, 83쪽.

김수영의 「풀」 다시 읽기

자유의 효과로서의 '새로움'과 죽음을 중심으로

최서윤
연세대학교

1. 들어가는 글

김수영의 시 세계에 접속할 때, '자유(自由)'는 긴요한 열쇳말이다. 김수영은 시(詩)로써 자유를 추구했다. 그는 산문 「생활현실과 시」(1964)에서 시인은 "언어를 통해서 자유를 읊고, 또 자유를 산다. 여기에 시의 새로움이 있다"라고 말하였다. 덧붙여, "새로움은 자유다, 자유는 새로움이다"라고 언표하였다. 그는 '새로움'을 시로써 달성한 자유의 효과로 인식하였던 것이다.

김수영은 새로운 시 세계의 시작(始作)을 거듭하는 것을 소우주와도 같은 완벽한 하나의 시 세계를 구축하는 것보다 중요시했다. 그에게 시작(詩作)은 언제나 시작(始作)을 의미했다. "그(라이오넬 트릴링─인용자 주)의 주장에 따른다면 나의 현대시의 출발은 「병풍」 정도에서 시작되었다고 볼 수 있고, 나의 진정한 시력(詩歷)은 불과 10년 정도밖에는 되지 않는다. 그러나 트릴링도 떠나서 다시 나대로 또 한번 생각해보면, 나의 처녀작은 지난 6월 2일에 쓴 아직도 발표되지 않은 「미역국」이라는 최근작 같기도 하고, 또 좀 더 깊이 생각해보면 아직도 나는 진정한 처녀작을 한 편도 쓰지 못한 것 같다"라는 발언에서 드러나듯이, 그에게 시작(詩作)은 하나의 체계의 완성을 향하여 경주하는 것을 뜻하지 않았다. 시작(詩作)은 체계를 구축하고 허무는 일을 반복하며 '새로움'을 향해 나아가는 일을 의미하였다.

그런데 김수영의 독특한 점은 '새로움'을 시인의 양심에 긴박된 것으로 인식했다는 것이다. 그에게 시 쓰기는 한편으로 시인 자신의 개성을 표출하는 작업을 의미하였다. 그는 '자기의 시를 쓸 수 있는 사람'을 '자기의 정신을 갖고 사는 사람'으로 보았다. 그리고 김수영은 시인이 "〈제정신〉을 갖고 사는" 것은 "시인의 양심"의 문제임을 주장하였다. 시인의 양심이 시작(詩作)의 기반이 되어야 한다고 주장했던 것은, 그가 시인과 시(詩)를 밀착된 것으로 여겼기 때문이다. 즉, 그는 시를 시인이 가감 없이 반영된 창조물로 보았다. "시인은 자기의 현실(즉 이미지)에 충실하고 그것을 정직하게 작품 위에 살릴 줄 알 때, 시인의 양심을 갖게 된다는 말이다. 좀 더 솔직하게 되란 말이다"라는 언술에서 드러나듯이, 그는 양심을 통한 시인과 시의 밀착을 주장하였다. 그것은 김수영이 시에서의 '새로움'을 시인으로서의 자기 자신을 쇄신함으로써 달성될 수 있는 것으로 사유했음을 뜻한다. 즉, 시작(詩作)은 시인이 시 쓰기를 '이행'하며 현재의 자신을 파괴하고 새로운 자신으로 거듭나는 과정이기도 한 것이다.

'자신'은 김수영에게 시인으로서의 자기 의식을 의미했다. 그는 자기 의식을 파괴함으로써만 가능한 시작에서의 거듭남의 실현에 대해 고민했다. 그는 1961년에 쓴 「시작노트 2」에서 다음과 같이 말한 바 있다: "시인이라는, 혹은 시를 쓰고 있다는 의식을 가지고 있는 것처럼 큰 부담이 없다. 그런 의식이 적으면 적을수록 사물을 보는 눈은 더 순수하고 명석하고 자유로워진다. 그런데 이 의식을 없애는 노력이란 똥구멍이 빠질 정도로 무척 힘이 드는 노력이다." 즉, 김수영에게 거듭남은 자기 의

식의 죽음을 의미했던 것이다.[1]

김수영은 1966년 이후 여러 산문에서 본격적으로 시에서의 '죽음'의 중요성을 여러 차례 언급하였다. 그것은 '새로움'과의 관계 속에서 이해될 필요가 있다. 후기에 그는 '죽음'을 시에서 새로움의 달성의 매개로 사유했다. 김수영은 「〈죽음과 사랑〉의 대극은 시의 본수(本髓)-1967년 10월 시평」에서 시에서 "죽음의 고개를 넘어"갈 때는 "자기 나름의 스타일을 가지고 죽어야 한다"고 언급하였다. '자기 나름의 스타일'은, 앞에서 살핀 것과 같이, 양심을 기반으로 한 기존의 시작(詩作)에서 정립한 체계를 의미하므로, 이 때 죽음은 기존의 시의 파괴와 새로운 시의 생성에 가로놓인 매개의 구실을 하게 된다. 즉, 죽음은 기존의 것의 살해가 아닌 그 자체가 생성인 과정이다.

기존 연구에서 죽음은 김수영의 시 세계를 관류하는 주요 시적 테제로 간주되었다.[2] 김수영의 초기 시에 해당하는 「병풍」(1956), 「눈」(1956) 등에서 생의 반대항으로서의 실존적 죽음을 다루고 있기 때문이다. 그렇지만 앞에서 살핀 것과 같이, 김수영이 줄곧 고민했던 것은 실존적 혹은 철학적 개념으로서의 죽음이 아닌, 시작과정에서 '경험'하는, 시인으로서의 자신의 의식의 죽음이었다. 무엇보다, 이미 구축된 시 세계를 허무는 과정이 끊임없이 반복되는 가운데 구축된 김수영의 시 세계를 하나의 개념으로써 연역적으로 인식·전유하고자 하는 시도는 자칫 연구자의 주관이

---

1 이에 대해서는 다음 역시 참고할 수 있다. "갱생=변모=〈자기 개조〉 생리의 변경=력=생=자의식의 괴멸=애정" 김수영, 「시작노트3」(1963), 『전집 2』, 436쪽.
2 조영복, 「김수영의 죽음 의식과 현대성」, 『한국 현대시와 언어의 풍경』, 새미, 1998; 김상환, 『풍자와 해탈 혹은 사랑과 죽음-김수영론』, 민음사, 2000; 전도현, 「김수영의 죽음의식과 시쓰기」, 『어문논집』 제51집, 민족어문학회, 2005; 김유중, 「죽음'의 한 연구」, 『김수영과 하이데거』, 2007, 민음사; 이미순, 「김수영의 시론과 '죽음'-블랑쇼의 영향을 중심으로」, 『국어국문학』 제159호, 국어국문학회, 2011.

(강하게) 개입된 일면적인 해석을 낳을 수 있다는 점에서 위험하다.

이 글은 '죽음'이 김수영 후기시를 특징짓는다는 문제의식에서 출발한다. 이 때 '후기'는 1966년 이후를 지칭한다. 1966년이 김수영의 시 세계에서 중요한 전환점으로 간주된 것은 비교적 최근의 일이다.[3] 2000년대 후반부터 김수영의 연구사에서 그동안 간과되었던 1966년에 씌어진 「시작노트 6」의 중요성이 본격적으로 논의되었다. 김수영 연구사에서 「시작노트 6」이 중요하게 취급된 이유는 다음과 같이 두 가지로 정리될 수 있다. 첫 번째로, 「시작노트 6」은 일본어로 쓰여졌는데, 그것은 김수영의 이중언어세대적 정체성을 단적으로 드러내는 것이다. 두 번째로, 그 글에서 김수영의 중기 시와 후기 시를 변별하는 주요 사건인 '자코메티적 변모'의 양상이 재현되었다는 점이다. 기왕의 연구에서는 '자코메티적 변모'는 1966년 이후 김수영의 시 세계에서 나타난 시적 변화의 출발점을 표지한다고 보았다. 또한 「꽃잎」1·2·3, 「미인」, 그리고 「풀」 등의 시에서 노정되는 변화는 '자코메티적 변모' 위에서 살펴볼 필요가 있다고 밝혔다. 그런데 후기시에서 드러난 변화 양상을 구체적인 작품 분석으로써 고찰하지 않은 점은 아쉽다.

아울러 이러한 관점에서 김수영의 시세계에서의 「풀」의 위상은 새롭게 인식될 수 있다. 「풀」은 그의 시 중 마지막으로 발표된 시이자 동시에 가장 유명한 시이다. 그래서 「풀」은 약 23년에 걸쳐 형성된 김수영의 시 세계의 '완성'으로 받아들여졌다. 하지만 아래의 글은 기존의 문학사적 해석과 달리 「풀」을 '완성'이 아닌 '변이'로서 받아들여야 함을

3　강계숙, 「김수영은 왜 시작노트를 일본어로 썼을까」, 『현대시』, 2005년 8월; 정명교, 「김수영과 프랑스 문학의 관련 양상」, 『한국시학연구』 22, 2008; 조강석, 「김수영의 시의식 변모 과정 연구–'시적 연극성'과 '자코메티적 전환'을 중심으로」, 『한국시학연구』 28, 2010.

제기하고 있다.

> 김수영 시의 총결산이라고 이해되고 있는 이 시가 실은 그의 다른 시들
> 과 아주 다르다는 것은 흔히 간과되어 왔다. 김수영 시의 특장 중의 하나는
> 시의 화자가 시의 사건에 적극적으로 개입하여 목청을 드높인다는 점인데
> (그래서 김현은 "그의 시가 노래한다라고 쓰는 것은 옳지 않다. 그는 절규
> 한다"라고 말했던 것이다), 「풀」은 정말 김수영의 시인가 의심을 하게 할
> 정도로 온전히 묘사적이다. (「폭포」도 묘사적이지만, 묘사의 열기가 시의
> 화자의 존재를 단호히 그리고 격정적으로 알리고 있다. 아니 그 단호함과
> 격정이 화자 그 자신이며, 그 단호한 격정적 화자는 바로 '폭포'를 묘사의
> 행위로써 체현하고 있는 것이다.)[4]

위의 글에서 정과리는 「풀」을 "김수영 시의 총결산"이 아니라, 오히려
김수영 시의 일종의 '돌연변이'로서 이해해야 할 필요성을 제출하고 있
다. 이러한 견해는 「풀」의 형식을 고려했을 때에도 충분히 지지될 수 있
다. 실제로 김수영은 그의 또 다른 뛰어난 시 「헬리콥터」, 「거대한 뿌리」,
「고궁을 나오면서」 등과 같이 장시를 주로 썼는데, 그것들과 달리 「풀」은
단시인 까닭이다. 하지만 주목해야 할 사항은 「풀」과 김수영의 여타 시의
차별화되는 지점이 '묘사'로 지적되었다는 점이다. 일반적으로 묘사에서
는 바라보는 이가 소거된 정경이 제시된다. 「풀」이 '묘사적'이라는 정과
리의 지적은 "시의 사건에 적극적으로 개입"하는 '화자'의 사라짐이 다른
시들과 「풀」을 뚜렷이 구별되게 하는 지점임을 드러낸다. 시에서 화자의
'사라짐'은 화자의 죽음일 것이다. 따라서 돌연변이와도 같이 김수영의
시 세계에서 새롭게 등장한 시 「풀」은 김수영이 1966년 이후 고안한 시

---

4 정과리, 「"발목까지/발밑까지"의 의미」, 『네안데르탈인의 귀향─내가 사랑한 시인
들 · 처음』, 문학과지성사, 2008, 16쪽.

적 방법인 죽음이 실현된 것으로 볼 수 있다.

이 글에서는 김수영 시 세계의 변화 양상을 구체적인 작품 분석을 통하여 세찰함으로써 그 특징을 귀납적으로 밝히고 '죽음'이 기왕의 연구에서 해석한 것과 같이 김수영의 시 세계를 관류하는 테제가 아닌 후기 시의 주요 시적 방법임을 규명하고자 한다. 아울러 그러한 관점 하에서 기왕의 연구사에서 수많은 해석을 낳은 「풀」을 새롭게 분석하고자 한다.

2. 가까이 할 수 없는 현대의 서적과 설움

1950년대에 김수영이 '새로움'을 인식하게 된 결정적 계기는 박인환과의 만남으로 알려져 있다. 그가 새로움을 갈망했던 이면에는 자신의 시가 새롭지 않다는 인식과 그러한 낡음에서 벗어나고 싶은 충동이 자리하고 있었다. 김수영에게도 그가 도달해야 할 시적 이상은 서구의 현대시였다. '창조를 위하여/방향은 현대'(「네이팜 탄」)이었던 것이다.

그와 같이 김수영은 "먼 바다를 건너온 번쩍이는 서적"으로 상징되는 서구의 현대 예술을 욕망하지만, 황폐한 한국의 예술가인 그는 "주변 없는 사람"(「가까이 할 수 없는 서적」)이므로 이를 소유할 수 없음에서 발생된 괴로움을 견디지 못했다. 그는 거리에서도 "사막의 한 끝을 찾아가는 먼 나라의 외국사람처럼" 서늘한 마음으로 지나가는 사람들을 뚫어져라 보는(「거리2」) 한편, "이 세상을 점으로 가리켰"던 쇠라와 유사하게 "나의 눈을 찌르는 이 따가운 가옥과/집물과 사람들의 음성과 거리의 소리들을/커다란 해양의 한 구석을 차지하는/ 조고마한 물방울(「거리1」)"로 그릴 수 있기를 소망하였다. 그는 현대의 예술가가 되고 싶은 욕망을 품고 스스로 이방인이 되어 현실에서 자발적으로 소외된 셈이다.

하지만 거리에서 이방인과 같이 서 있던 그는 "거리에 굴러다니는 보잘것없는 설움"을 보고 돌연 "나는 모든 사람의 고민을 아는 것 같다"(「거리2」)고 말한다. '설움'은 50년대 김수영의 시에서 가장 많이 등장하는 시어이자, 김수영의 50년대 시의 특징을 집약하는 핵심어로 간주되었다. 그에게 설움은 현재의 삶이 그에게 가하는 고통과 그 고통에서 벗어나고 싶은 욕망 모두를 응축한 "정서(emotion)'이다. '정서'는 의미론적·기호학적으로 구조화된 강렬함, 즉 소유하고 인식된 강렬함으로 풀이된다.5 김수영에게 '강렬함'은 산문 「낙타과음」에서 고통을 감각하는 것으로 드러난다.

> 머릿속은 방망이로 얻어맞는 것 같이 지끈지끈 아프고 늑골 옆에서는 철철 거리며 개울물 내려가는 소리가 나네. 이렇게 고통스러운 순간이 닥칠 때 나라는 동물은 비로소 생명을 느낄 수 있고 설움의 물결이 이 동물의 가슴을 휘감아 돌 때 암흑에 가까운 낙타산의 원경이 황금빛을 띠고 번쩍거리네. 나는 확실히 미치지 않은 미친 사람일세 그려. 아름다움으로 병든 미친 사람일세.6

고통을 감각하는 것은 곧 살아 있음을 강렬하게 느끼는 일이다. 또한 고통을 감각하는 순간, 낙타산의 원경이 에피파니(epiphany)와도 같이 그의 눈앞에 떠오른다.7 즉, 고통으로써 살아있음을 감각하는 한편, 아

---

5 브라이언 마수미, 조성훈 역, 『가상계 : 운동, 정동, 감각의 아쌍블라주』, 갈무리, 2011, 55쪽.
6 「낙타과음」, 『전집 2』, 26쪽.
7 본문에 인용한 부분은 「낙타과음」의 결말에 해당한다. 김수영은 글의 서두에서 낙타산에 대해 다음과 같이 묘사했다. "나는 지금 낙타산이, 멀리 겨울의 햇빛을 받고 암탉 모양으로 유순하게 앉아 있는 것이 무척이나 아름다워 보이는 다방의 창 앞에서 이 글을 쓰고 있다." 산이 햇빛을 받는 모습을 "황금빛을 받아 번쩍거리는 모습"으로 비유

름다움에 전율하며 '살고 싶다'는 욕망을 느끼는 순간, 그는 이를 포획하여 "설움의 물결"로 언어화한다.

　설움이 정서임을 이해하는 것이 중요한 이유는 김수영의 시에서 '설움'은 서럽다는 감정으로 표출되지 않으며, "마지막 설움"(「방안에서 익어가는 설움」), "먼저 끊어야 할 것이 설움"(「병풍」) 등으로 시어로서 마치 사물과도 같이 인식된 것으로 나타나기 때문이다. 그리고 정서는 형언할 수 없는 강렬함이 사회적으로 합의되어 소통 가능한 것으로 전환된 것이기 때문이다.[8] 즉, 정서인 설움을 통해 이방인 같은 그가 타인과 연결될 수 있는 셈이다. "「헬리콥터여 너는 설운 동물이다」"(「헬리콥터」)와 "피폐한 고향의 설움"(「국립도서관」) 등에서 '설움'은 다른 존재들과 공유하는 것으로 나타난다. 그렇지만 그는 설움에 동일시된 자신을 끊어내고자 한다.

> 　내가 으스러지게 설움에 몸을 태우는 것은 내가 바라는 것이 있기 때문이다.
>
> 　그러나 나는 그 으스러진 설움의 풍경마저 싫어진다.
>
> 　나는 너무나 자주 설움과 입을 맞추었기 때문에
> 　가을바람에 늙어가는 거미처럼 몸이 까맣게 타버렸다.
>
> 　　　　　　　　　　　　　　　　　　　　– 「거미」(1954)

「거미」에서 설움은 "나"를 태우는 불로 표상된다. '불'의 움직임은 대지에서 솟아오르는, 상승 지향의 움직임[9]이다. '불'은 "바라는 것"이 있어

한 것은 산 자체의 변화때문이 아니라 그의 심리적 상태의 변화에 의한 것임을 알 수 있다.
8　브라이언 마수미, 앞의 책, 55쪽.

이 '불'과 "자주 입을 맞춘", '나'의 욕망의 이 움직임을 재현한다. 예를 들어 그의 욕망이 투사된 "너의 조상들이 우리의 조상과 함께/손을 잡고 초동물(超動物) 세계 속에서 영위하던/ 자유의 정신의 아름다운 원형"을 소유한 '헬리콥터'는 "안개처럼 가벼웁게"(「헬리콥터」) 날아간다. 또한 "창조를 위하여/방향은 현대—"로 고정하고 '네이팜 탄'을 타고 날면, "구름은 벌써 나의 머리를 스쳐가고/설움과 과거는/오천만분지 일의 부감도(俯瞰圖)보다도 더/조밀하고 망막하고 까마득하게 사라졌다."(「네이팜 탄」)

그렇지만 "가을바람에 늙어가는 거미처럼 몸이 까맣게 타버렸다"라는 구절에서 표출되는 자기연민·자기혐오의 이면에 불에 완전히 연소되어 재가 될 것, 즉, 죽음에 대한 두려움이 도사리고 있음을 암시받을 수 있다. 그러한 자의식은 「병풍」에서도 드러나는데, "주검에 취한 사람처럼 멋없이" 서 있는 병풍은 나에게 "먼저 끊어야 할 것이 설움이라고" 일러주며 "내 앞에 서서 주검을 가지고 주검을 막고 있다." 설움은, '나'를 죽일 수도 있는 것이므로 살기 위해서는 "설움을 끊어"야 한다.

그러므로 「거미」에서 '불 이미지'에서 드러난 상승을 향한 움직임은 설움을 끊어내고자 하는 욕망이 투영된 것으로 볼 수 있다. 그러한 움직임은 50년대의 김수영의 시에서 식물인 '꽃 이미지'로 표상된다. 대표적인 시는 아래에 인용된 「구라중화」이다.

> 부끄러움을 모르는 꽃들
> 누구의 것도 아닌 꽃들
> 너는 늬가 먹고사는 물의 것도 아니며
> 나의 것도 아니고 누구의 것도 아니기에
> 지금 마음 놓고 고즈넉이 날개를 펴라

---

9   가스통 바슐라르, 『공기와 꿈―운동에 관한 상상력』, 이학사, 2008, 242~245쪽 참고.

마음대로 뛰놀 수 있는 마당은 아닐지나
(그것은 「골고다」의 언덕이 아닌
현대의 가시철망 옆에 피어 있는 꽃이기에)
물도 아니며 꽃도 아닌 꽃일지나
너의 숨어 있는 인내와 용기를 다하여 날개를 펴라

물이 아닌 꽃
물같이 엷은 날개를 펴며
너의 무게를 안고 날아가려는 듯

늬가 끊을 수 있는 것은 오직 생사의 선조(線條)뿐
그러나 그 비애에 찬 선조도 하나가 아니기에
너는 다시 부끄러움과 주저(躊躇)를 품고 숨 가빠하는가

결합된 색깔은 모두가 엷은 것이지만
설움이 힘찬 미소와 더불어 관용과 자비로 통하는 곳에서
늬가 사는 엷은 세계는 자유로운 것이기에
생기와 신중을 한 몸에 지니고

사실은 벌써 멸(滅)하여 있을 너의 꽃잎 위에
이중의 봉오리를 맺고 날개를 펴고
죽음 위에 죽음 위에 죽음을 거듭하리
구라중화

 – 「구라중화」(1954)

꽃은, "「골고다」의 언덕이 아닌 현대의 가시철망" 옆에서 새가 비상을
앞두고 날개를 펼치듯, "숨어 있는 인내와 용기를 다하여" 활짝 피어난
다. "마음 놓고 고즈넉이 날개를 펴는", 꽃의 만개는 뿌리를 내린 지상에
서 더 높은 곳으로 향하는 도약과도 같다.

그렇지만 "물이 아닌 꽃/ 물같이 엷은 날개를 펴며/ 너의 무게를 안고

날아가려는 듯"이라는 구절은 지상을 박차고 날아오르는 일의 어려움을
암시한다. 날개는 지상에서 천상으로의 이동을 가능하게 하지만 물은 날
개와 상반된 방향으로 움직인다. 물과 꽃을 구별하는 한편, 날개의 빛깔
을 물의 빛에 비유한 것은 꽃의 움직임의 모순적인 특성을 드러낸다. 꽃
은 '무게'로 인해 하강할 수도 있고 무게를 견디며 상승할 수 있다.

무게는 "생사의 선조(線條)", 즉 "푸르고 연하고 길기만 한 가지와 줄
기"(「꽃 2」)가 잡아당기는 힘(중력)에서 비롯된다. 꽃이 스스로를 짓누르
는 무게를 비우고 가볍게 상승하기는 어렵다. 꽃이 헬리콥터와 같이 날
아오르기 위해서는 줄기를 끊어내야만 한다. 줄기는 뿌리에서 솟아나와
상승한 것이므로, 줄기의 움직임은 앞서 살펴본 「거미」에서의 설움의 표
상으로서의 '불 이미지'와 닮아 있다. 줄기를 끊어내고 비상하는 꽃에는
설움을 끊어내고 자유로워지고자 하는 시인의 욕망이 투영되어 있다. 그
는 척박한 한국의 토양에서, 설움에서 벗어나 네이팜 탄과 같이 '방향[을]
현대'로 고정하고 '자유'를 향해 날아가기를 갈망하는 것이다.

하지만 "벌써 멸(滅)하여 있을 너의 꽃잎"에서 그가 비상의 끝이 죽음
임을 예감하고 있음을 암시받을 수 있다. 그 예감은 "사물과 사물의 생리
와/사물의 수량과 한도와/사물의 우매와 명석성을", '바로 보기'를 다짐
한 뒤 "그리고 나는 죽을 것이다"(「공자의 생활난」)에서 드러난, 죽을 때까
지 바로 보려는 노력을 계속하겠다는 의지와 다른 하나는 바로 본다는
의식적 노력에 대한 절망적 예감·인식,[10] 즉 그의 갈망이 끝내 좌절될
수 있는 가능성에 대한 비극적 예감과 다르지 않다.

하지만 땅 위에 떨어진 "너의 꽃잎"은 그의 눈에 "마당 위에 떨어진"

---

10 정과리, 「현실과 전망의 긴장이 끝간 데-김수영론」, 『文學, 존재의 변증법』, 문학과
지성사, 1985, 239쪽.

살아 있는 "눈"처럼 보였을 것이다. 눈은, "죽음을 잊어버린 영혼과 육체를 위하여/새벽이 지나도록 살아"(「눈」)있는 것이다. 살아있기 위하여, 이 땅과 자신을 연결하는 설움을 끊어내기 위하여, 그는 시(詩)로써 "죽음 위에 죽음 위에 죽음을 거듭"할 것을 다짐한다.

3. 4·19혁명과 영원한 촌초의 배반자

김수영 연구사에서 4·19혁명 이후 그의 시 세계가 급변하였다는 것은 하나의 공식처럼 통용된다. 김수영에게 1960년에 일어난 4·19혁명은 "어디까지나 평범하고 상식적인" 근대의 혁명을 〈4월의 광장〉에서 목격"[11]한 사건이었다. "눈을 떴다 감는 기술—불란서 혁명의 기술/최근 우리들이 4·19에서 배운 기술"(「사랑의 변주곡」)에서 드러나듯이, 그는 4·19를 한국이 스스로의 후진성에도 불구하고 "가까이 할 수 없는 서적"인 현대의 혁명을 선취한 사건으로 보았다. 그는 더 이상 "자유를 위해 비상"하여 "푸른 하늘을 제압"한 "노고지리"를 "부러워"(「푸른 하늘을」)하지 않게 된 것이었다. 즉, 설움을 끊어내고 자유를 향하여 '헬리콥터'처럼 날아가기를 갈망하지 않게 되었다. 그리고 1960년 6월 16일의 일기에 다음과 같이 적었다: "〈4월 26일〉 후의 나의 정신의 변이 혹은 발전이 있다면, 그것은 강인한 고독의 감득(感得)과 인식이다. 이 고독이 이제로부터의 나의 창조의 원동력이 되리라는 것을 나는 너무나 뚜렷하게 느낀다."[12] '고독'에 대한 인식은 혁명과의 관계 속에서 구조화된 시의 역할에 대한 인식과 맞물려 있다. 김수영은 혁명은 "상대적 완전"을, 시

---

11 「들어라 양키들아」, 『전집 2』, 166~167쪽.
12 「일기초 2—1960.6~1961.5」, 『전집 2』, 494쪽.

는 "절대적 완전"을 수행하는 것으로 보았던 것[13]이다. 혁명과 시는 "절대적 완전(시)=상대적 완전(혁명)+α"로 정식화되며,[14] 고독은 'α'의 자리에 놓인다.[15] 'α'는 공동체의 언어로 진입되지 않은 낯선 영역이므로, 그것을 효과적으로 재현했을 경우 '새로움'을 전달할 수 있는 것이다.

　김수영에게 4·19는 그가 설움을 벗어버리고 이 땅에서 '새로운' 시를 쓰는 시인으로서 존재할 수 있는 가능성을 파지(把持)하게 한 사건이었다. 다르게 말하면, 그는 50년대에는 황폐한 한국의 현실에서 소외되지 않고서는 현대시를 쓰는 시인이 될 수 없다고 생각했으나, 1960년 4·19를 통하여 한국의 현실에 뿌리를 내리더라도 현대시, 즉 "우리의 현실 위에 선 절대시"[16]를 쓸 수 있는 시인이 될 수 있음을 확신하게 되었다. 김수영은 1961년에 발표한 산문 「새로움의 모색」에서 쉬페르비엘의 시 「태양의 이 부분」의 "이 날짐승들의 날개들은 날개 없는 날짐승들을 지나서/역시 날개의 힘으로 날고 있다"라는 구절을 "이 시인들의 새로움들은 새로움없는 시인들을 지나서/역시 새로움의 힘으로 날고 있다"라고 수정한다. 이와 같이 지상에서 천상으로의 '상승'을 가능하게 하는 '날개'

13　「일기초 2—1960.6~1961.5」, 『전집 2』, 495쪽.

14　이에 대한 풀이는 최서윤, 「김수영 시의 아포리아 연구―시작관과 '미완성'을 중심으로」, 연세대학교 석사학위 논문, 2012, 44~52쪽 참고.

15　'정치적 자유'와 같은 공동체 단일의 목표는 그 공동체가 자기동일성을 확보하는 데 본질로 기능한다. 즉, 공동체 내에서 정치적 자유를 실현할 때 그 공동체의 전능함이 인식되고 자기동일성이 확보된다. 장-뤽 낭시에 따르면 그러한 특성을 집약한 것이 전체주의이다. 김수영이 '고독'을 강조한 것은 시인 특유의 직관으로 이를 날카롭게 감지한 결과로 추측할 수 있다. "인간들의 공동체가 되어야만 한다고 가정된 공동체는 그 자체로 인간의 본질을 완성한다. 그에 따라 경제적 연합과 기술적 조작과 정치적 통합 그 자체에서, 그 공동체의 본질이 재현되거나 차라리 현전하고 필연적으로 제작된다. 이를 우리는 '전체주의'라고 불렀다." 장-뤽 낭시, 『무위의 공동체』, 인간사랑, 2010, 24~25쪽.

16　「새로운 포멀리스트들」, 『전집 2』, 592쪽.

를 '새로움'으로 수정한 것은, 앞에서 「구라중화」를 독해하며 살펴본 것과 같이, '상승'의 움직임을 지향하던 50년대와 다르게 그가 지상을, 즉 현실을 '초과'하는 것으로서 새로움을 추구하는 태도로 전환하였음을 의미한다.

그러나 4·19 이후 "혁명은 안되고 나는 방만 바꾸어"버렸고(「그 방을 생각하며」), 시인인 그는 "되지 않은 잡문과 시단평"[17]을 써서 "원고료 벌이", 즉 매문(賣文)을 하게 되었다. "매문은 속물이 하는 짓"이므로 그는 속물이 된 셈이다. 그런데 그는 "나일론 재킷", 즉 "아무한테도 보이지 않는 고독의 재킷을 입고"[18]있는 "진짜 속물"이 되고자 한다. 그는 이 '진짜 속물'을 "역설의 속물"[19]로 명명한다. 앞에서 이야기한대로, '고독'은 그가 시인임을 표지하는 것이므로, '역설의 속물'의 존재 형식을 '역설의 속물=속물+고독'으로 정식화 할 수 있다.

속물이 아니면서 속물인, '역설의 속물'을 존재 형식으로 취한 것에서 그의 자아가 분열되었음을 암시받을 수 있다. 그는 "타락한 내 자신"에 대해 반성할 때, "시를 쓰는 나보다도 우선 되지 않은 잡문과 시단평 같은 객쩍은 거짓말을 쓰는 나에게 벼락이 내린다"[20]라고 하였다. 매문을 하는 '나'에게만 벼락이 내린다는 것은, 일견 시인 자아는 타락하지 않은 존재로, 속물 자아는 타락한 존재를 뜻한다고 볼 수 있다. 그런데 시인인 '나'와 속물인 '나'의 총체(totality)인 '역설의 속물'인 '나'는 타락한 존재인가 혹은 타락하지 않은 존재인가? 즉, '역설의 속물'인 '나'는 궁극적으로 시인인가 속물인가?[21] 결국 이것은 그의 내부에 존재하게 된 타인의

---

17 「재주」, 『전집 2』, 86쪽.
18 「이 거룩한 속물들」, 『전집 2』, 120~121쪽.
19 「시작노트 4」, 『전집 2』, 440쪽.
20 「재주」, 『전집 2』, 86쪽.

정체를 묻는 물음이기도 하다. 60년대 김수영의 시에서 그러한 타인은
'적(敵)'으로 표상된다.

그런데 '적'은 내 안의 타인이므로, 그것은 자기 인식의 모호함(vague-
ness)을 낳는다.

> 이런 지독한 경험을 했는데도 구공탄 냄새는 용이하게 맡아지지 않고
> 골치가 아픈지도 안 아픈지도 모르겠다. 구공탄 냄새가 완연히 코에 맡아
> 질 때에는 이미 때는 늦었고, 골치가 아프기 시작하면 벌써 상당한 분량의
> 가스를 마신 게 된다. 그런데 오늘의 경우도 그렇지만, 구공탄 냄새를 맡았
> 다는 것보다도, 번연히 알고 맡았다는 것, 주의를 하면서 맡았다는 것, 혹
> 은 극도로 신경을 날카롭게 하고 경계를 해가면서 맡았다는 것이 어처구니
> 없고 더 분하다. 그런데 나는 왜 이렇게 글이 쓰기 싫은지 모르겠다. (…)
> 매문을 하지 않으려고 주의를 하면서 매문을 한다. 그것은 구공탄 냄새를
> 안 맡으려고 경계를 하면서 자기도 모르게 맡게 되는 것과 똑같다. 이 글
> 은, 쓰기 시작할 때는, 아직도 부정과 부패의 뿌리를 뽑지 못하고 있는 실
> 정을 야유하고 싶었다. 그러나 요즘의 나의 심정은 우선 내 자신의 문제가
> 더 급하다.[22]

김수영은 "구공탄 냄새"를 맡는 것을 시인이 매문(賣文)을 하는 상황에
대한 비유로 사용한다. "극도로 신경을 날카롭게 하고 경계를 해가면서
맡았다는 것"은 "매문을 하지 않으려고 주의하면서 매문을 하는" 것과

---

21 이 질문에 대해서는 김수영의 다음 산문을 참고할 수 있다. "고급 속물은 반드시 고독
의 자기 의식을 갖고 있어야 할 것이다. 이런 식으로 규정을 하면 내가 말하는 고급
속물이란 자폭(自爆)을 할 줄 아는 속물, 즉 진정한 의미에서는 속물이 아니라는 말이
된다. 아무래도 나는 고급 속물을 미화하고 적당화시킴으로써 자기 변명을 하려는 속
셈이 있는 것 같다. 이쯤 되면 초(超) 고급 속물이라고나 할까. 인간의 심연(深淵)은
무한하다. 속물을 규정하는 척도도 무한하다." 「이 거룩한 속물들」, 『전집 2』, 129쪽.
22 「이 일 저 일」, 『전집 2』, 80~81쪽.

본질적으로 같다. 구공탄 냄새에 그가 중독이 된 것은 역설의 속물이 아닌, 그저 속물이 되어 매문(賣文)만을 하는 경우를 뜻함을 추측할 수 있다. 1960년대에는 구공탄 가스 중독으로 인한 사망은 희귀한 것이 아니었으므로 구공탄 냄새에의 중독은 생명에 위협이 된다. 즉, 모호한 자기 인식으로 인하여 가스 중독으로 인한 생물학적 죽음과도 같은, '시인의 죽음'이 발생할 수도 있는 것이다. 이를 해결하기 위해서는 구공탄 가스를 치사량을 흡입하지 않으면 방지할 수 있는 것과 같이, '역설의 속물'이 매문만을 하는 속물이 되지 않기 위하여 넘지 말아야할 한계를 계량할 수 있어야 할 것이다.

그가 봉착한 자기 인식의 모호함의 문제는 모호함(vagueness)[23]이 초래하는 더미의 역설(sorites paradox)[24]이 제기하는 난제(conundrum)와 유사

---

23 "Vagueness is standardly as the possession of borderline cases. For example, 'tall' is vague because a man who is 1.8 meters in height is neither clearly tall nor clearly non-tall. No amount of conceptual analysis or empirical investigation can settle whether 1.8 meter man is tall. Border line cases inquiry resistant. Indeed, the inquiry resistance typically recurses. For in addition to the unclarity of the borderline case, there is normally unclarity as to where the unclarity begins. In other words, 'borderline case' has borderline cases. The higher order vagueness seems to show that 'vague' is vague." Sorensen, Roy, "Vagueness", The Stanford Encyclopedia of Philosophy (Summer 2012 Edition), Edward N. Zalta (ed.), forthcoming URL = ⟨http://plato.stanford.edu/archives/sum2012/entries/vagueness/⟩.

24 더미의 역설에 대한 정의는 다음과 같다: "The sorites paradox is the name given to a class of paradoxical arguments, also known as little-by-little arguments, which arise as a result of the indeterminacy surrounding limits of application of the predicates involved." 또한 모호함과 '더미의 역설'이 맺는 관계는 다음을 참고할 수 있다: "Vagueness precipitates a profound problem: the sorites paradox. (…) [Epistemicists] think vagueness is a form of ignorance. Timothy Williamson(1994) traces the ignorance of the threshhold for childhood to "margin for error" priciples. If one knows that an n day old human being is

하다. 더미의 역설(sorites paradox)의 대표적인 예는 다음과 같다.

(1) 곡식 낱알 한 개는 더미(heap)로 볼 수 없다.

(2) 만약에 곡식 낱알 한 개를 더미로 볼 수 없다면 낱알 두 개도 더미로 볼 수 없다.

(3) 만약에 낱알 n개를 더미로 볼 수 없다면, 낱알 n+1도 더미로 볼 수 없다.

(4) 곡식 9999개의 낱알은 더미로 볼 수 없으므로 곡식 만 개의 낱알은 더미로 볼 수 없다.

(5) 따라서 곡식 만 개의 낱알은 더미가 아니다.

그러나 곡식 만 개의 낱알은 더미가 될 수 있으므로 위의 결론은 틀린 것이다. 더미의 역설(sorites paradox)의 특징은 논리적으로 올바른 전제로 시작하여 틀린 결론에 도달한다는 점이다. 그러한 역설이 발생하는 것은 곡식 몇 알부터 더미를 이루는지에 대한 지식이 결여되어 있기 때문이다. 바꿔 말하면 더미와 낱알의 경계에 대한 무지로 인하여 그러한 난제에 봉착하게 되는 것이다. 매문에 대한 구공탄의 비유를 고려하여, 김수영의 글쓰기를 '글쓰기(100%)=매문(x%)+시(y%)'로 공식화하고, 더미의 역설(sorites paradox)을 적용해보면 다음과 같다. 이해를 돕기 위해 구공탄의 비유와 매문을 병기한다.

(1) 매문을 글쓰기의 1%만큼 하면 속물이 아니다. (구공탄 가스를 치사량의 1%만큼 마시면 중독되지 않는다)

(2) 매문을 1%만큼 하면 속물이 아니므로 매문을 2%만큼 하면 속물이

---

a child, then that human being must also be a child when $n+1$ days old. Otherwise, one is right by luck. Given that there is a threshold, we would be ignorant of its location."

아니다. (구공탄 가스를 1% 마시면 중독되지 않으므로 2%만큼 마시면 중독되지 않는다)

⑶ 매문을 n%만큼 하면 속물이 아니므로 매문을 n+1%만큼 해도 속물이 아니다. (구공탄 가스를 차사량의 n%마시면 중독되지 않으므로 치사량의 n+1% 마시면 중독되지 않는다)

⑷ 매문을 98%하면 속물이 아니므로 매문을 99%해도 속물이 아니다. (구공탄 가스를 98% 마시면 중독되지 않으므로 99% 마시면 중독되지 않는다.)

⑸ 그러므로 매문을 글쓰기의 99%로 하면 속물이 아니다. (그러므로 구공탄 가스를 치사량의 99%를 마시면 중독되지 않는다.)

이와 같이 김수영이 봉착한 자기 인식의 모호함의 문제를 더미의 역설에 적용해본 결과 그가 자신의 속물의 정도를 명확히 계량할 수 없음을 알 수 있다.[25] 즉, 내 안의 적을 나로부터 분별해내는 일이 불가능함으로써 초래될 시인의 죽음을 끝끝내 피할 수 없는 것이다. 그렇다면, 불가능을 마주한 그는 무엇을 할 수 있는가?

시인은 밤낮 달아나고 있어야 하는데 비평가는 필요에 따라서는 적어도 4,5개월쯤은 제자리걸음을 하고 있어야 한다. 혹은 제자리걸음을 하고 있는 것처럼 보여야 한다. 시인은 영원한 배반자다. 촌초(寸秒)의 배반자다. 그 자신을 배반하고, 그 자신을 배반한 그 자신을 배반하고, 그 자신을 배반한 그 자신을 배반한 그 자신을 배반하고……이렇게 무한히 배반하는 배반자. 배반을 배반하는 배반자……이렇게 무한히 배반하는 배반자.[26]

---

25 앞에서 인용한 「이 일 저 일」에서 그는 "어떻게 해서든지 이 나도 모르는 나의 정신의 구공탄 중독에서 벗어나야 할 것 같다. 무서운 것은 구공탄 중독보다도 나의 정신 속에 얼마만큼 구공탄 가스가 스며있는지를 모르고 있다는 것이 더 무섭다"라고 밝힌다.

26 「시인의 정신은 미지」, 『전집 2』, 255쪽.

내 안의 타자인 적은 스스로에 대한 부정(不定)을 추동한다. 나는 나를 인식할 수 없으므로, 나를 믿을 수 없고, 나를 끝없이 배반한다. 이와 같이 그는 배반의 무한 반복 구조로써, 즉 계량이 아닌 부정(不定)으로써 죽음을 지연시킨다. 배반은 스스로에 대한 부정인 동시에 새로운 '나'를 향한 이행이다. 그는 도래할 죽음 앞에서 "영원한 배반자"로서의 시인을 발명한 것이다.

4. 자코메티적 변모와 의식의 시적 죽음

'영원한 배반자로서의 시인'이라는 테제를 제출한 산문 「시인의 정신은 미지」에서 김수영은 "시인의 정신은 언제나 미지(未知)다"라고 주장하였다. '미지(未知)'는 언젠가는 '기지(旣知)'로 전환될 가능성을 내장하고 있다. 즉, '부정에의 부정의 (…) 부정'을 형식으로 하는 '배반의 무한 반복 구조'는 결국은 미지가 수반하는 모호함(vagueness)에의 인식을 목표로 하는 것이었음을 알 수 있다. 그런데 그는 1968년 4월에 발표한 원고인 「시여, 침을 뱉어라—힘으로서의 시의 존재」에서 "모호성"을 "시작(詩作)을 위한 나의 정신 구조의 상부에서도 가장 첨단의 부분을 차지하고 있는 것"이며 "무한대의 혼돈에의 접근을 위한 유일한 도구"[27]로 지시하였다. 이 때 '혼돈'은 "자유의 과잉"[28]이다. '모호성'은 더 이상 인식의 대상이 아니며, 감각-경험의 대상이 된 것이다. 돌연하게까지 보이는 이러한 시적 사유의 전환은 「시작노트 6」(1966)에 기술된 "자코메티적 변모"에 의해서 발생하였다.

---

27 「시여, 침을 뱉어라-힘으로서의 시의 존재」, 『전집 2』, 397쪽.
28 앞의 글, 403쪽.

「시작노트 6」은 시 「눈」(1966)의 시작노트로 의도된 글이다. 그렇지만 그 글은 당시 그가 번역을 하던 이상의 유고 「애야(哀夜)」, 수전 손택(Susan Sontag)의 「스타일론」, 칼튼 레이크의 「자꼬메티의 지혜」, 스티븐 마커스(Steven Marcus)의 「현대영미소설론」, 그리고 말라르메와 간조의 시와 보부아르의 『타인의 피』 등을 독서한 것을 바탕으로, 「눈」을 쓰면서 경험한 '자코메티적 변모'가 비체계적이고 정돈되지 않은 방식으로 기술된 것이다. 문제는 앞으로 인용할 「눈」도 시적 자원의 부족으로 인하여 충분히 분석되지 않는 난해한 시[29]라는 점이다.

> 눈이 온 뒤에도 또 내린다
>
> 생각하고 난 뒤에도 또 내린다
>
> 응아하고 운 뒤에도 또 내릴까
>
> 한꺼번에 생각하고 또 내린다
>
> 한 줄 건너 두 줄 건너 또 내릴까
>
> 폐허에 폐허에 눈이 내릴까

- 「눈」(1966)

분명 각각의 행은 눈이 내리는 모습에 대한 묘사이므로 어렵지 않게 읽힌다. 하지만 이 행들이 결합되어 하나의 '시'가 되었을 때 창조되는 의미를 해석하는 일은 난해하다. 이 시의 의미구조를 (재)구성하기 위하여, 「시작노트 6」의 다음 문장들을 출발점으로 삼을 것이다: "이 시는 〈폐허에 눈이 내린다〉의 여덟 글자로 충분하다. 그것이, 쓰고 있는 중에 자코메티적 변모를 이루어 6행으로 되었다", 그리고 "〈폐허에 폐허에 눈

---

29   정명교, 앞의 글, 367쪽.

이 내릴까〉로 충분히 〈폐허에 눈이 내린다〉는 숙망(宿望)을 달(達)했다.”
따라서 「눈」은 ‘폐허에 눈이 내린다’라는 초고가 자코메티적 변모를 거
쳐 ‘폐허에 폐허에 눈이 내릴까’로 귀결된 시로 볼 수 있다.

　문제는 “폐허에 눈이 내린다”라는 문장의 의미에 대한 구체적인 풀이
를 「시작노트 6」에서 발견할 수 없다는 점이다. 그렇다면, 다음과 같이
추측해볼 수도 있겠다. ‘폐허’는 일반적으로 파괴를 당하여 황폐해진 터
를 뜻하며, 김수영의 작품 세계에서 눈은 ‘살아서 움직이는’ 것[30]을 의미
한다. 따라서 ‘폐허에 눈이 내리는 것’은 파괴되어 죽어있는 대지에 살아
움직이는 눈이 접촉하는 사건을 뜻한다. 김수영이 자코메티의 인터뷰를
인용한 부분에서 그러한 의미를 암시받을 수 있다.

> There is no hope of expressing my
> vision of reality. Besides, if I did,
> it would be hideous something to
> look away from

　내 머리는 자코메티의 이 말을 다이아몬드처럼 둘러싸고 있다. 여기서
hideous의 뜻은 몸서리나도록 싫다는 뜻이지만, 이것을 가령 〈보이지 않
는다〉는 뜻으로 해석하여 to look away from을 빼버리고 생각해도 재미있
다. 나를 비롯하여 범백(凡百)의 사이비 시인들이 기뻐할 것이다. 나를 비
롯하여 그들은 말할 것이다. 나는 말하긴 했지만 보이지 않을 것이다. 보이
지 않으니까 나는 진짜야, 라고.[31]

30　김수영이 56년에 쓴 시 「눈」의 “**눈은 살아 있다**/죽음을 잊어버린 영혼과 육체를 위하
여/눈은 새벽이 지나도록 살아 있다”는 구절과 61년에 쓴 또 다른 「눈」의 “이제 영원히
/ 저항시는/ 방해로소이다/저 펄 펄/ 내리는/ 눈송이를 보시오/저 산허리를/ 돌아서/
너무나도 좋아서/하늘을 묶는/허리띠 모양으로/맴을 도는/눈송이를 보시오”, 그리고
「적」에서 “더운날/ 눈이 꺼지듯 적이 꺼진다”에서 눈이 녹는 것을 죽음과 동일한 일로
본 것을 모두 종합하면 위와 같이 볼 수 있다.

위에서 김수영이 인용한 자코메티의 말을 직역하면 다음과 같다. '레알리테에 대한 나의 비젼을 표현할 수 있다는 희망은 없다. 게다가, 내가 만약 그렇게 한다면 그것은 눈길을 돌릴 만큼 끔찍한 무엇이리라.' 그는 'hideous'라는 단어를 분리하여 'hide(-을 보이지 않게 하다)'라는 동사에 형용사형 어미 '-eous'를 붙여서 이루어진 것(hide+-eous)으로 보아 의미를 변형한다. 그럼으로써 '게다가 내가 만약 그렇게 한다면 그것은 보이지 않을 것이리라'로 문장의 의미도 함께 변하게 된다. 따라서 '자코메티적 변모'가 '끔찍한 것'에서 '보이지 않는 것'으로 전환한 사태를 지시한다면, '죽어있는 땅에 살아있는 눈이 내리는 사건'은 고개를 돌릴 정도로 끔찍한 일을 의미한다.

그 끔찍함은 「눈」의 1행과 2행에서 재현된다. 1행과 2행에서는 '~ㄴ 뒤에도 또 내린다'로 구성된 문장 구조가 반복된다. '또 내린다'는 서술어의 생략된 주어는 '눈(雪)'이므로 실제로 반복되는 것은 '~ㄴ 뒤에도 또 (눈이) 내린다'이다. 그러한 문장구조는, 조강석에 의해 시간의 간격이 아닌, 그칠 듯 그치지 않고 계속해서 눈이 내리는 상황을 의미함을 지적된 바 있다.[32] 따라서 1행은 눈이 오고 난 뒤 그친 줄 알았는데 그렇지 않고 계속 내리는 상황을, 2행은 '내'가 생각을 하면, 눈이 내리지 않을 줄 알았는데, 눈이 또 내리고 있는 경우를 형상화 한 것이다.

1행과 2행에서 보여주는 것은, '폐허에 눈이 내리는 상황'이 끔찍한 이유가 눈이 중단되지 않고 계속 내리고 있기 때문이라는 점이다. 그러한 상황은 엘리엇(T.S. Eliot)의 시 "황무지(The Waste Land)"의 첫 부분을 상기시킨다. "사월은 가장 잔인한 달/죽은 땅에서 라일락을 키워내고/추

---

31 「시작노트 6」, 『전집 2』, 449쪽.
32 조강석, 「김수영과 김춘수의 시에서 드러나는 비화해적 가상 연구」, 연세대학교 박사학위 논문, 2008, 136쪽.

억과 욕정을 키워내고/잠든 뿌리를 봄비로 깨운다/겨울은 오히려 따뜻
했다"[33] 그와 같이, 눈이 내리는 일은 파괴되어 죽음을 맞이한 땅에 생명
을 뒤섞는 것이다. 그것은 죽음이 불가능함을 의미한다. 눈 내리는 일은
죽음이 불가능함을 드러내기 때문에 고개를 돌릴 만큼 끔찍한 것이다.[34]

한편, 3행에서는 1행과 2행에서 반복되는 '~ㄴ 뒤에도 또 내린다'는
어문 구조가 '~ㄴ 뒤에도 또 내릴까'라는 의문형으로 변화된다. 의문형
으로의 변화는 '사실'의 영역에서 '가능성'의 영역으로의 전환을 뜻한다.
즉 눈 내리는 일이 눈이 내릴 가능성으로 변환된 것이다. 3행에서 일어난
사건은 '응아 하고 운 일'이다. "응아"라는 시어는 아기의 울음, 즉 탄생의
순간을 상기시킨다. 3행에서는 1행과 2행에서 좀처럼 그치지 않고 계속
내리던 눈이, 탄생의 순간에 계속 내리거나 혹은 그칠 수도 있는 가능성
을 제시한다. 따라서 의문문의 형식으로 된 3연은 시 「눈」에서 하나의
체계가 미결정 상태에 들어감을 표지하는 분기점(bifurcation point)[35]의
기능을 수행한다고 볼 수 있다.

그 후, 4행에서는 1~3행에서 반복된 '~ㄴ 뒤에도 또 내린다'라는 구
조가 '~하고 또 내린다'로 변형된다. 그런데 4행의 문장 구조는 1~3행

---

33 원문은 다음과 같다. "April is the cruellest month, breeding/Lilacs out of the
dead land, mixing/Memory and desire, stirring/Dull roots with spring
rain/Winter kept us warm" T.S. 엘리엇, 『황무지』, 민음사, 2004, 46~47쪽.

34 죽음의 불가능에서 기인하는 끔찍함은 「시작노트 6」을 김수영이 일본어로 쓴 것과도
유관할 것이다. 해방 후 한국에서 일본어는 사어(死語)로 취급되었다. 김수영이 일본
어로 글을 쓴다는 것은 죽은 줄 알았던 언어가 사실은 그렇지 않음을 알리는 효과를
낳을 수 있다. '배일(排日)'이라는 기치아래 일본어를 매장한 사람들에게 그의 글은 위
에서 언급한 '폐허에 눈이 내리는 일'에 비견될 수 있다. 이미 숨통을 끊어놓은 줄 알았
던 언어가 살아 있는 것을 확인하는 것은 끔찍한 광경이기 때문이다. 일본어 글쓰기
텍스트로서 「시작노트 6」에 대한 것은 강계숙, 「김수영은 왜 시작노트를 일본어로 썼
을까」, 『현대시』, 2005년 8월을 참고할 수 있다.

35 브라이언 마수미, 위의 글, 192쪽.

과 달리 의미상 주어를 두 개 이상 가지기 어렵다. 즉, 2행에서는 '(내가) 생각한 뒤에도 또 (눈이) 내린다'로 동사에 따라 주어가 다를 수 있지만, 4행에서는 '(내가) 한꺼번에 생각하고 또 (눈이) 내린다'라고 2행과 마찬가지로 주어를 달리하면 뜻이 통하지 않는다. 4행은 어문 구조의 특성상 '생각하다'와 '내리다'의 주어가 동일하지 않으면 의미가 성립할 수 없는 것이다. 4행은 문장 구조로써 화자와 눈이 '하나'가 되었음을 은연중에 드러낸다. 그런데 김수영에게 하나가 되었음은 곧 "언어에 밀착"했음을 뜻한다.

> 만세! 만세! 나는 언어에 밀착했다. 언어와 나 사이에는 한 치의 틈서리도 없다. 〈폐허에 폐허에 눈이 내릴까〉로 충분히 〈폐허에 눈이 내린다〉는 숙망(宿望)을 달(達)했다. 낡은 형(形)의 시다. 그러나 낡은 것이라도 좋다. 혼용되어도 좋다는 용기를 얻었다. 완전한 희생. 아니 완전한 희생의 한걸음 앞의 희생.[36]

'밀착'은, 접촉, 즉 '만짐'이다. '만짐'은 표면에 닿는 것이므로 극히 미세한 거리를 두고 타자를 감각하는 일이다. 하지만 김수영은 언어와 자신 사이에 '틈'조차 없음을 언급하며 둘 사이에 존재하는 그 거리가 제거되었음을, 불가능한 그래서 기적과도 같은 일이 일어났음을 밝힌다. 앞에서 "폐허에 눈이 내린다"가 '죽음의 불가능성에서 오는 끔찍함'을 드러냄을 살폈던 것을 상기한다면, 숙망(宿望)은 '죽음'일 것이다. 그렇다면 시에서의 그의 죽음으로써 불가능한, '한 치의 틈서리도 없는' 접촉이 가능했음을 알 수 있다. 즉, 낡은 형의 언어에의 '밀착'은 의식의 죽음, 즉 '완전한 희생의 한 걸음 앞의 희생'을 조건으로 하는 것이다. 이를 가능

---

36 「시작노트 6」, 『전집 2』, 452쪽.

케 하는 것은 타자와 "혼용되어도 좋다는 용기"이다. 즉, 그가 다다른 곳은 타자와의 '혼용'이 일어나는 죽음인 셈이다.

5행의 "한 줄 건너 두 줄 건너"는 눈이 글자 위가 아닌 노트의 빈 공간으로 내리고 있음을 알린다. 노트에서 화자의 흔적을 찾아볼 수 없는 곳으로 눈이 내리고 있다. 즉, "한 줄 건너 두 줄 건너" 눈이 내리고 있음은 화자의 의식이 서서히 사라지고 있는 모습을 형상화한다. 그리고 마지막 6행의 "폐허"는 파괴되어 죽어있는 땅이므로 죽음을 상징한다. 앞에서 언급한 것과 같이, '폐허가 된 땅에 생명의 기운인 눈이 내리는 사건'이 끔찍한 일인 이유는 완벽히 죽을 수 없었기 때문이다. 하지만 '폐허에 폐허에 눈이 내릴까'는 죽어있는 대지인 폐허에 생이 도래할 수 있음을 예기한다. 그것은 시에서 의식의 죽음의 실현으로써 새로운 의식을, "미지의 정신"을 도래하게 할 수 있는 잠재성(potential)에 대한 물음이다.

5. 부활의 노래

김수영은 「시작노트 6」(1966)에서 시 「눈」으로써 실연된 '자코메티적 변모'를 계기로 시에서의 의식의 죽음의 실행을 거쳐 새로운 의식을 도래하게 하는 과정으로 이루어진, 시작(詩作)의 새로운 방법론을 고안하게 되었다. 그렇다면 「시작노트 6」이후 기존에는 찾아볼 수 없었던 형식의 「풀」과 「미인」같은 시는 그가 시작(詩作)의 방법론을 정교하게 만드는 과정에서 나온 것으로 볼 수 있다. 시에서의 그러한 죽음의 실행은 「참여시의 정리」(1967)에서 상술된다.

  이성을 부인하는 프로이트의 정신분석의 혁명이 우리나라의 시의 경우에 어느 만큼 실감 있게 받아들여졌는가를 검토해 보는 것은 우리의 시사

(詩史)의 커다란 하나의 숙제다. 프로이트의 무의식의 시에 있어서는 의식의 증인이 없다. 그러나 무의식의 시가 시로 되어 나올 때는 의식의 그림자가 있어야 한다. 이 의식의 그림자는 몸체인 무의식보다 시의 문으로 먼저 나올 수도 있고 나중 나올 수도 없다. 정확하게 말하면 동시(同時)다. 그러니까 그림자가 있기는 하지만 이 그림자는 그림자를 가진 그 몸체가 볼 수 없는 그림자다. 또 이 그림자는 몸체를 볼 수 없다. 몸체가 무의식이니까 자기의 그림자는 볼 수 없을 것이고, 의식인 그림자가 몸체를 보았다면 그 몸체는 무의식이 아닌 다른 것일 것이기 때문이다. 따라서 이런 시는 시인 자신이나 시 이외에 다른 증인이 있을 수 없다. 그러나 시인이나 시는 자기의 시의 증인이 될 수 없다.

꽃이보이지않는다. 꽃이향기롭다. 향기가만개한다. 나는거기묘혈을판다. 묘혈도보이지않는다. 보이지않는묘혈에나는들어앉는다. 나는눕는다. 또꽃이향기롭다. 꽃은보이지않는다. 향기가만개한다. 나는잊어버리고재차거기에묘혈을판다. 묘혈은보이지않는다. 보이지않는묘혈로나는꽃을깜박잊어버리고들어간다. 나는정말눕는다. 아아꽃이또향기롭다. 보이지도않는꽃이―보이지도않는꽃이.

예컨대 이상(李箱)의 이 시에서, 꽃을 무의식으로, 향기를 의식으로, 묘혈을 증인으로 고쳐 놓으면, 내가 지금 말한 증인부재의 도식이 그대로 나타난다.[37]

여기에서 죽음은 그림자와 몸체의 비유로 설명된다. 그것을 풀어서 읽으면 다음과 같다. 죽음은 의식의 그림자와 무의식의 몸체가 합쳐져서 시의 문으로 동시에 나오는 순간을 의미한다. 의식의 그림자가 무의식의 몸체와 결합되려면 의식의 몸을 잃어야 한다. 결합의 매개는 의식의 몸의 상실, 즉 의식의 죽음인 것이다.

---

37 「참여시의 정리」, 『전집 2』, 387~388쪽.

위에서 제시된 이상의 시 「절벽(絕壁)」에서 그러한 죽음의 과정을 살필수 있다. "보이지않는묘혈"은 '시(詩)'이다. "보이지않는묘혈에나는들어앉는다"는 '내'가 시를 짓는 것에의 비유이자 한편으로는 '내'가 죽음을준비하고 있음을 알린다. 즉, 시를 짓는 것은 동시에 화자의 죽음을 예고하는 일이다. "보이지않는묘혈로나는꽃을깜박잊고들어간다"에서 꽃을잊는다는 것은 '내'가 죽어가고 있음을 의미한다. 꽃을 잊는 것은 '내'가그 향기를 맡지 못할 때 가능한 일이다. '향기는 의식'이라는 김수영의발언을 참고하면, 향기를 맡지 못하는 것은 의식이 작동하지 않는 상황,즉 의식의 죽음을 뜻한다. 바로 다음 구절인 "나는정말눕는다"에서 '정말'은 '내'가 죽음에 이르렀음을 표지한다. 의식의 몸체가 사라지는 순간이다. 그 후에 이어지는 "아아꽃이또향기롭다"는 '내'가 다시 살아나, 꽃의향기를 감각하고 있음을 알린다. 이것이 가능하기 위해서는 의식이 다시부활해야 한다. "아아꽃이또향기롭다. 보이지도않는꽃이"라는 구절은,의식의 그림자와 무의식의 몸체가 결합하여 죽음을 통과한 뒤, 죽은 의식의 몸체가 부활하여 새로운 의식으로 탄생했음을 의미한다.

이와 같이 시는 '죽음의 노동을 통과하고 나온' 것이므로, 시(詩)가 새로움을 획득하는 지점은 단순히 죽음만이 아닌 의식의 '부활'[38]임을 알수 있다.[39] 부활에 이르는 과정은 김수영의 시 「풀」에서 재현된다.

---

38 이상의 시 「절벽」과 관련하여 '부활'을 이해하기 위해서 장-뤽 낭시의 다음 발언을참고할 수 있다. "부활(anastasis)은 무덤의 수평성과 직각을 이루는 수직성으로서의들림(levée) 혹은 일으켜 세움(le lever)이다. 부활은 재생·재활 등과 같이 삶으로의복귀가 아니며, 무덤을 떠나지 않고, 무덤을 '무'로 돌리지 않으면서, 무덤 안에 어떤범접할 수 없음, 닿을 수 없음이 여전히 유지되고 있음을 확인하고 긍정하는 일인 것이다." (밑줄은 인용자의 것) 장-뤽 낭시, 이만형·정과리 역, 『나를 만지지 마라』, 문학과지성사, 2015, 37쪽.
39 「참여시의 정리」에서 김수영은 "죽음의 노동을 성공적으로 통과해 나올 때 그의 참여시는 국내의 사건을 세계 조류의 넓은 시야 위에서 명확하고 신랄하게 바라볼 수 있는

풀이 눕는다
비를 몰아오는 동풍에 나부껴
풀은 눕고
드디어 울었다
날이 흐려서 더 울다가
다시 누웠다

풀이 눕는다
바람보다도 더 빨리 눕는다
바람보다도 더 빨리 울고
바람보다도 먼저 일어난다

날이 흐리고 풀이 눕는다
발목까지
발밑까지 눕는다
바람보다 늦게 누워도
바람보다 먼저 일어나고
바람보다 늦게 울어도
바람보다 먼저 웃는다
날이 흐리고 풀뿌리가 눕는다

— 「풀」(1968)

그는 (아마도) 풀밭에 있다. 그는, 뿌리 내리지 못한 나무처럼, '발목'[40]으로 서 있는 화자이다. '풀'이 비를 몰아오는 동풍에 흔들린다. 화자는 그것을 '풀이 눕는 것'으로 본다. "드디어" 풀의 소리에 공명하여 풀의

여유를 얻게 될 것이다"라고 주장한 바 있다.

40 「풀」의 화자가 발목으로 존재함의 구조와 의미는 정과리, 「"발목까지/발밑까지"의 의미」, 『네안데르탈인의 귀향—내가 사랑한 시인들 · 처음』, 문학과지성사, 2008, 15~22쪽에 자세히 풀이되어 있다.

울음을 듣는다. 그는 풀에 밀착했다. 비를 몰아오는 동풍이 부는 날은, 먼지에 쌓인 듯이 흐리다. '흐린 날'은 풀을 더 울게 한다. 즉, 흐린 날은 풀이 내는 소리를 화자가 계속 자신의 울음처럼 듣게 한다.

'흐린 날'은 비가 오기 전, 즉 맑은 날씨에서 비오는 날씨로 변환(trans-form)되는 과정의 한 가운데에 놓인 시간이다. '흐린 날'은 "네 머리는 네 팔은 네 현재는/먼지에 싸여 있다 구름에 싸여 있고/그늘에 싸여 있고 산에 싸여 있고/구멍에 싸여"(「먼지」)있는, 즉 그림자에 '싸여 있는' 의식의 몸체가 죽음을 시작하는, "무한대의 혼돈으로 접근"하는 시간이다. 그리고 "날이 흐릴 때 정신의 집중이 생긴다/신의 아량이다"(「적 2」)라는 구절에서 그가 날이 흐릴 때 정신을 집중할 수 있음을 알 수 있다. 그런데, 김수영에게 정신의 집중은 결국 죽음으로 이어진다. 산문 「멋」에서 김수영은 "그러나 내가 정말 멋있을 때는 이런 소음의 모델의 장면도 생각이 나지 않고 일에 열중하고 있을 때일 것이다. 그러니까 죽는 때가 가장 멋있는 때가 될 것이고, 그리고 보면 사람은 적어도 일생의 한번은 멋있는 때를 경험하게 된다"는 진술을 통해, "정신을 집중할 때=시를 쓸 때=죽는 때"임을 밝혔다.

이러한 '흐린 날'의 「풀」에서의 기능은 김승옥의 단편 소설인 「무진기행」의 '안개'[41]와 비슷해 보인다. 「무진기행」에서 '안개'는 단순한 배경이 아니며 주인공이 망각(억압)하고자 하는 내면의 욕구를 상징한다. "이번만, 마지막으로 한 번만, 이 무진을, 안개를, 외롭게 미쳐가는 것을, 유

---

41 "무진에 명산물이 없는 것은 아니다. 나는 그것이 무엇인지 알고 있다. 그것은 안개다. (중략) 해가 떠오르고, 바람이 바다 쪽에서 방향을 바꾸어 불어오기 전에는 사람들의 힘으로써는 그것을 헤쳐버릴 수가 없었다. 손으로 잡을 수 없으면서도 그것은 뚜렷이 존재했고 사람들을 둘러쌌고 먼 곳에 있는 것으로부터 사람들을 떼어 놓았다." 김승옥, 『무진기행』, 문학동네, 2004, 159쪽.

행가를, 술집 여자의 자살을, 배반을, 무책임을 긍정하기로 하자"[42]라는 주인공의 독백에서 드러나듯이, '무진'이라는 공간에 주인공의 억압된 욕망이 안개처럼 떠다니는 것과 마찬가지로, 「풀」에서는 화자의 무의식의 그림자가 하늘을 뒤덮은 것처럼 '날이 흐리다'.

한편, 흐린 날을 배경으로 「풀」의 3연은 총 세 가지의 사건이 결합되어 있다. 행갈이를 무시하고 그 사건들을 나열해보면 다음과 같다.

> 사건 A: (풀이) (화자의) 발목까지 발밑까지 눕는다
> 사건 B: (풀이) 바람보다 늦게 누워도 바람보다 먼저 일어나고 (풀이) 바람보다 늦게 울어도 바람보다 먼저 웃는다
> 사건 C: 날이 흐리고 풀뿌리가 눕는다

사건 A에서 화자는 풀이 엷은 생채기를 내듯 자신의 "발목까지, 발밑까지" 눕는 것을 감각한다. 화자가 촉각을 통해 자연물인 풀이 "발목까지 발밑까지" 눕는 움직임을 감지한다는 것은, 1연에서 밀착되었던 풀과 화자 간의 거리가 벌어지고 있음을 암시한다. 마치 주술에서 깨어나듯, 그는 풀이 자신에게서 멀어지고 있음을 감각하고 있는 것이다.

사건 B에서는 풀은 2연에서와는 달리 바람 없이도 스스로 움직이고 있다. 2연에서 풀은 '바람'보다 "더 빨리" 울고, 눕고, 일어난다. 그것은 풀의 일련의 움직임들이 풀과 바람 사이의 관계 안에서 이루어지고 있음을 의미한다. 즉, 2연에서는 움직임을 촉발하는 바람 없이 풀은 스스로 움직일 수 없는 것으로 재현된다. 하지만 사건 B에서 풀은 바람보다 늦게 누워도 먼저 일어나는 것으로 묘사된다. 2연에서와는 달리, 바람에 묶여 있었던 풀이 바람에서 벗어나 자율적으로 움직이고 있다.

42 김승옥, 앞의 책, 193쪽.

정리해보면, 사건 A에서 일어나는 일은 풀이 화자에게서 분리되는 것이다. 사건 B에서 풀은 움직임의 근원이었던 바람에게서 분리되어 자율성을 획득하는데, 그것을 사건 A에서 드러난 '분리'를 비유한 것으로 볼수 있다. 그러므로 사건 A와 사건 B는 동일한 사건이다. 밀착되었던 풀이 화자로부터 멀어지는 순간은 진리를 감각하는 순간이며, 김수영에게는 의식의 그림자와 무의식의 몸체가 '나오는' 순간이며, 거짓말을 뚫고시가 나오는 순간이기도 하다. "나는 한 가지를 안 속이려고 모든 것을속였다" 그리고 "쥐구멍을 잠시 거짓말의 구멍이라고/바꾸어 생각해보자"(「거짓말의 여운 속에서」)를 고려했을 때, "여태까지의 시에 대한 사변(思辨)을 모조리 파산(破算)을 시켜야 하는"[43] 시작(詩作)의 순간은 시인이스스로의 시를 '거짓말'로 부인하는 때인 것이다.

그것은 풀의 '웃음'으로 이어진다. 사건 A와 B를 고려했을 때, '웃음'이 단순한 기쁜 감정의 표출이 아니라는 것은 명백하다. 그 웃음은 "너무간단해서 어처구니없이 웃는/너무 어처구니없이 간단한 진리에 웃는/너무 진리가 어처구니없이 간단해서 웃는"(「꽃잎 3」) 것이다. 그 웃음에는완성을 향해 경주하던 자신에 대한 비판과 미망(迷妄)에서 벗어난 후 느끼는 허망함, 그리고 깨달음을 얻은 기쁨이 함축되어 있다. "네가 물리친 썩은 문명의 두께/멀고도 가까운 그 어마어마한 낭비/그 낭비에 대항한다고 소모한/그 몇 갑절의 공허한 투자/대한민국의 전재산인 나의 온정신"을 투자해서 완성하고자 했던 것이 실상 "실낱"같이 간단함을 목도하고 웃는 것이다. "너무 어처구니없이 간단한 진리"에 '웃는 것'은 화자가 진리를 감각하고 느꼈음을 표지한다. 따라서 풀의 웃음은 화자가 죽음에 닿은 순간에 짓는 웃음이다.

---

43 「시여 침을 뱉어라」, 『진집 2』, 398쪽.

　그런데 사건 C는 「풀」에서 일어난 다른 사건들과는 판이한 점이 있는데, 그것은 주체가 '풀'이 아닌 '풀뿌리'라는 점이다. 그동안 「풀」에서 일어난 사건의 중심에는 화자의 행위가 있었다. 풀밭에 '서' 있는 화자가 풀을 '감각'하여 '밀착'한 뒤 '분리'하는 일련의 행위가 사건을 구성하였다. 그러나 사건 C에서는 화자의 행위가 중심에 위치하는 것이 불가능하다. 화자가 풀뿌리의 움직임을 시각적으로 포착할 수도 없으며 촉각을 통해 감지하는 일도 불가능하기 때문에, 풀뿌리가 눕는 것은 화자의 의식작용과 무관하게 일어나는 일이다. 따라서 사건 C에서는 풀뿌리의 행위가 중심에 놓인다. 즉, 사건 C는 사건 A와 B에서 풀로부터 분리된 화자를 소거하고, 그 화자의 자리에 '풀뿌리'를 놓아 둔 사태이다. 바꿔 말하면 사건 C에서 풀뿌리가 주어로 등장한 것은 화자가 소멸하였기 때문이다. 사건 C는 화자가 사라진, 죽은 후에 발생하는 사건이다.

　사건 C는 '흐린 날'을 배경으로 일어나고 있다. 화자가 사라진 풀밭에서 흡사 유령처럼, 먼지처럼, 무의식의 그림자가 풀뿌리를 감싸고 있다. 그리고 "모기소리보다 더 작은 목소리"[44]로 풀의 울음대신 "풀뿌리가 눕는다"라고 말한다. (누가?) 모기소리보다 더 작은 목소리는 "온몸으로, 바로 온몸을 밀고 나갈 때"[45] 나는 소리이다. '온몸'은 무의식의 몸체와 의식의 몸체를 모두 포함하는 것이다. 죽음은 무의식의 몸체를 밀고 나가는 일이며 생(生)은 의식의 몸체를 (다시) 밀고 나가는 일이다. 김수영의 시적 테제인 "온몸에 의한 온몸의 이행"은 의식의 몸체의 소멸과 생성, 즉 「풀」에서 재현된 화자의 '부활'의 전 과정을 압축한 것이다. '부활(anastasis)'은 나의 내부에서 일어난 타자의 들림[46]에 다름 아니다. 부활

44　「시여 침을 뱉어라」, 『전집 2』, 403쪽.
45　「시여 침을 뱉어라」, 『전집 2』, 403쪽.
46　「시작노트 6」에서 시에서의 의식의 죽음을 추동하는 것은 "타자와 혼용되어도 좋다

함으로써, 그는 입을 맞추었던 "딴 사람"이라는 "참 좋은 말"[47]에 밀착할
수 있게 되었다.

6. 보론 : 복사씨와 살구씨의 사랑의 움직임을 기다리며

김수영이 쓴 시 「사랑의 변주곡」(1967)은 "우리말로 씌어진 가장 도취
적이고 환상적이며 장엄한 행복의 약속"[48]을 재현한다: "이 단단한 고요
함을 배울 거다/복사씨가 사랑으로 만들어진 것이 아닌가 하고/의심할
거다!/복사씨와 살구씨가/한번은 이렇게/사랑에 미쳐 날뛸 날이 올 거
다!" 김수영은 '사랑'을 약속한 것이다.

이 글을 닫기 전, 「사랑의 변주곡」의 첫 연의 다음 구절에서 잠시 멈춰
본다. "욕망이여 입을 열어라 그 속에서/사랑을 발견하겠다 도시의 끝에
/사그라져 가는 라디오의 재갈거리는 소리가/사랑처럼 들리고" 라디오
의 소리가 사랑'처럼' 들리기 위해서는, 내 안에 사랑이 깃들어야 한다.
즉, 그는 '사랑처럼'으로써 자신이 이 세계를 사랑할 수 있게 되었음을

는 용기"임을 살핀 바 있다. 따라서 「풀」에서의 부활이 단순히 '다시 살아남'을 뜻하지
않으며, 그것을 '아나스타시스'와 매우 유사한 시적 사건으로 볼 수 있다. "아나스타시
스는 자기로부터, 즉 주체 자신으로부터 발원하는 게 아니라, 타자로부터 발원한다는
사실에 있다. 그것은 타자로부터 그에게로 온다. 혹은 그것은 그의 내부에서 타자에
속하는 것이다. 또는 그것은 그의 내부에서 일어난 타자의 들림이다. 타자가 죽은 내
안에서 일어서고 부활하는 것이다. 타자가 나를 위해 부활하는 것이지, 그가 나를 부활
시키는 게 아니다. 또 다른 말로 하자면, "나는 부활하였다(Je suis ressuscité)"는 내
가 성취한 어떤 행동을 의미하는 게 아니라, 내가 받아서 겪어낸 수용성(passivité)을
의미한다." 장-뤽 낭시, 위의 책, 39~40쪽.

47 「생활의 극복」, 『전집 2』, 96쪽.

48 유종호, 「시의 자유와 관습의 굴레」, 『김수영 전집 별권: 김수영의 문학』, 민음사,
1983, 255쪽.

은밀히 고백하고 있는 것이다. 무수한 사유로 변주된, 사랑이 타자에게 스스로를 개방하게 하는 잠재성의 동력이자 통로라는 견고한 인식론적 전제를 상기하면, 당신은 이 구절을 어렵지 않게 스치고 지나갈 수 있을지도 모른다. 그러나 김수영의 작품 세계에서 떠도는, 궁핍하고 황폐한 한국의 현실과 시인인 자신과 자신의 욕망과 도무지 화해할 수 없어 터져 나왔던, 즉 역사적 상황으로 인해 자기 자신에게조차도 이방인일 수밖에 없었던 사람이 겪은 지독한 고통 끝의 여린 신음과도 같았던 그 날카로운 절규의 파편들을 기억하면, 당신은 그 구절에서 한동안 머무를 것이다. 그러다 끝내 손을 뻗어 보이지 않는(hideous) 뿌리에 얼음처럼 맺혀 있는 그 절규의 파편들을 만지기를 감행할 것이다. 시인의 침묵의 온도[49]가 당신 안에 스며들고, 당신의 피에서 흘러나온 체온을 더하여, 당신은 그 파편들을 공기 중으로 돌려보낼 것이다. 우리의 숨이 되어, 우리 안에 잠들어 있는 '복사씨'와 '살구씨'를 (다시 한 번) 미쳐 날뛰게 하기를 기다리며.

---

49 "피가 녹는 것이라고 생각해 본다. 얼음이 녹는 것이 아니라 피가 녹는 것이다. 그리고 목욕솥의 얼음만이 아니라 한강과 얼음과 바다의 피가 녹는 것을 생각해 본다. 그리고 그 거대한 사랑의 행위의 유일한 방법이 침묵이라고 단정한다." 「해동」, 『전집 2』, 143~144쪽.

제3부

김수영 궁극의 물음

: 시의 정치성의 심연

잘못된 시간의,
그릇된 명상이 아닐

정한아
연세대학교

어떤 이야기가,
그것이
너무 많이 이야기된 것이므로,
거의 일종의 죄악이라면,
그것은 어떤 시대인가?
– 파울 첼란, 「나무 없는 나뭇잎 하나-베르톨트 브레히트를 위하여.」

1. 「김일성만세」의 당혹

'김일성만세'
한국의 언론자유의 출발은 이것을
인정하는 데 있는데

이것만 인정하면 되는데

이것을 인정하지 않는 것이 한국
언론의 자유라고 조지훈이란
시인이 우겨대니

나는 잠이 올 수밖에

'김일성만세'
한국의 언론자유의 출발은 이것을
인정하는 데 있는데

이것만 인정하면 되는데

이것을 인정하지 않는 것이 한국
정치의 자유라고 장면이란
관리가 우겨대니

나는 잠이 깰 수밖에

(1960.10.6.)
- 「김일성만세」 전문

이 발표의 첫머리에 이 시를 인용하자고 생각하고부터 그것을 실행에 옮기기까지 저는 제법 많은 시간을 고민해야 했습니다. 마음속에서 오가고 있었던 고민의 내용은 '이 시를 정말 인용해도 될까?' 하는 무의식적인 내적 검열과, 마치 김수영이 시 「허튼 소리」를 쓰고서 "이 작품은 예의 〈언론의 자유의 희생자〉를 자처하고 나서려는 제스처의 시에 불과하다."[1]고 썼던 자괴감과 비슷한 무엇이었습니다. 오늘날 저의 세대에게 이 시의 제목은, 따옴표 안에 씌어 있는 것을 재인용하는 것에 불과한 것인데도 여전히 어떤 꺼림칙한 느낌을 줍니다. 그것은 물론, 이념적 대치 상황으로 빨려 들어가고 있던 근과거인 2012년 대선 정국에 철학자 강신주가 "지금 자유로워 보이는 젊은 대학생들이 진정으로 자유로운지

---

1   김수영, 「일기초 2」, 1960년 9월 25일의 일기 내용. 『김수영 전집 2 산문』, 민음사 개정판, 2003, 503쪽.

를 확인해 보고 싶어" 학생들에게 이 시를 읽어주었을 때, 그가 정확히 예상했던 바대로 당혹스러워한 청중의 하나로 저 스스로를 (약간) 느낄뿐더러, "김수영이 시를 쓴 지 50년이 지난 지금도 우리 내면은 달라진 것이 별로 없다는 사실에 너무나 허탈했다."[2]고 쓴 맥락과 아주 무관하지는 않을 것입니다. 그렇지만, 이 꺼림칙함은 거기에서 끝나지 않습니다. 2008년 여름, 『창작과비평』에서 미발표 유고에 섞인 이 시의 제목을 대했을 때의 충격은 '94년 어느 무더운 여름 날, 신문 가판대에 일제히 시커멓게 새겨졌던 '김일성 사망'의 충격보다는 가벼운 것이었습니다. (회상하자면, 이 헤드라인은 '97년 말 외국에서 본 The Vanouver Sun의 1면 전체를 수놓았던 "한국 파산(Korea Broke Down)"보다도 더 충격적이었습니다.) 그 헤드라인의 충격은, 아마 김수영이 이 시를 발표하려 했던 목적 중의 하나인 '금기 파괴'—'김일성'이라는 고유명사를 반공주의적인 교과서 바깥에서 공식적으로 거명하는 것—가 언론 자신에 의해 행해졌으며, 동시에 김일성의 '사망'을 고지함으로써, 역설적으로, 그가 가상(假象)이거나 〈똘이장군〉에서처럼 인간의 탈을 쓴 돼지(이 만화는 조지 오웰의 『동물농장』과 러디어드 키플링의 『정글북』이나 미국 드라마 〈타잔〉을 반공주의 교육 교재로 재구성한 시대물이었다고 이야기할 수 있겠지요)가 아니라, 정말로 생존했던, 그리고 죽을 수도 있는 실제 인물이었다는 사실을 실감하게 해주었다는 데 있었습니다. 그러므로 '김일성 사망'은 김일성과 '김일성', 두 개의 사망을 동시에 의미했습니다. '김일성'이라는 이름은 발성되지 않은 상태로 교과서 안에 박제되어 있었으며, 발성될 수 없었다는 바로 그 이유 때문에, '이미' (무시무시한 신화이긴 하지만) 일종의 신화가 되어 있었던 것입니다. 그는 부패 방지 처리되어 안치되기 전부터 이미 그런 상태였던

---

2 강신주, 『김수영을 위하여』, 천년의 상상, 2012, 18~9쪽.

것이나 다름없습니다. 김수영의 시가 '60년에 발표되었더라면, 제2공화국 하의 시민 정서와 해석 능력이 이것을 견딜 만한 탄성을 지니고 있었다면, 다른 결과들은 차치하고, 이 같은 금기 파괴의 효과는 저의 세대보다 훨씬 이전에 이루어졌을까요?

물론, 이 같은 역사적 가정은 실제로는 아무런 의미도, 영향력도 없는 것이겠습니다. 김수영 자신, 한국전쟁을 몸으로 기억하는 사람으로서 여직 전쟁의 상흔이 생생한 사람들 속에 '김일성만세'라는 터부를 던져 제2공화국의 '언론 자유'라는 아름다운 성상(聖像)이 사실은 매우 깨어지기 쉬운 재질로 만들어져 있음을 보여주려 퍼포먼스를 시도했었다고 생각해봅니다. 다만, 우리 시대의 한 철학자가 예상하는 '바로 그' 반응으로서의 당혹감과, 이데올로기적 성상 파괴로서의 「김일성만세」 낭독은, 그 반(反)-반공주의적인 명확한 의도 때문에 일정 부분 실패하는 것 같습니다. '반공주의'라는 개념이 공산주의를 전제로 해야만 의미가 생기는 것처럼, '반-반공주의' 역시 반공주의 없이는 성립하지 않기 때문입니다. 여기에는 무언가 오해가 있습니다. '김일성'과 '60년대 북한의 경제적 비교 우위와 그 후광과 터부로서의 양가성은 실제 인물인 김일성과 함께, 신문의 헤드라인에 등장했을 때, 거의 죽어버렸기 때문입니다.

그렇게 생각하면 「김일성만세」는 '김일성 사망'이라는 신문 헤드라인과 비슷한 효과를 애초에 노리고 있었던 것이 아닐까 하는 생각이 듭니다. 저는 20대인 동생과 60대인 아버지에게 이 시를 읽혀보았습니다. 뉘앙스는 약간씩 달랐지만 두 사람 모두 "시대를 앞서갔다"는 것이 첫 반응이었는데, 이어 두 사람 모두 "시가 별로다"라는 다음 반응을 내놓았습니다. 첫 번째 반응은 정치적인, 두 번째 반응은 미학적인 평가 반응이었습니다. 이 시의 직설적이고 비꼬는 듯한 어법(sarcasm)은 아무래도 제2공화국의 '미감(美感)'보다는 '시의성'을 노리고 있었던 듯합니다. 김수영 자신, "우리나라의 비평가들처럼 사회성을 과도히 주장하고 있는 사람들도 없지만 우리나라처럼 심미적인 시평이 산적한 나라도 세계에 그 유례가 없을 것이다."[3]라고 쓴 적도 있습니다만, 여기에서는 통상적인 의미에서의 미학적 해석은 이를 박을 틈이 좀처럼 나지 않겠습니다.

2. "국왕 폐하 만세!"의 광기(狂氣)

대신, 저는 이 시의 우회적인 참조점으로서 오래된 독일 희곡의 마지막 장면을 인용할 요량입니다.

> 순찰대가 등장한다.
>
> 시민 : 여봐요, 거기 누구요?
> 뤼실 : (잠시 생각을 하더니 결심을 한 듯 돌연히) 국왕 폐하 만세!
> 시민 : 공화국의 이름으로 체포한다!
>
> 그녀가 순찰병들에 의해 포위되어 연행돼 간다.
> — 게오르크 뷔히너, 「당통의 죽음」, 『뷔히너 문학 전집』,
> 임호일 옮김, 지식을만드는지식, 2008.

1835년, 약관을 겨우 넘긴 게오르크 뷔히너는 자신의 첫 번째 문학 작품이 될 희곡 「당통의 죽음」을 집필합니다. 당통은 로베스피에르의 혁명 동지로서 1792년 왕권이 무너진 이래 법무장관을 지냈으며, 혁명재판소를 만들고 공안위원회를 창립하는 데 일익을 담당했지만, 로베스피에르의 도덕적 프로퍼갠더와 공포정치에 동조하지 않았다는 이유로 부패한 부도덕 인자로 낙인찍혀 그의 친구들과 함께 단두대에서 죽음을

---

3 김수영, 「시작 노트 2」, 앞의 책, 433쪽.

맞게 됩니다. 함께 처형당한 동지, 시인 카미유는 죽음의 순간에도 "극적으로 운(韻)을 맞춰 죽으려 했"지만, 그의 무지한 아내 뤼실은 남편을 사랑했을 뿐, 남편과 남편의 친구들이 주고받는 예술이나 정치에 대한 대화 따위에는 관심이 없었지요. 그녀가 남편이 죽은 단두대 계단에 앉아 "돌연히", "국왕 폐하 만세!"를 외친 것은 자살행위입니다. 그녀는 사라진 왕정을 위해 그 말을 외치지 않았습니다. 그것은 '미친 짓'이 아닐까요? 그녀는 "공화국의 이름으로" 체포당합니다.

민감한 시기에 민감한 장소에서 말 한 마디의 위력이란 실로 대단한 것입니다. 극중에서 로베스피에르는 다음과 같이 외친 바 있습니다. "혁명정부는 독재주의에 반기를 들고 자유의 전제주의를 표방하고 나선 것이오.(……) 공화국에서는 악덕이 도덕적인 범죄일 뿐만 아니라 정치적인 범죄이기도 하오. 패륜아는 자유의 정적이오. 그가 자유에 대해 공적을 많이 쌓는 것같이 보이면 보일수록 그는 그만큼 위험스러운 존재가 되는 것이오."[4] (당통은 독재정부라고 부르는) 로베스피에르의 혁명정부에 있어 공화국의 자유와 위험을 가르는 백지 한 장의 간격은, 말하자면, 이 "국왕 폐하 만세!" 한 마디에 사라지는 것으로 묘사됩니다. 설령 그것이 그 말 자체의 뜻을 떠난 말이더라도, 뤼실에게는 견딜 수 없는 슬픔으로부터 극적으로 탈출하기 위한 효율적인 도구로서 그 기능을 유감없이 발휘합니다.

3. 행동으로서의 시

아마도 "국왕 폐하 만세!"와 '김일성만세'는 말이 아니라 행동입니다.

---

4 뷔히너, 위의 책, 29쪽.

그 행동이 보여주는 것은 '제때 미치는 것'의 의미입니다. 미치기 위해서는 잠시 숨을 들이마셔야 합니다. "(잠시 생각을 하더니 결심을 한 듯 돌연히)"라는 지문, 그리고 "나는 대한민국에서는/제일이지만//이북에 가면야/꼬래비지요"라는 결구로 마무리된 "예의 〈언론의 자유의 희생자〉를 자처하고 나서려는 제스처의 시"를 쓴 뒤 열하루 동안의 공백은, 이 '제때', 주인공과 화자가 터뜨릴 광기를 모으는 용기(容器)의 수위(水位)가 범람하기까지의 들숨의 시간을 보여줍니다. '제때'는 사후적으로 규정되며, 그 현실 속에서 이 시점은 "잘못된 시간"으로 감지됩니다. 그리고 곧 이어지는 행동, 그것이 "문학은 때로 우리를 추월합니다."[5]라는 말의 뜻일 터입니다.

파울 첼란은 게오르크 뷔히너 상 수상 연설에서 다음과 같이 말합니다. "그(뷔히너)의 '국왕 폐하 만세!'는 더 이상 말이 아닙니다. 그것은 어마어마한 말막힘입니다. (……) 신사 숙녀 여러분, 시는, 죽을 수밖에 없음, 쓸모없음에 불과한 것의 영원성을 선언하는 것입니다." '어마어마한 말막힘'을 어떤 '말'로서 지시했을 때, 그 '말'의 액면 가치와 '말막힘'—거대한 부재— 사이에는 깊은 벼랑과도 같은 날카로운 틈을 만들고 맙니다. **결국 이 같은 거대한 부재를 기괴한 반동적 언어로 눈앞에 드러내버린 언표 행위 주체는 이 감행과 동시에 무저갱 같은 틈새로 자신을 내던져버리는 것이지요.** 김수영 역시 행동으로서의 시에 관해, 혼란한 미완의 4월혁명 정국을 지나 쿠데타가 일어난 지 얼마 후 다음과 같이 쓰고 있

---

5 파울 첼란, 「자오선-게오르크 뷔히너 상 수상 연설」, 『죽음의 푸가』, 김영옥 옮김, 청하, 1986. 이어지는 인용문들은 데리다의 *Sovereignties in Question: the Poetics of Paul Celan*(edited by Thomas Dutoit and Outi Pasanen, Fordham Univ. Press, New York, 2005)에 부록으로 실린 「자오선」의 영역판(제리 글렌Jerry Glenn의 번역)을 참조하여 필자가 군데군데 번역을 수정하였음. 이하 *SQ*로 표기.

습니다. "시 행동을 위한 밑받침. 행동까지의 운산(運算)이며 상승. 7할의 고민과 3할의 시의 총화가 행동이다. 한 편의 시가 완성될 때, 그때는 3할의 비약이 기적적으로 이루어질 때인 동시에 회의의 구름이 가시고 태양처럼 해답이 나오고 행동이 나온다. 시는 미지의 정확성이며 후퇴 없는 영광이다."[6]

그것은 "잘못된 시간"(「사랑의 변주곡」)에 속해 있으며, 니체가 훗날 『이 사람을 보라』에서 "칼을 빼는 것이 나를 만족시킨다는 것, 나의 손목이 위험할 정도로 자유롭게 움직인다는 것, 이것을 증명한다."고 썼던 자신의 『반시대적 고찰(Die Unzeitgemäßen, 캠브리지대 출판부가 출간한 이 책의 영역판 제목은 "잘못된 시간의 명상Untimely Meditations"입니다)』에 대한 스스로의 해설에서 의미하고자 했던 것이기도 하다고 저는 생각합니다. "자유에 대해 공적을 많이 쌓는 것같이 보이면 보일수록 그는 그만큼 위험스러운 존재가 되는 것"이라는 극중 로베스피에르의 말과 "나의 손목이 위험할 정도로 자유롭게 움직인다"는 니체의 말은 '자유'와 '위험'이라는 동일한 핵심어들로 직조되어 있지만, 방향과 힘의 강조점에 따라 완전히 다른 세계 이상을 보여줍니다. "위험스러운"과 "위험할 정도로"는 아직까지는 실제 위험이 아니지요. 두 사람은 '자유'라는 말의 자율성에 서로 다른 이유로 전율하고 있습니다.

4. 터부의 소유주와 시의 현재

어쩌면 우리는 좀 더 세심해질 필요가 있겠습니다. 지적 자율성이 경험적 한계를 뚫고 나가 행동을 성취하는 도약의 순간에는 분명 이중성이

6 김수영, 같은 글, 430쪽.

있습니다. (그것은 또한 '위험한 예감'으로 곧잘 엄습합니다.) 확연한 전복의 시대를 이중 삼중으로 살아본 사람들은 곧잘 '혁명의 이름으로', 혹은 '공화국의 이름으로' 긴급하게 실행되는 일련의 작업들이 곧 독재적 특성을 드러내는 가장 심각한 조치가 되거나, 얼마 지나지 않아 적폐(積弊)로 간주되어 또 다른 표적이 된다는 사실을 증언하곤 합니다. 저울의 팔이 급격히 한 쪽으로 기울자 곧 다른 쪽 팔이 깊숙이 내려갑니다. 플라톤은 소크라테스의 입술을 빌려, '민주정체가 타락하면 참주정체가 도래한다'고 썼지요. 플라톤의 『국가』에 등장하는 참주 역시, 도가 지나친 욕망을 위험으로 간주하는 사람으로 묘사됩니다.

김수영은 저 유명한 산문 「시여, 침을 뱉어라」에서 그레이브스의 말을 인용하면서 시가 문화 투쟁의 첨병임을 천명합니다. "그리고 보면 〈혼란〉이 없는 시멘트 회사나 발전소의 건설은, 시멘트 회사나 발전소가 없는 혼란보다 조금도 나을 게 없는 것 같은 생각이 든다. 이러한 자유와 사랑의 동의어로서의 〈혼란〉의 향수가 문화의 세계에서 싹트고 있다는 것은, 그것이 아무리 미미한 징조에 불과한 것이라 하더라도 지극히 중대한 일이다. 그리고 이러한 문화의 본질적 근원을 발효시키는 누룩의 역할을 하는 것이 진정한 시의 임무인 것이다."[7]

우리는 "시멘트 회사나 발전소가 없는 혼란"을 선뜻 택할 수 있을까요? 그것은 우선, 김수영이 자주 언급했듯이 '사랑'의 유무만이 기준이 되는 방종과 자유 사이의 분별을 요구하고 있지 않은가요? 시멘트 회사나 발전소, 댐과 송전탑과 군사 기지가 당장 없어진다고 해도, 곧 "자유와 사랑의 동의어로서의 〈혼란〉의 향수"가 그 자리를 채울 것이라고 확신할 수 있을까요?

---

7 김수영, 같은 책, 402~3쪽.

자유는 모두의 것일까요? 사회는 그렇다고 말해야 한다고 가르쳐줍니다. 그러나 그것을 자기 규율하는 이만이 이처럼 말할 수 있을 것입니다.

앞서 저는 "국왕 폐하 만세!"가 「김일성만세」의 우회적인 참조점이라고 말했습니다. 이 말은 김수영이 뷔히너를 참조했을 것이라는 의미는 아닙니다. 김수영은 많은 서구 작가들의 작품을 여러 언어로 탐독했지만, 그러한 영향은 옥타비오 파스가 프랑스 시에 대한 독일 낭만주의의 영향에 관해 썼듯이, "텍스트적이라기보다는 효모로서의 역할을"[8] 했습니다. 그것은 일종의 "정신적 분위기를 의미"[9]했습니다. 우연히도 다른 시간과 장소에서 혁명의 시기에 가장 터부시되는 것으로 혁명의 그림자를 드러내는 일이 불가능한 것은 아닐 터입니다. 그럼에도 불구하고 "국왕 폐하 만세!"가 '우회적인' 참조점일 수밖에 없는 까닭은, 형식적으로는 동일한 행동인 것처럼 보일지라도, 터부의 소유주와 화자의 겹이 각기 다르기 때문입니다.

그것은 아마도 1792년 뤼실의 프랑스(아니, 어쩌면 1835년 뷔히너의 독일)와 1960년 김수영의 한국이 달랐던 것처럼 다른 것일 터입니다. "국왕 폐하 만세!"라는 터부는 혁명 이후 혁명 정부의 것이었습니다. '김일성만세'가 한국전쟁 이후, 심지어 4월혁명 이후로도 남한 전체의 터부였던 바와 달리 말입니다. 뤼실은 뷔히너의 희곡과는 달리 실제로는 저런 방식으로 죽지 않았습니다. 그녀는 밀고를 당했지요. 즉, 저 "국왕 폐하 만세!"는 프랑스 혁명이 어떻게 흘러갔는지를 아는 뷔히너가, 이미 역사가 된 혁명 가운데에 새겨 넣은 자신의 목소리입니다. 혁명이 일어나고 40여 년이 흐른 뒤 재구성된 '당통의 죽음'은 혁명 당시의 현실이 아니라

---

8 옥타비오 파스, 「운문과 산문」, 『활과 리라』, 김홍근·김은중 옮김, 솔, 1998, 106쪽.
9 파스, 같은 글, 같은 곳.

1835년 뷔히너의 독일을 겨냥하고 있습니다. 그것은 심미성과 세심한 쾌락주의가 서슬 퍼런 도덕의 위협적인 칼날 아래 머리를 드리웠던 혁명의 어두운 부분을 가리킵니다. 당통과 로베스피에르는 함께 혁명을 완수하고, 1년 반 만에 당통과 그의 친구들은 로베스피에르에 의해 처형당했지만, 석 달 뒤 쿠데타가 일어나자 로베스피에르 역시 단두대에 오르게 됩니다. 우리는 우리가 아는 역사에 관해서는, 그 배경에 기대어 감동할 준비를 하고 있습니다.

「김일성만세」가 김수영이 당면한 '생짜의' 현실을 겨냥하고 있었던 것과는 달리 말입니다. 그것은 혁명정부를 향한 것이 아니라, 혁명에도 불구하고 존속하고 있는 구체제를 겨냥합니다. 그에게 뷔히너의 상상이 덧입혀진 뤼실의 목소리(이미 이루어진 바를 아는 뷔히너의 목소리)를 기입할 수는 없습니다. 그러나 그는 스스로 그러한 고민을 했던 것이 분명합니다. 자기 자신이 외칠 것인가, 익명의 주체에게 이 문구를 양도할 것인가를요. 그렇지 않았다면 '김일성만세'에 따옴표를 치지도 않았을 것이고, 이 시의 제목을 '잠꼬대'로 고쳤다가 다시 원상복구하는 일은 하지 않았을 것입니다. 퇴짜 당하면서 게재를 시도하지 않았을 것입니다. 그러다가 포기하지도 않았을 것입니다. 결국 이 목소리는 지면을 얻지 못했습니다.

누구의 자유인가. 참주나 로베스피에르의 것은 분명히 아닙니다. 왜냐하면, 그들은, 자유의 자율성은 위험하며, 통제되어야 한다고 믿는다는 점에서 인간 일반의 자유의지는 타율을 통해서만 발휘되어야 한다고 믿고 있기 때문입니다. 이 믿음에 의지해서 칼을 휘두르는 자의 손목은 자유를 통해서가 아니라 자동성을 통해 작동합니다. 매뉴얼에 따라 움직이는 손목은 성찰과 반성을 잊어버린 자동기계가 되어버립니다. 그것은 로베스피에르의 단두대처럼 규칙적으로 "민중에게 모가지들을 던져줄" 수도 있고, 제2공화국의 '육법전서'처럼 러닝머신 위에서 제자리 뛰기가 될 수도 있습니다.

우리는 김수영이 세상을 떠난 지 40년 만에 제2공화국을 일갈하는 그의 목소리를 듣습니다. 그의 「김일성만세」는 '김일성 사망' 이후에 왔습니다. 그것은 고성이나 작렬하는 프로퍼갠더라기보다는 따끔한 일침에 가깝지만, 단지 그 일침 속에 금기어가 들어 있다는 이유로 봉쇄되었던 목소리입니다. 혁명은, 뷔히너가 사후(事後)에 그린 프랑스 혁명처럼, 처음에는 체제를 바꿀 뿐 아니라 터부도 극단적으로 바꾸는 것이 아닐까요? 일련의 사건들을 사후에 혁명이라고 명명할 때, 우리는 그 모든 터부들이 부단히도 지워져가는 과정 속에 우리가 여전히 놓여있다는 사실을 알게 되는 것이 아닐까요? 터부를 만지는 일, 그것을 던지는 일은 자동화된(automatized) 손목이 아니라 자율하는(autonomous) 손목만이 할 수 있는 일이 아닐까요? 자율하는 손목은 그것을 조금씩 건드려 밀 수도 있고, 밀어서 떨어뜨릴 수도 있고, 던져서 깨뜨릴 수도, 하나의 터부로 다른 터부를 때림으로써 모두를 부술 수도 있겠지요. 그러나 그것은 언제나 사후적으로 규정될 뿐, 언제나 '현재' 속에 있는 자율적인 개인들—모든 언어들을 세심하게 만지작거리고 있는 시인들은 그것을 언제나 '집중(concentration)' 속에서 살아냅니다.

강제수용소(concentration camp) 출신인 첼란의 말을 빌리자면, "시가 자기와 만나는 모든 것에 바치려 하는 주의력은 세세한 것에 대한, 윤곽에 대한, 구조에 대한, 빛깔에 대한, 또는 〈경련〉과 〈암시〉에 대한 더욱 날카로운 감각은, 이 모든 것은, 내 생각에는 나날이 더욱 완벽해지는 기계들과 경쟁하는 눈[眼]이 얻어낸 성과가 아니라 오히려 우리의 시점을 모두 다 잊지 않고 기억하는 집중입니다. 벤야민이 쓴 카프카 연구에 나오는 말브랑슈의 말을 인용하면, '집중은 영혼의 자연스러운 기도'입니다."¹⁰ 그러한 집중된 현재 속에서 다음과 같은 언명이 가능해지는 것일 터입니다. "시는 문화를 염두에 두지 않고, 민족을 염두에 두지 않고, 인류를 염두에 두지 않는다. 그러면서도 그것은 문화와 민족과 인류에 공헌하고 평화에 공헌한다. 바로 그처럼 형식은 내용이 되고 내용은 형식이 된다. 시는 온몸으로, 바로 온몸을 밀고 나가는 것이다."¹¹

이 글을 서술하는 도중 김수영과 뷔히너를 동시에 떠올린 것은 '김일성 만세'와 "국왕 폐하 만세!"의, 시적 행동으로서의 공통된 특질 때문이었겠지만, 또한 동시에 첼란을 떠올린 것도 우연은 아닌 듯합니다. 첼란은 표면적으로는 뷔히너 상 수상 연설 속에서 저 말을 인용하고 있기 때문에 제 의식 표면에 떠올라왔습니다만, '집중'에 대한 집중 때문에 김수영과 곧바로 조우합니다. 두 사람 모두 수용소 출신이기 때문만은 아닙니다.

첼란은 저 연설문을 자신의 양친을 가스실로 몰아넣었고, 자신을 강제수용소에 가두었고, 자신에게 상을 준 독일인들 앞에서 읽고 있습니다. 저 독일인 청중들은 그가 왜 시의 고독과 타자와의 조우로서의 시작을 곧장 '집중'이라는 단어로 압축하고 또 곧바로 그 단어를 '주의력'이라는 다른 낱말로 변환했는지 그 자리에서 깨달을 수 있었을까요?¹² 4월혁

---

10 첼란, 앞의 책, 138~9쪽.
11 김수영, 같은 글, 같은 책, 403쪽.
12 이 글이 발표되었을 때, 토론을 맡았던 권희철 선생은 첼란의 원문에서 '집중'과 '주의력'이 다른 단어로 씌었으며, 따라서 '강제수용소'를 떠올리는 '집중'이라는 단어를 첼란이 딱히 강조한 것은 아닐 수도 있다는 요지의 견해를 제출한 바 있다. 독일어 원문은 나의 능력 밖으로, 참조할 수 없었지만, 내가 참조한 상기 영역본에 이 두 단어는 'concentration'과 'attention'으로 각각 표기되어 있는바, 나로서는 'attention' 역시 오히려 청중의 주의를 'concentration'의 연상으로 집중시키기 위해 이중적으로 사용된 것으로 생각된다. 다른 한편으로는 'attention'의 또 다른 의미-'차렷'이나 '주목' 같은- 역시 군사 용어라는 점은 이 단어가 'concentration'의 어의 상 유사성에 따른

명이 겨우 두 달여 지났을 때 "제2공화국! 너는 나의 적이다."라고 일기
에 적은 김수영이 제2공화국의 눈앞에 「김일성만세」를 내밀었을 때,
공화국은 그 의미를 눈치 챌 수 있었을까요? 앞선 인용문에 이어 첼란은
다음과 같이 말합니다. "시는 대화가 됩니다.—그것은 때로 절망적인 대
화인 것입니다."

5. 숨돌림, 나 – 적(敵)

이제 들숨과 날숨을 지나 숨돌림의 순간이 오고 있는 듯합니다. '김일
성만세'와 "국왕 폐하 만세!"는 데리다가 '미친 짓'이라고 부르는 윤리처
럼 "잠시 생각을 하더니 결심한 듯 돌연히" 실행되었지만, 그러한 작열의
시간이 지나고 숨을 돌릴 시간이 오면, '현재' 속에서 적(敵)은 수건돌리기
놀이의 술래처럼 언제까지나 자기의 자리를 남겨두고 있는 것처럼 보입
니다. '김일성만세'의 '김일성'의 자리처럼, "국왕 폐하 만세!"의 "국왕 폐
하"의 자리처럼 말입니다. 그 자리에는 무엇이든 들어올 수 있습니다.
4월혁명 직전에 쓴 「하 …… 그림자가 없다」에서 김수영은 사방에 편
재하는 적에 관해 썼습니다만, 23일 뒤 이승만 하야 소식이 보도된 26일
에 그는 명백한 적이 된 '그놈'(이승만)에게 초점을 맞춥니다. 또 한 달
후에는 "육법전서"에 의지해 혁명을 바라는 자들과 그들에게 속고 있는
"그대들", 또 한 달 후에는 "제2공화국", 또 게다가 몇 달 후에는 "저항

연상뿐 아니라 역사 경험 주체로서의 일관된 특정 장소와 시간을 지시하는 계열체라는
점을 지지한다. 데리다 역시 「자오선」을 중심으로 한 첼란 시론으로서의 "쉽볼렛
Shibboleth"을 사실상 수용소를 떠도는 재와 연기에 대한 만가(輓歌)로 채우면서 첼란
이 쓴 'concentration'의 용법을 또 한 번 이중으로 받아 사용하는 세심한 주의집중을
보여준다(SQ).

시"(「눈」) …… 그리고 "5·16 이후의 나의 생활도 생활이다"라는 「전향기」
의 진담 반 농담 반 가면의 고백. 가볍게 보이는 이 고백은 뷔히너의 「렌
츠」의 마지막 문장, "자신의 존재가 필연적인 짐처럼 느껴졌다. ─이렇게
그는 계속 삶을 지탱하고 있었다."처럼 비애가 어려 있습니다. 적의 차례
는 '나'에게까지 돌아온 것입니다. 이 지속적으로 몸을 바꾸고 있는 '적'
의 적성(適性)을 훗날, 그는 다음과 같이 갈파합니다.

> 우리는 무슨 적이든 적을 갖고 있다
> 적에는 가벼운 적도 무거운 적도 없다
> 지금의 적이 제일 무거운 것 같고 무서울 것 같지만
> 이 적이 없으면 또 다른 적─내일
> 내일의 적은 오늘의 적보다 약할지 몰라도
> 오늘의 적도 내일의 적처럼 생각하면 되고
> 오늘의 적도 내일의 적처럼 생각하면 되고
>
> 오늘의 적으로 내일의 적을 쫓으면 되고
> 내일의 적으로 오늘의 적을 쫓을 수도 있다
> 이래서 우리들은 태평으로 지낸다
>
> 〈1965. 8. 5〉
> ─「적 1」 전문

 그리고 몇 달 뒤 마지막 행의 자기 희화화는 「어느 날 고궁을 나오면
서」라는, 혹자들은 소시민의식이라고 부른, 뼈아픈 고백을 낳지요.
 아마도 '혁명'은 '혁명'이라는 명명 과정까지를 포괄합니다. 그 공과의
해석까지를 포괄합니다. 적과 터부의 자리바꿈, 그 돌림노래가 자기 이
름을 포함할 때까지 계속됩니다. 그 돌림노래의 세부를 때리고 어루만지
고 '나'와 이웃과 원수가 같은 울림으로 돌아올 때까지 계속됩니다. 그리
하여 예외적으로 날짜가 표기 되어 있지 않은 1961년의 「사랑」, "어둠

속에서도 불빛 속에서도 변치 않는/사랑을 배웠다 너로 해서//그러나 너의 얼굴은/어둠에서 불빛으로 넘어가는/그 찰나에 꺼졌다 살아났다/너의 얼굴은 그만큼 불안하다//번개처럼/번개처럼/금이 간 너의 얼굴은" 이라는 아름답고 설움에 찬 희망과 환멸이 교차하는 노래는 6년의 숨돌림 후에야 시인의 가슴속에서 현재하는 역사가 되어 변주되지 않았을까요? "간단(間斷)도 사랑/(……)/눈을 떴다 감는 기술──불란서혁명의 기술/최근 우리들이 4·19에서 배운 기술/그러나 이제 우리들은 소리 내어 외치지 않는다". 대신, 그 "불란서혁명의 기술/최근 우리들이 4·19에서 배운 기술"은, 시인을 통해 적대의 돌림노래를 확장하고 근사한 후렴구를 우리에게 선사해주었습니다. "복사씨와 살구씨가/한번은 이렇게/사랑에 미쳐 날뛸 날이 올 거다!/그리고 그것은 아버지 같은 잘못된 시간의/그릇된 명상이 아닐 거다".

그리고 우리에게는 우리의 경험, 각자의 적과, 절망적인 대화와, 자리를 바꾸는 적의 돌림노래와, 그것을 확장하는 우리 자신의 또 다른 멜로디와 조성과 리듬이 있습니다. 그러나 그것을 '살아내야 한다'는 것을 가르쳐준 것은 저 피로한 생활을 시로 써내면서, 극복하면서, 거기서 피로를 결코 누락시키지 않았던 이 시인의 "위험할 정도로 자유롭게 움직이는 손목"입니다. 시를 이행할 때 그의 손목은 그의 전체였으며, 언제나 모든 것이 동시에 일어나는 '현재' 속에 있었습니다. 언제나 현재를 사는 시인의 자리는 늘 잘못된 시간에 있고, 잘못된 시간에 있어야 한다고 니체는 가르쳐주고 있습니다만, 그 피로가 낳은 명상이 분명 "그릇된 명상"은 아닐 것입니다. 이 명상은 아직 계속 변주중일 것입니다.

'시란 무엇인가'라는 질문은 무엇인가?

김수영의 「시여, 침을 뱉어라」에 붙여

강동호
연세대학교

1. 시와 시론 사이에서

말년에 씌어진 김수영의 시론들을 읽다보면 시와 관련된 수많은 테제들이 일종의 비의적(秘儀的)인 색채를 머금고 텍스트 내부에 은둔하고 있는 것 같다는 인상을 받는다. 물론 김수영 시론의 매력은 기본적으로 내용 층위에서 보여주는 사유의 예리함으로부터 비롯되는 것이겠으나, 많은 경우 그것이 그 내용을 떠받들고 있는 시인 특유의 수사적 활력과 낭만주의적 과격함에 의해 견인되고 있다는 사실을 간과할 수는 없을 것이다. 김수영은 시와 세계에 대한 사유들을 논리적으로 건축하는 편이라기보다, 그의 직관적인 생각들을 파편적인 아포리즘들로 흩뿌려 놓는 편에 가까웠다. 난해한 시에 버금가는 시론의 난해성은 어떤 산만함 때문에 비롯된 것이지만, 공교롭게도 이 산발성은 독자로 하여금 독서의 다양성을 열어 놓게 만드는 해석학적 창구의 역할을 하기도 했다. 반면, 일각에서는 같은 이유로 김수영의 시적 사유를 이성적이고도 체계적인 시론에 미달한 것으로 간주하기도 한다. 김수영의 시론이 난삽하고 진지하지 못하다는 평가와 그의 시적 사유 도처에 논리적 공백이 발견된다는 진단

에는 분명 얼마간의 진실이 담겨 있을지도 모른다. 그러나 그의 시론들이
종종 논리적 산문으로부터 이탈하고 급기야 스스로를 한편의 시로 육화
시키려고 할 때, 놀랍게도 그의 글들은 현대시의 존재태와 더불어, '시론'
의 존재론에 대된 중요한 물음을 직접적으로 제시/상연(Darstellung)하는
데 성공하는 것처럼 보인다. 가령 다음과 같은 대목들을 떠올려보자.[1]

> 시는 온몸으로, 바로 온몸을 밀고 나가는 것이다. 이 시론도 이제 온몸
> 으로 밀고 나갈 수 있는 순간에 와 있다. '막상 시를 논하게 되는 때에도'
> 시인은 '시를 쓰듯이 논해야 할 것'이라는 나의 명제의 이행이 여기 있다.
> ─「시여, 침을 뱉어라」중에서

그 유명한 '온몸의 시학'을 역설하는 과정에서 김수영은 우리에게 하
나의 수수께끼와 같은 물음을 던졌다. 시론도 역시 "시를 쓰듯" 써야한
다는 명제가 바로 그것이다. 얼핏 보면 시인으로서 천명할 수 있는 자연
스러운 수사적 발언처럼 들리지만, 같은 글에서 그가 앞 진술의 전도된
형태의 명제("지극히 오해를 받을 우려가 있는 말이지만, 나는 소설을 쓰는 마음
으로 시를 쓰고 있다")를 제기했다는 사실을 기억한다면, 그 언술들에 김수
영만의 특정한 의도가 담겨있다는 심증을 지우기가 어렵다. 만약 정색하
고 그 의미를 따지고 들면서 김수영의 글을 읽게 되었을 때 우리가 이
말을 단순히 수사적 제스처에 국한하지 않고 시론의 존재론적 의미, 나
아가 현대시의 이념에 대한 흥미로운 물음들을 내장하고 있다고 믿을
수 있는 것도 같은 이유에서이다.

이 시점에서 우리는 그간 한국현대시사에서 시에 대한 수많은 메타적

---

1 이 글에서 인용되는 김수영의 글은 『김수영 전집 2』, 민음사, 2003에서 발췌했다.
   이하 인용되는 대목은 쪽수로만 표기.

물음(시론)들이 제출된 바 있으나 이 물음들이 제기된다는 사실 자체가 과연 무슨 의미를 지니는지, 즉 시론과 실제 시 작품들과 어떤 관계를 맺고 있는지 탐구되었던 사례가 그리 많지 않았다는 사실을 기억해야 한다. 이를테면 이렇게 물어보자. 시인에게 있어 시론은 어떤 존재인가? 그것은 시에 대한 보충적인 성격을 지니는 텍스트인가, 아니면 현존하는 개별 시작품들에 대한 평가의 척도로서 기능하는 일련의 기준점인가? 시와의 관계에 있어 시론이 존재론적으로 종속되어버릴 때 그것은 시에 대한 미적 판단의 근거를 제공해주는 소극적 위치에 머물게 되며, 반대로 시론에 지나친 인식론적 권한이 부여될 때 시는 시론의 이론적 정합성을 사후적으로 예증해주는 개별적 구성요소들로 기능할 뿐이다.

김수영의 위 테제에 주목하는 이유는 그것이 시와 시론과의 관계를 다소나마 통합적으로 사유하려고 했던 드문 사례 중 하나로 간주될 수 있기 때문이다. 어쩌면 '시를 쓰듯이 시론을 쓴다', '소설(산문)을 쓰는 마음으로 시를 쓴다'라는 김수영의 급진적인(!) 명제들에는 시에 대한 개념적 사유와 시적 실천(시작) 사이의 새로운 관계를 설정할 수 있는 단서가 배태되어 있는지도 모른다. 가령, '시론'이라는 존재 자체가 어떻게 현대시의 태동에 필연적으로 관여하는지에 대한 철학적 물음 같은 것으로 말이다.

2. 시에 대한 무지

다시 물어보자. 왜 시인은 시를 쓰듯이 시론을 써야 한다고 말했을까? 이 물음이 제기되는 과정을 진지하게 따라갔을 때, 우리는 이러한 물음들에는 그가 기왕에 존재했던 수많은 시에 대한 산문의 의미를 근본에서부터 뒤바꾸고자 하는 혁명적 기획이 내장되어 있음을 알 수 있을 것이다. 그러기 위해서 우선은 시인이 일반적인 시론에 대해 다분히 부정적으로 인식하고 있다는 사실에서 출발해야 한다. 논의의 편의를 도모하는 차원에서 그가 64년에 쓴 「시인의 정신은 미지(未知)」의 첫 대목을 경유해보자.

> 시의 정신과 방법? 시 쓰는 사람이 어떻게 자기 시의 정신과 방법을 나는가? 그것은 장님이 코끼리를 만지는 식의 우(愚)를 범하는 일이다. 시인은 자기의 시에 대해서 장님이다. 그리고 이 장님이라는 것을 어느 의미에서는 자랑으로 삼고 있다. 도대체가 시인은 자기의 시를 규정하고 정리할 필요가 없다.
>
> ─「시인의 정신은 미지(未知)」, 253쪽.

단언하듯이 김수영은 시를 쓰는 사람이 자기 자신의 시 쓰는 정신과 방법에 대해 규정하고 정리할 필요 없다고 말하고 있다. 무엇보다 "시인은 자기의 시에 대해서 장님"이어야 하며, 따라서 시인 스스로 시에 대해 개관(槪觀)하려는 욕망 자체를 포기할 수 있어야 하기 때문이다. 이처럼 시에 대한 무지(無知)를 김수영의 포기할 수 없는 전제의 한 축으로 인정한다면, 김수영이 애초에 시론을 매우 부정적인 시선으로 바라보는 사연을 이해하는 것은 그리 어렵지 않다. 그러나 그렇다고 해서 김수영이 시론을 완전히 폐기한 것은 아니다. 「시여, 침을 뱉어라」도 사실 '시란 무엇인가'라는 물음에 대한 김수영만의 독창적인 대답, 즉 일종의 시론이라고 할 수 있으니 말이다. 한 걸음 더 나아가, 이러한 무지(無知)의 상태가 김수영 시론을 이루는 최소한의 방법론 원칙을 이룬다고 생각할 여지도 없지 않다. 바꿔 말해 김수영은 겉으로 드러난 의미와 다르게 이와 같은 판단이 은밀하게 김수영이 생각하는 시작의 최소 원칙을 내세우는 중인 셈이다. 그렇다면 시인은 자기도 모른 채 일종의 자기배반적인 모순에 처한 것은 아닌가?

물론 이러한 물음에 그렇다고 단언할 수는 없을 것이다. 그러나 최소한 이 대목에서 김수영이 어떤 딜레마 상태에 놓일 수밖에 없다는 것은 분명하다. 이른바 김수영은 진정한 시인이라면 시에 대해 말할 수 없다는 명제와 그럼에도 불구하고 시에 대해 말하지 않을 수 없다는 두 입장의 충돌을 목격하는 중이었다. 김수영의 시론은 이러한 난제를 타개해 나가는 방식으로, 더 정확히 말해 그와 같은 난제를 변증법적으로 지양하는 과정과 자신만의 시론이 씌어지는 과정이 일치할 수 있기를 바랐고, 또 그러한 방식에 자신의 시학적 입장을 의탁하기까지 한 것이다.

그러한 맥락에서 '시를 쓰듯이 시를 논한다'라는 의제를 제시하는 대목은 김수영이 '시란 무엇인가'라는 물음에 대한 직접적인 대답을 피하고, 대신 질문의 차원을 조금은 다른 지평에 배치시키는 길을 택한다는 것으로 받아들일 수 있을 것이다. 요컨대, 김수영의 문제의식을 이렇게 정리할 수 있을 것이다. 시인이 '시란 무엇인가'에 대해 직접적으로 답하는 것을 피하면서도 시론 자체의 가능성을 전면 부인하지 않기 위해서는 시를 쓰듯이 시에 대해 논해야 한다. 왜 그런가? 이에 대해 답하기 위해 김수영은 앞서의 명제를 이루는 두 개의 하위 진술, 즉 '시를 쓴다는 것'과 '시에 대해 논하는 것'이 각각 어떤 의미를 가질 수 있는 지를 논하기 시작한다. 이러한 논지의 전개는 이른바 '시란 무엇인가'라는 질문을 "'시란 무엇인가'라는 질문은 무엇인가"라는 형태의 질문으로, 그 층위를 옮기는 것을 뜻한다. 이것은 아주 사소한 변화처럼 보이지만, 김수영의 시론이 마침내 여타의 한국 시론과 완연히 다른 개성을 획득하게 만든 중요한 분기점이기도 하다. 계속 그의 말을 경청해보자.

그러면 시를 쓴다는 것은 무엇인가. 그리고 시를 논한다는 것은 무엇인가. 그러나 이에 대한 답변을 하기 전에 이 물음이 포괄하고 있는 원주가 바로 우리들의 오늘의 세미나의 논제인, 시에 있어서의 형식과 내용의 문제와 동심원을 이루고 있다는 것을 우리들은 쉽사리 짐작할 수 있는 것이다. 따라서 시를 쓴다는 것 – 즉, 노래– 이 시의 형식으로서의 예술성과 동의어가 되고, 시를 논한다는 것이 내용으로서의 현실성과 동의어가 된다는 것도 쉽사리 짐작할 수 있는 것이다. (398쪽)

"쉽사리 짐작할 수 있"다고 말했지만, 읽는 사람의 입장에서는 저 말이 무엇을 뜻하는지 짐작하는 것이 그리 쉽지는 않다. 어째서 시를 쓴다는 것이 시의 형식과 동의어이고 시를 논하는 것이 시의 내용에 대응될 수 있을까. 이에 대한 답을 바로 찾기는 어렵지만, 최소한 그가 시를 쓴다는 사실 자체를 시의 형식과 대응시키는 과정이 앞서 우리가 살펴본 전제, 즉 시인은 자기 시에 대해 알지 못한다는 전제 위에서 이루어진다는 것은 확인할 수 있을 것 같다. 시의 예술성은 비유하자면 시의 형식을 이루며, 따라서 그것에 대해서는 오직 시를 쓴다는 행위 외에는 이를 증명할 방법이 없다. 과연 김수영은 다음 단락에서 "아직도 시를 쓴다는 것이 무엇인지를 잘 모른다."라고 고백하면서 문제를 또다시 최초의 시에 대한 규정 불가능성으로 되돌리는 장면을 연출한다.

사실은 나는 20여 년의 시작 생활을 경험하고 나서도 아직도 시를 쓴다는 것이 무엇인지를 잘 모른다. 똑같은 말을 되풀이하는 것이 되지만, 시를 쓴다는 것이 무엇인지를 알면 다음 시를 못 쓰게 된다. 다음 시를 쓰기 위해서는 여태까지의 시에 대한 사변(思辨)을 모조리 파산(破算)을 시켜야 한다. 혹은 파산을 시켰다고 생각해야 한다. (398쪽)

김수영은 이 설명 불가능함의 원인이 "시에 대한 사변을 모조리 파산"

해야만 시를 쓸 수 있기 때문이라는 점과 관련 있음을 보태어 말하는데, 우리가 주목해야 할 것은 이 부분에서 일종의 반복 현상이 나타날 수밖에 없다는 사실이다. 시인 자신도 "똑같은 말을 되풀이하는 것"이라고 하거니와 그것은 그가 시인이 말했듯이 진정한 시인은 자신의 시에 대해 말할 수 없다는 애초의 포기할 수 없는 전제와 관련되며, 이것에 대해 천착할 때 결국 끝없는 동어반복적인 대답밖에 할 수가 없는 것이다.

반면, '시를 논한다'라는 행위는 사정이 조금 다르다. 왜냐하면 '시를 논한다'라는 것이 무엇인지에 대해서는 조금이라도 논의를 진행할 수 있기 때문이다. 그는 한편으로 시가 '미지'와 '파산' 위에 서 있어야 한다고 말하면서도, 시론에 대한 모험적인 성격과 그 의의에 대해서는 완벽히 침묵하지는 않는다. 그가 느닷없이 산문의 의미에 대해 말하면서, 어떤 변증법적인 긴장에 대해 말하는 까닭도 그와 같다.

> 그러면 이번에는 시를 논한다는 것이 무엇인지를 생각해 보자. 나는 이미 〈시를 쓴다〉는 것이 시의 형식을 대표한다고 시사한 것만큼, 〈시를 논한다〉는 것이 시의 내용을 가리키는 것이라는 전제를 한 폭이 된다. 내가 시를 논하게 된 것은 - 속칭 〈시평〉이나 〈시론〉을 쓰게 된 것은 - 극히 최근에 속하는 일이고, 이런 의미의 〈시를 논한다〉는 것이 시의 내용으로서 〈시를 논한다〉는 본질적인 의미에 속할 수 없다는 것을 알면서도, 구태여 그것을 제 1의적인 본질적인 의미 속에 포함시켜 생각해 보려고 하는 것은 논지의 진행상의 편의 이상의 어떤 의미가 있을 것 같기 때문이다. 구태여 말하자면 그것은 산문의 의미이고 모험의 의미이다. (398쪽)

산문이란, 세계의 개진이다. 이 말은 사랑의 유보로서의 〈노래〉의 매력만큼 매력적인 말이다. 시에 있어서의 산문의 확대작업은 〈노래〉의 유보성에 대해서는 침공적이고 의식적이다. 우리들은 시에 있어서의 내용과 형식의 관계를 생각할 때, 내용과 형식의 동일성을 공간적으로 상상해서, 내용이 반, 형식이 반이라는 식으로 도식화해서 생각해서는 아니 된다. 〈노래〉의 유보성, 즉 예술성이 무의식적이고 은성적이기는 하지만 그것은 반이 아니다. 예술성의 편에서는 하나의 시작품은 자기의 전부이고, 산문의 편, 즉 현실성의 편에서도 하나의 작품은 자기의 전부이다. 시의 본질은 이러한 개진과 은폐의, 세계와 대지의 양극의 긴장 위에 서 있는 것이다.(399쪽)

다분히, 하이데거의 색채가 느껴지는 위 대목에서 노래와 산문은 서로 변증법적인 긴장 위에 서 있는 것처럼 보인다. 여기서 우리가 확인할 수 있는 것은 노래와 산문이 자신의 직분만큼 스스로의 역할을 공평하게 나누고 있지 않다는 것이다. 노래는 그 자체로 전부이며, 산문 역시 그 전부에 해당한다. 의식과 무의식이 서로 완전히 구별되는 것이 아니라, 각각이 전부라고 스스로의 가치를 주장할 수 있는 것처럼 시론과 시 역시 서로 구분되는 것이라기보다는 완벽하게 서로를 포괄하고 있어야 한다는 것이다.

3. 시의 이념으로서의 산문

「시여, 침을 뱉어라」가 지니고 있는 난삽함을 이해하기 위해서는 이러한 김수영의 시적 자의식에 대한 이해가 필수적이다. 말하자면, 그의 시론이 그가 제시하고 있는 시론의 직접적인 체현일 수밖에 없다는 뜻이다. 그것은 김수영이 스타일리쉬한 포즈를 취하고 싶었기 때문이라기보다는 그가 전제로 한 시작 원리의 논리적인 일관성을 추구했기 때문이다. 그가 만약 상쾌하고 명쾌하게 정리된 시론을 지니고 있다면, 그의 시론은 그의 시학적 이념이 추구하는 정당성을 시론이 배반하게 된다. 그러나, 앞에서도 계속해서 살펴보았듯이, 시론은 시로부터 독립된 어떤 특수한 존재가 아니라, 언제나 시 안에 내장되어 있으면서도 숨겨져 있는 시의 이상적인 내용, 즉 이념에 가까운 것이다. 놀랍게도 이것은 일찍이 벤야민이 말했듯, 독일 초기 낭만주의의 예술적 정신과 맞닿는 대목이기도 하다.

비평은 예술 작품 자체가 수행하고 또 숨기고 있는 비밀스러운 경향을 밝히는 것에 다름 아니다. 그것은 작품 그 자체의 의미에 속해 있다. 다시 말해 예술 작품의 성찰 과정에서 비평은 예술 작품을 넘어서 그것을 절대적인 것으로 완성해야 한다. 이것은 분명한 사실이다. 독일 낭만주의자에 있어 비평은 단순히 예술 작품에 대한 판단(평가)에 머무르지 않고 그것을 완성시키는 역할을 한다. 이러한 맥락에서 낭만주의가 시와 비평 사이의 구별을 철폐하고 다음과 같이 선언하면서 '시적 비평'을 요구한 것이다. "시는 오로지 시를 통해서만 비평될 수 있다. 그 스스로가 예술 작품이 아닌 미적 판단은 예술의 영역 안에서 시민권을 얻을 수 없다.", "이러한 시적 비평은 이미 표상된 것을 새롭게 제시할 것이고, 원기를 회복하도록 도울 것이다."[2]

시의 이념은 스스로의 개별성을(슐레겔이 찾고 있었던) 산문(prose)의 형식에서 발견했다. 초기 낭만주의자들은 그것과 관련하여 '산문'이라는 형태 외에 더 적합한 심급을 찾아내지 못했다. 이처럼 언뜻 역설적으로 보이는 그러나 진실을 담고 있는 근본적인 직관에 의해 그들은 예술 철학에 대한 새로운 근거지를 찾을 수 있었다. 이러한 기초 지대로부터 초기 낭만주의의 모든 예술 철학, 특히 비평 개념은 그 명백한 우회로를 경유하여 다음과 같은 지점에 도달할 수 있었다. **시의 이념은 산문이다.** 이것이 예술 이념의 최종형이며, 소설의 이론이 내장하고 있는 진정한 의미이다.[3](강조는 인용자)

---

2 Walter Benjamin, 'The Concept of Criticism in German Romanticism', *Selected Writings v. 1*, Belknap Press, 1996, pp. 153~154.

3 Ibid. p. 173.

시의 이념으로서의 산문. 그것은 시가 산문이 되어야 한다는 뜻이 아니라 시의 이념이 산문적인 정신과 통한다는 뜻이며, 이러한 이념을 추구하기 위해서는 예술작품의 수준으로까지 도약한 시적 비평이 필수적이라는 뜻이기도 하다. 즉, 시론은 이상적으로는 시에 포함되어야 할 요소이면서 동시에 시 자체여야만 한다. 그러나 그것은 김수영이 끊임없이 제어하고 있는 것처럼 어떤 완성된 형태의 산문을 의미하는 것이 아니다. 오히려 시인이 말하고자 했던 것은 그러한 이념이 끝내 완성될 수 없는 형태로 존재해야 하며, 그 완성 불가능성의 결과를 유도하는 존재 자체가 바로 시여야 한다는 사실이다. 시를 쓰듯이 시론을 써야 한다고 했을 때 김수영이 염두에 두었던 것은 바로 그것이다. 그렇다면 이것은 일종의 패러독스가 아닌가? 그러나 김수영이 어떤 오해를 무릅쓰고서라도 그러한 패러독스를 연출했던 것은 그가 보기에 그러한 역설이 시의 현대성을 이루는 중요한 모태였기 때문이다. 가령 다음과 같은 대목을 보라.

> 포기의 소리는 이때 들렸다. 엄격히 말하자면 이것도 포기를 포기하라는 소리, 포기의 포기다. 포기의 포기의, 또 포기도 되고 그 뒤에 〈…… 또 포기〉가 무수히 계속될 수 있는 마지막 포기다. 이것을 김춘수 같은 사람은 〈역설〉이라고 간단히 말해 버리지만 그는 현대에 있어서의 역설의 진정한 의미를 모른다. 역설의 현대적 의미를 아는 사람이 우리 평단에는 한 사람도 없다.
>
> -「시작노트 5」, 443~444쪽.

'역설의 현대적 의미'라고 했을 때, 김수영이 강조하고 있던 것은 단순히 수사적인 차원에서의 패러독스가 아니라 현대의 근본 요체로서의 역설이다. 그리고 이러한 역설의 구조가 시인은 시를 알 수 없다는 기본

명제와 모험의 개진으로서의 시론이 지니고 있는 대립적인 관계와 대응된다는 것을 이해하는 것은 그리 어렵지 않다. 이를테면, 이렇게 요약될 수 있을 것이다. 우리는 시에 대해 말할 수 없다. 그렇다면 시에 대해 말하는 것이 무엇인지에 대해서는 말해볼 수 있다. 그러나 진정한 시론 역시 어떤 의미에서는 시와 다를 바가 없기에, 우리는 시론에 대해 이야기할 때에도 시를 쓰듯이 논해야 한다. 그러므로 이들은 서로 대립하면서 통합하고, 서로를 배신하면서 포괄한다. 이것은 역설이지만, 이 역설의 현대적인 의미를 알고 있어야만 진정한 의미의 현대성, 즉 자기 자신까지 끊임없이 포기하는 갱신의 존재태가 불완전한 방식으로 완성된다. 그의 '온몸'의 시학은 이러한 사실을 보여주는 탁월한 비유이다.

> 시작(詩作)은 〈머리〉로 하는 것이 아니고 〈심장〉으로 하는 것도 아니고 〈몸〉으로 하는 것이다. 〈온몸〉으로 밀고 나가는 것이다. 말하자면, 온몸으로 동시에 밀고 나가는 것이다.
> 그러면 온몸으로 동시에 무엇을 밀고 나가는가. 그러나 ―나의 모호성을 용서해 준다면― 〈무엇을〉의 대답은 〈동시에〉의 안에 이미 포함되어 있다고 생각된다. 즉, 온몸으로 동시에 온몸을 밀고 나가는 것이 되고, 이 말은 곧 온몸으로 바로 온몸을 밀고 나가는 것이 된다. 그런데 **시의 사변에서 볼 때, 이러한 온몸에 의한 온몸의 이행이 사랑이라는 것을 알게 되고, 이것이 바로 시의 형식이라는 것을 알게 된다.**[4] (강조는 인용자)

여기서 '온몸'이라는 것이 '머리'(논리/산문)와 '심장'(감성/시)의 통합에 대한 비유라는 것은 어렵지 않게 확인할 수 있다. 많이 인용되는 매력적인 대목이지만, 우리가 조금 더 주목하고자 하는 것은 '온몸'이 밀고 나가는 대상이 바로 '온몸'이라는 것이다. 이러한 대답은 매우 모호하게 들

---

4 「시여, 침을 뱉어라」(1968), 『전집 2』, 398쪽.

린다. 그러나 그러한 모호성은 앞서 살펴본 역설처럼 어딘지 불가피한 측면이 있다. 왜냐하면 이 모호성이라는 것이 앞에서 계속 확인했던 것처럼, 근본적으로 시와 시론의 통합의 필요성, 그리고 거기에서 자연스럽게 연역되는 시론의 불가능성에서 비롯되는 것이기 때문이다. 온몸의 재귀적인 운동 양태는 그가 끝내 시에 대해서 완벽하게 개관하는 것이 불가능하다는 사실에서 발생한 비유적인 형상이며, 나아가 그럼에도 불구하고 그것이 온전하게 무의미하지 않고 나아가서는 시의 현대성을 이루는 중요한 역설임을 드러내는 시적인 형상이기도 하다. 그러므로 이러한 재귀적이고 자기 지시적인 운동태는 자기의 완결성을 끊임없이 지연시키고 내부적으로 어떤 성찰의 불가능성을 확인시키면서 궁극적으로는 성찰을 끊임없이 촉발시킨다. 이러한 시론의 해체가 드리울 수 있는 것은 어쩌면 그저 '모호성'으로 점철된, 그 무엇도 규정할 수 없는 불가능한 언표 행위이지만 "사유가 무능함을 드러내는 곳에서 사유는 자신에게로 돌아올 수 있으며, 바로 그러한 조건에서만 역설적으로 '사유에 대한 사유'가 가능해"[5]지기도 한다.

그렇다면 결과적으로 '시는 무엇인가?'라는 물음에 대한 대답은 오직 끝없이 스스로를 연기하고 속이는 과정 속에서, 그저 끝없이 질문만을 활동케 하는 형식 속에서 공허하고도 불완전하게 환기될 수 있는 것은 아닌가? 다시 강조하거니와 중요한 것은 이 질문이 고집스럽게 제기되어야 하고 그에 대한 대답의 한 방식으로 미래의 미정형적 시간축 위로 실존적 기투(project)가 발생해야 한다는 사실이다. 이 기다림이라는 말은 공허하지만, 이 공허함으로 인해 오히려 아름다움과, 동시에 어떤

---

5 Giorgio Agamben, *The Coming Community*, Theory out of Bounds V. 1, Minneapolis: University of Minnesota Press, 1993.

'힘'이 동반된다. 이것은 우리가 김수영의 시론을 읽을 때의 실감과도 무관하지 않을 것이다. 실제로 김수영의 온몸의 시론이 직접적으로 우리에게 내용적으로 전하는 것은 모호하며 급기야 내용이 없기까지 하지만, 이러한 무능성과 모호성을 김수영이 "조금도 부끄럽게 생각"하지 않았고 한 걸음 더 나아가 이를 현대시의 근원적인 존재 형식으로까지 여겼기에, 비로소 시론을 일종의 시의 "힘"으로까지 전환시킬 수 있었던 것이다. 김수영이 한국 시론사의 유례없는 활력의 원천으로 지금까지 남아 있는 것은 과연 우연이 아닐 것이다.

혁명과 기념

4·19혁명 기념시 연구

김나현
연세대학교

1. 4월의 첫 만장(輓章)

모든 사회는 공동체의 이름으로 특정 과거를 기념하며 결속력을 다진다. 대개 기념의 시작은 해방을, 혁명을, 전쟁을, 달력의 한 칸에 고정시키는 일로부터 출발한다. 3·1, 4·19, 6·25, 8·15 등 우리는 달력에 새겨진 "역사의식의 기념비들"[1]에 익숙하다. 해당 날짜를 호명하는 것 말고는 다른 이름으로 부르기 어려운 이 기념일들은 역설적이게도 그렇게 불림으로써 시간으로부터 축출된다. 기념일은 그 전 날과도 무관하고 그 다음 날과도 무관하다. 오로지 지난 해 기념일과만 숨결을 나눈다. 기념일은 마치 잔디 위로 불쑥 솟은 비석처럼, 균질하게 흐르고 있는 역사의 시간을 정지시키고 특정한 상징적 이미지를 출현시킨다.

국가주의적 정체성 형성과 통합을 위해 상징이 활용된 대표적인 예는

---

1 "대혁명은 새로운 달력을 도입하였다. 달력이 시작하는 날은 역사적 저속촬영기로서 기능을 한다. 그리고 회상의 날들인 공휴일의 형태로 늘 다시 돌아오는 날도 근본적으로 그와 똑같은 날이다. 따라서 달력들은 시간을 시계처럼 세지 않는다. 달력들은 역사의식의 기념비들이다." – 발터 벤야민, 「역사의 개념에 대하여」, 『선집 5: 역사의 개념에 대하여 외』, 최성만 옮김, 도서출판길, 2008, 346쪽.

국가 주도로 건립되는 기념탑, 동상 등의 여러 기념조형물들이다. 특히 동상은 관람자가 서사를 힘들여 독해하지 않아도 쉽게 그 의미를 파악할 수 있다는 장점이 있어 통치 수단으로 쉽게 활용된다.[2] 이는 바꿔 말하면, 동상(기념물)이 건립될 때에는 이미 그 인물(사건)에 부여된 상징성이 충만한 상태라는 의미이기도 하다. 벌어진 사태를 하나의 이미지로 응결시켜 기억을 보존시키며 최초의 상징성을 수립해나가는 데에 시 양식이 탁월한 능력을 발휘함을 생각해본다면, 낡은 상징을 파괴하며 시작된[3] 4·19혁명이 스스로의 상징을 만들어가는 과정에서 폭발적인 양의 기념시가 생산되었다는 점은 간과할 수 없는 사실이다.

근 두 달 새에 벌어진 일이었다. 물론 앞서 우리 시사에『횃불 : 해방기념시집』(중앙문화협회, 1945)이나『3·1기념시집』(조선문학가협회, 1946) 등이 있었지만, 특정 사건을 이렇게 많은 필자들이 단시간에 시로써 기념한 것은 보기 드문 일이었다.『사상계』나『현대문학』등의 잡지뿐만 아니라『경향신문』,『조선일보』등에서부터『고대신문』,『연세춘추』등속의 대학신문들에 이르기까지의 여러 신문 지상에서도 1960년 4월~5월 사이에 쉴 새 없이 4·19혁명 기념시들이 실렸다. 일례로『동아일보』의 경우 4월 23일부터 5월 4일까지 매일 한 편 이상의 기념시가 연속으로 게재되기도 했다. 물론 이후에도 며칠 간격으로 계속 기념시가 실린다. 그리고 날을 다투며『불멸의 기수』(1960.6),『항쟁의 광장』(1960.6),『피어린 4월의 증언』(1960.6),『학생혁명시집』(1960.7) 등의 단행본이 출간되었다.

---

2 정호기,「일상 공간 속의 영웅과 애국주의」,『국가와 일상』, 한울아카데미, 2008, 472쪽 참고.

3 파고다 공원에 있던 이승만 동상을 시민들의 손으로 끌어내렸던 것은 정확히 말하자면 4월 26일이었다.

그러나 경남·부산 지역에서 활발히 창작되었던 마산 3·15의거 관련
기념시까지 포함해 검토해 봐도, 4월혁명기의 기념시들을 대상으로 하
는 본격적인 연구는 많지 않다. 1983년에 신경림이 『4월혁명 기념시전
집』이라는 제목으로 대표적인 기념시들을 한 데 묶은 뒤 그 의의를 논하
는 일이 있었지만 발문 성격의 논의였고, 그밖에는 김수영이나 신동엽
이 발표한 몇 편의 관련 시편들만이 작가 연구 차원에서 독해의 대상으
로 다뤄졌을 뿐이다. 다만 3·15 관련 시 텍스트에 대한 연구는 2010년
『3·15의거 학술논문총서』의 발간에 힘입어 몇 편 모여 있는 상태이다.[4]
3·15의거 관련 텍스트에 대한 실증적 논의에서부터 1970~80년대에 발
표된 3·15 회고시에 대한 비판적 분석에 이르기까지 다양한 논문이 실
려 있으나, 대개는 마산의 특수성을 강조하려는 목적으로부터 자유롭지
않다는 한계 내에 자리한다.

　4·19혁명 기념시를 전적으로 다루고 있는 비교적 최근의 연구로는
이승하의 논문을 들 수 있다. 『항쟁의 광장』에 실린 기성시인의 시 30편
과 『사상계』 특집('민중의 승리 기념호'라는 타이틀이 붙었던 1960년 6월호)에
수록되었던 4·19 기념시를 대상으로 삼아 그 문학적 가치를 논하고 있
는 글이다. 이 논문은 4·19 기념시를 본격적으로 연구의 장으로 불러왔
다는 의의가 있지만, 비전문 필자의 시편은 배제한 채 기성 문인의 기념
시들만을 대상으로 삼고 있으며, 시편에 드러난 표현력의 수준을 평가하
며 시적 성취를 판단하고 있다. 이런 기준에서 본다면 대부분의 4·19

4　시 텍스트 분석과 관련해서는 다음의 논문들을 들 수 있다. 구모룡, 「3·15시와 기억
투쟁」; 김경복, 「3·15의거와 민족저항시」; 맹문재, 「기록을 거울로 삼는 의로운 시들」;
박태일, 「3·15마산의거의 시적 형상화와 그 문제」; 이성모, 「3·15의거 시의 정신사」;
이순욱, 「남북한문학에 나타난 마산의거의 실증적 연구」 등. 모두 (사)3·15의거시념사
업회에서 발행한 『3·15의거 학술논문총서』(2010)에 수록.

기념시는 "소재주의의 한계를 뛰어넘지 못할 뿐 아니라 범상한 상상력에 진부한 표현으로 일관하고 있다"[5]는 평가 이상의 분석을 영영 얻을 수 없게 된다.

하지만 무엇보다 4·19를 둘러싸고 나타나는 기념성을 고찰하기 위해서는 비전문 문인들이 남긴 기념시편을 배제할 수 없다. 4·19는 국가가 먼저 의례화하여 기념한 사건이라기보다 시민들에 의해 기념된 사건이다. 시민들은 4·19에서 민주주의의 완성을 보았지만, 이승만 정권이 무너지고 들어선 통치권력은 줄곧 4·19를 '학생 의거'로 축소시켰고 널리 알려진대로 박정희 정권은 5·16이야말로 "민족적 반성과 자각에 입각한 하나의 국민 운동이었으며 국민 혁명"[6]이었다고 공언하기에 이른다. 하지만 시민들은 통치조직보다 앞서 조직적으로 4·19를 의례화해나갔다. 기념시를 쓰는 작업에서도 작가가 등단제도를 거친 시인이냐 아니냐는 문제가 되지 않았다. 그들 모두는 자신의 정체성을 '시인'이기에 앞서 '시민'에 두며 시민의 한 사람으로서 시를 썼다. 이들에게는 "시작의 우열이 문제가 아니요, 그 속에 피어나 맺혀 마디마디에 서린 진정을 펴고 외침을 영원히 기념하자 함"[7]이 중요한 문제였으며, "시인이 아니라도 읊어야 한다"[8]는 것이 필자들의 공통된 정서였던 것이다.

물론 4·19 기념시는 현재까지도 꾸준히 창작되고 있지만, 본고에서는 특히 1960년 4월을 전후한 약 두 달 사이에 발표된 기념시들에 주목하고자 한다. 4·19가 그 이름과 달리 4월 19일 하루에 벌어진 일이 아니

---

5   이승하, 「4·19혁명 기념시 연구」, 『현대문학이론연구』 34집, 현대문학이론학회, 2008, 44쪽.

6   박정희, 「5·16혁명 5주년 및 5·16 민족상 시상식 치사」(1966.5·16.), 『길을 찾아서』, 신범식 엮음, 지문각, 1969, 387쪽.

7   김종윤·송재주, 「엮은이의 말」, 『불멸의 기수』, 성문각, 1960, 8쪽.

8   김상중, 「기록」, 『경향신문』, 1960.5.14.

라는 당연한 사실을 생각해본다면, 이 두 달 새에 발표된 시들은 운동과 거의 동시에 일어난 창작활동이며, 이후 4·19를 의례화할 때마다 반복적으로 재확인되는 특정한 상징적 이미지를 처음 낳은 장소이기도 하다. 물론 일부 필자들은 어떤 식으로든 4·19와의 거리두기가 가능해진 시점에 와서는 그 당시 발표했던 글에 대한 회의를 표명하기도 했다. 가령 최재서는 1960년 4월 27일 『연세춘추』에 「분노(憤怒)의 세대(世代)」라는 시를 발표한 바 있는데, 시 말미에 다음과 같은 부기를 달아놓았다. "현재라면 이렇게 쓰지 않았을 것이다. 이 글은 4월 21일에 썼다. 그 때의 인상을 살려두기 위해서 그대로 발표한다."[9] 물론 4월 27일은 이승만 하야성명 발표 이후이므로 정세 변화도 있었겠지만, 시를 쓴 날로부터 불과 엿새가 지났을 뿐인데도 이러한 부기 없이는 이 시를 게재할 수 없었던 어떤 심사가 작가에게 있었던 것이다. 최재서가 느낀 이러한 시차를, 이후에 군말을 발표할 기회조차 없었던 시민시인들 역시 시를 발표하고 얼마 지나지 않아 똑같이 느꼈을지 모른다. 그러나 본고에서 주목하고자 하는 것은 4·19와 동시에 생산된 시에 나타난 일종의 원이미지 형성과정이다. 그것이 오늘날까지도 유효한, 4·19를 둘러싼 특정한 심상구조를 이해하기 위해 필수적인 작업이라고 판단되기 때문이다.

따라서 본고에서는 특히 1960년 4월부터 5월 사이에 발표된 일련의 4·19 기념시를 독해해보고자 한다. 일부 연구자들은 '3·15의거'만을 따로 명명하여 그와 관련된 문학적 재현물을 별도의 연구대상으로 놓기도 하지만, 3·15 관련 텍스트와 4·19 관련 텍스트를 구분지음으로써 발생하는 지역적 위계, 시차적 위계는 본고의 관심 대상이 아니다. 이 글에서는, 넓게는 2·28 대구학생의거부터 시작되는 일련의 사건들은 '4월혁명

---

9   최재서, 「분노의 세대」, 『연세춘추』, 연세춘추사, 1960.4.27.

기' 안에 포함되는 동일한 맥락의 사건으로 보고 관련 시 텍스트를 '4·
19 기념시'라는 상징적 이름으로 통칭할 것이다. 특히 주목하고자 하는
것은 필자의 상당수가 기성시인이 아니었음에도 불구하고, 형식적으로
비교적 자유로운 수기의 형태를 택하지 않고 시의 형식으로 혁명의 현장
을 기록하고자 했던 연유이다. 다시 말해 시 언어의 어떤 특성이 필자들
이 구현하고자 했던 4·19 기념성과 호응되었던 것인지를 살펴야 한다.
유치환이 노래한대로 혁명의 "만장(輓章)"이 걸리자 수많은 사람들이 거
기에 쓸 "글귀"[10]를 보태고자 하였던 것인데, 일찍이 이어령이 지적했던
바, "만장이 망인을 지배한다."[11]

2. 시로 세운 기념탑

1960년에 출간된 대표적인 4·19 기념시집인『불멸의 기수』엮은이는
"눈물겨운 이들의 희생을 위하여 만고불멸의 기념탑이 세워지기 전에
(…) 여기 마음의 기념으로 보고 듣고 느낀 바 노래를 불렀다. 시를 지어
그들의 영전에 바쳤다"[12]고 말한다. 시로써 세운 이 마음의 기념탑은 엇
비슷하게 생긴 돌멩이들을 층층이 쌓아 만든 돌탑처럼, 이 전체가 한 편
의 작품이라고 해도 좋을 만큼 각 시편별 변별점이 거의 없다. 기성시인
이든 아니든 한결같이 비슷한 어조로 시를 전개하고 있고 개성적인 표현

---

10 "못다 죽은 / 애달픈 주검을 / 버꾸기는 저리 울어예는 데 // 여기 상주와 조객들은/
    만장(輓章)의 글귀를 두고 말썽들이요" - 유치환, 「사월애가」(전문), 『현대문학』 67호,
    현대문학사, 1960, 188쪽.
11 이어령, 「사월혁명은 우리 문학에 무엇을 남겼나」, 『사월혁명』, 사월혁명동지회출판
    부, 1965, 322쪽.
12 『불멸의 기수』, 7쪽.

을 만들어 내기보다는 이미 다른 기념시에서 구사되었던 상징적 이미지
를 반복적으로 강화하는 것이 목적인 것처럼 보인다.

무엇보다 이 시기 발표된 4·19 기념시들에 공통적으로 나타나는 특
징 중 하나는 이 사태를 서둘러 시로 써야 한다는, 글쓰기 자체에 대한
강한 의지이다.

> 이제, 먼저
> 가신 형제들의 승화한 넋으로
> 장엄하고 처절한 서곡은 울려지고
> 민주주의란 이름의 화려한
> 오페라의 막은
> 오르려 한다.
> 그러나 일은 아직 끝나지 않았다.
>
> 막을 올려
> 그 아름다운 영창(詠唱)을 들어야 하지 않겠느냐!
> 자, 막을 올리는 것은 우리의 일이다.
>   – 김동녕, 「일은 아직 끝나지 않았다」(부분)[13]
>
> 시인이 아니라도 읊어야 한다
> 화가가 아니라도 그려야 한다
> 악사가 아니라도 노래부르자
>
> 방대한 어휘를
> 전설로만 돌리지 않기 위하여
> 진실된 행동을
> 흥분으로만 미루지 않기 위하여

---

13 교육평론사 편, 『학생혁명시집』, 효성문화사, 1960, 11쪽.

이 성스러운 벽혈을
먼 후예들이 핏줄기로 하기 위하여
우리 모두가 참되게 참되게
춘추의 붓끝으로 기록해야만 한다.

　　　　　　　　　　　　　　　 - 김상중, 「기록」(부분)[14]

　김동녕은 당시 경기중학교 3학년 학생이었다. 그는 『학생기념시집』에
총 세 편의 시를 발표했는데, 그 중 하나인 「수술실 밖에서」라는 시편의
말미에는 "4월 25일 중앙의료원에서"라는 부기가 붙어있다. 동료의 응
급처치를 기다리면서 그가 할 수 있는 최선의 일은 사태를 시로 옮기는
일이었던 것일까. 위에 인용한 시편 「일은 아직 끝나지 않았다」에서 말
하고자 하는 바도 "형제들"의 일은 끝났지만 이제 "우리"의 일이 남았다
는 사실이다. "막을 올리는 일"은 "민주주의란 이름의 화려한 오페라" 공
연을 마침내 시작하게 만드는 일이다. 공연되지 않는 오페라는 아무 것
도 아니듯, 남은 사람들의 역할이 제대로 수행되지 않는다면 4·19 역시
완성되지 않고 진정한 민주주의도 구동되지 않는다는 믿음이 이 안에
있다. 김상중의 「기록」 역시 기념시를 쓰는 행위 자체의 중요성을 역설
하고 있는 시편이다. "기록"해야지만 이 일이 "전설"이나 "흥분"으로 끝
나지 않고 역사에 새겨져 "먼 후예들의 핏줄기" 속에 흐르게 할 수 있다.
시인이든 아니든 기록하는 자의 자격은 따져 물을 일이 아니다. 누구라
든 "기록해야만" 한다.
　여러 명의 시인들이 공통적으로 글을 쓰는 행위, 다시 말해 기념하는
행위 자체에 큰 의미를 두었다는 점은 숙고해볼 문제이다. 일단 그 글이
왜 '시'의 형식이었는가 하는 물음은 잠시 제쳐두더라도 말이다. 기념 대

14　김상중, 「기록」, 『경향신문』, 1960.5.14.

상의 위대함을 기록하는 일만큼이나 기념 행위 자체의 위대함을 기록하는 일도 중요했음을 말해주고 있는 이 시편들로부터, 우리는 기념성의 성격을 읽어낼 수 있다.

기념 대상을 기리는 것 못지않게 기념 행위 자체에 중대한 의미를 부여하는 것이야말로 기념성의 일반적인 특징이다. 집단적 역사 경험을 기리는 기념조형물들에 대개 해당 기념물을 세운 주체가 기입되어 있는 것도 그런 이유에서이다. 누가 기념하는가 하는 문제를 포함하여 기념한다는 행위 자체가 굉장히 중요할 수밖에 없는 이유는, 기념하는 행위 자체가 기념의 대상을 구성하는 일이기도 하기 때문이다. 당연하게도 기념행위를 통해 역사적 경험이 재생되는 것이 아니라 기념되는 것만이 역사적 사실이 된다. 또한 기념행위는 대개 일 년 단위로 반복되기 때문에, 실제로 벌어졌던 역사적 경험, 즉 기념 대상만이 기념성을 형성하는 것이 아니라, 1년 전, 2년 전, 10년 전의 기념행위에서 만들어진 성격이 그 기념성에 덧붙게 된다. 따라서 최초의 기념행위야말로 해당 기념대상의 기념성을 고찰할 때 가장 중요하다. 마찬가지로 1960년에 쓰인 4·19 기념시도 집단적 기억을 사회적으로 구성하는 첫 걸음이 되었다. 그리고 4·19의 경우 그 기념성을 시민(시인)들이 만들어나간 것이다.

또한 무엇보다도 4·19 기념시를 쓰는 일은 기념시를 둘러싼 양쪽 주체들을 모두 완성시키는 작업이었다. 글쓰기를 통해 기념시를 쓰는 '나'(기념행위자)의 '윤리적 완성'을 도모하는 동시에, 기념대상이 되는 '너'(기념대상)의 '신화적 완성'도 이루게 되었던 것이다. 우선, 당시 필자들에게 윤리적인 것이란 긴요한 문제였다. 『불멸의 기수』 발문을 쓴 박목월의 다음 구절들은 이들의 '부끄러움'을 단적으로 보여준다. "이제, 내가 무슨 염치로 그들을 찬양할 것인가. 또한 무슨 말로. (…) 학생들의 피로써 이룩한 이 빛나는 광명 아래서, 나 자신이 무력했음이 부끄러울 뿐이다."[15]

'나'와 '그들'의 차이는 '피흘림'와 '무력함'의 차이다. 여러 필자들이 시 속에서 '부끄러움'을 말하고 있다.

> 한 구실 못한 것 같아
> 나 이렇게 무료하니 앉았다.
> 어떠한 죄인보다 더한
> 부끄러움을 가지고
> 내 너를 똑바로 보지 못함이여!
>
> — 성재신, 「부끄러움」(부분)[16]

> 아버지는 기권했다. 아들이 나섰다.
> ......
> 너는 과연 내 아들이다
> 너는 과연 민주의 아들이다
> 흑발의 아들 앞에 백발의 아버지가 고개숙인다
>
> — 이신창, 「아들」(부분)[17]

> 체념에 약아빠져 그리도 변명에 익숙했던 노인네들이
> 어쩔 수 없이 마련하는 잔치가 아니이기를
> 참된 참회의 기도이기를
> 그날 너와 더불어 피를 보던, 종래는 네 피마저 보아야했던
> 세종로의, 을지로의, 효자동……의 가슴 깎던 아픔 보답도 더한
> 응시가 엄숙하게 나의 내부에서 싹트고 있음을 나는 안다.
>
> — 정진규, 「이 순금의 아침에 나는―」(부분)[18]

---

15 박목월, 「발문」, 『불멸의 기수』, 성문각, 215~218쪽.

16 『학생혁명시집』, 104쪽.

17 『학생혁명시집』, 116쪽.

18 『4월혁명기념시전집』, 283쪽. (원출처 : 한국시인협회 편, 『뿌린 피는 영원히』, 춘조

"너"를 똑바로 쳐다볼 수 없다는 극한의 죄책감이 시 전체를 사로잡고 있다. 제 구실을 못했다는 죄책감, 살아남은 자의 부끄러움 앞에서 시인은 다만 그 부끄러움을 고스란히 기록하는 수밖에 없다. 이미 죄를 지은 사람이 할 수 있는 최대의 윤리적 결단은 죄를 인정하고 그 괴로움을 정면으로 감당하는 것이기 때문이다. 특히 이신창의 시 「아들」은 "죄인보다 더한 부끄러움"에 따라 '흑발의 아들'과 '백발의 아버지' 사이의 서열을 재배치한다. '피 흘린 너'와 '기권한 나' 사이에서는 기존에 통용되던 부자관계 서열이 무의미해지고, 백발의 아버지가 고개 숙일 수밖에 없게 된 것이다. 무력하고 부끄러워진 '아버지들'은 자신의 죄책감을 고백함으로써 스스로를 윤리적으로 구제하고 미약하나마 '사건'에 동참시키게 된다. 정진규는 이 윤리적 결단을 "엄숙하게 나의 내부에서 싹트고 있"는 "응시"라고 말한다.

둘째로, 4·19 기념시에 나타난 글쓰기 자체에 대한 강박은 희생자들이 다 하지 못한 말을 시로 대신함으로써 '너'를 구제하겠다는 의지의 표현이기도 하다. 대부분의 4·19 기념시가 망자 추모의 형태를 띠고 있기 때문에, 가해자/피해자 구도 안에서 희생된 자들이 다 하지 못한 말을 시로써 대신하겠다는 의지인데, 더욱이 4·19에서 희생된 사람들이 대개 나이 어린 학생들이었기 때문에 '말을 다 못하고 죽었다'는 표현이 기념시에서 빈번히 등장한다.[19] 따라서 단순히 희생자들이 생전에 보여준 영

사, 1960.)

19 역시 몇 가지 예를 들자면 다음과 같다. "그대들 말 다하지 못하고 쓰러진 / 형들이여 / 고이 눈 감아 주소서"(고신만, 「형! 형!: 모래 위에 새긴 피의 기록」, 『4월혁명 기념시전집』, 학민사, 1983, 253쪽. (원출처: 『연합신문』, 1960.4.24.)), "혈루가 폭우처럼 쏟아진들 / 말할 줄 모르는 / 푸른 묘비들이여."(주소천, 「푸른 묘비들이여」, 『동아일보』, 1960.4.29. 석간.), "서러운 백성의 이름을 위하여 / 민주와 정의의 존립을 위하여 / 드디어 가슴마다 경전의 꿈을 / 혹은 눈물을 넘치게 한 / 당신은 / 죽어서 생활

웅적 업적을 수동적으로 기리는 찬가의 형태를 넘어, 미완으로 남은 그들의 업적을 시로써 되살려 이어가겠다는 적극성이 들어있는 것이다.

죽은 자들을 살려내 그들을 영웅으로 마저 완성시키기 위해서는 필연적으로 모종의 문학적 형상화가 요청될 수밖에 없다. 혁명을 기념하려는 자들이 '시'라는 문학적 형식을 선택한 까닭도 여기에 있다. 요컨대 입이 없어진 그들의 말을 대신하겠다는 생각이 기념시 전체를 지배했고 그들의 말을 복원하기 위해서 시인들은 망자의 '얼굴'을 되살려내야 했다.

3. 혁명의 얼굴

실제로 4·19에 참여했던 사람들은 여러 군상들이었다. 주로는 (대)학생들이 4·19의 선봉에 섰다는 것이 상식이지만, 대표적으로 김미란의 논문이 잘 지적해주고 있듯 그것은 당대 정치 엘리트들과 지식인들의 의도적인 프레이밍이었다.[20] 4·19 시위대 안에 포함되어 있었지만 학생이 아니었던 사람들, 특히 구두닦이나 날품팔이, 여성근로자 등의 도시 하층민은 혁명이 기록되는 과정에서 자연스럽게 소거되어갔다. 지배 엘리트들은 대학생을 혁명의 중심에 놓음으로써 혁명의 한계를 만들어나갔던 것이다. 4월혁명 당시 발표된 기념시들도 기념대상이 되는 인물상을 주조해나감으로써 소위 '4·19 주역'의 원이미지를 만드는 데에 동참하게 된다.

하는 오오랜 말씀"(정현종, 「오오랜 음성」, 『4월혁명 기념시전집』, 198쪽. (원출처 : 『뿌린 피는 영원히』)) 등.

20 김미란, 「'젊은 사자들'의 혁명과 증발되어버린 '그/그녀들'」, 『여성문학연구』 32호, 한국여성문학학회, 2010.

이후 여러 지면에서 인용되며 일반인 학생이 쓴 4·19 기념시의 대표격으로 회자된 시가 바로 강명희의 「오빠와 언니는 왜 총에 맞았나요」이다. 강명희는 당시 수송국민학교 4학년 학생이었는데, 같은 학교 6학년 학생이 시위대에 박수를 보내다가 경찰이 쏜 기관총에 희생당하는 일이 있어 더욱 상징성을 띠며 자주 언급되어 왔다.

> 오빠 언니들은
> 책가방을 안고서
> 왜 총에 맞았나요
> 도둑질을 했나요
> 강도질을 했나요
> 무슨 나쁜 짓을 했기에
> 점심도 안먹고
> 저녁도 안먹고
> 말없이 쓰러졌나요
>
> (…)
>
> 오빠와 언니들이
> 배우다 남은 학교에서
> 배우다 남은 책상에서
> 우리는 오빠와 언니들의
> 뒤를 따르렵니다
>
>   − 강명희, 「오빠와 언니는 왜 총에 맞았나요」(부분)[21]

"책가방", "책상", "학교" 등의 어휘를 사용하며 희생된 학생들의 자취를 따르겠다는 다짐으로 이어지는 이 시편은, 4·19 희생자들을 '학생'으

---

21 『4월혁명 기념시전집』, 75~76쪽. (원출처 : 『4월혁명』, 창원사, 1960.)

로 명명하는 대표적인 예다. 일일이 인용할 수 없을 정도로 4·19 기념시 거개가 이러한 표현을 반복함으로써 학생 시위대 이미지를 강화시키고 있다. 아무런 "나쁜 짓"을 한 적도 없는 이 희생자들은 '언니', '오빠', '소년', '젊은이' 등으로 변주되며 계속 호명된다. 망자의 목소리를 복원하는 것이 4·19 기념시의 공통된 목표였으므로, 돈호법을 수반하는 의인화야말로 4·19 기념시의 핵심 수사가 될 수밖에 없었던 것이다.

의인화(prosopopoeia)는 추상적 관념에 살아있는 형상을 주는 역할을 한다. 라틴어 페르소나(persona)에서 온 말로, 페르소나는 얼굴, 가면, 또는 드라마 속 인물이라는 뜻의 그리스어 프로소폰(prosopon)으로 옮겨졌고, 인격화(personification)와 연결되는 단어인 의인화(prosopopoeia)는 가공의 인물, 혹은 부재하거나 죽은 인물의 말에 힘을 실어주는 뜻으로 고대 수사학에서 언급되어 왔다. 키케로는 프로소포에이아를 '허구적 인물의 도입'이라고 기술했고 퀸틸리아누스도 이를 따랐다. 수사 분석을 통해 텍스트의 해체적 독해를 여러 차례 보여준 바 있는 폴 드 만은 의인법을 '돈호법(apostrophe)의 수사'라고 말하며 둘을 직접적으로 연결시켰고 의인화 기법이 갖고 있는 '탈형상화' 기능에 주목한 바 있다. 그는 워즈워스의 산문에 나오는 비석 위에 쓰여진 비문을 분석하면서, 비문을 통해 비석에 부여된 얼굴은, 결코 망자를 대신하지 못하고 오히려 읽는 동시에 말소되는 방식으로 얼굴을 드러내게 된다고 말한다. 비문이 망자의 얼굴을 대신함으로써, 망자의 진짜 얼굴을 결코 읽어낼 수 없는 것으로 만들어버린다는 것이다.[22]

드 만의 분석을 참고하여 위의 기념시에서도 세 층위의 주체를 생각해

---

22 Paul de Man, *The Rhetoric of Romanticism*, New York: Columbia University Press, 1984. (Tambling(2010), pp.135~151를 참조한 재인용.)

볼 수 있다. 하나는 경험 세계에 실제로 있었던 인물, 두 번째는 호명하
는 인물, 세 번째는 호명된 인물이다. 강명희의 시를 예로 들자면, 실제
4·19 현장에 있었던 시위 참여자, 그들을 언니와 오빠라고 호명하는 '화
자', 그리고 돈호법에 의해 생명을 부여받게 된 '언니'와 '오빠'라는 텍스
트적 인물이 각각 이에 해당한다. 시적 화자는 "언니"라고 부름으로써
텍스트적 인물에게 인격(도둑질이나 강도질도 하지 않았지만 총에 맞아 말없이
쓰러질 수밖에 없었던 어느 여학생)을 만들어준다. 하지만 이는 가면을 통해
만들어진 인격일 뿐이므로 엄밀히 말해 형상화라기보다는 탈형상화인
셈이며, 따라서 돈호법을 매개로 나타나는 주체는 단일한 주체가 아니라
언제나 '분할된 주체'[23]일 뿐이다. 다시 말해 4·19 기념시는 대개 특정
인물상을 재현하는 모양새를 취하지만, 실제로는 돈호법이라는 수사를
통해 그것이 허구적 구성물임을 계속 표지하고 있는 것이다.

돈호법과 의인법의 순환관계로 구축되는 이 의심스러운 주체 형상은
'학생'에서부터 시작하여 '민족', '조국'으로 이어진다. 그것들을 호명하
는 순간, 그들에게는 우선 얼굴(mask)이 부여된다.

> 그대 민주주의의 기수여
> 정의의 불기둥이여
> (…)
> 눈이 팔팔하게 살았던 젊은이여
>
> — 박목월, 「동이 트는 순간을」(부분)[24]

---

23 Jeremy Tambling, *Allegory*, New York: Routledge, 2010, p.141 참고.

24 박목월, 「동이 트는 순간을」, 『3·15의거 시전집』, (사)3·15의거기념사업회, 2010,
185쪽. (원출처 : 『조선일보』, 1960.4.26.)

민족, 내가 살던 조국이여.
우리들의 젊음들.
불이여! 피여!
(…)
젊음이여! 정한 피여! 새 세대여!
　　　　　　– 박두진, 「우리들의 깃발을 내린 것이 아니다」(부분)[25]

오! 그대들.
민주자유의 기사,
진리의 나팔수,
정의의 사자여.
어제까지 비둘기의 눈속,
눈속처럼 평화롭던 젊음이여.
　　　　　　– 이석형, 「민주의 비명(碑銘)을 쓰리라」(부분)[26]

피다말고 진 민주의 꽃송이들이여!
어찌 비명에만 새기랴!
그대 이름을 우리 붓을 가다듬어 청사에 쓰리라.

우리들은 '우상'을 원치 않는다.
오로지 원하는 건 우리들 가슴에 새겨진 씩씩하고도
굳센 그대들의 모습인 것을—.
(…)
아는 이, 모르는 이 굳게 손을 잡으며
피의 승리에 눈물짓는 젊음이여!

25 박두진, 「우리들의 깃발을 내린 것이 아니다」, 『학생혁명시집』, 효성문화사, 1960,
　　178~179쪽.
26 이석형, 「민주의 비명을 쓰리라: 4·19에 쓰러진 벗의 영전에」, 『4월혁명 기념시전집』,
　　182쪽. (원출처 : 『중대학보』, 중앙대학교학보사, 1960.5.1.)

　　자유의 기수여!
　　민주의 횃불이여!
　　우리들의 나라!
　　민주공화국 대한의 나팔수여!

ー 김용호, 「해마다 4월이 오면」(부분)[27]

　　인용한 네 편은 말하고자 하는 바가 완전히 동일하여, 필자가 각기 다른 것이 독해에 있어 별다른 참조점이 되지 못할 정도이다. 화자가 부르고 있는 것은 "젊은이"인 동시에 "민주주의의 기수"이며 "정의의 불기둥"이다. 이는 "민족"이자 "내가 살던 조국"이고 "젊음" 자체이기도 하며 "진리의 나팔수", "정의의 사자"다. 김용호의 시에서는 "우상"은 원치 않고 "그대들의 모습"을 원할 뿐이라며 그들의 모습을 "자유의 기수", "민주의 횃불", "우리들의 나라"라고 지칭한다. 정의, 민족, 조국, 나라, 이 모든 것이 돈호법의 대상이 된다. 시인들은 '학생'의 형상을 구체화하는 방식을 택한 것이 아니라 오히려 '학생'을 더욱 희미하게 탈색시켜 다른 관념들과 호환 가능한 것으로 만들었다. '텍스트적 얼굴'의 덩치가 너무 커진 셈이다.

　　짧은 기간 안에 동시다발적으로 쏟아진 여러 편의 기념시에서 반복적으로 구축되고 있는 이 얼굴의 주인은, 생생하면서도 알 수 없는 일종의 '인공 인물'(리바이어던)이다. 근대국가에 대한 통찰을 보여주고 있는『리바이어던』에서 홉스는 개인의 권리가 어떻게 대리(represent)될 수 있는가를 고찰하며 '자연적 인격'과 '인위적 인격'을 나눈다. 어떤 말이나 행동이 자신의 것으로 여겨진다면 그것은 '자연적 인격'이고 타인의 말이

<hr/>

27　김용호, 「해마다 4월이 오면 : 모든 영광은 젊은이에게」, 『4월혁명 기념시전집』, 303쪽. (원출처 :『조선일보』, 1960.4.28. 석간.)

나 행위를 대표(represent)하는 것으로 간주된다면 '인위적 인격'인데, 다수의 군중이 어떻게 하나의 인격으로 대표될 수 있는지에 대해 다음과 같이 기술한다. "군중이 한 사람 또는 하나의 인격으로 대표될 때, 그것이 그 군중 각자의 개별적인 동의에 의해 성립된 경우 하나의 인격이 된다. 왜냐하면 '하나의' 인격을 이루는 것은 대표자의 '통일성'(unity)이지, 대표되는 자의 통일성은 아니기 때문이다. 그 인격을, 그것도 유일한 인격을 떠맡는 것은 대표자이다. 그렇지 않으면 군중의 '통일성'은 이해될 수 없다."[28] 다시 말해 대표자의 통일성 때문에 군중 전체도 통일성을 갖는 것으로 여겨진다는 것이다.

이는 기념시에 나타나는 의인화로 구성된 인물상 표상(representation)에도 그대로 적용될 수 있다. 돈호법으로 구성된 이 인격은 이번에는 다시 거꾸로 별개의 화자들, 나아가 시인들, 더 나아가 시민들에게 덧씌워져 통일성을 부여한다. 4·19 현장에 있었던 개개인은 이제 중요하지 않다. 실제 경험을 구성했던 여러 겹의 목소리는 단성화되고, 그 단성화된 목소리는 다시 여러 겹의 가면(학생, 민족, 민주주의, 자유, 정의…) 뒤를 채우게 된다. 4·19 기념시들에 나타난 의인화는 개별 주체들을 은폐하고 하나의 거대한 덩어리로 구성하는 일에 활용되었고, 그리하여, "우상을 원치않는다"는 선언이 무색하게도, 기념할만한 "우상"이 신속하게 마련될 수 있었다.

4. 무명의 우상

4·19 기념시 속에서 구현하고자 하는 인물이 특정한 영웅 한 사람이

---

28 토마스 홉스, 『리바이어던』, 최곡웅·최진원 옮김, 동서문화사, 2009, 169쪽.

아니라는 점은 우상화를 더욱 손쉽게 촉진했다. 그 인물상은 "학생"의 외형만을 갖춘 텅 빈 기표였기 때문에 별다른 낙차 없이 소위 '4·19 정신'이라는 이념을 의인화해내기에 이르렀고 이 "순수함"은 급속히 신화화된다.

> 아! 무명(無名)이란 얼마나 거룩한 것이냐
> 아! 이름 없는 벗으로 건진
> 이 나라 이름있게 짊어지자
> 오래고 빛나고 힘 있는 나라로 이룩하자
> 동포여.
>
> 나는 이제 눈물로 결의할 수 없다.
> 감상도 흥분도 있어서는 안 되겠다
> 이제 진정 참고 견디어
> 생각하는 터전을 닦는 돌이고져
> 아! 무명이란 얼마나 진실한 것이었던가.
> 아! 순수란 얼마나 큰 힘이었던가.
> — 박양균, 「무명(無名)의 힘은 진실하였다」(부분)[29]

박양균은 1960년 2월 28일부터 3월 15일, 4월 11일(김주열 시신 인양), 4월 18일, 4월 19일을 차례로 짚고는 경북고등학교, 동래고교, 경남고교며 고려대학생, 서울대학생, 동국대학생, 성균관대학생 등 '무명들'을 쭉 부르고서, 이 이름 없는 학생들이 만들어나간 역사의 위대함을 찬양한다. "무명"이야말로 "순수"이며 "거룩"하고 "진실"한 "큰 힘"이었다고 노

29 박양균, 「무명의 힘은 진실하였다: 4·19를 전후한 시국을 말하다」, 『4월혁명 기념시전집』, 328쪽. (원출처: 『국제신보』, 국제신보사, 1960.4.27.) 시인은 시 말미에 "4월 26일 오전 11시 대통령 하야성명을 듣고" 썼다고 밝히고 있다.

래한다.

　이 시가 이승만의 하야성명을 듣고 나서 쓴 것이라는 점도 눈여겨 읽을 대목이다. 국민 전체를 대리하는 대표자이자 국가(라는 이념)를 인격화하고 있는 상징으로서의 대통령이 없어지자, 의식적이든 무의식적이든 시인은 서둘러 새로이 인격화된 상징을 시로써 세웠던 것이다. 국가를, 국민을 대신할 얼굴을 만들어주지 않으면 국가는 말을 할 수도, 숨을 쉴 수도, 작동할 수도 없다. 이름 없는 나라는 무의미하다. 4·19의 광장을 메웠던 무명씨들은 신화화되어 바로 이 자리를 채우며 "이 나라"를 "이름있게 짊어"질 것으로 기대된다.

　나아가 이름 없는 자들은 "죽어서 사흘이면 / 부활하는 젊은 이름들"[30]이 되고 "신화같이 / 나타난 다비데군(群)들"[31]로도 변주된다. 진짜로 우상의 자리에 앉게 된 것이다. 이제 와 우상의 얼굴을 구체화하는 것은 불필요한 일이다. 이들은 오히려 '꽃'이라는 감상적인 상징으로 추상화된다.[32] "베꼬니아의 꽃잎"[33], "해마다 피어나는 핏빛 진달래"[34], "거리를 덮던 내 조국의 꽃"[35] 등등 4·19 기념시들에서 여러 차례 '꽃' 표상이

30　"죽어서 너희는 이 나라 심층부에 살아아 있다. / 죽어서 사흘이면 / 부활하는 젊은 이름들이여. // 낱낱의 이름은 / 불러서 허공에 뜨더래도, // 3월에 이은 4월 / 4월의 푸른 공기에 묻은 혼령은 / 말 없는 말씀이 되어 지금 / 준엄한 심판을 내렸다."-박남수, 「불사조에 부치는 노래」(부분), 『4월혁명 기념시전집』, 305쪽. (원출처:『조선일보』, 1960.5.2 석간.)
31　신동문, 「아 신화같이 다비데군들」, 『학생혁명시집』, 효성문화사, 1960, 236쪽.
32　담론의 차원에서 4·19에 참여했던 대학생들이 '꽃'의 표상으로 축소되는 것과 관련해서는 유창민, 「1960년대 잡지에 나타난 대학생 표상」(『겨레어문학』, 2011)을 참고할 수 있다. 유창민은 특히 『사상계』 지면에 나타난 언설을 분석하며 '꿈', '꽃', '눈물' 등의 낭만적 단어로 나타나는 대학생 표상을 지적하고 있다.
33　김춘수, 「베꼬니아의 꽃잎처럼이나…」, 『새벽』 5월호, 새벽사, 1960, 166쪽.
34　김현승, 「우리는 일어섰다」, 『4월혁명 기념시전집』, 300쪽. (원출처 : 김현승, 『김현승 시전집』, 관동출판사, 1974.)

활용된다. 크게 세 가지 갈래로 구분해볼 수 있을 텐데, 우선 하나는 찬란하게 활짝 핀 꽃의 이미지[36]이고 또 하나는 못다 피고 져버린 꽃잎 이미지[37]가 그것이다. 그리고 세 번째로는 언어를 압도하는 순수한 원형이자 절대적인 실물로서의 민주주의 이념을 '꽃'에 비유하는 시편들을 들 수 있다.[38] 대체로는 첫 번째와 두 번째 형상이 대종을 이룬다. 전자는 혁명의 승리를 상징하고 후자는 그것의 실패(미완)을 의미하는 것인데, 양쪽 모두 '무명'의 순수함을 집약적으로 표현하고 강화하기 위해 '꽃' 이미지를 채택한 것이다. 때로는 사철 피어있는 꽃으로, 때로는 짧은 순간 피었다가 지고 마는 꽃으로 4·19의 비약적 시간상이 형상화되었다.

　순수하디 순수하다고 일컬어지는 만큼 공허하디 공허한 이 인격은 차라리 의미의 공백을 가리킨다고 해야 좋을 것이다. 레비-스트로스는 미지의 사물을 가리키기 위해 사용되는 프랑스어 'truc'이나 'machin'[39]을 분석하며 이렇게 말했다. "그러나 언제 어디서나 저 같은 유형의 개념들은 뭐랄까, 마치 대수 기호들처럼 그 자체로는 의미가 결여되어 있어 어떤 의미라도 쉽사리 받아들일 수 있는 막연한 의미값을 표상하기 위해

35　허태임, 「하얀길」, 『학생혁명시집』, 효성문화사, 1960, 30쪽.

36　대표적으로는 "지금 저기 찬란히 피어오르고 있는 저 꽃의 이름은 무엇입니까."라는 구절로 시작하는이한직의 「깨끗한 손을 가진 분이 계시거든」을 들 수 있다. (『경향신문』, 1960.4.27. 석간.)

37　"꽃잎처럼 져버린 / 청춘의 영혼들"이라는 구절이 나오는 박봉우의 「젊은 화산」을 들 수 있겠다. (『4월혁명기념시전집』, 343~345쪽. (원출처 :『동아일보』, 1960.4.25. 석간.))

38　대표적인 것이 유치환의 「하늬바람의 노래」(『피어린 4월의 증언』)와 같은 작품이다. 유치환이 노래하는 "순백의 장미"는 앞에서 살핀 '찬란히 피어오르는 꽃', '져버린 꽃잎'들과는 조금 다르다. 이 시편에서는 시위에 참여한 군중을 "까마귀떼", "검정 누더기들의 mob떼"라고 표현하고 있고, 이 때 "장미"는 순수하고 절대적인 이념형으로서의 민주주의 자체를 비유하고 있다.

39　영어의 thingamabob이나 thingamajig, 즉 '거시기'나 '아무개'라는 뜻.

등장한다. 그러한 개념들의 유일한 기능은 기표와 기의 사이의 빈틈을 메우는 것, 보다 정확히 말하자면 그러한 상황, 그러한 경우, 혹은 그처럼 그러한 개념들 중 하나가 출현할 때 기표와 기의 사이에 부등가 관계가 수립된다는 사실을 표시하는 것이다."[40]

의미값이 거의 없는 이 "무명(無名)"들은 사흘만에 부활하는 예수도 될 수 있고 골리앗과 싸우는 다윗도 될 수 있고 민주주의도, 자유도, 정의도, 국가도 될 수 있다. 4·19의 주체를 구체화하는 방편으로 선택한 것이 의인화였지만 언어와 대상 사이의 일치를 보증하는 고유명사(이름)을 끝내 부여할 수 없었기 때문에 결국 혁명 주체는 명명 불가능한 미지의 영역에 남아 우상화 된다. '무명의 우상'은, 조사 '의'의 두 가지 해석을 모두 가능케 한다. 무명인 우상인 동시에 무명들의 우상이 되었다. 무명의 우상은 기념하는 자와 기념대상 사이의 간극을 해소시켰고, 낙오되는 자 없이 집단적 기억을 구성해내도록 했다.

아스만의 용어를 빌려 다시 말하자면, 4·19와 동시에 발표된 기념시들은 혁명을 "기능기억"[41]으로 만들었다. 기억할 것과 기억하지 않을 것을 선별적으로 처리하며 집단의 기억을 만들어내고 이로부터 정체성의 특성과 행동 규범을 발생시키는 기억이 바로 '기능기억'이다. 그렇기 때

---

40 C. Levi-Strauss, *Introduction to the Work of Marcel Mauss*, 1950, pp.55~56.
(조르지오 아감벤, 『언어의 성사』, 정문영 옮김, 새물결, 2012, 37~38쪽에서 재인용.)

41 알라이다 아스만, 『기억의 공간』, 변학수·채연숙 옮김, 그린비, 2011, 181쪽.
이 책에서 아스만은 '활성적 기억'과 '비활성적 기억'을 나눈다. 전자는 기억이 집단, 제도, 개인일 수 있는 보유자와 연결되어 있다는 전제에 기대어 과거—현재—미래를 선적으로 이해하며 선별적으로 처리되는 기억이고, 후자는 특수한 보유자로부터 분리된 기억으로 과거를 현재나 미래와 분리시키고 모든 사안을 선별하지 않은 채 동등하게 중시하는 성격을 띤다. 따라서 '활성적 기억'은 가치를 중개하는 반면, '비활성적 기억'은 가치와 규범을 멀리하며 진리를 찾고자 한다. 회상기억의 두 가지 상보적 양태 중 하나인 이 '활성적 기억'이 바로 '기능기억'에 해당한다.

문에 '기능 기억'은 통치자들에게 손쉽게 이용된다. "국가나 민족과 같은 집단적 행동 주체들은 기능기억 위에 지은 집이다."[42] 4·19는 각자에게 유일무이했던 고유한 경험이었지만, 그것이 무명씨의 것으로 상징화되는 순간 모두와 공유할 수 있는 집단적 기능기억이 되어 선조적 연대기 표 안에 자리할 수 있게 된다.

5. 잠이 안 오는 밤

요컨대 1960년 4월혁명을 전후한 약 두 달간 발표되었던 일련의 4· 19 기념시들은 그 자체로 혁명의 시간을 생생한 압화(壓花)로 만드는 과정이었다. 즉 한 번도 경험해본 적 없는 충격적인 '그 날'을 생생하게 재현하며 보존하는 동시에, '그 날'을 다시는 경험할 수 없는 죽은 과거로 확정지어주는 작업이었다. 집단적 기억이 사회적으로 구성되는 데에는 일정한 시간이 필요한데, (시민)시인들은 의인화의 사용이 자유로운 시 쓰기를 통해 시차 없이 그 기억을 발화할 수 있는 주체형상을 만들어냈다. 하지만 끝내 그 주체를 제대로 명명할 수는 없었다. 주체의 내용을 서사화하기 어려운 단계였기 때문에 일단 호명하는 것만으로 주체를 구성할 수밖에 없었던 것이다. 그리고 결국 '무명'을 호명함으로써 그 주체가 가면임을 은밀히 표지한다. '순진무구한 학생'으로 탈색된 이 인공인물은 반복적으로 기념시에서 재현되며 집단적 기억을 확정지어주었고 4·19를 매개로 다수의 대중을 하나로 묶어주는 기능을 수행했다. 혁명의 열기가 채 식기도 전에 매끄럽게 수행된 상징화 작업 덕분에 이후 통치 권력이 손쉽게 이 기능 기억을 전유하여 자신들의 계보도에까지

---

42 위의 책, 185쪽.

기입하는 아이러니가 일어났던 것이다.

물론 이를 예감했던 시인도 있다. 이승만의 하야가 결정된 직후에 쓴
시에서는 "우선 그놈의 사진을 떼어서 밑씻개로 하자"[43]했던 김수영은
그로부터 6개월 만에 "혁명은 안 되고 나는 방만 바꾸어버렸다"[44]고 고백
하더니, 1년 뒤에는 아래와 같은 시를 쓴다.

> 나는 하필이면
> 왜 시 시를
> 잠이 와
> 잠이 와
> 잠이 와 죽겠는데
> 왜
> 지금 쓰려나
> 이 순간에 쓰려나
>
> (…)
>
> 껌벅껌벅
> 두 눈을
> 감아가면서
> 아주
> 금방 곯아떨어질 것

---

43 "우선 그놈의 사진을 떼어서 밑씻개로 하자 / 그 지긋지긋한 놈의 사진을 떼어서 /
조용히 개굴창에 넣고 / 썩어진 어제와 결별하자 / 그놈의 동상이 선 곳에는 / 민주주
의의 첫 기둥을 세우고 / 쓰러진 성스러운 학생들의 웅장한 / 기념탑을 세우자 / 아아
어서어서 썩어빠진 어제와 결별하자" – 김수영, 「우선 그놈의 사진을 떼어서 밑씻개로
하자」(부분), 『김수영 전집 1: 시』, 민음사, 1981, 139쪽. (원출처 : 『새벽』, 1960.5월
호, 166쪽.)

44 김수영, 「그 방을 생각하며」(1960.10.30.), 위의 책, 160쪽.

> 같은데
> 밥보다도
> 더 소중한
> 잠이 안 오네
> 달콤한
> 달콤한
> 잠이 안 오네

− 김수영, 「'4 · 19' 시」(부분)[45]

시인은 그 날을 떠올리면서도, 대체 왜 그 날을 생각하고 있는지를 되묻는 방식으로 떠올린다. 시를 쓰고 있으면서도 왜 시를 쓰려는 것인지를 회의한다. 「우선 그놈의 사진을 떼어서 밑씻개로 하자」에서의 "썩어빠진 어제와 결별"하고 "웅장한 기념탑을 세우자"던 기세는 간 데 없고 오히려 "잠이 와" 죽겠다고 야단이다. 그러나 금방 곯아떨어질 것 같지만 결국 잠은 안 온다. 도무지 달콤하게 잠을 청할 수가 없다. 더 이상 "학생"이니 "혁명"이니 하는 '우상'을 숭배할 수도 없지만 그렇다고 4 · 19를 없었던 일로 지울 수도 없어, 시인의 마음에는 뭐라 규정지을 수 없는 '잔여'가 생긴다.

이 시가 그리고 있는 시간, 즉 맨 정신도 아니고 꿈결도 아닌 이 비몽사몽한 시간은, '기능기억'으로 포섭되지 않은 저장기억을 떠올리기에 더없이 좋은 시간이다. 누구에게도 획책되지 않았던 기억을 말이다. 상징적 이미지를 만들어내고 그것을 강화시킴으로써 4 · 19를 "시민과 일체화된 기억"[46]으로 구축해준 것도 시의 역할이었다면, 이제 다시 그것을 의심하게 만드는 것도 시의 역할이었던 것은 아닐까. 그러나 김수영이

---

45 위의 책, 168~169쪽.
46 피에르 노라, 『기억의 장소2: 민족』, 김인중 외 옮김, 나남, 2010, 496쪽.

유독 특별했음을 강조하려는 것은 아니다. 가해자와 피해자의 이항대립에 기대어 어느 한 편의 승리를 기념하는 데에 급급했던 것은, 혁명과 시차 없이 발표되었던 기념시들이 공통적으로 내장할 수밖에 없는 한계였고 기념성 자체의 한계이기도 하다. 「4·19’시」가 형상화하고 있는 ‘불면의 시간’은, 혁명에 도취돼 손쉽게 처리해버린 승패의 대립구도가 사실은 항시적으로 작동하고 있음을 사유하는 시간, 우리의 빛나는 기념물들이 한편으로는 구성물임을 눈치 채는 시간이다. 물론 이는 기념시가 언어(매개물)로 빚어져있다는 사실만으로도 매순간 공표되고 있었지만 말이다.

수록 논문 출처

본서에 실린 논문들은 다음의 원 논문들을 수정, 보완한 것이다.

제1부_김수영 세대의 궁지:이중언어라는 상황

I. 한국어를 이해하는 두 가지 방향

한국문학의 조건으로서의 한국어 _ 김현

이 글은 김현의 세 개의 글을 합성한 것으로, 제목은 편자가 임의로 정하였다. 1장은 「한국문학의 이해와 반성」(『반고비 나그네 길에』, 지식산업사, 1978)의 일부이며, 2장은 「60년대 문학의 배경과 성과」(『분석과 해석』, 문학과지성사, 1988)를, 3장은 「한글 논의에 대하여」(『반고비 나그네 길에』)를 그대로 옮긴 것이다.

'국어'의 정신분석 _ 김철

『현대문학의 연구』 55호, 한국문학연구학회, 2015.

II. 해방 후 세대의 이중언어 상황과 김수영의 응전

단일 언어 사회를 향해 _ 서석배

『한국문학연구』 29집, 동국대학교 한국문학연구소, 2005.

김수영 시의 혼성성과 다중언어 자의식 _ 김용희

『현대문학의 연구』 24호, 한국문학연구학회, 2004.

김수영은 왜 시작 노트를 일본어로 썼을까? _ 강계숙

『현대시』(한국문연, 2005년 8월호)에 실린 글을 부분적으로 수정하여 재수록한 것임.

'번역체험'이 김수영 시론에 미친 영향 _ 조연정

『한국학 연구』 38권, 고려대학교 한국학연구소, 2011.

'상상하는 모어'와 그 타자들 _ 한수영

이 원고는 『상허학보』 42집(2014.10)에 처음 발표한 후, 졸저, 『전후문학을 다시 읽는다』(소명출판, 2015)를 펴내면서 한 차례 수정한 것인데, 본 책에 수록하면서 다시 수정한 것임을 밝혀 둔다.

단일언어주의적 이중언어를 넘어서 _홍성희
이 글은 저자의 석사학위논문 「김수영의 이중언어 상황과 과오·자유·침묵으로서의 언어 수행」(연세대학교 석사학위 논문, 2015)과 그를 기반으로 쓴 「이중언어 상황에서의 언어 수행 –김수영의 언어에 관하여」(『민족문학사연구』 57호, 2015.4)의 문제의식을 보완하고 확장시킨 글이다.

제2부_김수영 말년의 회심 : 자코메티의 발견

김수영과 프랑스 문학, 그리고 자코메티적 변모 _정명교
「김수영과 프랑스 문학의 관련 양상」, 『한국시학연구』 22권, 한국시학회, 2008.

김수영의 시의식 변모 과정 _조강석
『한국시학연구』 28권, 한국시학회, 2010.

김수영 문학에서 '이중언어'의 문제와 '자코메티적 발견'의 중요성 _강계숙
『한국근대문학연구』 27집(한국근대문학회, 2013)에 실린 논문을 부분적으로 수정하여 재수록한 것임.

김수영의 「풀」 다시 읽기 _최서윤
「김수영 시의 아포리아 연구–시작관(詩作觀)과 '미완성'을 중심으로」, 연세대학교 석사학위 논문, 2012.

제3부_김수영 궁극의 물음 : 시의 정치성의 심연

잘못된 시간의, 그릇된 명상이 아닐 _정한아
2013년 김수영문학관 개관 기념 학술 세미나 발표문.

'시란 무엇인가'라는 질문은 무엇인가? _강동호
『시인수첩』, 문학수첩, 2013년 가을호.

혁명과 기념 _김나현
『사이』 16호, 국제한국문학문화학회, 2014.

제1부 김수영 세대의 궁지 : 이중언어라는 상황

I. 한국어를 이해하는 두 가지 방향

【'국어'의 정신분석】_ 김철

1. 자료
周時經, 『國語文法』, 博文書館, 1910.
_____, 「必尙自國文言」, 『皇城新聞』, 1907.
_____, 『國語文典音學』, 博文書館, 1908.(이상 이기문 편, 『周時經全集』, 亞細亞
　　　　文化社, 1976.)
_____, 「朝鮮語研究의 正體는 무엇?」, 『한글』, 1권 2호, 한글社, 1927.3.
「조선어학회 사건 예심 판결문」, 『語文研究』, 1983.
「조선어학회 사건 최종 판결문」, 『동아일보』, 1982.9. 6-8.

2. 논문 및 단행본
김윤식, 『일제 말기 한국작가의 일본어 글쓰기론』, 서울대학교 출판부, 2003.
박광현, 「언어적 민족주의 형성에 관한 재고-'국문'과 '조선어'의 사이」, 『한국문학
　　　　연구』 23집, 동국대 한국문학연구소, 2003.
서석배, 「신뢰할 수 없는 번역」, 헨리 임, 곽준혁 편, 『근대성의 역설』, 후마니타
　　　　스, 2009.
이연숙, 『'국어'라는 사상』, 고영진·임경화 옮김, 소명출판, 2006.
이혜령, 「언어 법제화의 내셔널리즘」, 임형택·한기형·류준필·이혜령 엮음, 『흔들

리는 언어들』, 성균관대 대동문화연구원, 2008.

정비석, 『자유부인』, 고려원, 1985.

황호덕, 「엽서의 제국, 전체주의 국가의 공사 개념-조선어학회 사건 재독(再讀)」,
　　　『벌레와 제국』, 새물결, 2011.

헨리 임, 「유로-아메리칸 헤게모니와 근대 한국역사학의 기원」, 헨리 임, 곽준혁
　　　편, 『근대성의 역설』, 후마니타스, 2009.

竹內好, 「近代とは何か」, 『竹內好全集』 第4卷, 筑摩書房, 1980.

酒井直樹, 『사산되는 일본어/일본인』, 이득재 옮김, 문화과학사, 2003.

Schmid, Andre, *Korea between Empires, 1895-1919*, Columbia University
　　　Press, 2002.

Fink, Bruce, 『에크리 읽기』, 김서영 옮김, 도서출판b, 2007.

Agamben, Giorgio, 『호모 사케르』, 박진우 옮김, 새물결, 2008.

Dor, Joël, 『라깡 세미나·에크리 독해 I』, 홍준기·강응섭 옮김, 아난케, 2009.

Homer, Sean, 『라캉읽기』, 김서영 옮김, 은행나무, 2014.

Žižek, Slavoj, 『이데올로기의 숭고한 대상』, 이수련 옮김, 새물결, 2013.

＿＿＿＿＿＿, 『삐딱하게 보기』, 김소연·유재희 옮김, 시각과 언어, 1995.

II. 해방 후 세대의 이중언어 상황과 김수영의 응전

【단일 언어 사회를 향해】 _ 서석배

고　은, 『1950년대』, 민음사, 1973.

김병걸, 『실패한 인생, 실패한 문학』, 창작과비평사, 1994.

김수영, 「시작노트 6」, 『김수영전집 2-산문』, 민음사, 2003.

김혜종, 「근대 이후 국어와 교재 개발에 대한 사적 검토」, 『국어교육연구』 13, 서울
　　　대학교국어교육과, 2004.

노영택, 「일제시기의 문맹율 추이」, 『국사관논총』 51집, 국사편찬위원회, 1994.

미츠이 타카시, 「식민지 조선에서의 언어적 지배」, 『한일민족연구』 4, 한일민족연
　　　구학회, 2003.

박종화, 「민족문학의 원리」, 『경향신문』, 1946. 12. 5.

박홍민, 「벌쟁이」, 『부인』 3, 조선문화출판사, 1946.

백철편, 『한국전후문예시집』, 신구문화사, 1961.

송기한·김외곤 편, 『해방공간의 비평문학』 1·2·3, 태학사, 1991.

이극로, 「조선어 사전 편찬에 대하여」, 『한글』, 한글학회, 1932. 5.

이응호, 『미군정기의 한글운동사』, 성청사, 1974.

이중연, 『책의 운명』, 혜안, 2001.

_____, 『책, 사슬에서 풀리다』, 혜안, 2005.

이희승, 「국어란 무엇인가」, 『신천지』 1권 3호, 서울신문사, 1946.

_____, 「일상 언어에 있어서의 일본적 잔재」, 『신천지』, 서울신문사, 1947. 6.

_____, 「국어교육의 당면과제」, 『조선교육』 1권 1호, 1947.

장지영, 「나랏말을 깨끗이 하자」, 『한글』 98, 조선교육연구회, 1946.

조지훈, 「민족문학의 당면 문제」, 『문화』 4월호, 신문화사, 1947.

천정환, 『근대의 책읽기』, 푸른역사, 2003.

최하림, 『김수영평전』, 실천문학사, 2001.

호테이 토시히로, 「일제 말기 일본어 소설 연구」, 서울대학교 석사학위논문, 1996.

Derrida, Jacques, *Monolingualism of the Other or the Prosthesis of Origin*, Stanford : Stanford University Press, 1998.

【김수영 시의 혼성성과 다중언어의 자의식】 _ 김용희

1. 자료

김수영, 『金洙暎 全集 1 詩』, 민음사, 1981.

_____, 『김수영 전집 2 散文』, 민음사, 1981.

2. 논문 및 단행본

고미숙 외, 『들뢰즈와 문학 -기계』, 소명, 2002.

권보드래, 『한국근대소설의 기원』, 소명, 2000.

김명섭, 「세계화 시대의 문화적 혼성과 문명적 표준」, 문학판, 2002, 여름호.

김명인, 『김수영, 근대를 향한 모험』, 소명출판, 2002.

김승희, 「김수영의 시와 탈식민주의적 반(反)언술」, 『김수영 다시읽기』, 프레스21, 2000.

김우창·피에르 부르디외 외, 『경계를 넘어 글쓰기』, 민음사, 2001.

김윤식, 『일제 말기 한국작가의 일본어 글쓰기론』, 서울대학교 출판부, 2003.

김종윤, 「태도의 시학-김수영의 시론」, 『현대문학의 연구』 1집, 바른글방, 1989.

문광훈, 『시의 희생자, 김수영』, 생각의 나무, 2002.

박이문, 『문명의 위기와 문화의 전환』, 민음사, 1996.

방민호, 「장용학의 소설 한자 사용론의 의미」, 『한국 전후문학과 세대』, 향연, 2003.

신교춘, 「오스트리아 문학의 정체성 문제」, 『카프카연구』 6권, 한국카프카학회, 1998.

유종호, 『현실주의 상상력』, 나남, 1991.

최하림, 『김수영 평전』, 실천문학사, 2001.

黃浿江, 「한국고전소설과 이중언어」, 『國文學論集』, 檀國大學校 國語國文學科, Vol.17, 2000.

Deleuze/Guattari, 『소수집단의 문학을 위하여-카프카론』, 조한경 옮김, 문학과 지성사, 1992.

_____, 『노마디즘1』, 이진경 옮김, 휴머니스트, 2002.

Bhabha, Homi. K., 『문화의 위치, 탈식민주의 문화이론』, 나병철 옮김, 소명출 판, 2002.

사에구사 도시카쓰 외, 『한국근대문학과 일본』, 소명출판, 2003.

【김수영은 왜 시작 노트를 일본어로 썼을까?】 _ 강계숙

1. 자료

김동인, 「문단 三十年의 자취」, 『김동인전집』 제15권, 조선일보사, 1988.

이 상, 「十九三一年(作品 第1號)」, 『현대문학』, 현대문학, 1960년 11월.

_____, 「얼마 안 되는 辨解」, 『현대문학』, 현대문학, 1960년 11월.

_____, 「(무제)」 3편, 『현대문학』, 현대문학, 1960년 11월.

_____, 「이 아해들에게 장난감을 주라」, 『현대문학』, 현대문학, 1960년 12월.

_____, 「暮色」, 『현대문학』, 현대문학, 1960년 12월.

_____, 「(무제)」 1편, 『현대문학』, 현대문학, 1960년 12월.

_____, 「구두」, 『현대문학』, 현대문학, 1961년 1월.

_____, 「어리석은 夕飯」, 『현대문학』, 현대문학, 1961년 1월.

_____, 「哀夜」, 『현대문학』, 현대문학, 1966년 7월.

『이상 문학 전집2-소설』, 김윤식 엮음, 문학사상사, 1991.

『이상 문학 전집3-수필』, 김윤식 엮음, 문학사상사, 1993.

김수영, 「눈」의 시작노트, 『한국문학』, 현암사, 1966년 여름호.

_____, 『김수영전집 1-시』, 민음사, 2003.

_____, 『김수영전집 2-산문』, 민음사, 2003.

스티븐 마커스, 「현대영미소설론」, 『한국문학』, 현암사, 1966년 6월.

칼톤 레이크, 「자코메티의 지혜」, 김수영 옮김, 『세대』, 세대사, 1966년 4월.

2. 논문 및 단행본

야스다 도시아키, 「제국 일본의 언어 편제-식민지 조선·'만주국'·'대동아 공영권'」,
        『언어제국주의란 무엇인가』, 미우라 노부타카·가스케 게이스케 엮음, 돌
        베개, 2005.

유종호, 『나의 해방전후』, 민음사, 2004.

정백수, 『한국 근대의 식민지 체험과 이중언어 문학』, 아세아문화사, 2000.

최하림, 『김수영 평전』, 실천문학사, 2001.

황현산, 「모국어와 시간의 깊이」, 『말과 시간의 깊이』, 문학과지성사, 2002.

【'번역체험'이 김수영 시론에 미친 영향】_조연정

1. 자료

『(개정판)김수영 전집』, 민음사, 2003.

2. 논문 및 단행본

강계숙, 「1960년대 한국시에 나타난 윤리적 주체의 형상과 시적 이념-김수영, 김
        춘수, 신동엽의 시를 중심으로」, 연세대학교 박사학위논문, 2008.

김 현, 「김수영에 대한 두 개의 글」, 『김현 문학전집5-책읽기의 괴로움/살아 있
        는 시들』, 문학과지성사, 1992.

박지영, 「번역과 김수영 문학」, 김명인·임홍배 엮음, 『살아있는 김수영』, 창비, 2005

_____, 「김수영 문학과 '번역'」, 『민족문학사연구』 39, 민족문학사연구소, 2009.

이미순, 「김수영의 시론에 미친 프랑스 문학이론의 영향-조르주 바타이유를 중심
        으로」, 『비교문학』 42, 한국비교문학회, 2007.

이미순, 「김수영 시에 나타난 바타이유의 영향―에로티즘을 중심으로」, 『한국현대
　　　문학연구』 23, 한국현대문학, 2007.

＿＿＿, 「김수영의 언어론에 대한 연구」, 『개신어문연구』 31, 개신어문학회, 2010.

정명교, 「김수영과 프랑스 문학의 관련양상」, 『한국시학연구』 22, 한국시학회,
　　　2008.

조강석, 「김수영의 시의식 변모 과정 연구―'시적 연극성'과 '자코메티적 전환'을 중
　　　심으로」, 『한국시학연구』 28, 한국시학회, 2010.

조재룡, 『앙리 메쇼닉과 현대비평―시학·번역·주체』, 도서출판 길, 2007.

조현일, 「김수영의 모더니티관과 『파르티잔 리뷰』」, 김명인·임홍배 엮음, 『살아있
　　　는 김수영』, 창비, 2005.

황현산, 「김수영의 현대성 또는 현재성」, 『창작과비평』, 2008 여름.

＿＿＿, 「번역과 시―외국시의 모국어 체험」, 『불어불문학연구』 82, 한국불어불문
　　　학회, 2010년 여름.

루시 부라사, 『앙리 메쇼닉 ―리듬의 시학을 위하여』, 조재룡 옮김, 인간사랑, 2007.

발터 벤야민, 『발터 벤야민 선집6―언어 일반과 인간의 언어에 대하여, 번역자의
　　　과제 외』, 최성만 옮김, 2008.

수전 손택, 『해석에 반대한다』, 이민아 옮김, 이후, 2002.

칼톤 레이크, 「자코메티의 지혜」, 『세대』, 1966년 4월호.

【'상상하는 모어'와 그 타자들】 _ 한수영

1. 자료

김수영, 『김수영전집 1―시』, 민음사, 1981.

＿＿＿, 『김수영전집 2―산문』, 민음사, 1981.

＿＿＿, 『김수영전집 2―산문』, 민음사, 2003(개정판).

＿＿＿, 『김수영전집 2―시』, 민음사, 2003(개정판).

유종호, 『비순수의 선언』, 신구문화사, 1962.

이　상, 김주현 주해, 『이상문학전집3 : 수필, 기타』, 소명출판, 2009.

이영준, 『김수영육필시고전집』, 민음사, 2011.

이호철, 『작가수첩』, 진문출판사, 1977.

장용학, 『장용학전집』, 국학자료원, 2002.

전봉건, 『전봉건 대담시론』, 문학선, 2011.

『경향신문』, 경향신문사.

『동아일보』, 동아일보사.

『한국문학』, 현암사.

2. 논문 및 단행본

강계숙, 「김수영은 왜 시작노트를 일본어로 썼을까?」, 『현대시』, 한국문연, 2005.8.

강영안, 『타인의 얼굴-레비나스의 철학』, 문학과지성사, 2005.

곽명숙, 「김수영의 시와 현대성의 탈식민적 경험」, 『한국현대문학의 연구』 9, 한국
　　　현대문학회, 2001.

국립예술자료원 구술사 아카이브-'김윤성편',
　　　http://www.daarts.or.kr/gusool-artist

김승희, 「김수영의 시와 탈식민주의적 반언술」, 『한국문학이론과 비평』 5집, 한국
　　　문학이론과 비평학회, 1999.

김윤식, 『일제말기 한국인 작가의 일본어 글쓰기론』, 서울대학교 출판부, 2003.

김응교, 「히라야마 야키치, 신동엽과 회상의 시학」, 『민족문학사연구』 30, 민족문
　　　학사학회, 2006.

김재용, 『협력과 저항』, 소명출판, 2004.

리철우, 「최고의 테너 가수 김영길-일본 제일의 미성(美聲)에서 '동양의 카루소'로
　　　일세를 풍미」, 『민족21』, 민족21, 2009.12.

박지영, 「1950년대 번역가의 의식과 문화정치적 위치」, 『상허학보』 30, 상허학회, 2010.

방민호, 『일제말기 한국문학의 담론과 텍스트』, 예옥, 2011.

배개화, 「김수영 시에 나타난 '탈식민적 언어'의 양가성」, 『국어교육』, 한국어교육
　　　학회, 2006.

_____, 「김수영 시에 나타난 양가적 의식」, 『우리말글』 36, 우리말글학회, 2006.

서석배, 「단일 언어 사회를 향해」, 『한국문학연구』 29, 동국대학교 한국문학연구
　　　소, 2005년 하반기.

윤대석, 『식민지 국민문학론』, 역락, 2006.

장인수, 「전후 모더니스트들의 언어적 정체성」, 『학술대회자료집』, 국제어문학회,
　　　2011.5.

정백수, 『한국근대의 식민지체험과 이중언어문학』, 아세아문화사, 2000.

최하림, 『개정판 김수영평전』, 실천문학사, 2001.

한수영, 「김동리와 조선적인 것-일제말 김동리 문학사상의 형성구조와 성격에 대하여」, 『근대문학연구』 21, 한국근대문학회, 2010.

_____, 「사상이냐 윤리냐 : 일제말 문학을 인식하는 에피스테메」, 『인문논총』 66집, 서울대학교 인문학연구원, 2011.

_____, 「전후세대의 문학과 언어적 정체성-전후세대의 이중언어적 상황을 중심으로」, 『대동문화연구』 58집, 성균관대학교 동아시아학술원 대동문화연구소, 2007.

_____, 『전후문학을 다시 읽는다-이중언어·관전사·식민화된 주체의 관점에서 본 전후세대 및 전후문학의 재해석』, 소명출판, 2015.

황호덕·이상현, 『개념과 역사, 근대 한국의 이중어사전-연구편』, 박문사, 2012.

김상환·홍준기 편, 「자끄 라깡, 프로이트로의 복귀」, 『라깡의 재탄생』, 창작과비평, 2002.

그레고리 베이트슨, 『마음의 생태학』, 박대식 옮김, 책세상, 2006.

_____, 『정신과 자연』, 박지동 옮김, 까치, 1990.

에드워드 사이드, 『에드워드 사이드 자서전』, 김석희 옮김, 살림, 2001.

板垣龍太, 「식민지시기 조선에서의 식자(識字)조사」, 고영진·김병문·조태린 편, 『식민지 시기 전후의 언어문제』, 소명출판, 2012.

【단일언어주의적 이중언어를 넘어서】_홍성희

1. 자료

김수영, 「廟廷의 노래(1945)」, 『藝術部落』 第二輯, 1946.3.

_____, 『김수영 전집 1 시』, 민음사, 2013.

_____, 『김수영 전집 2 산문』, 민음사, 2013.

2. 논문 및 단행본

강계숙, 「김수영은 왜 시작노트를 일본어로 썼을까?」, 『현대시』, 여름호, 한국문연, 2005.

_____, 「김수영 문학에서 '이중언어'의 문제와 '자코메티적 발견'의 중요성」, 『한국근대문학연구』 제27집, 한국근대문학회, 2013.

김용희, 「김수영 시의 혼성성과 다중언어의 자의식」, 『현대문학의 연구』 24집, 한국문학연구학회, 2004.

_____, 「이중어 글쓰기 세대의 한국어 시쓰기 문제-1950, 60년대 김종삼의 경우」, 『한국시학연구』 18호, 한국시학회, 2007.

서석배, 「단일 언어 사회를 향해」, 『한국학연구』 제29집, 동국대학교 한국문학연구소, 2005년 하반기.

여태천, 「1950년대 언어적 현실과 한 시인의 실험적 시쓰기-김종삼의 초기시를 중심으로」, 『한국문학이론과비평』 59집, 한국문학이론과 비평학회, 2013.

이경원, 『검은 역사 하얀 이론』, 한길사, 2011.

이희승, 「일상용어에 있어서의 일본적 잔재」, 『신천지』 제16호, 서울신문사, 1947.6.

임세화, 「김수영의 시와 시론에 나타난 시어로서의 '국어'와 '번역'의 의미」, 『인문학논총』 36집, 경성대학교 인문과학연구소, 2014.

장인수, 「전후 모더니스트들의 언어적 정체성-박인환, 조향, 김수영의 경우」, 『국제어문학회 학술대회 자료집』, 국제어문학회, 2011.5.

조연정, 「'번역체험'이 김수영 시론에 미친 영향 : '침묵'을 번역하는 시작 태도와 관련하여」, 『한국학연구』, Vol.38, 고려대학교 한국학, 2011.

조영미, 「1950년대 모더니즘 시의 이중언어 사용과 내면화 과정」, 『한민족문화연구』 42권, 한민족문화학회, 2013.

조윤정, 「전후세대 작가들의 언어적 상황과 정체성 혼란의 문제」, 『현대소설연구』 37집, 한국현대소설학회, 2008.

_____, 「언어의 위계와 어법의 균열-해방기~1960년대, 한국의 언어적 혼종상태와 문학자의 자의식」, 『현대문학의연구』 46집, 한국문학연구학회, 2012.

한수영, 「전후소설에서의 식민화된 주체와 언어적 타자-손창섭 소설에 나타난 이중언어자의 자의식」, 『인문연구』 52집, 영남대학교 인문과학연구소, 2007.

_____, 「전후세대의 문학과 언어적 정체성-전후세대의 이중언어적 상황을 중심으로」, 『대동문화연구』 제58집, 성균관대학교 대동문화연구원, 2007.

Derrida, Jacques, *Monolingualism of the Other; or, The Prosthesis of Origin*, translated by Patrick Mensah, Stanford University Press: Stanford, 1998.

제2부　**김수영 말년의 회심 : 자코메티의 발견**

【김수영과 프랑스 문학, 그리고 자코메티적 변모】_ 정과리

『김수영 전집 1. 시』, 민음사, 개정판 7쇄, 2008.
『김수영 전집 2. 산문』, 민음사, 개정판 5쇄, 2007.
김　현, 「상상력과 인간/시인을 찾아서」, 『김현문학전집 3』, 문학과지성사, 1991.
정과리, 『네안데르탈인의 귀향』, 문학과지성사, 2008.
칼톤 레이크, 「자코메티의 지혜」, 김수영 역, 『세대』, 1966년 4월.
Supervielle, Jules, *OEuvres poétiques complètes*, Édition publié sous la
　　　　direction de Michel Collot, Paris: Pléiade/Gallimard, 1996.
Girard, René, *Mensonge romantique et vérité romanesque*, Paris: Grasset,
　　　　1961.

【김수영의 시의식 변모 과정 연구】_ 조강석

『김수영 전집 2 산문』, 민음사, 개정판 1쇄, 2003.
강웅식, 『시, 위대한 거절』, 청동거울, 1998.
＿＿＿, 『김수영 신화의 이면-주체의 자기형성과 윤리의 미학화』, 응동, 2004.
강호정, 「김수영 시에 나타난 연극성」, 『한성어문학』, 제23집, 한성어문학회, 2004.
이상섭, 『영미비평사 3 뉴크리티시즘: 복합성의 시학』, 민음사, 1999.
정과리, 「김수영과 프랑스 문학의 관련양상」, 『한국시학연구』 제22호, 한국시학
　　　　회, 2008.
최하림, 『김수영 평전』, 실천문학사, 2001.

Tate, Allen, *The Man of Letters in the Modern World*, New York: Meridian
　　　　Books, 1955.
앨런 테잇 저, 김수영·이상옥 공역, 「시에 있어서의 텐슌」, 『현대문학의 영역』, 중
　　　　앙문화사, 1962.
제임스 로드 지음, 『작업실의 자코메티』, 오귀원 옮김, 을유문화사, 2008.
칼톤 레이크 저, 「자꼬메띠의 지혜」, 『세대』, 김수영 번역, 1966, 4월호.
할 포스터외 지음, 『1900년대 이후의 미술사』, 배수회 외 옮김, 세미콜론, 2007.

【김수영 문학에서 '이중언어'의 문제와 '자코메티적 발견'의 중요성】_ 강계숙

1. 자료

김수영, 『김수영전집 1-시』, 민음사, 2003.

_____, 『김수영전집 2-산문』, 민음사, 2003.

김수영의 미발표 원고, 『창작과비평』, 창작과비평사, 2006 여름호.

김춘수, 「시인이 된다는 것, 『처용단장』, 미학사, 1991.

장용학, 「나의 작가수업」, 『현대문학』, 현대문학, 1956년 1월호.

전봉건, 「시작 노우트-고쳐쓰기 되풀이」, 『한국전후문제시집』, 신구문화사, 1961.

칼톤 레이크, 김수영 옮김, 「자코메티의 지혜」, 『세대』, 세대사, 1966년 4월호.

2. 논문 및 단행본

강계숙, 「김수영은 왜 시작노트를 일본어로 썼을까?」, 『현대시』, 한국문연, 2005
　　　8월호.

_____, 「1960년대 한국시에 나타난 윤리적 주체의 형상과 시적 이념-김수영, 김
　　　춘수, 신동엽의 시를 중심으로」, 연세대학교 박사학위 논문, 2008.

강웅식, 「김수영의 시 의식 연구 : '긴장'의 시론과 '힘'의 시학을 중심으로」, 고려
　　　대학교 박사학위 논문, 1998.

곽명숙, 「김수영의 시와 현대성의 탈식민적 경험」, 『한국현대문학연구』 9집, 한국
　　　현대문학회, 2001.

권오만, 「김수영의 고백시적 경향」, 『전농어문연구』 11집, 서울시립대 국어국문학
　　　과, 1999.

김유중, 「김수영 문학을 어떻게 이해할 것인가」, 『한국문학이론과 비평』 9집, 한국
　　　문학이론과비평학회, 2005.

리영희, 『역정-나의 청년시대』, 창비, 2012년 개정판.

박지영, 「김수영의 '반시론'에서 '반시'의 의미」, 『상허학보』 9집, 상허학회, 2002.

_____, 「김수영 문학과 '번역'」, 『민족문학사연구』 39집, 민족문학사학회, 2009.

발터 벤야민, 「번역자의 과제」, 『발터 벤야민 선집 6』, 최성만 옮김, 길, 2008.

사노 마사토, 「경성제대 영문과 네트워크에 대하여-식민지 시기 한국문학에 있어
　　　서 '영문학'과 이중언어 창작」, 『한국현대문학연구』 26집, 한국현대문학
　　　회, 2008.

서석배, 「단일 언어 사회를 향해」, 『한국문학연구』 29집, 동국대학교 한국문학연
　　　구소, 2005.

이미순, 「김수영의 시론에 미친 프랑스 문학이론의 영향—조르주 바타이유를 중심
　　　으로」, 『비교문학』 42집, 한국비교문학회, 2007.

이승규, 「김수영의 영미시 영향과 시 창작 관련 양상」, 『한국현대문학연구』 20집,
　　　한국현대문학회, 2006.

이현희, 「어문 연구와 문자 보급 운동」, 『한민족독립운동사 9-3.1운동 이후의 민
　　　족운동』, 국사편찬위원회, 시사문화사, 1991.

장인수, 「전후 모더니스트들의 언어적 정체성」, 『국제어문학회 학술대회 자료집』,
　　　국제어문학회, 2011, 5월.

정명교, 「김수영과 프랑스 문학의 관련 양상」, 『한국시학연구』 22집, 한국시학회,
　　　2008.

정한아, 「'온몸', 김수영 시의 현대성」, 연세대학교 석사학위 논문, 2003.

조강석, 「김수영의 시 의식 변모 과정 연구: '시적 연극성'과 '자코메티적 전환'을
　　　중심으로」, 『한국시학연구』 28집, 한국시학회, 2010.

조연정, 「'번역체험'이 김수영 시론에 미친 영향: '침묵'을 번역하는 시작태도와 관
　　　련하여」, 『한국학연구』 38집, 고려대학교 한국학연구소, 2011.

조윤정, 「전후세대 작가들의 언어적 상황과 정체성 혼란의 문제」, 『현대소설연구』
　　　37집, 한국현대소설학회, 2008.

한수영, 「전후세대의 문학과 언어적 정체성—전후세대의 이중언어적 상황을 중심
　　　으로」, 『대동문화연구』 58집, 성균관대학교 대동문화연구원, 2007.

_____, 「전후소설에서의 식민화된 주체와 언어적 타자—손창섭 소설에 나타난 이
　　　중언어자의 자의식」, 『인문연구』 52집, 영남대인문과학연구소, 2007.

황현산, 「모국어와 시간의 깊이」, 『말과 시간의 깊이』, 문학과지성사, 2002.

【김수영의 「풀」 다시 읽기】 _ 최서윤

1. 자료
『김수영 전집1-시』, 민음사, 2003.
『김수영 전집 2-산문』, 민음사, 2003.

2. 논문 및 단행본
강계숙, 「김수영은 왜 시작노트를 일본어로 썼을까」, 『현대시』, 한국문연, 2005.

김승옥, 『무진기행』, 문학동네, 2004.

정과리, 『文學, 존재의 변증법』, 문학과 지성사, 1985.

_____, 『네안데르탈인의 귀향-내가 사랑한 시인들·처음』, 문학과지성사, 2008.

정명교, 「김수영과 프랑스 문학의 관련 양상」, 『한국시학연구』 22, 한국시학회, 2008.

조강석, 「김수영과 김춘수의 시에서 드러나는 비화해적 가상 연구」, 연세대학교 박사학위 논문, 2008.

_____, 「김수영의 시의식 변모 과정 연구-'시적 연극성'과 '자코메티적 전환'을 중심으로」, 『한국시학연구』 28, 한국시학회, 2010.

최서윤, 「김수영 시의 아포리아 연구-시작관(詩作觀)과 '미완성'을 중심으로」, 연세대학교 석사학위 논문, 2012.

한수영, 「전후세대 문학의 언어적 정체성-전후 세대의 이중언어적 상황을 중심으로」, 『대동문화연구』 58, 성균관대학교 대동문화연구원, 2007.

가스통 바슐라르, 『대지 그리고 휴식의 몽상: 내밀성의 시론』, 정영란 옮김, 문학동네, 2002.

_____, 『공기와 꿈-운동에 관한 상상력』, 정영란 옮김, 이학사, 2008.

브라이언 마수미, 『가상계 : 운동, 정동, 감각의 아쌍블라주』, 조성훈 옮김, 갈무리, 2011.

장-뤽 낭시, 『무위의 공동체』, 박준상 옮김, 인간사랑, 2010.

_____, 『나를 만지지 마라』, 이만형·정과리 옮김, 문학과지성사, 2015.

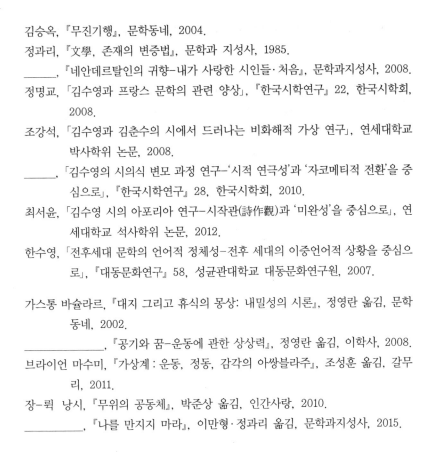 **제3부** **김수영 궁극의 물음 : 시의 정치성의 심연**

【잘못된 시간의, 그릇된 명상이 아닐】_정한아

강신주, 『김수영을 위하여』, 천년의 상상, 2012.

김수영, 『김수영전집』(개정판), 민음사, 2003.

게오르크 뷔히너, 「당통의 죽음」, 『뷔히너 문학 전집』, 임호일 옮김, 지식을만드는 지식, 2008.

파울 첼란, 「자오선-게오르크 뷔히너 상 수상 연설」, 『죽음의 푸가』, 김영옥 옮김, 청하, 1986.

프리드리히 니체, 『반시대적 고찰』, 임수길 옮김, 청하, 1982.

플라톤, 『국가·政體』, 박종현 옮김, 서광사, 2005.

옥타비오 파스, 「운문과 산문」, 『활과 리라』, 김홍근·김은중 옮김, 솔, 1998.

자끄 데리다, *Sovereignties in Question : the Poetics of Paul Celan*, edited by Thomas Dutoit and Outi Pasanen, Fordham Univ. Press, New York, 2005.

【'시란 무엇인가'라는 질문은 무엇인가?】 _ 강동호

김수영, 『김수영 전집 2』, 민음사, 2003.

Benjamin, Walter, 'The Concept of Criticism in German Romanticism', *Selected Writings v. 1*, Belknap Press, 1996.

Agamben, Giorgio, *The Coming Community*, Theory out of Bounds V.1, Minneapolis: University of Minnesota Press, 1993.

【혁명과 기념】 _ 김나현

1. 자료

『경향신문』, 『연세춘추』, 『현대문학』, 『새벽』.

교육평론사 편, 『학생혁명시집』, 효성문화사, 1960.

김종윤·송재주 편, 『불멸의 기수』, 성문각, 1960.

김수영, 『김수영 전집1: 시』, 민음사, 1981.

박수만 편, 『사월혁명』, 사월혁명동지회 출판부, 1965.

신경림 편, 『4월혁명 기념시전집』, 학민사, 1983.

3·15의거기념사업회 편, 『3·15의거 시전집』, 3·15의거기념사업회, 2010.

2. 논문 및 단행본

김미란, 「'젊은 사자들'의 혁명과 증발되어버린 '그/그녀들'」, 『여성문학연구』 32호, 한국여성문학학회, 2010.

유창민, 「1960년대 잡지에 나타난 대학생 표상」, 『겨레어문학』 47호, 겨레어문학
　　회, 2011.
이순욱, 「남북한문학에 나타난 마산의거의 실증적 연구」, 『영주어문』 12집, 영주어
　　문학회, 2006.
이승하, 「4·19혁명 기념시 연구」, 『현대문학이론연구』 34집, 현대문학이론학회,
　　2008.
공제욱 엮음, 『국가와 일상』, 한울아카데미, 2008.
발터 벤야민, 『선집5 : 역사의 개념에 대하여 외』, 최성만 옮김, 도서출판길, 2008.
3·15의거기념사업회 편, 『3·15의거 학술논문총서』, 3·15의거기념사업회, 2010.
알라이다 아스만, 『기억의 공간』, 변학수·채연숙 옮김, 그린비, 2011.
조르지오 아감벤, 『언어의 성사』, 정문영 옮김, 새물결, 2012.
토마스 홉스, 『리바이어던』, 최곡웅·최진원 옮김, 동서문화사, 2009.
피에르 노라 외, 『기억의 장소1 : 공화국』, 김인중 외 옮김, 나남, 2010.
　　　　　　　, 『기억의 장소2 : 민족』, 김인중 외 옮김, 나남, 2010.
Tambling, Jeremy, *Allegory*, New York: Routledge, 2010.

찾아보기

저자소개

강계숙
명지대학교 국어국문학과 조교수

강동호
연세대학교 국어국문학과 박사과정 수료

김나현
연세대학교 국어국문학과 박사과정

김용희
평택태학교 국어국문학과 교수

김철
연세대학교 국어국문학과 교수

김현
작고. 전 서울대학교 불어불문학과 교수

서석배
University of California, Irvine 교수

정과리
연세대학교 국어국문학과 교수

정한아
연세대학교 국어국문학과 박사과정 수료

조강석
인하대학교 한국학연구소 HK 교수

조연정
서울대학교 기초교육원 강의부교수

최서윤
연세대학교 국어국문학과 박사과정

한수영
연세대학교 인문예술대학 국어국문학과 교수

홍성희
연세대학교 국어국문학과 박사과정

한국 언어·문학·문화 총서 6

김수영 연구의 새로운 진화
: 이중언어, 자코메티 그리고 정치

2015년 7월 31일 초판 1쇄 펴냄

지은이 연구집단 '문심정연(文深精硏)'
펴낸이 김흥국
펴낸곳 도서출판 보고사

책임편집 이유나
표지디자인 이유나

등록 1990년 12월 13일 제6-0429호
주소 서울특별시 성북구 보문동7가 11번지 2층
전화 922-5120~1(편집), 922-2246(영업)
팩스 922-6990
메일 kanapub3@naver.com
http://www.bogosabooks.co.kr

ISBN 979-11-5516-430-3 94710
　　　979-11-5516-424-2 (세트)

ⓒ 연구집단 '문심정연(文深精硏)', 2015

정가 33,000원
사전 동의 없는 무단 전재 및 복제를 금합니다.
잘못 만들어진 책은 바꾸어 드립니다.

이 도서의 국립중앙도서관 출판시도서목록(CIP)은 서지정보유통지원시스템 홈페이지
(http://seoji.nl.go.kr)와 국가자료공동목록시스템(http://www.nl.go.kr/kolisnet)에서
이용하실 수 있습니다. (CIP제어번호 : CIP2015020538)